NOUVELLE
GÉOGRAPHIE MODERNE

DES

CINQ PARTIES DU MONDE

PAR

C. DE VARIGNY

ASIE

PARIS

E. GIRARD ET A. BOITTE, ÉDITEURS

42, RUE DE L'ÉCHIQUIER, 42

Tous droits rseérvés.

SCEAUX. — IMPRIMERIE CHARAIRE ET Cⁱᵉ

FONTAINE DES ABLUTIONS DE LA GRANDE MOSQUÉE DE DAMAS.

NOUVELLE
GÉOGRAPHIE MODERNE

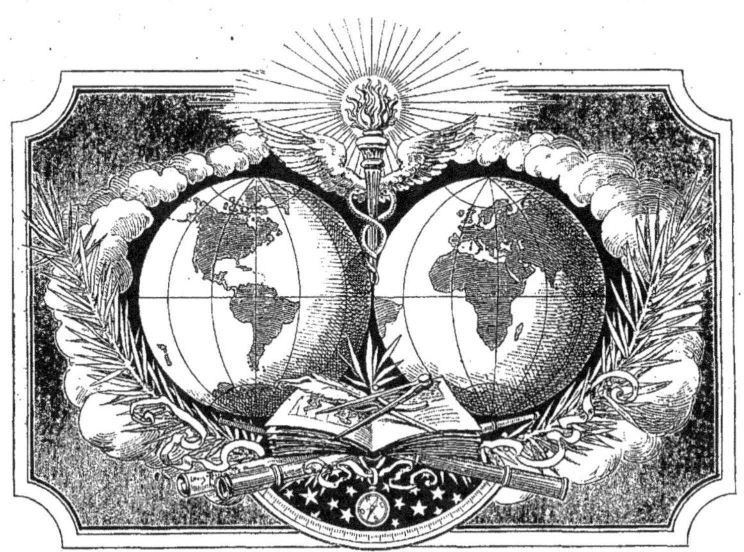

AVANT-PROPOS

Sur ce globe lancé à travers l'espace, atome imperceptible dans l'infinie grandeur des mondes, sur cette terre, que son intelligence mesure et pèse, que son génie domine, l'homme, heureux ou malheureux, résigné ou révolté, vainqueur ou vaincu dans sa lutte incessante contre la nature, naît, vit et meurt.

Cette terre est sienne, par droit d'occupation et de conquête intellectuelle. Il vit sur elle et par elle; en tous sens il la parcourt; il la possède comme elle le possède; sans elle il n'est rien, sans lui elle serait comme si elle n'existait pas.

Il la domine et l'asservit; il la façonne et la plie à ses exigences. Elle est sa chose et son bien, car il a pénétré les lois qui la gouvernent, et, impuissant à les modifier, les fait servir à ses fins. Il n'a ni créé les mers, ni découpé les continents, ni semé les îles, mais il a sondé la profondeur des océans, découvert et peuplé les archipels, percé les isthmes, comblé les vallées, troué les montagnes, jeté les ponts sur les fleuves, et passé outre.

Mais, s'il la maîtrise, elle l'enserre; compagnons inséparables, éternels adver-

saires que l'on ne saurait comprendre l'un sans l'autre, l'un sur l'autre ils réagissent. L'histoire de l'humanité n'est que le long récit de cette lutte de l'esprit contre la matière, de l'homme contre la nature, de leurs alternatives de succès et de revers, et il en sera ainsi jusqu'au jour marqué où, par des voies inconnues de nous-mêmes qui, d'instinct, les suivons, ces forces hostiles, l'une par l'autre modifiées, tendront du même effort au même but : terme final de leur mutuelle destinée.

Mesurer ces forces; parcourir et décrire notre globe terrestre, faire passer sous les yeux de nos lecteurs le mouvant tableau des continents et des mers; dans ce cadre séculaire montrer l'homme de nos jours, tel qu'il se dégage des traditions du passé; étudier dans quelle mesure le relief du sol et ses productions, le climat, les phénomènes de la nature ont agi sur lui, accélérant ou retardant sa marche, élargissant ou comprimant son activité et ses aspirations, tel est le but que nous nous proposons en entreprenant ce travail. Écrit pour tous, il résumera les renseignements épars dans les livres des voyageurs les plus autorisés, des savants les plus compétents.

C'est la synthèse de leurs œuvres, entreprise, non au point de vue scientifique ou pédagogique, mais en vue de donner, de chaque pays, une description exacte et vivante, d'en noter les traits caractéristiques, d'en préciser l'image. C'est l'étude de notre terre et de ses habitants. A aucune époque autant qu'à la nôtre l'homme n'a été aussi curieux de l'homme, aussi désireux de se rendre compte, sous les apparentes dissonances des traits et de la couleur, du costume, de la langue, des croyances religieuses et des concepts philosophiques, des concordances réelles qui existent entre ses semblables et lui. Costumes et coutumes, mœurs et idées ont leur raison d'être; leur bizarrerie, qui nous choque, n'est qu'un effet de notre ignorance; par des liens invisibles mais invincibles les uns et les autres se rattachent à tout un ensemble de faits, de traditions et de milieu; soumis aux mêmes influences que l'Asiatique, l'Africain ou l'Océanien nous serions ce qu'ils sont et ferions ce qu'ils font.

Depuis un demi-siècle, mais depuis vingt ans surtout, de grands et puissants esprits, d'intrépides voyageurs se sont voués aux progrès des sciences géographiques. Un moment distancée par ses rivaux, la France a repris sa place aux premiers rangs, dans ces croisades d'un autre âge. Les matériaux abondent, vérifiés et classés par des savants comme MM. E. et O. Reclus, Maury, Em. Levasseur, Louis Figuier et bien d'autres dont les travaux ont élucidé tant de questions douteuses, soulevé et résolu tant de problèmes, en projetant sur l'histoire du passé une lueur nouvelle, en demandant aux sciences géographiques et naturelles l'explication d'inexplicables phénomènes.

A l'âge où les impressions sont les plus vives, où l'on sait assez déjà pour se rendre compte de tout ce que l'on ignore, où l'esprit, avide de comprendre, impatient de voir, aspire à l'inconnu, où l'imprévu sourit à l'imagination, l'auteur de ces lignes entreprit un lointain voyage. Il parcourut l'Atlantique, *entra dans le Pacifique par le cap de Horn, aborda au Chili, passa deux ans et demi en Californie, séjourna quatorze années dans l'Océanie, puis, par le Mexique, l'isthme de Panama et les États-Unis rentra en Europe, après dix-huit ans d'absence.*

On voit beaucoup en dix-huit ans quand on regarde. De son mieux il raconta une partie de ce qu'il avait vu. Les idées générales restèrent en dehors. Outre qu'elles embrassaient un champ trop vaste pour le cadre d'un livre, elles étaient encore vagues et confuses, mal éclairées par une lueur douteuse. Il leur manquait ce lent et salutaire travail de la réflexion intérieure qui, peu à peu, dégage des inévitables scories qui la recouvrent, l'idée entrevue, qui affermit les convictions et, par un procédé d'optique familier aux peintres, ramène au premier plan ou recule au dernier, les faits selon leur importance, les conceptions selon leur valeur. Un séjour prolongé dans des milieux et sous des climats divers, parmi des races bien différentes, de passagers contacts avec d'autres, alors peu connues et encore moins observées, un concours singulier de circonstances facilitant à l'auteur ses études, avaient fourni ample matière à des observations personnelles, recueillies et notées, dégagées de tout parti pris, de toute idée préconçue. C'était un champ encore inexploré, fertile en découvertes inattendues, en impressions vives; aucune lecture antérieure n'en émoussant l'acuité, aucune théorie formulée n'en faussant la sincérité.

Souvent, alors, l'auteur caressait l'idée d'évoquer dans leurs cadres ces races diverses, de demander au milieu dans lequel les avait placées le hasard apparent de leur destinée, le secret de leur génie particulier, d'élargir ce travail à l'aide d'observations analogues faites ailleurs et par d'autres, d'étudier notre terre et ses habitants au point de vue de lois nouvelles, entrevues déjà, et dont l'expérience et l'étude ont, depuis, confirmé l'exactitude. L'occasion de le tenter est venue, pour lui, à son heure.

Nous commencerons cette étude géographique de notre terre par l'Asie. A ce point de l'histoire où nous sommes, au seuil de ce vingtième siècle de notre ère, si, dans l'Europe s'incarne la civilisation moderne, l'Asie personnifie le passé, comme l'Amérique l'avenir. L'axe du monde se déplace, une force inconnue, un courant irrésistible l'entraîne vers l'ouest. Sortie des hauts plateaux de l'Asie centrale, la civilisation a, dans ses étapes successives, constamment progressé vers l'occident. Lente au début, hésitante dans sa marche, comme un enfant qui essaye ses premiers pas, elle s'est longtemps attardée aux rives du Gange et de l'Euphrate. Puis le mouvement s'accélère; la mer Égée est franchie; la Grèce, Rome brillent d'un incomparable éclat; la Gaule, l'Espagne, l'Allemagne, l'Angleterre sont successivement envahies par cette marée montante, toujours en marche vers l'ouest, et qui vient enfin se heurter à l'océan Atlantique.

Au delà, c'est l'inconnu; l'inconnu avec ses terreurs, mais aussi avec ses mirages. Les uns après les autres de hardis marins s'aventurent sur les flots, la proue vers l'ouest, et ne reparaissent plus. Pendant des siècles ils s'acharnent à chercher au delà de l'horizon lointain qu'empourprent les rayons du soleil couchant, la mystérieuse Atlantide, le pays de l'or, des fruits merveilleux et de l'éternel printemps.

Enfin, en 1492, Colomb découvre l'Amérique. Tout ce que l'Espagne contenait d'aventuriers se précipite sur ses traces. La croix d'une main, l'épée de l'autre, ils occupent les Antilles, l'Amérique centrale et l'Amérique méridionale. Cent trente-cinq ans plus tard, la persécution religieuse jette les puritains anglais sur l'Amérique du nord. Le nouveau monde est envahi; un continent quatre fois grand comme l'Europe est conquis, colonisé. La grande république des États-Unis se crée, lutte, triomphe, et pousse dans l'ouest, jusqu'au Pacifique, ses hardis pionniers.

De Balbeck et de Palmyre, de Ninive et de Babylone, d'Ecbatane et de Thèbes aux cent portes, il ne reste plus que des ruines abandonnées. La civilisation a passé là, elle s'y est arrêtée, puis a repris sa marche vers l'occident.

Nous la suivrons. Dans notre premier volume nous étudierons l'Asie, l'Europe dans le second et le troisième, l'Amérique dans le quatrième. Facteurs nouveaux, appelés un jour à modifier profondément les lois économiques du monde, l'Afrique et l'Océanie, que déjà les États européens se disputent, pressentant l'avenir qui leur est réservé, seront l'objet de notre dernier volume.

En abordant ce long travail nous ne nous dissimulons aucune des difficultés de notre tâche, mais nous avons foi dans notre ardent désir de le mener à bien. Chemin faisant, sur des mers inhospitalières ou ensoleillées, sur des terres lointaines, nous retrouverons et saluerons au passage des souvenirs du passé, des impressions et des émotions dont le temps n'a ni affaibli la vivacité ni amoindri le charme. Notre but sera atteint si, à la sèche et aride nomenclature que représente pour beaucoup l'étude de la géographie, nous réussissons à substituer la claire apparition de contrées, de peuples et de villes d'aspect et de physionomie divers, l'évocation vivante d'un monde vivant, agissant et pensant, dans son cadre infiniment original et varié.

C. DE VARIGNY.

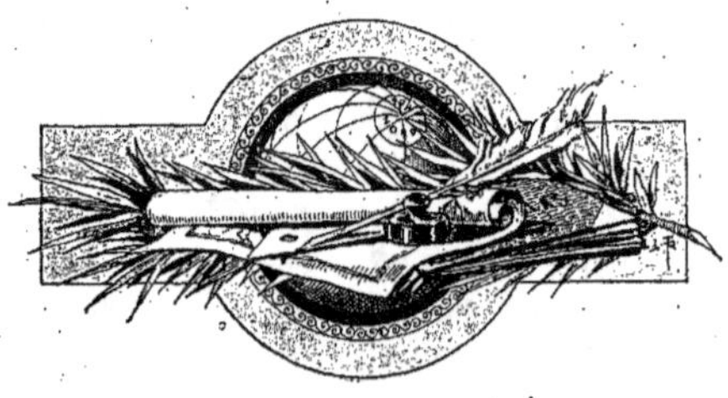

L'ASIE

APERÇU GÉNÉRAL

Au centre du monde : l'Asie, terre des Aryas, mère des nations. Massif quadrangulaire et compact, présentant à chacun des quatre points cardinaux l'une de ses façades ; sur trois côtés, baignée par trois océans : au nord par l'océan Glacial Arctique, à l'est par l'océan Pacifique, au sud par l'océan Indien. A l'ouest : l'Europe, dont la séparent la Méditerrance et les monts Ourals.

Du golfe de Kars à la mer d'Aral, ils décrivent une courbe légèrement infléchie, barrière naturelle à laquelle succède une ligne arbitraire et capricieuse contournant la mer Caspienne, courant brutalement, à angle droit, vers la mer Noire, enfermant dans son tracé conventionnel l'Asie Mineure, la Syrie et l'Arabie. Double frontière, l'une visible et logique, œuvre de la nature, l'autre, résultat de conventions politiques qui ne tiennent compte ni du relief du sol, ni de la nature de ses productions.

Historiquement, l'Asie est l'aînée des cinq parties du monde, la plus anciennement peuplée, la première civilisée. Nulle ne voit remonter aussi haut son antiquité, nulle ne fait dater d'aussi loin ses annales. Berceau du genre humain, c'est au nord-ouest des hauts plateaux du Dekkan, dans les vallées fertiles de l'Aryavarta, qu'est apparue la lueur crépusculaire et douteuse de l'Idée : idée religieuse, idée morale, éveil de la pensée, premier effort de l'homme cherchant à se dégager de la matière, à s'élever au-dessus d'elle.

Géographiquement, l'Europe n'est qu'un prolongement de l'Asie, qu'une courbe du massif central s'infléchissant vers l'ouest, se déroulant jusqu'à l'Atlantique en une vaste péninsule. L'Afrique elle-même, à laquelle l'Asie se rattache par Peluse et l'isthme de Suez, n'est que la continuation du sol et du climat continental de l'Arabie, dont l'étroite mer Rouge la sépare sans la distinguer. Le Sahara n'est qu'une extension des déserts sablonneux de l'Arabie. Le grand archipel d'Asie, fragment détaché du massif central, par un lien invisible y tient encore. Entre la presqu'île de Malacca, Sumatra, Java, Bornéo et les Célèbes, la mer est sans profondeur. Des plateaux sous-marins relient ces terres au continent. Entre la Chine et les Philippines, la Nouvelle-Guinée et l'Australie, la sonde rencontre rarement plus de 200 mètres et les îles semées sur l'océan Indien, semblables aux assises d'un pont gigantesque rattachant l'Australie à l'Inde, attestent la primitive étendue du continent central.

Superficiellement, et ramené à ses limites actuelles, ce continent est encore le plus vaste : 42 millions de kilomètres carrés, plus que l'Europe et l'Afrique réunies, au moins autant que le double continent américain. Au centre, nœud du système orographique, soulèvement gigantesque dont les anciens, s'ils l'avaient connu, eussent fait l'axe du monde, le grand plateau central, déroulant sur 3 millions de kilomètres carrés son massif compact d'une altitude moyenne de 2,000 à 4,000 mètres.

L'Himalaya au sud, le Kuen-Lun et le Thian-Shan, au nord, l'Altaï à l'est, l'encerclent de leurs cimes altières, les plus hautes de notre globe. A l'ouest, le Pamir, « pilier du ciel », « toit du monde », dresse ses sommets sourcilleux.

De ce colossal plateau descendent et débordent au loin des ramifications puissantes; par la Chine, l'Annam et Siam, elles atteignent la presqu'île de Malacca et, par delà les mers, reparaissent à Sumatra et Bornéo.

Au sud, elles s'infléchissent vers le golfe de Bengale, au nord, contournant le désert de Gobi qu'elles enserrent par les monts Khinghan, longeant la Mantchourie, elles poussent jusqu'aux régions glacées du détroit de Behring leurs vagues montueuses. A l'ouest, au travers de l'Afghanistan, contournant le golfe Persique et la mer Caspienne, elles dressent entre celle-ci et la mer Noire la longue muraille du Caucase, tandis qu'un rameau détaché, courant au long de la Syrie et de l'Arabie, semble s'être entr'ouvert au détroit de Bab-el-Mandeb pour livrer passage aux flots de la mer Rouge, se relever en Abyssinie et se perdre dans les sables du Somal et du pays des Gallas.

Au sud de ce massif central, de l'autre côté des Himalayas, barrière infranchissable, mur solide, çà et là percé d'étranges trouées au travers desquelles serpentent, noires et profondes, d'étroites vallées impassables même pour l'Indien, tant l'air y est empesté et mortel : la Péninsule hindoustanique.

Forteresse naturelle, camp retranché, défendu par l'Himalaya et la chaîne

Indo-persique au nord, par la triple muraille des monts Soliman à l'ouest, au sud-ouest, au sud et à l'est par les Ghattes et la mer qui, sans relâche, déferle sur les côtes de Coromandel et de Malabar.

Au centre, une brusque barrière. Les monts Vindhya coupent en deux ce triangle. Entre l'Himalaya, les monts Soliman et la chaîne du Vindhya : l'Aryavarta, la terre des Aryas, que l'Indus sépare de la terre des Afghans.

Par son étendue, par sa situation géographique, au sud effleurant la Ligne, au nord le Pôle, le continent asiatique réunit toutes les variétés de climat. Il baigne dans les eaux les plus chaudes et la lumière la plus intense. L'océan Indien, la mer du Bengale et la mer de Chine enserrent ses côtes méridionales. A l'est, longeant la Chine, le Kuro-Sivo, ou courant du Japon, porte jusqu'aux plages de l'Empire du Soleil Levant les ondes tièdes des mers de la Sonde. Au nord, depuis la mer de Kara, jusqu'au détroit de Behring, défilé de 40 kilomètres qui sépare seul l'Asie du continent américain, il confine à l'océan Glacial Arctique. Sur la côte basse, figée neuf mois de l'année dans un froid terrible, battue pendant trois par les coups de vent furieux des régions polaires, les steppes de neige déroulent à perte de vue leur blanc et monotone linceul. Côtes sombres et désolées, explorées par le grand navigateur suédois, Nordenskjold, qu'habitent seules quelques tribus nomades, Samoyèdes et Yakoutes, qui voient, par un contraste étrange, un été court et violent de jours sans nuits succéder à un long, intolérable hiver de nuits interminables.

Entre ces deux climats extrêmes, entre les chaleurs brûlantes de l'Hindoustan et de l'Indo-Chine et les froids terribles du pôle : un climat aux transitions brusques, de longues périodes de sécheresse et de pluies torrentielles ; les plus hautes montagnes, et quelques-uns des grands fleuves du monde.

Au nord, dans la Sibérie glacée : l'Ob ou l'Obi, le Yénisei, la Léna ; à l'est l'Amour, le Hoang-Ho ou fleuve jaune, le Yang-tse-Kiang ou fleuve bleu, le Mé-Kong ; au sud : l'Euphrate et le Tigre, le Gange et l'Indus.

Entre le bassin de l'Indus et celui du Gange à l'est et à l'ouest, entre les Himalayas et la vallée de la Nerbudda au nord et au sud, s'étend la terre sacrée, la région sainte : le Septa-Sindhou. Au delà de la Nerbudda et des monts Vindhya : le Dekkan, terre de la civilisation.

Le Septa-Sindhou est la terre aryenne entre toutes, berceau de l'Arya qui, longtemps, ne franchit ni le désert hindou, ni l'Indus. Pour lui, c'étaient les barrières du monde. Au delà, il ne concevait rien, ne cherchait rien : quand, à l'ouest, le soleil disparaissait, c'était pour franchir le noir continent, et, à l'est, revenir éclairer la terre sainte, « la terre aux sept rivières », dont les chants védiques célébraient l'incomparable fertilité.

Sur cette terre vécut l'Arya, notre ancêtre par le sang et par l'intellectuelle puissance, l'Arya dont les descendants peuplent l'Europe, ont colonisé l'Amérique, envahissent l'Afrique comme, demain, ils envahiront l'Océanie, comme, hier, ils ont occupé l'Australie. Ici, nous touchons aux sources vives de la civilisation et de l'histoire, à l'un des points de départ de l'humanité.

Dans l'Aryavarta s'agitèrent, vagues et confuses d'abord, plus précises ensuite et s'incarnant dans le Rig-Véda; les premières aspirations vers un idéal social et religieux. A ce titre seul, si elle n'en avait pas d'autres, l'Asie occuperait encore le premier rang ; c'est à elle qu'il faudrait remonter, au début de toute étude synthétique, comme au premier anneau de la chaîne.

Dans l'Arya, agriculteur et pasteur, travailleur patient et gai, impressionnable, intelligent et méthodique, religieux par nature, poète par instinct, l'Européen retrouve les traits caractéristiques de sa race, modifiés par le temps, le milieu, les épreuves subies, les événements traversés, mais dont l'empreinte subsiste, ineffaçable. Jusque dans les grandes lignes de l'histoire de ce peuple, il reconnaît la sienne, telle, à peu de chose près, qu'elle s'est déroulée depuis ; dans les migrations et les exodes de l'Arya, les siens ; dans la féodalité aryenne, dans ses chefs guerriers, enrichis par la guerre, amollis par la paix, dans la domination des prêtres, dans la misère du peuple, préludes du quatrième exode : l'histoire d'hier. Dans la corruption née de l'opulence, dans le mélange avec des races inférieures, dans la décadence morale, suivis de relèvements brusques : des phases souvent traversées ; dans le goût affiné des plaisirs intenses, dans les énervantes tristesses, dans le pessimisme qui, enfin, envahit la race, dans le découragement universel aboutissant au despotisme triomphant : des avertissements salutaires.

Race supérieure, et supérieurement douée, dont on retrouve parmi les habitants du Cachemire les signes caractéristiques transmis à la nôtre : la peau blanche, la régularité des lignes, le nez fort et droit ; race qui a transmis à ses descendants asiatiques l'ouïe fine et délicate que possèdent encore les Beloutchis nomades, la vue perçante qui permet aux Cachemiriens de noter et de distinguer soixante nuances diverses dans chaque couleur.

Entre elle et le sol qu'elle habite, entre son être intime et le monde extérieur tel qu'il se déroule sous ses yeux, au début, l'harmonie est complète ; on la retrouve dans les traits, on la perçoit dans les idées, on l'entend dans le langage. L'Arya réalise le type accompli de l'être primitif dans le cadre le mieux disposé pour le recevoir. Rien n'a contrarié, tout a favorisé son développement. A cet unique et heureux concours de circonstances sont dues la persistance de sa race et sa résistance aux épreuves que l'avenir lui réservait.

Ailleurs, il n'en fut pas de même, et, dans cette populeuse Asie, l'Arya est celui sur lequel les événements eurent le moins de prise, qui conserva le mieux ses traits distinctifs et que n'anéantirent point les mélanges avec d'autres races. Autour de lui, elles étaient nombreuses.

Le continent asiatique est le plus peuplé de tous ; intarissable réservoir de vie, depuis des siècles il déverse sur le monde le surplus de sa population. Ni les effroyables guerres intestines, suivies de massacres, ni les soulèvements, suivis d'interminables exodes, ni les famines qui décimèrent ces nations, n'ont pu tarir cette source inépuisable.

A l'heure actuelle, l'Asie renferme 835 millions d'êtres, plus de la moitié du genre

VUE GÉNÉRALE DE BEYROUT ET DU MONT LIBAN.

humain, et, prolifiques entre toutes, les races qui l'habitent croissent en nombre.
Races laborieuses et patientes, souples et résistantes à la fois, fières de leur antiquité,
dédaigneuses, comme en Chine, des idées, des mœurs et des coutumes européennes.
Races errantes et farouches, comme les Mongols; avides de civilisation et promptes à
se l'assimiler, comme au Japon; nomades, comme en Perse et en Arabie; dans l'Inde,
races fatalistes et fanatiques, contemplatives et résignées, comme épuisées par un
effort intellectuel trop prolongé, engourdies et somnolentes mais parfois secouant leur
longue torpeur par des séditions terribles, attestant l'intensité de leur foi par leur
mépris de la mort et la haine de leurs oppresseurs.

Celles-ci, races instinctivement plus religieuses, ayant poussé plus loin et plus
avant leurs aspirations vers l'idéal.

La première lueur qui apparut dans les ténèbres de l'humanité fut l'étincelle
qui se dégagea du cerveau d'un être pensant, entrevoyant l'idée d'un être invisible
et supérieur, d'une justice que son instinct lui révéla, bien qu'il ne la vit nulle part.
Ce jour-là, l'idéal naquit, la conscience s'éveilla, confuse et vague, mais jamais plus
ne devant ou ne pouvant se rendormir.

Sur ce sol où elle naquit, elle grandit, gardant la marque caractéristique de son
origine, l'indélébile empreinte de l'âme contemplative qui l'avait conçue et enfantée.
La lueur devint foyer, la pensée prit un corps, mais ni la lente évolution des siècles,
ni les patients travaux des philosophes et des penseurs ne modifièrent l'image
primitive, et, dans le Bouddha indien s'incarnent les conceptions finales, les traits
distinctifs de l'Hindou : son fatalisme résigné et sa muette espérance.

Ce n'est plus l'idée primitive et pure, simple aspiration à une justice naturelle
impossible; c'est l'idée, retombant sous le joug pesant de la réalité, de la matière et de
la nature. Car cette terre, généreuse et fertile, est aussi redoutable entre toutes;
la nature y étouffe l'homme.

Les montagnes sont trop hautes; sous les forêts trop denses il a peine à respirer;
un orage change ces fleuves majestueux en torrents destructeurs qui anéantissent, en
quelques heures, les résultats de son patient labeur; les cyclones dévastent ses champs,
la sécheresse brûle ses récoltes. Autour de lui grouille une vie intense, débordante,
au milieu de laquelle il se meut, patient et soumis, redoutant d'attirer sur lui, par un
geste brusque, par une colère irraisonnée, d'innombrables et invisibles ennemis. Plus
à craindre, en effet, que les cyclones et les inondations, que les pachydermes et les
fauves, sont, pour lui, ces myriades d'insectes ailés qui pullulent et bruissent dans l'air.

L'infiniment petit et l'infiniment grand l'étreignent, et l'infiniment petit est le plus
redoutable. Contre lui il est sans défense; devant la bête douée comme lui de vie et
de mouvement, plus que lui agressive, il s'incline, renonçant à la lutte impossible,
et, dans la folie religieuse qui envahit son cerveau, la déclarant sacrée et tenant
à crime de la détruire. Sur cette pente, où s'arrêter? Il ne s'arrête pas. Certains
Hindous vivent avec un bandeau sur la bouche pour éviter de détruire, en l'aspirant,
un insecte invisible; d'autres, pieusement, recueillent, abritent et nourrissent dans
des pinjrapoles la hideuse vermine qui s'attache à leurs semblables et à eux.

Fataliste et fanatique ; fataliste, il le devient, inhabile à soulever le poids des choses, à comprendre et à s'expliquer les phénomènes qui l'entourent, l'étonnant contraste auquel sa pensée se heurte, à saisir le lien mystérieux qui relie l'une à l'autre l'incomparable puissance de la nature et l'impuissance de l'homme, la richesse de l'une et la misère de l'autre. Tout, au-dessus, au-dessous et près de lui, est disproportionné à sa taille, dépasse son entendement et ses forces.

Impérieuse et despotique, la matière l'écrase, autant par ses prodigalités que par ses résistances. Il se croit un jouet entre ses mains ; n'osant ni la bénir ni la maudire, il se courbe et subit son joug, acceptant avec le même stoïcisme les biens qu'elle lui dispense et les maux qu'elle lui inflige : l'air empesté des marais, le froid terrible des montagnes, la dévorante chaleur des plaines, les fruits abondants et les fleurs embaumées.

Si la faune est bienfaisante, elle est redoutable. Sous les chaudes vapeurs, dans l'atmosphère humide s'étendent, impénétrables et profondes, les forêts peuplées de fauves, les jungles inextricables. L'ours et le rhinocéros, le *gaut*, bison indien, taureau trapu, au poil long et roussâtre, à la tête intelligente, à l'ouïe fine et à l'œil incertain, le tigre qui fuit le voisinage de l'homme et l'éléphant qui le recherche, le lion, la panthère, le léopard, le loup y gîtent, puis le cerf, l'antilope, le zébu, le chat sauvage. Monde animal infiniment varié, infiniment nombreux ; comme l'homme, résigné et patient ; lent à s'irriter, mais terrible dans ses colères.

Puis, des types étranges, inconnus ailleurs, antithèses vivantes : ici, l'anabas, poisson des rivières indiennes, qui grimpe aux arbres ; là, l'archer, poisson qui attaque l'insecte qu'il convoite, l'étourdit par les gouttes d'eau qu'il lui lance avec une merveilleuse habileté, le capture et le dévore ; le lézard ailé, le crocodile du Gange, au museau grêle, allongé, mesurant jusqu'à dix mètres de longueur. Les serpents venimeux rampent dans les herbes ; les sauterelles, ravissantes à voir avec leur corsage jaune et leurs ailes de gaze mouchetées de brun, ravagent les plaines et, au cours des nuits brûlantes, dans l'atmosphère immobile, bruissent, comme un vent d'orage, des milliards d'insectes, bourdonnent des nuées ailées.

Parmi les hautes ramures, les singes de Delhi, petits et larges, curieusement tachés de rouge ; sur les rives du Gange, le Bundar aux longs bras, à la face ridée et creusée, presque humaine ; le Langour d'Amber, à l'œil vif, au facies riant, grand, de belles proportions, que l'Hindou admire, qu'il tient pour un être humain, muet, et auquel il attribue la conquête de Ceylan. Doux à l'homme, groupés autour d'un chef, occupant, par tribus, des territoires distincts dont ils font respecter les frontières, les Langours vivent en bonne intelligence avec l'Hindou.

Les airs ne sont pas moins peuplés que la terre, et partout la vie intense se révèle sous les formes les plus variées. Au-dessus des étangs et des marais où grouillent, insatiables, voraces, les tortues molles, sans carapace, s'entre-tuant pour se dévorer, au-dessus des forêts et des jungles, des plaines brûlantes et des fleuves, plane le Saras, l'oiseau aquatique, monogame, modèle de l'amour conjugal. S'il faut en croire l'Indien, il poursuit le chasseur qui a tué sa compagne.

Sur le plumage des oiseaux de l'Inde, la nature semble avoir épuisé les couleurs de sa palette. Aux bords du Gange, le splendide coloris des perroquets brille du plus vif éclat. La perruche verte, que les soldats d'Alexandre rapportèrent en Europe, le lori étincelant, le kakatoës abondent. Là, le boulboul fait entendre son chant délicieux, puis le pigeon de Nicobar, l'irène splendide, le picrocote et le calyptomène.

Cette partie du monde est la terre natale du paon, symbole de richesse et de beauté, du lophophore vêtu d'or, du trapogan écarlate et du trancolin au plumage sanglant. L'arghilah, surnommé l'adjudant, haut sur ses pattes jaunes et raides, la tête chauve engoncée dans ses épaules rondes, armé d'un bec pointu, immobile, sauf ses deux yeux rouges qui, incessamment, furètent autour de lui, s'attache à l'homme, qui n'a garde de le détruire. L'arghilah nettoie les villes, prévenant les pestes par sa vorace vigilance.

Au milieu de cette intensité de vie, l'homme n'apparaît plus comme l'être primordial et supérieur autour duquel gravite le monde animal soumis à ses lois, réduit à l'obéissance et à l'état de domesticité.

Dans ce cadre démesuré, au sein de cette nature exubérante, d'instinct il se fait petit, plus anxieux de se soustraire aux forces conjurées contre lui que de lutter contre elles et de les vaincre.

Sol et climat d'un charme énervant, d'une incomparable richesse et d'une incomparable mollesse, où l'homme végète plus qu'il ne vit, d'où il a peine à s'arracher tout en les maudissant, qu'il regrette quand il les a quittés, qui toujours ont tenté et tenteront la cupidité des trafiquants, l'ambition des conquérants. Terres qu'ont convoitées Sésostris et Darius, Alexandre et Gengis-Khan, Timour et Nadir-Shah, Napoléon et l'Anglais. Terre sur laquelle, croit-on, l'homme apparut d'abord, crût et se multiplia, peuplant vallées, plaines et plateaux, nombreux comme les grains de sable de la mer, enfermé dans l'immense péninsule, de tous côtés prisonnier de la nature, longtemps ignorant le reste du monde et ce qui pouvait bien exister par delà les mers ensoleillées, par delà les cimes de l'Himalaya et du Pamir, le « pilier du monde ».

Comment l'eût-il su? Comment eût-il franchi l'énorme muraille derrière laquelle, sur le haut plateau thibétain confinant à la Chine, s'ouvrait un autre monde? Monde aussi aride et aussi triste que le sien débordait de lumière et de vie, région sablonneuse ne produisant guère que le sarrasin, le millet et le chanvre, région des herbes et des grands troupeaux nomades, des ravins rocailleux et des collines marneuses, des marécages desséchés, des eaux rares et des steppes monotones, des plaines de neige et de déserts sans fin; pays pauvre, mais que peuplait une race aussi active que la sienne était indolente.

Entre ce monde et lui, il y avait plus que l'épaisse barrière de granit, ses glaciers, ses profondes vallées et ses cimes inaccessibles; il y avait une muraille d'idées, de conceptions, reflets d'un autre ciel et d'une autre terre. La nature le berçait, l'endormait, ou le tuait. Asservi par elle, comment eût-il compris l'être d'action, l'habitant des hauts plateaux de l'Altaï, le Thibétain, le Mongol, le Tartare?

Le Tartare, cavalier intrépide que les hordes de Lao-Chan ont rejeté sur l'Indus où son irruption inattendue fait crouler l'Empire mal assis des successeurs d'Alexandre, qui, plus tard, déraciné de nouveau par l'invasion chinoise, poussé vers l'Occident, chassant devant lui les Suèves, les Goths, les Gépides, les Vandales, vient déborder sur l'Empire romain, envahir la Germanie, dévaster l'Europe, s'y établir, la peupler et mêler son sang asiatique à celui des vaincus et des hordes barbares qui, dans l'Empire démantelé, se taillent des royaumes.

Torrent d'hommes qui détruisaient avant d'édifier, mais qui, sur leur passage, charriant avec eux des idées nouvelles, les semaient au hasard dans cette civilisation européenne naissante, ignorante encore de la boussole, de l'imprimerie, de la poudre que la Chine connaissait alors et dont leurs récits bizarres, exagérés, font mention, éveillant l'incrédulité mais aussi la curiosité, ouvrant à l'esprit d'invention des horizons nouveaux, missionnaires inconscients du progrès, anneaux de la chaîne qui, bien avant eux, avait relié ces deux continents dont la nature n'avait fait qu'un seul.

Quand, de l'autre côté de l'Himalaya, ces hordes défilaient, leurs retentissantes clameurs n'arrachaient pas l'Indien à sa méditative contemplation. Au long de cette muraille de quatre cents lieues d'épaisseur, elles passaient, ou revenaient chargées de butin, ignorantes de l'Inde assoupie. L'Himalaya leur causait, à elles aussi, une religieuse terreur. Dans leurs esprits frappés et leurs yeux étonnés, les Tartares emportaient avec eux le souvenir du Kamchinjenga dressant à 24,000 pieds de hauteur sa cime altière, de la passe de Tankra, étroit et sombre défilé, porte de l'enfer, où, dès l'entrée, les miasmes vous prennent à la gorge.

Ni l'Hindou n'osa, ni le Mongol ni le Tartare ne purent franchir la barrière. Du plateau thibétain et du plateau mongolien s'abaissant à l'ouest vers l'Europe, à l'est vers la Chine, Mongols et Tartares descendaient, suivant la pente, débordant sur l'Europe ou la Chine ; race dure et résistante, belliqueuse, avide de terres fertiles, de soleil et de chaleur, lasse de ses steppes sablonneux, des froids rigoureux de l'hiver, cruelle et nomade, de ses hauts plateaux s'abattant, comme l'aigle de son aire, sur les plaines, conquérant l'Empire du Milieu, en faisant un fief héréditaire. Poignée d'hommes perdus parmi ces centaines de millions, mais leurs maîtres par l'audace, par le mépris du nombre et de la mort.

On les vit, au temps de leurs gigantesques conquêtes, traîner à leur suite, jusqu'aux confins de l'Europe, le meurtre, le pillage et l'incendie ; sous la conduite de Gengis-Khan, le khan puissant, envahir la Russie méridionale, étendre leur empire des bords de la mer Noire aux mers de la Chine, sur leurs petits chevaux noirs et rudes, infatigables comme eux, parcourant d'énormes distances, semant partout la terreur, portant partout la dévastation.

Race remuante, inquiète, entre l'Inde apathique, la Chine immobile et l'Europe lointaine, race dont le sang s'est mélangé à celui de toutes les autres, dont on retrouve partout le type caractéristique : le visage aplati, le menton court et en retrait, les joues saillantes, le front fuyant, les yeux petits et obliques, les cheveux durs, la barbe rare.

Sur ce sol d'Asie où vécut l'Arya, où naquit le Bouddhisme, apparut le monothéisme d'Israël, le christianisme civilisateur, puis l'Islam destructeur. Terre en idées comme en hommes fertile et féconde, sur laquelle une grande ombre, depuis, s'est étendue. Les siècles ont eu raison de ses antiques civilisations, les sables ont recouvert ses antiques cités. De Ninive et de Babylone, de Baalbek et de Palmyre, il ne reste que des ruines rongées par le temps et que le temps bientôt achèvera d'anéantir. Mais cette civilisation dont elle a transmis le germe à l'Europe, l'Europe, à son tour, la lui rapporte; de toutes parts, elle enserre, envahit la vieille Asie; la Russie, par la mer Caspienne, le Turkestan et la Sibérie; la France, par l'Indo-Chine; l'Angleterre, par la mer Rouge et le golfe Persique, par la mer d'Oman et le golfe du Bengale, par l'Inde et l'Afghanistan, la pressent et la forcent.

A ce contact impatient, la Chine s'ouvre, et au dehors, déborde; l'Inde écoute et regarde, rêvant un empire hindou; le monde asiatique s'éveille, et sur lui passe un souffle nouveau.

Nous en noterons les effets, nous en dégagerons les résultats acquis. Pour les mieux classer nous adopterons, dans notre étude de ce continent, une méthode à la fois géographique et historique.

Au premier aspect, l'Asie apparaît comme un inextricable fouillis de nations, mêlées et confondues sur une superficie énorme, une infinie poussière humaine.

A l'examen, les grandes divisions se révèlent, ramenant l'ordre dans l'apparent désordre.

L'Asie de l'ouest, ou les États mahométans, c'est-à-dire : l'Asie Mineure, l'Arménie et la Mésopotamie, la Syrie, la Palestine, l'Arabie, puis la Perse.

L'Asie du sud, ou Asie anglaise : l'Afghanistan et le Beloutchistan, l'Empire des Indes.

L'Asie du nord, ou Asie russe; elle comprend le Caucase, le Turkestan et la Sibérie.

Enfin, l'Asie orientale ou Asie bouddhiste : la Chine, le Japon, l'Indo-Chine et Malacca.

Quatre grandes divisions géographiques, historiques et religieuses.

Nous les suivrons dans cet ordre, commençant par les États mahométans, plus rapprochés de nous, et, dans ces États mahométans, par la Turquie d'Asie.

Jeune garçon turc.

Chameliers de Jéricho.

I. — LA TURQUIE D'ASIE

I. — L'ASIE MINEURE

Campé sur trois continents, assis sur un seul : l'Asie, l'Empire Ottoman tient sous sa dépendance, plus apparente que réelle, quelques-unes des contrées les plus célèbres et les plus florissantes de l'antiquité.

En Europe, et au contact de l'Europe, son influence décroît, ses possessions lui échappent; la Russie, l'Angleterre, la Grèce s'en emparent.

En Asie, il détient encore, avec l'Arabie, toute la partie méridionale du continent à l'ouest du Tigre. Il confine à la Russie et à la Perse dont les angles aboutissent au mont Ararat, point culminant du plateau Iranien. Partout ailleurs, sauf en Europe, la Turquie a la mer pour frontière naturelle : la mer Arabique au sud, le golfe Persique à l'est, la Mer Rouge, la Méditerranée et la mer Égée à l'ouest, au nord la mer Noire.

Du premier coup d'œil on distingue quatre divisions naturelles, géographiques et historiques : les deux péninsules de l'Arabie et de l'Asie Mineure, le bassin de l'Euphrate et du Tigre que surplombe l'Arménie, les plateaux de la Syrie et de la Palestine.

L'Asie Mineure (par opposition à l'Asie profonde), Anatolie des Grecs, Levant des Italiens, est baignée par quatre mers, la Méditerranée, la mer Égée, la mer de Marmara, la mer Noire.

Elles lui apportent leurs chaudes haleines, leurs brises tempérées et leurs vents froids. A l'est, un tracé conventionnel, de la baie d'Alexandrette au coude de l'Euphrate, remonte le cours du fleuve et, par la vallée du Choruk-su, rejoint l'Euxin.

Sa superficie est, d'un dixième environ, inférieure à celle de la France, 480,000 kilomètres carrés. Sa population est de 6,020,000 habitants.

L'Asie Mineure forme un vaste plateau que rien ne distingue de ceux de l'Arménie et du Kurdistan. A mille mètres au-dessus du niveau de la mer, s'infléchissant vers le nord-est et le sud-ouest, il est lui-même dominé, au sud et au nord, par les ramifications montueuses des montagnes de l'Arménie. Longeant le littoral, elles viennent aboutir à la mer Égée dans laquelle elles disparaissent pour reparaître au large et former l'île de Chypre et l'île de Rhodes, masses rocheuses détachées du continent, se reliant à lui par les plateaux sous-marins. C'est le Taurus des anciens. L'Anti-Taurus court au long de l'Euxin jusqu'au Bosphore, se relève au mont Olympe, dont on entrevoit de Constantinople le profil azuré, et, du sommet de l'Ida, domine les plaines de Troie.

Séparée par le Taurus de la Syrie du nord et du bassin de l'Euphrate, l'Asie Mineure s'y relie par le défilé de Cilicie, Pyles Ciliciennes, vallée profonde qui serpente entre les sommets. Voie étroite et difficile, pendant bien des siècles suivie par les trafiquants.

Entre ses parois lisses et resserrées défilèrent les migrations des peuples et les conquérants en marche. Elle vit passer Alexandre, vainqueur de Thèbes et d'Athènes, à la tête de ses vétérans, allant écraser sur les bords du Granique l'armée de Darius, et, vingt et un siècles plus tard, Méhémet-Ali se dirigeant sur Constantinople; entre eux : Godefroy de Bouillon et Frédéric Barberousse.

A l'exception de l'Halys ou fleuve Rouge, dont le cours mesure 850 kilomètres, du Yéchil-Ismak ou fleuve Vert, les cours d'eau qui sillonnent l'Asie Mineure sont peu importants, mais leurs noms célèbres éveillent les souvenirs : l'Hermus, aux flots aurifères, qui se jette dans le golfe de Smyrne; le Granique où Darius vit son armée innombrable plier sous l'effort de 30,000 Macédoniens; le Scamandre où Xanthus né dans les solitudes de l'Ida, le Simoïs et le Mœandre, au cours capricieux, le Cydnus aux ondes argentées où faillit mourir Alexandre et sur les rives duquel Antoine oubliait l'empire dans les bras de Cléopâtre.

Cette péninsule de l'Asie Mineure est, en raccourci, une réduction du continent asiatique. Massif montagneux central, haut plateau dont les escarpements s'inclinent vers la mer en terres marécageuses et basses, et que coupent en lignes transversales des chaînes montueuses.

Aux antiques provinces la Turquie a substitué ses divisions administratives, mais elle n'a pu effacer ni remplacer les noms et les souvenirs du passé. La Lydie, la Phrygie, la Pamphilie, la Paphlagonie, la Cilicie, la Cappadoce subsistent encore sous les appellations modernes des vilayets turcs de Brusa, Aydia, Kouïa, Adana, Sivas, Angora, Trébizonde et Kastamuni. Le vilayet de Ak-Deniz ne fera pas oublier les noms de Ténédos et de Lemnos, de Lesbos et de Chio, de Patmos et d'Icarie.

La Grèce convoite ces terres ; elles font partie de son histoire. L'Europe, à l'occasion, s'en empare. Chypre, détachée de l'Empire Ottoman, a passé, en 1878 aux mains de l'Angleterre, Samos est presque indépendante, et devant l'invasion des éléments grec, arménien et juif, le Turc, lentement, se replie de ces îles sur le continent.

Mobile et changeant, suivant l'altitude, les vents et l'exposition, le climat de l'Asie Mineure, chaud sur les plages et parfois malsain, est souvent rigoureux sur les plateaux et les versants du Taurus et de l'Anti-Taurus.

La flore constitue une transition naturelle entre celle de la Perse et de la Syrie à l'est et de l'Europe méridionale à l'ouest. Sur la côte sud, on retrouve la végétation de la vallée du Nil; le littoral ouest ressemble à celui de la Morée. Au nord, de belles forêts, des fruits abondants ; sur le versant des coteaux de riches pâturages. La vigne, l'olivier, le figuier, rivalisent avec les vignes, les oliviers et les figuiers de la Sicile et du sud de l'Espagne. La faune rappelle celle de la Syrie et de la Mésopotamie.

Merveilleusement articulée, découpée en baies et en anses, en caps et en péninsules qui projettent sur une mer semée d'îles leurs plages dentelées, l'Asie Mineure possède un développement de côtes remarquable, eu égard à la superficie de son territoire. Sur la mer de Marmara, comme sur la Méditerranée, ce ne sont qu'échancrures, indentations profondes formées par les collines et ramifications montueuses, golfes et rives sinueuses, rappelant par leurs découpures celles des côtes de la Grèce qui leur font face par delà la mer Égée, par delà les Sporades dont les îlots détachés semblent relier Athènes à Smyrne.

Main tendue par l'Asie à l'Europe, point de jonction des deux mondes, qui, par le nord seulement, pouvaient se rejoindre et l'un sur l'autre déborder, par l'Hellespont, mer étroite réduite aux proportions d'un fleuve, ou, plus haut encore, par les plaines de la Russie méridionale. Ici, la mer barrait la route, et, des plages de l'Asie Mineure, Lydiens et Phrygiens, trafiquants des produits de l'Asie, cherchaient à les écouler dans l'Europe méridionale baignée par la Méditerranée. L'Hellène fut l'intermédiaire naturel.

Navigateurs et commerçants, actifs et d'humeur vagabonde, curieux et d'esprit délié, entraînés par leur génie aventureux, aussi avides de récits nouveaux que de gain, les Grecs franchirent la mer Égée, sur les plages d'Anatolie débordèrent et, plus tard, s'établirent. Ce fut la grandeur et aussi la fortune de la Grèce. Par elle, les notions d'art et de science de la Chaldée, de l'Assyrie, de la Perse pénétrèrent en Europe, avec les produits variés de ces régions. Prompt à s'assimiler les idées, prompt à les répandre, émigrant volontiers, facilement prenant pied et faisant souche, le Grec, sur ces côtes d'Anatolie, retrouvait l'image agrandie de la patrie absente ; même configuration géographique, montagnes et vallées, caps et golfes,

FONCTIONNAIRE TURC DE BEYROUT.

mais climat plus chaud, terres plus nourricières, ports plus vastes et plus sûrs. De marin il se fit colon, de trafiquant commerçant ; le nomade de la mer devint sédentaire. Il prit racine au sol et l'Hellène asiatique, plus remuant, plus actif, déposséda l'Anatolien et fonda les puissantes colonies de l'Asie Mineure.

Sous des cieux plus doux, dans ce cadre plus large, le génie grec s'épanouit librement. Ici fut la patrie d'Homère, de Thalès, d'Héraclite, de Pythagore et d'Hérodote ; ici, grandirent et brillèrent d'un incomparable éclat Milet, illustrée par Anaximandre, Hécatée et Aristagoras ; Pergame, Smyrne, Éphèse, Halicarnasse.

Des éléments épars apportés de l'Égypte, de la Syrie, de la Perse et de l'Inde, élaborés, modifiés, fusionnés par ce peuple si merveilleusement doué, se dégagea ce grand courant artistique et scientifique, cette impulsion prodigieuse donnée par la Grèce à l'Europe et qui sera dans l'histoire son éternel honneur.

La Grèce asiatique n'a rien à envier à la Grèce d'Europe et si l'histoire synthétique assigne à cette dernière un rang qui relègue dans l'ombre le rôle important qu'a joué la première, cela tient à cette tendance de l'esprit humain d'incarner dans un nom unique de ville ou d'homme une gloire collective. Derrière le grand nom de la Grèce pâlissent les noms secondaires. Elle fut le précurseur, elle resta l'ancêtre nimbé de l'auréole des cités nées d'elle.

Sur ce sol, point de jonction de l'Europe et de l'Asie, les couches humaines se superposent. De quelques-unes il ne reste qu'une appellation et un souvenir vague : tels les Chalybes qui enseignèrent l'art de fondre les métaux ; tels les Galates, frères des Gaulois, qui laissèrent leur nom à une grande province d'Asie. De peuples dont l'antiquité fait mention il ne reste plus rien, fondus qu'ils sont avec d'autres races. Plus récents d'origine, parvenus d'hier, les Turcs, les Grecs, les Arabes couvrent et occupent ce sol dont le Turc est maître apparent, refoulé en attendant d'être rejeté. Il semble que, contre lui, se lèvent les grands souvenirs du passé, qu'ils protestent contre sa présence et sa domination, qu'ils l'écrasent de leur hauteur et de leur grandeur. Patient, fataliste et résigné, il n'a plus qu'un pied en Europe, et en Asie, sous lui, le sol se dérobe.

L'Européen afflue, et le Grec, homme d'affaires, marin, commerçant, banquier, cultivateur, dépossède le possesseur du sol, le Turc indifférent que l'usure ronge, que sa frugalité seule sauve d'une ruine complète.

Médecins, avocats, professeurs, interprètes et journalistes, les Grecs s'emparent des carrières libérales, forment et façonnent à leur gré l'opinion publique de l'Europe.

Par suite de la configuration géographique et du relief du sol, aujourd'hui, comme autrefois, les villes importantes se groupent, de préférence, au bord de la mer, la ville moderne fréquemment superposée, ou juxtaposée à la ville antique. Quelques-unes, cependant, étapes obligées du commerce d'un littoral à l'autre, sont situées dans l'intérieur, sur la route qui, du nord au sud, relie la Méditerranée à la mer Noire, telles : Kaisavich, l'antique Césarée, au pied du mont Argée ; Tokat, près de la somptueuse Comana Pontique ; Zillah, l'ancienne Zéla, sur la route d'Amasia, qui traverse ce champ de bataille d'où César adressa à Rome sa laconique dépêche :

Veni, vidi, vici. Amasia vit naître Strabon. Il a décrit les hauts rochers qui surplombent la ville et que couronnaient le palais des rois du Pont et l'imprenable citadelle. Le palais a disparu; une citadelle turque se dresse sur les assises des vieilles tours helléniques.

Puis, à l'ouest, des villages troglodytes comme Ourgoub, des tentes de Kourdes et de Turcomans nomades sur une terre jonchée des ruines de cités autrefois populeuses, des roches comme celles de Boghaz-Koi, au nord-ouest d'Yuzgat, sur lesquelles de solennelles processions se déroulent en bas-reliefs assyriens, les débris du palais d'Oyuk, gardés par des colosses d'animaux en pierre, blasonnés comme des écussons héraldiques. Enfin, à la pointe la plus septentrionale de l'Asie Mineure, du haut de son promontoire dominant la mer Noire, Sinope, la vieille ville assyrienne, adossée à ses collines, reliée par un isthme étroit à la terre ferme. Mithridate y naquit et, avant les Assyriens, avant les Grecs, les Milésiens y trafiquèrent.

A l'ouest de cette pointe, limite de la culture de l'olivier : Sésamyus et Bartan, Erakli, l'ancienne Héraclée, « port d'Hercule », où l'on exploite des gisements de houille; Viran Chehe, « la ville abandonnée », Nazianze aux cyclopéennes constructions; Angora, l'Ancyre des Grecs et des Romains, où, dans une inscription bilingue, Auguste a, lui-même, raconté son règne, ses conquêtes et ses travaux. Ici, Alexandre trancha le nœud gordien. Aujourd'hui, Angora est le centre d'un commerce important. Les chèvres d'Angora produisent une laine qui rivalise de finesse et de qualités soyeuses avec celle des chèvres de Kachemir. Vainement le gouvernement turc a voulu réserver à ses nationaux le monopole du trafic ; les négociants européens les en ont dépossédés, dépossédés à leur tour par les Grecs.

Plus rapprochée de Brousse et de Constantinople, Kintayeh, autrefois Cotyœum, rivale d'Angora, voit croître le chiffre de sa population et grandir son commerce; au nord, Eschi-Chehe, la vieille ville, est célèbre par une victoire de Godefroy de Bouillon; puis Ada-Bazar, sur le Sakaria; et, le pont franchi, les villes et les villages asiatiques du Bosphore sur lesquels Constantinople projette son ombre.

Historiquement et géographiquement, cette ville est européenne; géologiquement, elle est asiatique. Au delà du Bosphore, l'Anatolie se continue, prolongeant plus avant son ossature rocheuse et son système tellurien. Ici, le phare d'Anadoli et le phare de Rouméli échangent leurs feux; les batteries d'Asie et les batteries d'Europe croisent les leurs et, sur les rives du Bosphore, Bouyouk-Déreh et Thérapia se mirent dans les eaux qui reflètent sur la rive d'Asie Beïkos et Tchibouklou dont les blanches colonnades, les coupoles et les minarets se profilent sur la verdure des vallons. Au long du Bosphore, villas et mosquées, palais d'Asie et palais d'Europe, en face les uns des autres étagés, se déroulent à perte de vue. Scutari, la ville asiatique, par delà la Corne d'Or, s'étend, au sud, jusqu'à l'antique Chalcédoine, Scutari, promontoire extrême de l'Asie, ville sainte, désignée par les prophètes pour servir de refuge aux Turcs, le jour où l'Europe victorieuse les rejettera.

Au sud de Scutari, le rivage s'infléchit brusquement vers l'est, la mer de Marmara s'élargit et, par le golfe d'Ismid, pénètre dans la terre d'Asie. Ismid, l'ancienne

Nicomédie, port de Sakaria, dont Dioclétien rêva de faire le siège de l'empire, dresse au fond du golfe son acropole hellénique, sa cité multicolore, ses tours byzantines et romaines. Près d'Ismid, Ghemlik, ainsi qu'Ismid située au fond d'un golfe ; Isnik, l'antique Nicée, « ville de la victoire », résidence des rois de Bithynie, patrie d'Hipparque, trop au large dans sa double enceinte romaine, semée de ruines et de broussailles, ne conservant rien de son grand passé qu'une peinture grossière, dans une petite église grecque, du concile de Nicée (325) qui proclama le symbole des apôtres. Dans ces défilés déserts et pierreux, les Croisés laissèrent, en 1096, vingt mille cadavres.

Près de là, Brousse, l'une des plus grandes et des plus populeuses villes de l'Anatolie, l'une des plus charmantes aussi. Brousse, l'ancienne Prusium, enfouie dans la verdure, n'a rien conservé de son antique origine, ni de ses monuments romains. Par contre, les mosquées sont restées, et aussi les traditions de l'Islam dont elle fut la première capitale, qui, de là, menaçant Constantinople et emporté par son irrésistible élan, a laissé dans les 365 mosquées de Brousse l'empreinte de sa vitalité naissante et puissante. Elle a gardé le cénotaphe d'Osman, le tombeau de Mahomet II et de ses premiers successeurs. Brousse était le centre d'un important commerce de soies, aujourd'hui déchu, tombé de 30 à 10 millions de francs.

A l'ouest de Mondania, port de Brousse, la luxueuse Cycique dont il ne reste que des ruines insignifiantes, puis, une côte marécageuse au long de laquelle végètent de pauvres villages turcs : Lamsaki, dont Xercès fit don à Thémistocle exilé ; Abydos, convertie en caserne, et le château des Dardanelles, la porte de Constantinople, qu'entoure une ville de matelots. Ici, s'arrêtent et jettent l'ancre les bâtiments qui doivent remonter jusqu'à la capitale de la Turquie.

Le détroit s'élargit. Sur le promontoire qui le domine, une acropole en ruine, celle de Dardanus ; des marbres blancs jonchent la pente ; au delà, le bourg d'Erenkoï, peuplé de Grecs, d'où la vue s'étend sur la Troade, sur les champs « où fut Troie ».

Vainement, et longtemps, sur ces plages historiques qui, semblables les unes aux autres, déroulent au long de la mer d'Achaïe leurs monotones et plates solitudes, on chercha Troie. Les ruines elles-mêmes avaient péri. L'humus et le sable avaient tout recouvert, et, de Troie disparue, il ne restait rien. Troie avait-elle jamais existé ? On niait l'existence d'Homère, et le merveilleux récit qu'on lui attribuait n'était, pour beaucoup, qu'une de ces rapsodies dans lesquelles excellèrent les Grecs. Hantés par l'Iliade, d'autres demandaient aux descriptions si précises et si vivantes du poète immortel, au relief du sol, aux « torrents impétueux » et aux plaines « battues des vents », de leur révéler le site où s'était passé l'un des drames de l'histoire.

Où était le mur construit par les Grecs et qui bravait les efforts des Troyens ? Où les portes Scées ; où le Simoïs et le Scamandre, les tombeaux d'Achille et de Patrocle, celui du vieux Priam ; où son palais et les murs de Pergame ? Alors qu'Homère chantait et que les Grecs ravis répétaient ses vers harmonieux, des siècles s'étaient déjà écoulés depuis la grande épopée et le poète reconstruisait dans sa puissante imagination une Troie idéale. Il connut les sites, il vit le ciel et la mer, les montagnes et les torrents, le

cadre et peut-être aussi des ruines que le temps n'avait pas achevé de ronger, la terre
d'engloutir. Il recréa ce qui n'existait plus et la vraie Troie est et restera, de par son
génie, celle qu'il a peinte et non celle des archéologues, la cité vivante, remuante et
populeuse où pleura Hélène, non la cité morte des décombres et des ruines.

Mieux secondé et plus persévérant que ses prédécesseurs, M. Schliemann a résolu
l'énigme; mais peu s'en est fallu qu'il n'échouât, hanté, lui aussi, par les descriptions
du poète, leur demandant ce qu'elles ne pouvaient donner. Il a trouvé ce qu'il
cherchait, plus et mieux encore : sous la Troie chantée par le poète, une Troie que le
poète n'a pas connue, des portes qui ne sont pas les portes Scées, un trésor, dont la
découverte a rendu son nom célèbre.

Il importe peu que la cité populeuse et magnifique se réduise aux proportions d'un
gros bourg de quelques milliers d'âmes, que la forteresse de Pergame ne soit qu'une
rude et grossière citadelle, que, depuis tant de siècles, le Scamandre et le Simoïs aient
modifié leur cours, et que, « torrents impétueux, » ils soient devenus ruisseaux
vaseux. Troie a existé; l'empire des Troyens fut autrefois vaste et puissant; les pierres
le disent et l'affirment, non peut-être celles du temps d'Homère, mais celles des
générations précédentes, mais l'inscription que Rhamsès III faisait graver sur les
murailles de Medinet-Habou, et dans laquelle il comptait au nombre de ses plus
héroïques exploits d'avoir repoussé l'attaque des Teucriens, de tous les peuples
maritimes qui menaçaient son empire, le plus puissant et le plus redoutable.

Est-ce bien réellement le trésor du vieux Priam, ce trésor dont M. Schliemann nous
raconte, en termes émouvants, la découverte inattendue, dans les tranchées énormes
qu'il avait fait creuser?

« En fouillant sous un mur voisin du palais de Priam, je rencontrai un objet en
cuivre d'un fort gros volume et d'une forme remarquable. Il attira d'autant plus mon
attention que je crus reconnaître de l'or derrière cet objet. Au-dessus s'élevait une
couche d'un mètre et demi à un mètre trois quarts d'épaisseur de cendre rouge mêlée
à des débris calcinés, et dure comme la pierre, qui supportait à son tour le mur de
fortification susmentionné, haut de 6 mètres et épais de 1^m,80, qui est bâti de
grosses pierres et de terre et qui doit dater des premiers temps qui ont suivi la
destruction de Troie.

« Afin de soustraire ce trésor à la rapacité de mes ouvriers et le conserver pour la
science, j'ai eu besoin de faire la plus grande hâte, et, quoique l'heure du déjeuner ne
fût pas encore venue, je fis aussitôt crier : *païdos* (un mot d'origine incertaine qui a
passé dans le turc et qu'on emploie ici pour signifier l'heure du repos).

« Pendant que mes gens mangeaient et se reposaient, je travaillai moi-même avec
un grand couteau à déterrer le trésor; ce ne fut pas sans beaucoup d'efforts que j'y
réussis, ni sans le plus grand danger, car je risquais à chaque instant de voir s'écrouler
sur moi la grande muraille au-dessous de laquelle je travaillais. Mais j'y songeais à
peine, aiguillonné jusqu'à la témérité par la vue d'une foule d'objets dont chacun devait
avoir et possède en effet une valeur inappréciable pour la science. Cependant l'enlève-
ment de ce trésor m'eût été impossible sans la présence de ma chère femme, qui se

tenait toujours prête à envelopper dans son grand châle et à emporter les objets au fur et à mesure que mon couteau les dégageait de leur dure prison » . . . .

. . . . . . « Comme je trouvai tous les objets ci-dessus désignés, réunis ou placés les uns dans les autres en un tas carré sur le mur d'enceinte, il paraît certain qu'ils étaient entassés dans une caisse de bois *telle que celles mentionnées dans l'Iliade.* Cela est même d'autant plus sûr que, tout à côté de ces objets, j'ai relevé une clef de cuivre dont le panneton offre la plus grande ressemblance avec celui des grosses clefs des coffres-forts dans les banques. . . . . Il est présumable que *quelqu'un de la famille de Priam,* après avoir jeté en toute hâte les pièces du trésor dans la caisse, a emporté celle-ci sans prendre le temps de retirer la clef; mais, arrivé sur la muraille, il aura été atteint par les ennemis ou par le feu et aura dû abandonner la caisse, que les cendres rouges et les pierres de la maison royale qui se trouvait à côté auront recouverte aussitôt à une hauteur de 1^m,50 environ. Peut-être est-ce au malheureux qui avait fait cette tentative de sauvetage qu'appartenait le casque trouvé il y a quelques jours dans une chambre de la maison royale immédiatement à côté de l'endroit où gisait le trésor, avec un vase épais en argent, haut de 18 centimètres, large de 14, contenant une élégante coupe d'électron de 11 centimètres de hauteur sur 4 de largeur. . . La précipitation devant le danger, l'angoisse avec laquelle on avait entassé dans la caisse les objets précieux que je viens d'énumérer, est prouvée entre autres choses par le contenu du plus grand des vases d'argent, au fond duquel j'ai trouvé deux magnifiques diadèmes en or, un bandeau de tête et quatre superbes pendants d'oreilles d'or, travaillés de la manière la plus artistique. Au-dessus de ces objets se trouvaient 56 boucles d'oreilles en or, de formes très remarquables, et 8,750 petits cylindres, anneaux, prismes et cubes perforés, boutons, du même métal, etc. . . appartenant évidemment à d'autres parures. Par-dessus encore étaient six bracelets en or, et tout en haut du grand vase d'argent, les deux petites coupes d'or. »

Quelle que soit leur origine, les objets retrouvés, leurs formes et leurs usages jettent une lueur nouvelle sur cette civilisation, vieille de trente-six siècles, et les ruines sur lesquelles s'élevait elle-même l'antique cité découverte par M. Schliemann, attestent l'existence d'une race antérieure encore à celle qu'immortalisa le poète grec.

La Troade est déserte. Quelques villages à l'embouchure du Menderch, des tombeaux épars dans la plaine, des buttes funéraires, en rompent seuls l'aride monotonie.

Entre Eski-Stamboul, la vieille Constantinople, et Baba-Kaleh, le château du Père, qui forme la pointe méridionale extrême de la Troade, on ne rencontre que misérables huttes.

La mer s'infléchit vers l'est; l'île de Mytilène dresse à l'entrée du golfe, au-dessus des murailles qu'édifia le moyen âge, son vieux château couronné de verdure, surplombant la ville aux maisons blanches étagées en gradins et le double port. C'est Lesbos où naquit Sapho, l'île d'or chantée par les poètes.

Faisant face à Lesbos, à 28 kilomètres dans l'intérieur des terres : Bergame, l'ancienne Pergame, dont l'origine remonte au fils d'Andromaque. Sur une haute colline se dressent l'acropole en ruines, la vieille basilique, des débris de stade et d'amphithéâtre, le temple de Minerve Poliade, d'où l'obstiné labeur des explorateurs a ramené au jour ces bas-reliefs admirables qui ornent le musée de Berlin, cette frise de près de cent mètres de longueur, gigantomachie représentant le combat des Dieux et des Titans, ces manuscrits précieux écrits sur « la peau de Pergame ».

En revenant vers la mer : Tchandaslik, port de Pergame; puis, au sud, descendant vers Smyrne : Fokia, l'antique Phocée, mère de Marseille que fondèrent ses hardis colons, Phocée, ville grecque, bien déchue de son ancienne opulence, et dont l'unique commerce est le sel; Ménoman, sur la voie ferrée qui, de Smyrne, à droite et à gauche, contournant la côte, relie la grande ville de l'Asie grecque à Alachebr, d'une part, à Saraïkoi de l'autre.

Smyrne, la cité commerçante, descend, en pente douce, des contreforts du Pagus vers la mer dont la sépare une passe étroite dominée par les blanches murailles du Fort de l'Étendard.

« Trois et quatre fois heureux, dit l'oracle antique, sont ceux qui vivent au pied du Pagus, au delà du Mélès sacré. » Ici, le Grec retrouvait les lignes gracieuses et fuyantes, les contours harmonieux de la terre natale; la végétation assez maigre des collines de Smyrne ne lui voilait ni les courbes onduleuses de la chaîne du Sipyle soutenant la masse pyramidale du Trône de Pélops, ni le lointain Mimas, ni les puissantes assises du Tmolus au rugueux sommet, étageant sur ses pentes de nombreux villages.

« Ismir l'Infidèle », ainsi que la désignent les Turcs, Smyrne l'Européenne et la Grecque, est, après Constantinople et Athènes, la plus populeuse des cités helléniques. Smyrne appartient aux Ghiaours. Ils possèdent et occupent la ville; partout on y retrouve l'empreinte de l'Europe, et les Turcs, refoulés par le flot montant de la civilisation, acculés aux pentes du mont Pagus dans des labyrinthes de ruelles, végètent sur ce sol dont ils sont les maîtres de nom. Grecs et Francs, Arméniens et Juifs, Levantins et étrangers y sont les maîtres de fait et, aux 40,000 Turcs qui habitent Smyrne, opposent une masse compacte de près de 150,000 résidents, dont 90,000 Grecs rayas et 30,000 Hellènes.

A l'importation, le commerce de Smyrne atteint 116 millions; 95 millions pour l'exportation, soit un trafic total de 211 millions dans lequel l'Angleterre figure pour 75 millions, la France pour 40.

Au sud du port, la côte se découpe en golfes profonds où régna l'élégante Éphèse, où trafiqua la commerçante Milet. En face de Smyrne : le « Paradis de l'Archipel », l'île de Chio, dont la ville déroule au long du rivage harmonieusement dentelé, entre des massifs d'orangers et d'oliviers, les ruines, encore debout, de l'effroyable tremblement de terre qui, en 1881, engloutit près de 6,000 de ses habitants. Chio, la ville riante et coquette, l'île riche et populeuse, avait été plus cruellement éprouvée encore en 1822, quand les Turcs, pour se venger des pertes que leur firent subir les hardis marins de Psara, détruisirent ses villes et ses villages, emmenant 45,000 habitants en esclavage, laissant sous les ruines effondrées 25,000 cadavres.

Mais les Chiotes sont de race tenace. Les fugitifs s'établirent ailleurs et prospérèrent ; ceux qui restèrent se mirent à l'œuvre, construisirent et peuplèrent.

« Le Chiote réussit partout », disent les Grecs qui leur ont transmis, avec le meilleur de leur sang, leur génie mercantile, leurs aptitudes commerciales, et qui se défient quelque peu de ces Grecs sémitiques aussi souples qu'insinuants, horticulteurs habiles et diplomates experts, qui peuplent les faubourgs de Constantinople, ceux de Smyrne et la cour du sultan.

Au sud de Smyrne, traversée par la voie ferrée qui mène à Séraïkoi : la vallée du Méandre, semée de villages et de centres commerçants. Au seuil de la vallée, Éphèse, « l'œil de l'Asie », terre sacrée de Diane, « la Mère de la Nature ».

D'Éphèse, il reste la plus imposante des ruines mises à jour, les merveilleux fragments conservés au Musée britannique, les fondements de « l'Artemision », les débris d'un théâtre, les colonnes de l'aqueduc et les murailles de l'Acropole. A la patrie d'Héraclite et d'Apelle, il reste ses légendes mythologiques, grecques, romaines et chrétiennes. Grande fut la Diane des Éphésiens, dont la populace ameutée poursuivait de ses clameurs Paul de Tarse, l'accusant moins encore d'être le contempteur de la déesse redoutée que de détruire par ses prédications ardentes l'industrie dont vivait la ville.

Le port sacré est comblé, marais fangeux bordé de ruines, remplacé par la Nuova Scala, port italien de la nouvelle Éphèse.

En face et au nord de la vallée du Méandre, séparée de la péninsule de Mycale par un détroit resserré, s'étend l'île de Samos. Une colonne solitaire marque le site où fut l'Héréion, sanctuaire vénéré de la ville. Sur l'emplacement d'un des anciens faubourgs de la cité, Khora, au long de ses rues tortueuses, dresse ses maisons en gradins. Sur l'autre versant de l'île, Vathy, la ville moderne, enserre un golfe aux eaux profondes, étage dans un cirque herbeux ses plantations de vignes, voit croître son commerce et le chiffre de sa population. Un faible tribut libère Samos de toute sujétion à l'Empire ; la sobriété de ses habitants et la salubrité de son climat assurent sa prospérité.

Ce coin de l'Asie Mineure semble privilégié. Samos est riche et fertile, et toute la vallée du Méandre qui lui fait face est une des plus industrieuses régions de l'Anatolie. Elle alimente le commerce de Smyrne. Ouchak lui fournit ses tapis renommés ; Kadi-Koï, ses cotonnades ; Bouladan et Danizli, leurs produits agricoles ; Nazli, les figues dites de Smyrne.

Près de l'embouchure du Méandre, un pauvre hameau, Palatia, marque la place où fut Milet, patrie d'Anaximandre et de Thalès ; à peu de distance, au nord, Héraclée ; au sud, Hieronda ; puis Boudroun, qui fut Halicarnasse et où naquit Hérodote.

Entre deux promontoires étreignant la baie, ainsi qu'un théâtre à gradins dominant l'horizon, la ville d'Artémise étageait sur les pentes ses palais, ses temples, et le tombeau de la Reine, l'une des merveilles du monde ancien. Sur l'un des promontoires, surplombant la mer : le temple d'Aphrodite et d'Hermès ; sur l'autre le palais de Mausole que dix-huit siècles respectèrent et que détruisirent les chevaliers de Jérusalem.

A peu de distance, au large, Cos, l'île grecque, où, sous un gigantesque platane dont des piliers de marbre supportent les lourds rameaux, Hippocrate, dit la tradition, recevait ceux qui, de toutes parts, venaient l'interroger. C'est là, près des jaillissantes fontaines thermales, que l'ingénieuse légende a déifié le « Père de la médecine ». C'est là aussi, sur cette côte riche en éponges et féconde en plongeurs hardis, que Schiller a placé le site de sa ballade, le père promettant sa fille à celui qui, dans les eaux les plus profondes, irait chercher la coupe d'or.

Au-dessous de Cos, Rhodes, « l'épouse du soleil » et le « séjour des Héliades », Rhodes, « qui ne connaît ni les jours sans soleil ni les arbres sans feuillage ». Nulle ville, dit Strabon, ne pouvait lui être égalée.

Située à l'angle de la péninsule, à égale distance de Constantinople et d'Alexandrie, escale obligée des navires à une époque où l'on se hasardait rarement loin des côtes et où la navigation n'était qu'une série de relâches, Rhodes fut le centre d'un commerce considérable, l'un des points de croisement les plus fréquents.

Marins expérimentés et politiques habiles, les Rhodiens se maintenaient en bons termes avec la cour de Byzance. Ils cultivaient son amitié pour en obtenir la libre pratique du Bosphore. Héritiers des Phéniciens et de leurs traditions, ils surent, comme eux, fonder des comptoirs lointains et entretenir avec Sinope un commerce lucratif.

Quand l'Empire de Byzance succomba, quand la ville impériale devint la capitale de l'Islamisme, Rhodes reçut dans ses murs les chevaliers de Jérusalem, expulsés de la terre ferme. De cette île, à la pointe saillante comme la proue d'un navire dirigée vers le rivage, pendant cent douze années, Rhodes brava les Turcs, alors tout-puissants, et, par sa résistance acharnée, tint longtemps la fortune indécise.

Dans les voies étroites de la vieille ville, dans la rue des Chevaliers, sur les antiques demeures s'écartèle encore le blason de ces champions de l'Europe, chevaliers français, espagnols, italiens, implacables ennemis de l'infidèle, du mécréant, qui, à la ville asiatique, imprimèrent l'ineffaçable cachet d'une cité de l'Europe féodale.

En face, sur la côte de Lycie : Tlos, Xanthos, Patara, semées de ruines et de tombeaux; une ville moderne, Elmalu, peuplée de Grecs et d'Arméniens, située entre le golfe de Makri et le golfe d'Adalia, ville prospère; Adalia, capitale de la Pamphylie; Konieh, l'antique Iconium, dont les plaines ont été, pendant les croisades, le théâtre de nombreux combats; Tarse, sur la rive droite du Cydnus dont Marc-Antoine fit la capitale de son empire asiatique, où Julien fut enseveli, où naquit « l'apôtre des Gentils ».

Près de Tarse : Adana, dans un bassin fertile; Missis, la Mamistra des Croisés, qui gardé le passage du Pyrama.

Ici commencent les escarpements du Djebel-el-nour, « montagne de lumière ». A cette muraille, frontière naturelle du monde hellénique, l'Anatolie finit, la Syrie commence. Dans le Djebel-el-nour s'ouvre le défilé de Gulok-Boghaz, « la porte de Tamerlan »; nous sommes au seuil du bassin du Tigre et de l'Euphrate.

ÉGLISE SAINTE-ANNE. — VUE DE JÉRUSALEM.

Sur cette terre asiatique que nous venons de parcourir et de décrire, à chaque pas le pied se heurte aux vestiges de la Grèce. L'Hellène y est partout, partout aussi la trace du génie de ses ancêtres. Ils ont peuplé de leurs dieux ces terres et ces îles; sur les ruines des civilisations antérieures, ils ont édifié leurs temples, leurs acropoles, leurs monuments; leurs légendes, dorées par le soleil d'Asie, se sont, maintes fois, substituées à l'histoire, elles en occupent la place.

Race étonnamment douée, en qui s'incarna, un moment, l'idéal de l'humanité, dont la jeunesse égala, si elle ne la surpassa, la maturité des plus grands peuples, et dont la maturité plus stérile a légué à d'autres la tâche écrasante de la dépasser. Partout où elle passa, elle sema des chefs-d'œuvre; prodigue de merveilles, du premier coup, sans efforts, atteignant la perfection, son artistique génie, transplanté sur la terre asiatique, ne subit ni l'influence d'un milieu autre, ni celle de nations si différentes. Souples et déliés, les Hellènes servirent d'intermédiaires entre l'Europe et l'Asie, s'enrichissant intellectuellement par l'échange des idées, commercialement par celui des produits, prêts à devenir les guides et les maîtres de leurs maîtres : de Rome toute-puissante et de l'Islamisme triomphant; à tous deux devant survivre, comme l'idée survit à la force qui n'a qu'un temps.

Sur ce sol, colonisé par leurs aïeux, on les retrouve encore aujourd'hui. Ils y sont au nombre d'un million, actifs, remuants, hellénisant le pays, refoulant et dépossédant le Turc indifférent, débonnaire, laborieux, que l'impôt écrase et que l'usure ronge. Sept à huit fois plus nombreux que les Grecs, les Turcs leur ont, peu à peu, cédé le littoral, c'est-à-dire le commerce, la richesse, l'influence extérieure et l'influence intérieure, le contact avec l'Europe. Remontant dans les terres, sur les hautes plaines, ils reculent devant le Grec envahisseur.

Derrière lui : l'Arménien, sobre, dur à la fatigue, prolifique, économe, intelligent et rusé. Peuple sans histoire, uniquement attaché à ses traditions religieuses, travailleur comme on ne sait l'être que dans des pays aussi rudes que celui dont il est issu, l'Arménien est partout : dans l'Asie Mineure aussi bien qu'en Hongrie, en Pologne; on le retrouve dans la Russie méridionale et en Perse, dans le Turkestan et en Transylvanie.

A côté d'eux : les Kourdes, issus des Alpes du Kourdistan, descendus des hauts plateaux du Tigre, pâtres nomades, pillards et voleurs, bergers et bandits, sujets de la Perse et de la Turquie, n'obéissant ni à la Perse ni à la Turquie, insaisissables, errants, ne se fixant que lorsque le pillage leur a fourni les moyens de devenir propriétaires. Ils sont au nombre d'environ trois millions dans l'Empire entier.

Ces nationalités se heurtent dans chacune des villes de cette Asie Mineure, européenne et asiatique, musulmane et chrétienne, imprégnée des souvenirs du passé et des haines religieuses, jonchée de ruines antiques et travaillée par les idées modernes. A chaque pas, la civilisation y coudoie la barbarie, l'opulence la misère; champ de bataille de races antagonistes où l'Asiatique rétrograde devant l'Européen qui, par tous les ports ouverts, pénètre, par Smyrne, déborde, et, dans l'intérieur, prolonge ses voies ferrées.

Que peut opposer à la silencieuse invasion de l'Europe le fataliste génie de l'Islamisme? La résignation patiente, la foi attristée qui voient approcher les jours prédits par les prophètes sont des armes impuissantes.

L'Empire Ottoman subsiste de par la volonté et les rivalités de l'Europe qui le morcellent, de l'Angleterre qui, prenant Chypre, occupe l'Égypte et garde Aden, de la France, maîtresse de l'Algérie, de la Russie qui menace Constantinople.

Au seuil de ce bassin du Tigre et de l'Euphrate que nous allons aborder et décrire, involontairement le regard se porte sur la courbe infléchie vers le sud de la nouvelle frontière russe, dont le tracé, en zigzags bizarres, côtoyant l'Erzeroum, englobant Kars, suit la ligne de partage des eaux entre l'Araxe et l'Euphrate.

Frontière provisoire que le temps et les événements modifieront, barrière trop faible, qui, sous l'effort moscovite, déjà craque et cède.

Cheik Bédouin.

Bédouins du désert.

II. — L'ARMÉNIE ET LA MÉSOPOTAMIE

(BASSIN DU TIGRE ET DE L'EUPHRATE)

Massif montagneux dont le point culminant atteint 5,260 mètres, borne triangulaire à laquelle viennent aboutir la Turquie, la Russie et la Perse, l'Ararat dresse entre la mer Noire et la mer Caspienne sa chaîne volcanique dont le soulèvement provoqua la catastrophe géologique connue sous le nom de *déluge d'Asie*.

Sur sa cime la plus élevée s'arrêta, dit-on, l'arche de Noé ; dans la vallée d'Agouri, il cultiva la première vigne. Saint entre tous, l'Ararat est en grande vénération parmi les Arméniens. Sur le « mont aux mille lacs » les neiges de l'hiver et les pluies du printemps ruissellent, alimentant l'Araxe à l'orient, au sud et à l'ouest les sources de l'Euphrate. Au travers de ses défilés sinueux serpente la route stratégique d'Erzeroum à Kars.

Les hauts plateaux de l'Arménie et du Kurdistan au nord, l'Anatolie et la Syrie à l'ouest, la Perse et la Russie à l'est, le golfe Persique au sud limitent cette région, bassin des deux grands fleuves historiques : le Tigre et l'Euphrate.

Les quatre grandes civilisations antiques sont nées, ont vécu, grandi et prospéré dans les grandes régions fluviales. C'est au long du Hoang Ho et du Yangtsé Kiang que s'est épanouie la civilisation chinoise ; l'Égypte et le monde Égyptien sont un don, une création du Nil. Dans le bassin de l'Indus et du Gange est né le monde Védique ; dans celui du Tigre et de l'Euphrate, le monde Assyro-babylonien. Instinctivement les races primitives descendaient des hauts plateaux fouettés par les pluies, battus par les vents, vers les régions plus chaudes, plus ensoleillées des plaines. Instinctivement, en leurs lentes migrations, elles suivaient le cours des torrents qui, dans les montagnes, frayaient la route, des rivières, au long desquelles elles trouvaient les abondants pâturages. Instinctivement aussi, atteignant les embouchures, où les eaux grossissantes rendaient d'une rive à l'autre le passage impossible, où les deltas marécageux s'étendaient à perte de vue, elles reculaient devant la plaine inondée et malsaine, devant l'Océan, remontant le cours des fleuves, s'arrêtant et se fixant là où l'eau salée n'empoisonnait pas l'eau douce, là où les tempêtes du large ne se faisaient plus sentir.

La mer et ses colères subites, son inconnu menaçant et ses vagues toujours prêtes, semblait-il, à déborder sur le bas sol et à tout engloutir les effrayaient ; elles fuyaient son voisinage. Aux temps alexandrins, l'Égyptien tenait la mer pour impure ; si le Nil était Osiris, le Dieu bienfaisant qui fécondait la plaine, la mer était Typhon, gouffre insatiable qui, nuit et jour, à longs traits, buvait l'onde sacrée, gouffre sans fond qui, par quelque fissure mystérieuse, déversait sur des terres inconnues ses flots amers.

Il lui fallut longtemps pour se familiariser avec l'Océan, pour comprendre que ses vagues avaient des limites au delà desquelles elles ne pouvaient l'atteindre ; mais là même où le relief du sol lui fit, comme aux premiers Égyptiens, construire sa première capitale, Memphis, à la pointe du Delta, résolument il tourna le dos à la mer, et l'Empire des Pharaons, remontant le cours du fleuve, se dirigea vers la Thébaïde. Pour le ramener au Delta il fallut le choc des Hycsos qui le rejetèrent en arrière.

Il en fut de même dans le bassin du Tigre et de l'Euphrate. En en descendant le cours Ninive, Bagdad, Séleucie, Babylone se succèdent, éloignées de la mer, assises aux bords des fleuves, entre les deux abritées, par les deux arrosées.

Beaucoup plus rapproché de la mer Noire que du golfe Persique, le haut plateau Arménien, dont la chaîne de l'Ararat forme le point culminant, s'infléchit vers le nord. D'une altitude moyenne de 2,000 mètres, plus montueux et plus accidenté que le plateau d'Anatolie, il projette au sud et à l'est de puissantes ramifications ; enserrant le lac de Van, elles forment les plateaux du Kourdistan et la frontière de la Perse.

Au nord, dans ces régions montueuses de l'Arménie, peu de villes. La vie y est dure, la terre ingrate, l'homme nomade, pillard et cruel. Il erre avec ses maigres troupeaux entre les pâturages d'automne et ceux du printemps, vivant l'été sous la tente, l'hiver dans de misérables réduits, terré, comme les animaux, dans des huttes creusées sous le sol dont rien ne les distingue, près desquelles on passerait sans en soupçonner l'existence, n'était l'odeur infecte qui s'en dégage. Hommes et bêtes habitent en commun, le troupeau est tout l'avoir de l'Arménien et du Kourde.

Sur la mer Noire : Batoum. La Russie l'a prise et la garde. Par Batoum elle tient cette partie du littoral. Par Batoum, Tiflis et Bakou elle relie la mer Noire à la mer Caspienne.

Plus au sud, Trébizonde, la Tirabzon des Osmanlis, la Trapazos des Grecs, la capitale du Pont, enserrée dans le trapèze de fortifications qui lui donne son nom. Port séculaire de la Perse sur la mer Noire longtemps elle à concentré le commerce entre l'Iran et l'Occident.

De Trébizonde partait la grande voie historique du Pont-Euxin à l'Inde, par Erzeroum. Voie difficile, rendue plus praticable depuis peu, mais que déjà dépossède la Russie, reliant par une voie ferrée Batoum et Poti à Bakou, et, de l'autre côté de la Caspienne, prolongeant vers l'est son réseau. Dans la cosmopolite Trébizonde, Turcs, Arméniens, Grecs, Européens, Persans se mêlent et se confondent; comme dans l'Asie Mineure, le Turc refoulé, là où il n'est pas fonctionnaire, se voit réduit aux métiers grossiers, homme de peine et de labeur aux gages des infidèles. Puis, encore au long de la côte, vers l'ouest, Kiresoun, d'où Lucullus introduisit à Rome les premiers plants de cerisiers. Ici la côte arménienne rejoint celle de l'Asie Mineure que nous avons décrite.

Descendons vers le sud, vers la chaîne de l'Ararat, au-dessous de laquelle s'ouvre le bassin du Tigre et de l'Euphrate. Entre la côte et elle se déroule le haut plateau Arménien, ses tristes pâturages où vaguent ses habitants nomades. Au centre, presqu'à égale distance de Trébizonde et du lac Van : Erzeroum, dernière citadelle de la Turquie contre la Russie envahissante, autrefois étape importante du commerce entre la Perse et la mer Noire, aujourd'hui à demi ruinée par l'ouverture des chemins de fer de la Transcaucasie. L'hiver y est cruel, le froid intense ; la neige y rend les communications difficiles ; par contre, l'été y est beau et le site pittoresque. Prise et reprise, assiégée et conquise, Erzeroum eut le sort étrange d'appartenir successivement à tous les peuples qui s'en sont disputé la position stratégique, plus et mieux qu'à celui sur le sol duquel elle se trouve.

D'Erzeroum, la route oblique à l'ouest, rejoignant le tracé du Kara-Sou ou haut Euphrate, que nous rencontrons près de sa source. Il court vers l'ouest, contournant le massif Arménien, et bientôt s'infléchissant brusquement vers le sud, par le Diarbekir descendant en Syrie, il roulera vers le golfe Persique ses flots grossis par d'innombrables affluents. Sur son cours : Erzendjan ; Marco Polo la visita. « C'était, dit-il, une grande cité où l'on fabriquait les meilleurs *bouquerans* (étoffes) du monde. Aux environs, elle possédait les meilleurs bains de source qui existent. » Les sources ont disparu, détournées probablement par les tremblements de terre, et, du commerce d'Erzendjan il ne reste plus que les produits du sol, riche et fertile.

Au-dessous d'Erzendjan, l'Euphrate, décrivant la courbe qui doit le porter vers le sud, brusquement se dérobe. Dans le massif rocheux se frayant une route à pic, il glisse et bondit entre des parois hautes de trois à cinq cents mètres. Sur l'un des promontoires qui forment la cluse du fleuve : Kemakh, antique résidence des rois d'Arménie. Ils avaient entassé là leurs trésors et leurs temples, leurs palais et leur tombeaux, dans une oasis de forêts et de verdoyants jardins. Plus loin : Eghin, dans un site merveilleux de grandeur, dont Moltke disait « n'avoir rien vu de plus grandiose et de plus beau en Asie », Eghin est le paradis où les Arméniens enrichis de Constantinople, négociants et banquiers, aspirent à se retirer et à jouir en paix de leur fortune.

Entre la rude et froide Erzeroum, l'industrieuse Erzendjan et la pittoresque Eghin, la transition est brusque, le contraste saisissant. Il semble qu'en côtoyant ce torrent qui sera l'Euphrate, le sol soudain ait changé d'aspect, que le climat se soit modifié, que, plus souriante à l'homme, la nature l'invite à suivre le cours du grand fleuve, à descendre avec lui dans les plaines douces et molles que ses eaux fertilisent.

Sur les ruines écroulées d'une vieille cité inconnue, Arabkir, au fond d'une dépression basaltique, a converti en jardin le cratère volcanique qui la porte. Près de là dominant la péninsule où l'Euphrate, grossi du Mourad qui, de l'est, lui apporte le tribut de ses eaux, enfin dégagé des montagnes tauriques, achève de décrire sa courbe, Kharpout dresse sur une colline isolée, sa forteresse, qui surplombe la plaine fertile, admirablement cultivée.

A l'est de Kharpout, le lac de Van et la ville qui lui donne son nom. Situé par une altitude de 1,625 mètres, le lac de Van occupe une superficie d'un peu plus de 3,000 kilomètres carrés. L'eau en est salée et, lentement, chaque année empiétant sur ses rives, elle exhausse son niveau. Le *Syrrapte paradoxal*, plus gros que la caille et moins gros que la perdrix, aux yeux noirs et brillants, aux pattes velues, terminées par des doigts de lézard, abonde sur ses rives. On pêche dans ce lac un poisson particulier, *Cyprinus Tarichi*, très apprécié, et qui fait l'objet d'un commerce assez important.

Van est l'une des plus anciennes villes de l'Arménie ; Sémiramis la conquit et, l'été, elle y venait chercher un refuge contre les lourdes chaleurs de la Mésopotamie dans Semiramgherd, aux palais polychromes et aux portes d'airain qu'entouraient des jardins délicieux. De l'époque sémiramienne, il ne reste rien que des débris et des inscriptions cunéiformes.

Étroite et sale, la ville moderne n'a conservé de sa grandeur déchue que de riches vergers et de grands et beaux arbres. « Van dans ce monde et le paradis dans l'autre », n'en est pas moins resté un proverbe arménien.

Si, jetant les yeux sur une carte, on examine attentivement le vaste bassin, qui, du haut plateau d'Arménie, se déroule jusqu'au golfe Arabique, on est frappé de ce fait que s'il est le déversoir naturel des eaux du versant sud du plateau Arménien et de la chaîne de l'Ararat, il est aussi le déversoir naturel des races qui, de trois côtés, sur les hautes plaines, l'entourent. Du plateau de l'Iran les vallées descendent, par gradins successifs en pente douce. Du Taurus et des montagnes arméniennes, des plateaux de l'Asie Mineure et de la Syrie, les courbes s'infléchissent, les monts, comme les eaux et les hommes, semblent se pencher, interrogeant l'immense plaine.

Elle les attire. Le pasteur nomade et ses faméliques troupeaux, l'Arménien terré dans ses montagnes, le Persan Iranien, le Kourde misérable et pillard, chassés par le froid, poussés par la disette, descendent, mais lentement, par étapes successives, comme quittant à regret l'ingrate terre natale, s'attardant sur les pentes ensoleillées, dans les hautes vallées ombreuses, subissant inconsciemment l'influence du climat, laissant dans chaque région où, pour un temps ils se fixent, quelque chose de leur rudesse et de leur férocité premières. Dans leur marche instinctive les déclivités du sol les entraînent. Plus bas, le sol est plus fertile encore, les pâturages plus abondants, l'air plus tiède, l'eau moins rare.

Dans ce bassin, plus vaste que la France entière, l'Euphrate et le Tigre coulent parallèlement ; l'Euphrate aux eaux claires, au cours lent et paresseux qui, de sa source à son embouchure ne mesure pas moins de 2,500 kilomètres ; le Tigre, sorti maigre de la montagne, grossi par les torrents des monts Kourdes, ces grands pourvoyeurs de neiges, roulant impétueusement ses ondes jaunes, si rapide dans sa course qu'un vieux dicton affirmait qu'il franchissait en un jour une distance égale à celle que pouvait parcourir un bon marcheur en sept. De droite et de gauche, un réseau d'affluents relie les deux fleuves, confondant leurs eaux qui, à Chat-El-Arab, s'épandent sur les terres basses, formant un vaste delta d'où, par mille issues, elles se déversent dans le golfe Persique.

Rien d'étonnant à ce que l'homme des hauts plateaux, l'habitant des régions mornes et froides, ait vu là le Paradis terrestre, la terre idéale. Dans ces plaines alluviales arrosées par les fleuves jumeaux, un sol riche que les eaux débordantes recouvraient chaque année d'un fertile limon, un sol meuble où la charrue est presque inutile, tant il est facile à remuer et à cultiver, un climat chaud, un beau soleil fécondant, dont les rayons faisaient germer, croître et s'épanouir l'exubérante végétation ; un sol plat sur lequel, par des saignées habilement pratiquées, on pouvait détourner l'eau du fleuve, la déverser sur les sables et rendre fertiles les sables mêmes. C'était l'Éden retrouvé, la terre rêvée dans les hautes solitudes, où, sous la tente fouettée par le vent, enraidie par la bise glacée, grelottant près de son troupeau affamé, le pâtre nomade cherchait à oublier sa misère en évoquant la vision d'un soleil plus radieux que son pâle soleil d'été, d'abondants pâturages, d'eaux courantes et tièdes, d'ombrages et de chaleur.

Plus il avançait vers la plaine, plus son rêve prenait corps ; quand il l'atteignait, le rêve devenait réalité. Le souvenir des misères endurées s'évanouissait comme un songe. Dans la détente de l'être, dans l'abondance succédant aux privations les haines et les colères s'apaisaient. Sur cette terre si vaste, il y avait place pour tous. Plus de ces barrières naturelles qui séparaient l'homme de l'homme, le confinaient dans un isolement farouche, la maigre terre qu'il occupait suffisant à peine à le faire vivre. Les avantages et les charmes de la vie sociale apparaissaient, la population se groupait et, sur les bords des fleuves, germaient les civilisations futures.

Un grand pas fut franchi le jour où, dans ces fleuves fécondants qui, sur leur passage, éveillant la vie, faisaient lever l'herbe et les semences, verdir les arbres aux troncs puissants, l'homme comprit que ces fleuves complaisants, « chemins qui marchent », le porteraient plus loin ; qu'il pouvait, sans crainte, s'abandonner à leur courant, sans trop d'efforts les remonter. C'était la voie naturelle, ce fut la voie historique. Suivons-la ; la reprenant où nous l'avons, un moment, quittée. Nous retrouverons sur son cours ces grandes agglomérations humaines dont nous venons d'esquisser les origines, ces Empires célèbres dont le nom éveille les plus lointains souvenirs de la plus haute antiquité historique.

Grossi par le Mourad qui, du plateau inférieur de Van, porté au Kara-Sou, l'Euphrate supérieur, le tribut de ses eaux, l'Euphrate, décrivant une courbe à l'est, se rapproche du Tigre. Il semble que ces deux fleuves jumeaux qui doivent s'unir à leur embouchure, tse recherchent et s'attirent. Le Tigre naît près du Mourad, affluent de l'Euphrate, à Outch Gol, « les trois lacs », dont les eaux jaillissantes se déversent au sud-ouest comme pour se confondre avec l'Euphrate, mais dans leur course rapide elles se heurtent au Didjlé qui les entraîne au sud ; elles forment la branche maîtresse du Tigre.

Sur le plateau du Diarbékir, le Botan-Sou le rejoint, accélérant sa vitesse. Le fleuve court vers la plaine à travers des éboulis de rochers et de calcaires, à travers d'impraicâbles défilés. Sur son tracé supérieur : Diarbékir, ville sombre, insalubre, humide et populeuse, qui compta des centaines de mille habitants ; c'est le point de rencontre des Turcs, Kourdes, Arméniens, Arabes, le point de croisement des routes entre les deux bassins. Diarbékir a grand air avec son pont de dix arches massives sur le Tigre, sa colossale enceinte de pierres noires déroulant sur 8 kilomètres ses murs crénelés, sa citadelle en ruines et ses tours rondes.

Au sud, Djézireh-Ibn-Omer, l' « Ile du fils d'Omar », vieille cité que les Yézides essayèrent vainement de défendre contre les Turcs ; puis Eski Mossoul, la vieille Mossoul, envahie par les serpents qui rampent entre ses ruines et dans les hautes herbes.

Mossoul, la ville moderne, bien déchue, mais belle encore, dresse, sur l'emplacement d'un des faubourgs de l'antique Ninive, ses maisons à terrasses, déployées en amphithéâtre sur la rive droite du fleuve. Un pont de bateaux jeté au travers du Tigre rejoint par une levée de deux kilomètres une haute terrasse unie, vaste plateau de dix kilomètres carrés, coupé par des ravins jonchés de débris. Ici fut Ninive.

Longtemps la grande ville disparue ne fut qu'une carrière d'où les habitants tiraient les matériaux nécessaires à leurs constructions, mettant parfois à jour des fragments de bas-reliefs et de statues, des débris de poterie, des pierres et des briques couvertes d'inscriptions inconnues, d'inintelligibles symboles. Millin les signalait avec une curiosité découragée à l'attention des érudits. Niebuhr, le grand historien allemand, le premier, eut l'intuition des découvertes qu'un avenir prochain tenait en réserve. Il écrivait, en 1829 : « J'ai entendu dire, à Rome, par un prêtre Chaldéen originaire des environs de Ninive, que, sous les énormes amas de décombres se trouvaient des colosses enfouis. Alors qu'il était enfant, le hasard fit découvrir une statue que les Turcs se hâtèrent de briser. Il y a peut-être là une mine inépuisable pour ceux qui l'exploiteront et les Champollion ne feront pas défaut à la langue Assyrienne. »

Niebuhr fut prophète. MM. Botta, Layard, Place et George Smith révélèrent à l'Europe des trésors inattendus.

Ici, cette masse flottante, confuse et mêlée de nomades descendus des hauts plateaux dans la plaine, limon humain, de terres et d'origines diverses, se fixa, se consolida, comme se consolidaient et se fixaient les masses boueuses que le fleuve entraînait des sommets et des pentes. Ici, elle prit racine, grandit, devint nation.

Nation aux fabuleuses légendes dont un animal doué de raison, Oannès, aurait été l'initiateur ; nation aux fabuleuses origines, faisant remonter la sienne à six cent quatre-vingt-quinze mille années avant le déluge, par lui détruite, survivant en Noé, ancêtre de la race nouvelle qui construisit Babel.

Au point où le Tigre et l'Euphrate rapprochent le plus leurs eaux, cette race s'établit et prospéra, embellissant et élargissant sa ville, semant autour d'elle les palais de ses rois, « Versailles d'un Louis XIV assyrien ».

Comme partout l'art y naquit du luxe; sur ce sol fertile où tout germait, la civilisation germa, s'étendit et les idées de la Chaldée par l'Asie Mineure s'infiltrèrent en Europe, par le plateau Iranien envahirent l'Asie. Partout on en retrouve les traces : dans les traditions grecques et hébraïques, dans les récits de l'Inde et de la Chine.

Au sud de Ninive : Arbil, l'Arbelles des Grecs, marché important des Kourdes, ville dont les ruines entassées attestent l'antique grandeur. Dans la plaine d'Arbelles, Alexandre vainqueur de Darius s'ouvrit la route de la Perse. Plus bas, Altin-Kiopru, puis Kerkouk, situées comme Arbil sur des affluents qui les relient au bassin du Tigre. A Kerkouk se croisent les routes suivies par les caravanes qui sillonnent le bas pays des Kourdes et, par le « pont d'or », Kiopru, gagnent les vallées de l'Adhim et de Diyalah. On estime à près de 100,000 le nombre de chameaux chargés qui, en certaines années, débouchent par le Pont d'Or. Kerkouk, riche en sources de naphte, en expédie d'importantes quantités à Bagdad.

Au delà, tout au long du fleuve les ruines se succèdent : débris de l'antique cité d'Assour, antérieure à Ninive et qui donna son nom à l'Empire des Assyriens. Puis Tekrit, verdoyante oasis sur la rive droite du Tigre. Saladin y naquit, dans le château écroulé qui domine la Tekrit moderne aux maisons basses; au delà : la muraille de Nimrod, fragment de la « muraille médique » qui abritait contre les invasions du nord, les terres de la basse Mésopotamie. Au-dessous de Tekrit le Tigre s'infléchit vers l'est, l'Euphrate vers l'ouest; les deux fleuves l'un de l'autre se rapprochent comme pour s'étreindre, puis de nouveau s'écartent pour enfermer l'antique Babylonie. A leur angle d'inclinaison : Bagdad.

Pour le voyageur qui, du golfe Persique, par Bassora, remonte le cours du Tigre, Bagdad s'annonce de loin, précédée par ses riches et nombreuses plantations de palmiers, par les haies verdoyantes de ses jardins potagers, par la vie et l'animation de ses rives. Au long du fleuve s'étalent les mosquées, les élégants pavillons et les somptueuses villas habitées l'hiver par les Européens, par les riches insulaires de Bombay qui viennent demander au doux climat de Bagdad le rétablissement de leur santé. La chaleur y est forte l'été, mais non comparable à celle de l'Inde. Construites sur le type oriental, les maisons de la ville offrent l'aspect de forteresses aux étroites ouvertures. L'hiver y est doux, la pluie rare, tout au plus quinze jours par an. Le climat est un des plus secs que l'on connaisse.

Peu de villes ont été autant de fois prises, reprises, détruites et reconstruites que Bagdad, tantôt ici, tantôt là, se nommant tantôt Ctésiphon et tantôt Séleucie, mais toujours à ce point géographique prédestiné pour une grande ville, dans cette plaine où les deux fleuves unis par leurs canaux forment un merveilleux réseau hydrographique, où la vallée de la Diyalah débouche sur le Tigre, donnant accès aux plateaux supérieurs, où les caravanes se forment pour, de là, gagner la Perse. Sous l'épaisse couche de ruines qui porte Bagdad, bien des villes, bien des civilisations inconnues dorment à jamais. On y peut creuser toujours plus avant et toujours trouver l'empreinte humaine. Jadis, débordant sur ses campagnes, l'immense Bagdad formait en dehors de ses murs une agglomération de quarante villes et bourgades reliées les unes aux autres par des avenues bâties de maisons; aujourd'hui Bagdad tient à l'aise dans ses murailles; au dehors les ruines jonchent le sol et sur ce sol aride et sec comme celui du désert, sur ces débris en poussière les chameaux sommeillent et les caravanes font halte.

Bagdad est encore le centre d'un commerce important. Ses dattes et ses fruits sont célèbres dans tout l'Orient, ses chevaux et ses ânes blancs renommés. Il s'y fait un grand trafic de laines, de grains, de noix de galle. Les Turcs y sont rares, fonctionnaires ou soldats. Les Juifs, nombreux, forment le quart de la population, principalement Iranienne. Un petit chemin de fer relie Bagdad à Ghadim, habitée par les classes riches ou aisées de Bagdad, lieu de pèlerinage des Musulmans qui vont y visiter le tombeau d'un martyr Chiite, Mousa-ihn-Djaffar. Les Sunnites ont, eux aussi, leur lieu de pèlerinage : Madhim, sur la rive gauche du Tigre.

Autour de Bagdad, de nombreux et populeux villages : au-dessous de Bagdad, les Madaïn ou les deux Cités. D'une rive à l'autre leurs ruines se font face, leurs débris se contemplent, grands souvenirs dont le nom même disparaît, dont il ne reste plus qu'une brève appellation : Madaïn. De ces deux cités, celle de droite fut Séleucie, capitale de la Syrie, fondée par le chef de la dynastie Séleucus Nicator, ou « le vainqueur », qui lui laissa son nom et de qui date l'ère des Séleucides. L'autre fut Ctésiphon, fondée par les rois Parthes, sous eux puissante et riche, prise par Trajan et par Vérus; des décombres de Séleucie et de Ctésiphon les Turcs ont reconstruit Bagdad.

De Séleucie, il ne reste rien; à peine sous les débris entassés retrouve-t-on la trace de l'enceinte carrée. De Ctésiphon : des briques et des tessons. Seul, dans la plaine solitaire, dominant les deux cités rivales aux fortunes diverses et au destin commun, le palais de Chosroès profile encore son merveilleux portail de trente-deux mètres de hauteur, « la voûte de Chosroès », le plus beau monument de l'art persan.

Au sud, la plaine se déroule solitaire; peu de villages, quelques tentes de nomades campés parmi les ruines. Sur ce sol des morts, les vivants ne s'arrêtent plus; ils passent. Entre Bagdad et Bassorah, sur un parcours de 800 kilomètres, quatre escales de bateaux à vapeur. Çà et là, un mausolée, le tombeau d'Esaü; un autre, la tombe d'Esdras; une seule ville, Kout-el-Amara; elle compte à peine trente années d'existence et n'est qu'un marché de tribus; puis Tello, célèbre par les fouilles de M. de Sarzec.

Ici, s'annonce le Delta; le Tigre et l'Euphrate vont s'unir. Après avoir suivi le premier dans tout son cours, reprenons l'Euphrate au point où nous l'avons laissé. Avec le Tigre nous avons traversé l'Assyrie; avec l'Euphrate la Babylonie commence.

Ainsi que la Babylonie, l'Euphrate est un fleuve sans vie, si nous le comparons au Tigre. Il n'en fut pas de même autrefois. Au nord les rives du Tigre furent plus peuplées; au sud, celles de l'Euphrate. Au nord, Ninive, sur le fleuve assyrien; au sud, Babylone, sur le fleuve babylonien.

Nous avons quitté l'Euphrate là où le Kara-Sou, l'Euphrate des hauts plateaux, finissait, où l'Euphrate de la plaine apparaissait, à la hauteur où le Tigre commençait. Au-dessous du confluent des deux Euphrates, dans le bassin latéral du Tokma-Sou : Malatia, la Mélitène romaine, et Azbouzou; sur le fleuve : Samosate où naquit Lucien, où campaient les légions préposées à la garde des gorges de l'Euphrate. Samosate, capitale de la Commagène, ne garde aujourd'hui que les tombeaux de ses rois et les acropoles romaines. Au sud, Biredjik. Bacchus, en marche pour conquérir l'Inde, y jeta, dit la légende, le premier pont sur le fleuve. Biredjik est surtout peuplé de Turcs et d'Arméniens. A Biredjik s'ouvre la route d'Alexandrette. Sur cette voie stratégique reliant la Méditerranée au bassin de la Mésopotamie, les peuples et les armées se sont souvent heurtés, Grecs, Égyptiens, Persans et Turcs.

A Biredjik également s'ouvrait la route de Massoul sur le Tigre, par Orfa, l'Edesse des croisés, ville où les traditions grecques coudoient les traditions juives, où la source de Callirhoé s'épanche près de la mosquée d'Abraham, reflétant dans l'eau pure et tranquille ses murs compacts et ses baies ogivales. Au sud d'Orfa, « Cité de l'ami de Dieu, » Harran, l'antique Charrœ, où la Genèse fait vivre Abraham; Mardin, ville de chapelles et de mosquées; Nisibin, résidence de Tigrane, conquise par les Romains, par eux fortifiée contre les Parthes et dont la vaste enceinte débordait d'habitants. Aujourd'hui l'enceinte, comme une ceinture trop large, flotte autour de Nisibin.

Au long du fleuve, des cités ruinées, des *Tell* plus nombreux que les villages. Rakka n'est plus qu'un amas de décombres, Kallinikon, Leontapolis, recouvrent les débris des palais d'Haroun-al-Raschid qui, là, fonda sa capitale. Dans les plaines voisines, Ali et Moavich, trois mois durant, se disputèrent l'Empire en quatre-vingt-dix combats repris chaque jour avec un acharnement sans égal.

.. De Zélibi, l'antique Zénobie, il reste des socles d'albâtre translucide, des colonnes de ses monuments. Plus bas, au long du fleuve, Anah, enfouie dans la verdure, déroule sur huit kilomètres de longueur ses bouquets de palmiers, ses forêts d'orangers, ses figuiers, sa riche et plantureuse végétation qui évoque les souvenirs du passé, de cette merveilleuse Mésopotamie dont Hérodote parle avec une si sincère admiration. Puis Hit et Feloudjah d'où part la route la plus courte qui relie l'Euphrate au Tigre.

Lentement le fleuve descend, droit dans le sud. Lentement il longe un désert de pierres, à l'extrémité duquel se dresse Hilleh-el-Feidah, Hilleh la vaste. Ce désert eut un nom. Dans cette plaine s'élevait Babylone.

Le cadre en évoque le souvenir et ce souvenir est un des plus reculés que nous ait transmis l'histoire. Par delà commence la légende, indistinct et confus écho des générations antérieures. Ici, les pierres parlent, les ruines ont une voix. On l'a entendue et comprise; à force de patience et de travail on a déchiffré ces inscriptions gravées sur les briques et on y a lu :

« Moi, Nabuchodonosor, roi de Babylone, restaurateur de la pyramide et de la tour, fils de Nabopolassar, roi de Babylone, moi :

« Je dis : J'ai construit le palais, siège de ma royauté, le cœur de Babylone dans la terre de Babylone; j'ai fait poser les fondations à une grande profondeur au-dessous du niveau du fleuve. J'ai relaté sa construction sur des cylindres enduits de bitume et sur des briques.

« Avec ton aide, ô Dieu Mirodach, le Sublime, j'ai construit ce palais indestructible. Que ma race trône à Babylone, qu'elle y élève sa demeure, qu'elle y septuple les naissances. Puisse-t-elle, grâce à moi, régner sur Babylone jusqu'aux jours les plus reculés. »

De ce palais, qui occupait le centre de l'immense cité, il ne reste qu'un amoncellement de briques cuites et vernissées, une pyramide de poussière et de sables sur laquelle un tamarin gigantesque déploie sa poudreuse ramure. Il est le seul de la région. Sur ce tertre élevé qui domine la plaine, de l'endroit même que l'arbre occupe, Ali « le Sublime » dirigeait ses troupes pendant la bataille d'Hillah. Exposé sans protection aux rayons ardents du soleil, il a, dit la légende, enfoncé dans le sol son bâton qui, soudain, prit racine et se couvrit de feuilles.

Autour du palais s'étageaient en pente les célèbres jardins suspendus de Babylone dont Diodore de Sicile nous a transmis la description qu'il emprunta lui-même à des auteurs plus anciens. Ils n'étaient pas, semble-t-il, l'œuvre de Sémiramis, mais celle d'un roi syrien son prédécesseur. Si la volonté d'une souveraine puissante ne les fit pas surgir du sol, le caprice d'une femme aimée les fit naître. C'est pour complaire à sa maîtresse, Persane d'origine, qui regrettait, dans les plaines de Babylone, les verdoyants jardins, les sites accidentés de sa patrie, que le roi fit édifier cette merveille du monde.

Les jardins, nous dit Diodore de Sicile, s'étendaient de chaque côté du palais, offrant une montée artificielle; ils reposaient sur des arcades qui soutenaient la pesanteur de la masse. Les arcades supérieures, plus longues, débordaient sur celles qui étaient au-dessous. La dernière voûte, plus élevée, avait cinquante coudées de hauteur. Les piliers, de vingt-deux pieds d'épaisseur, étaient espacés de dix pieds.

Sur ces fondations énormes : une double assise de pierres et de briques, une couche de terre assez profonde pour que les racines des plus grands arbres y pussent plonger. Sur cette surface, des bosquets d'arbres ombreux, des massifs de fleurs, de verts gazons; sous les hautes voûtes, de mystérieuses retraites aménagées avec art. Au sommet, un vaste bassin alimenté par l'eau du fleuve que des machines allaient puiser.

De tout ce merveilleux travail il ne reste plus trace. Les voûtes se sont effondrées sous le poids des terres, le temps a tout nivelé, et ce site persan, créé aux bords de l'Euphrate, a si bien disparu qu'en l'absence de tous vestiges on se prend à douter qu'il ait jamais existé.

Mais ce qui reste de Babylone, ce qui subsiste de la tour de Babel, suffit à confondre l'imagination. Ces murs d'enceinte, reconnaissables encore à leur série de tumuli, forment un carré mathématique; ils enferment un territoire aussi vaste que le département de la Seine tout entier. Dans cette enceinte, une seconde, encerclait une cité plus vaste que la Londres moderne, avec ses quatre millions d'habitants. Babylone, écrivait Aristote, n'est pas une ville, c'est plutôt une province et il la comparait en étendue au Péloponèse.

La première enceinte avait nom *Imgur Bel* (que Bel la protège); elle mesurait 24 kilomètres sur chaque face, enfermant dans son monstrueux quadrilatère plus de 500 kilomètres carrés. La seconde portait le nom de *Nivitti Bel* (le séjour de Bel).

« *Imgur Bel* et *Nivitti Bel*, relate la précieuse inscription de Nabuchodonosor, voilà la grande muraille que Nabopolassar, roi de Babylone, le père qui m'a engendré, commença sans en terminer la magnificence. Il en creusa les fondations, fit construire deux énormes fossés dont il cimenta les bords de briques et de bitume. Il fit des fossés concentriques et il entoura de digues les rives de l'Euphrate, mais il n'acheva pas son œuvre... Moi, je mesurai *Imgur Bel*, le haut mur de Babylone, l'inexpugnable, qu'aucun roi n'avait fait avant moi : 4,000 mahazgagars 72,000 pieds ou 120 stades chaque, c'est le côté du grand carré de Babylone, telle est la superficie de Babylone. Je fis ce refuge imprenable, ce mur, le boulevard du soleil levant de Babylone. J'en fis les fondations et les bords; je les cimentai de bitume et de briques. Je bâtis, en deçà de celui-ci, un autre grand mur, comme renfort; je l'entourai de hautes portes... »

Puis, plus tard :

« Babylone est la forteresse du dieu Mérodach. J'ai achevé *Imgur Bel*, sa vaste enceinte. Dans les seuils des grandes portes, j'ai ajusté les battants en airain, des rampes et des grilles puissantes. J'ai creusé ces fossés, j'ai atteint le fond, des eaux. Pour préserver plus efficacement la pyramide, pour la mettre à l'abri de l'ennemi et des attaques qui peuvent être dirigées contre Babylone, l'impérissable, je fis construire en maçonnerie, autour des extrémités de Babylone, une seconde grande enceinte, le boulevard du Soleil Levant, qu'aucun roi n'avait fait avant moi. Je fis creuser des fossés... Tout autour, je fis couler de l'eau dans cette digue immense de terre, à travers ces grandes eaux, semblables aux abîmes de la mer, je fis faire un conduit; je fis murer ces grands fossés avec des briques. J'ai fait construire ce mur pour garantir les produits de la terre de Babylone; j'en ai fait un refuge pour les contrées de Soumir et d'Accad. »

Jamais œuvre plus colossale ne fut tentée et achevée par un homme. Devant ces inscriptions et devant ces vestiges, on se demande, confondu, jusqu'où allait la puissance d'un despote asiatique, quelles étaient les limites de sa volonté et de son pouvoir, à quel chiffre s'élevait le nombre d'esclaves qui lui obéissaient, de quelles immenses ressources il disposait pour subvenir aux besoins des gigantesques armées d'ouvriers que ses ordres mettaient en mouvement. Ce travail, qui semblerait être l'œuvre des siècles, entrepris et terminé dans le court espace d'une vie humaine, dépasse toute compréhension. A quel degré de civilisation étaient donc parvenues alors ces nations, à quelle hauteur de despotisme, à quel abaissement de subjection, pour qu'un homme osât concevoir et que des hommes pussent achever une pareille œuvre ?

Les ruines monstrueuses attestent leur puissant effort; mais des générations qui les ont précédées elles ne nous disent rien. Unique vestige de ces temps antérieurs, témoin solitaire et muet, au nord, bien au delà de l'Euphrate, une masse colossale profile au-dessus de la plaine son sommet arrondi, de 60 mètres de hauteur, que surmonte un pan de mur écroulé. Quand le brouillard qui, la nuit, monte du fleuve, couvrant de son voile la grande vallée, se dissipe et découvre l'horizon, Bin Nimroud, le tombeau de Nemrod, le Temple des sept lumières de la terre, apparaît sur son gigantesque piédestal. Le vent qui passe soulève sur ses flancs et chasse au loin dans la plaine déserte sa fine poussière rouge ; c'est tout ce qu'il reste de la Babel antique et maudite, édifiée, dit une inscription de Nabuchodonosor, « quarante-deux vies humaines avant lui. »

Sur ses décombres, il construisit le Temple des sept lumières de la terre. Chaque étage, consacré à une divinité spéciale, à l'une des planètes, était revêtu d'une couleur différente : en bas le noir pour Saturne, au-dessus le blanc pour Vénus, l'orange pour Jupiter, le bleu pour Mercure, l'écarlate pour Mars, l'argent pour la Lune, l'or pour le Soleil. Au sommet, nous dit Hérodote, dans la salle dominant les autres, un lit d'or et une table d'or attendaient la visite du dieu. Le monument était couvert d'ornements et de lames d'or. Xercès les enleva et les fit fondre.

Au sud de Babel s'étend une région basse, marécageuse, pendant des mois inabordable par suite des inondations du fleuve. Elle est semée de monticules, restes de l'antique Erekh, où se trouvait la plus ancienne collection de manuscrits de la Chaldée, où sommeille encore l'unique espoir que l'on ait de retrouver l'épopée d'Isdubar dont on ne possède que des fragments. Le récit du déluge que nous ont conservé les briques de Ninive fut copié sur les tablettes d'Erekh.

Tel est le prestige qu'exerce encore sur les populations le souvenir de la grande Babylone, que du fond de l'Asie, de la Perse, de l'Inde, de la Transcaucasie elles accourent vers les villes saintes de Kerbela et de Nedje, débris de la vaste cité. De toutes les régions du monde Chiite, même de Bombay, on y apporte des cadavres pour les inhumer dans le sol sacré ; de la terre fouillée on fait des briques, talismans des pèlerins. Dans cette immense nécropole, l'air est vicié par les miasmes des morts, et la peste qui, à intervalles irréguliers, par le Kourdistan, gagne le littoral de la mer Noire et de la mer Caspienne, a son foyer séculaire dans les charniers de Kerbela et de Nedjef. Koufa, située dans la même région, mais que les pèlerins évitent parce que, dans sa mosquée, Ali fut assassiné, est, même en temps d'épidémie, d'une salubrité complète.

En avant de Babylone, Divanieh ; au sud, en descendant le fleuve, Korna, où le Tigre et l'Euphrate se réunissent ; puis Bassorah, le port du Tigre au temps des Califes. Ici finissait la navigation fluviale et commençait la navigation maritime. La ville moderne, située à 3 kilomètres de la vieille ville arabe, baigne alternativement dans les eaux du fleuve et dans celles de la mer. Des forêts de palmiers l'entourent : les dattes de Bassorah sont célèbres ; ses forêts bordent la rive droite du Chat-El-Arab sur une longueur de 60 kilomètres et sur une largeur de 10. Le commerce des dattes de Bassorah se chiffre par millions.

Dans les flots du golfe Persique viennent se perdre les eaux des deux grands fleuves jumeaux, de ces fleuves historiques, voies ouvertes entre l'Orient et l'Occident, sur les rives desquels sont nées, ont vécu et grandi les antiques civilisations. Nous ignorons celles qui, devançant les empires de Babylone et de Syrie, avant eux y ont vécu,

comme eux n'ont laissé que ruines. Le vent qui souffle dans la plaine immense emporte
sur ses ailes l'historique poussière et, dans le désert, la sème. Des grandeurs passées,
des prodigieuses conceptions des despotes, de l'immense labeur des peuples, l'œil ne
perçoit plus qu'un amoncellement de décombres, l'oreille n'entend plus qu'un son
confus de noms défigurés. Mais l'idée subtile, insaisissable, qui a germé et grandi sur
ce sol a survécu et, ce sol, dont pieusement on interroge les vestiges, parle à l'homme
en une langue que l'homme entend. Ces énigmatiques inscriptions, on a su les
déchiffrer ; on a reconstitué ces annales du passé, ressuscité ces civilisations éteintes,
retrouvé en elles les germes intellectuels qu'inconsciemment nous portons en nous,
que nous transmettrons à nos descendants, anneau de la grande chaîne qui nous
rattache à tous ceux qui, comme nous, ont, sur cette terre, vécu, aimé, souffert et
pensé.

Femme turque de Damas.

Mosquée El-Aksa à Jérusalem.

III. — SYRIE ET PALESTINE; SINAI

A l'occident du cours supérieur de l'Euphrate, longeant les steppes qui moins arides autrefois, semées d'oasis ou de villages, décrivant une courbe au nord du désert de Syrie, reliaient Bagdad à Damas, au sud de la Méditerranée, s'étendent la Syrie et la Palestine. Du golfe d'Alexandrette aux plages égyptiennes, elles se déploient en une bande étroite et longue de 1,000 kilomètres de longueur sur 150 de largeur moyenne, se terminant au sud par un triangle compact, s'enfonçant en pointe dans la mer Rouge, et terminée par le montueux massif du Sinaï.

Trois régions distinctes, autant par le relief du sol que par le climat et l'histoire; trois régions accidentées, au centre profondément creusées par un bassin qui court en ligne droite du nord au sud, brusquement coupé lui-même en deux tronçons qui, jadis, semble-t-il, ne formaient qu'une dépression ininterrompue. Au nord, le bassin de l'Oronte; directement au-dessous, celui du Jourdain; au sud, le renflement de la péninsule du Sinaï.

Contrée disproportionnée, trop longue pour son peu de largeur, partant dépourvue de cohésion. Pas de centre commun autour duquel les populations puissent se grouper, faire tête, et, à l'occasion, se défendre. Fractionnées en bassins séparés, vivant de leur vie propre, ces régions n'ont connu l'indépendance que dans l'isolement, l'unité que dans l'asservissement. Incapables de résister aux grands empires qui les entouraient, la Syrie et la Palestine n'ont formé une seule province que sous le joug de leurs maîtres; un instant affranchies, elles se séparaient et se morcelaient de nouveau. Proie tentante et facile, mais proie toujours inquiète et désaffectionnée, prompte aux soulèvements terribles, aux rébellions sans espoir; toujours vaincue, jamais soumise; de tous l'esclave révoltée, d'aucuns la sujette pacifiée.

Isolée entre ses deux golfes, défendue par l'aridité de ses côtes, sans portes d'accès, presque sans eau, la péninsule sinaïque n'a pas subi le destin commun; sa pauvreté la sauva, et les conquérants, maîtres de la Syrie et de la Palestine, toujours évitèrent ce montagneux massif qu'abritaient le désert et le golfe Persique. Ils n'en avaient que faire, le Sinaï ne menait à rien et la race vagabonde et pillarde qui l'habitait se dérobait devant eux.

L'étroite bande de terre qui, du golfe d'Alexandrette au golfe Arabique, court au long de la Méditerranée, fut autrefois l'une des routes les plus fréquentées. Au nord, par Alep, qui n'en était qu'à trois journées de marche, elle rejoignait le cours supérieur de l'Euphrate, et par Diarbékir, le haut plateau arménien et les rives de la mer Noire. Au centre, par Damas, elle atteignait Bagdad et le bassin du Tigre et de l'Euphrate, au delà, par la Perse, l'Asie centrale. Par Alep et Damas; par le bassin de l'Oronte et celui du Jourdain, elle mettait en communication l'Égypte avec l'Asie Mineure, l'Arménie, la Mésopotamie et la Perse.

Situation unique pour les échanges par terre, non moins favorable quant au trafic par mer; situation géographique qui fit la fortune et la grandeur des Phéniciens, ainsi que le devait faire plus tard, pour la Grèce, sa position d'intermédiaire entre l'Europe méridionale et les populeuses cités de l'Asie Mineure.

Cette situation géographique compensait ce qu'avait de défectueux le relief du sol. La côte resserrée entre le massif montagneux du Liban et la Méditerranée, n'offrait au nord de Beyrout que des échancrures très espacées, des golfes sans profondeur, des promontoires peu accusés; au sud de Beyrout, elle courait, presque droite, sans autre saillie que le promontoire du Carmel situé à distance à peu près égale de Beyrout et de Jaffa. Au-dessous du Carmel jusqu'à Jaffa et Gaza, une côte abrupte, sans articulations ni inflexions. Au delà de la plaine d'Acre, les montagnes se rapprochent du littoral, offrant à l'œil du navigateur une blanche muraille, çà et là coupée par des sommets plus élevés.

Au centre, parallèlement à la mer, deux chaînes montagneuses, le Liban et l'Anti-Liban; entre elles une dépression profonde et étroite, au nord se reliant au bassin de l'Oronte, au sud au bassin du Jourdain. Les deux chaînes courent du nord au sud, le Liban côtoyant la Méditerranée, l'Anti-Liban longeant la plaine de Damas et la route des pèlerins.

Au pied du Liban, dans l'étroite zone de terre que ses contreforts descendant vers la mer découpent en larges vallées montueuses : la Phénicie. Débouchant sur la mer, sillonnées de cours d'eau, torrents l'hiver, presque à sec l'été, ces vallées formaient des havres naturels, peu profonds, peu sûrs, mais suffisants cependant pour le tonnage restreint et le faible tirant d'eau de la navigation d'alors. La Phénicie était, en outre, le point de jonction des deux voies historiques dont nous avons parlé. Là, convergeaient la route de Bagdad et d'Asie venant de l'est, celle d'Arménie et de la mer Noire du nord-est, celle d'Anatolie du nord-ouest. Par terre, la Phénicie était en communication constante avec ces trois sections de l'Asie, par mer avec l'Europe, par le sud elle tenait la grande voie qui conduisait à l'Égypte.

Aussi grandit-elle rapidement, et le rôle qu'elle joua, l'influence qu'elle exerça furent-ils hors de toute proportion avec la superficie du sol qu'elle occupait et le chiffre de sa population. Située sur la route des caravanes et des marchands, en contact permanent avec les populations les plus diverses, intermédiaire naturel entre l'Asie, l'Égypte et l'Europe, emportée par le grand courant qui, sans relâche, la sillonnait et la traversait, la Phénicie déborda en dehors de ses étroites limites et son peuple agricole ne tarda pas à devenir, par le fait des circonstances, le peuple commerçant et navigateur par excellence. Par une analogie qu'expliquent la configuration du sol et ce même esprit particulariste qui, longtemps, fit de la Grèce un assemblage de cités rivales et hostiles, ayant chacune leurs traditions, leur histoire et leur autonomie, la Phénicie fut, elle aussi, un assemblage de cités rivales, grandes et prospères, mais isolées. A aucune époque elle ne fut une nation compacte, homogène, ayant des intérêts, des ennemis et des alliés communs. Ce morcellement en fit une proie facile pour les Égyptiens de la XVIII* et de la XIX* dynastie, pour les Assyriens, pour les Pharaons. Conquise ensuite par Cyrus, elle passa successivement sous la domination des Perses, d'Alexandre, des Séleucides, des Romains, des Arabes, des Turcs, subissant tous les jougs, courbant la tête devant tous les maîtres.

Et cependant elle couvrit la Méditerranée de ses colonies. Carthage, Hippone, Utique, Adramète, Gadès, Lilybée furent fondées par elle. Le Phénicien, le premier, aborda l'Atlantique, franchissant les colonnes d'Hercule, visitant les Cassitérides, les Sorlingues, croit-on, d'où il rapporta l'étain.

Par terre il ne fut pas moins entreprenant. Les riverains du Tigre et de l'Euphrate qui, par Alep et Damas, par les steppes et les brèches des montagnes du nord et de l'est, venaient trafiquer avec lui, ne lui apportaient pas seulement les produits de leur sol en échange de ceux qu'il tirait de l'Europe et de l'Afrique, ils apportaient aussi leurs récits et leurs traditions, récits fabuleux de la richesse des grandes villes de l'Euphrate et du Tigre, des productions de la Perse, légendes asiatiques qui s'infiltraient dans le bassin de la Mésopotamie, stimulant la curiosité et la cupidité du Phénicien. Il se joignait à leurs caravanes de retour, gagnait avec eux les cités populeuses des grands fleuves, de là, la Perse, plus loin encore, il s'aventurait, explorant, trafiquant, nouant des relations commerciales, sachant se taire et garder le silence sur la provenance des produits étranges et merveilleux qu'il ramenait sur ses chameaux pesamment chargés; prudent, redoutant, s'il habitait Tyr, la concurrence de Sidon, redoutant par-dessus tout celle du Grec actif, insinuant, qui s'essayait à le supplanter, et curieusement s'enquérait d'où venaient cet ambre, cet ivoire, ces métaux et ces pierres précieuses dont l'Europe était avide.

Puis les idées, les connaissances multiples qu'il s'assimilait, qu'il appliquait et, forcément, divulguait; l'art d'observer les astres et d'en tirer parti pour se guider sur mer; l'écriture, dont il apprit l'usage à l'Europe. Pionnier de la civilisation naissante, il recevait de toutes mains et de toutes mains répandait. Gardien vigilant et jaloux des forêts de cèdres du Liban, il les exploitait; constructeur habile, il en faisait des navires, vendant le surplus à la riche Égypte dépourvue de bois; il en portait plus loin encore, en Italie, en Espagne, semant avec les produits dont il trafiquait, les idées étrangères qui, de toutes parts, chez lui, affluaient. Honnête courtier, il y trouvait son compte; partout le bienvenu, s'enrichissant promptement, fier de sa cité qu'il tenait pour la première du monde et qui souvent l'était alors.

Il excellait d'ailleurs à en choisir l'emplacement, et son instinct topographique ne fut jamais mis en défaut. Trois mille ans se sont écoulés, et malgré les guerres et les sièges, malgré les changements que le monde a subis, les villes fondées par lui, prises, reprises et détruites, toujours rebâties et toujours repeuplées, subsistent encore, là où il les avait fondées. Le nom seul a changé.

Au sud de l'antique Phénicie : la région juive. De tous les coins de terre, théâtres d'événements importants, géographiquement le plus petit, historiquement le plus grand; berceau du monde et de la civilisation modernes, où vécut, parla et mourut celui dont l'humanité dit encore : « Jamais homme n'a parlé comme cet homme. » Qu'elle l'adore ou le renie, elle reste marquée de son indélébile empreinte et son nom seul suffit à rendre immortel le sol qu'il a foulé.

A l'époque dont nous parlons, cantonnées dans leur farouche isolement, les tribus d'Israël se tenaient à l'écart de leurs puissants voisins, mais leurs migrations forcées avaient, quoi qu'elles en eussent, agrandi leur horizon et contribué au développement intellectuel de la côte syrienne. Revenues d'Égypte par les steppes du désert, transférées en Babylonie, fuyant les plateaux iraniens, elles reflétaient, malgré leur haine de l'étranger vainqueur et dominateur, les idées des peuples au milieu desquels elles avaient vécu. Plus tard, leur génie commercial s'éveillera; elles aspireront, elles aussi, à l'héritage de Tyr et de Sidon et, sur un théâtre plus restreint, à travers des fortunes diverses, les Juifs préluderont à leur grandeur future, à leur omnipotence financière.

Le monde qui les renia et les persécuta ne leur laissa que ce domaine; ils l'ont pris et le gardent, souverains de par l'argent, en attendant de l'être par le nombre et la force, le jour où, dans les champs d'Armagheddon, se livrera la lutte suprême qui, selon la tradition, donnera le monde aux Hébreux.

Sur tout ce littoral, on compte environ 1,400,000 habitants, dont 700,000 musulmans, 120,000 Russes, 100,000 Grecs orthodoxes, 320,000 catholiques, 40,000 Juifs. Les musulmans sont de beaucoup les plus nombreux, mais le Syrien n'est musulman que de nom. Il s'est converti à la foi de Mahomet, comme auparavant au christianisme, comme auparavant au paganisme, par politique et par prudence, pour garder le sol, ses maîtres ne lui demandant que de payer tribut. Sur ce sol, côte à côte, soumises aux mêmes influences, vivent deux races bien opposées : le Syrien, souple, docile, acceptant le joug et la religion étrangère; le Juif, indocile, indompté, par toutes les fibres de son être tenant à sa foi, à son culte, à ses traditions religieuses, leur sacrifiant tout.

La Syrie commence au golfe d'Alexandrette, à la contrée de l'Amanus, la plus dépeuplée de toute la côte. Sur la rive méridionale du golfe, Alexandrette, la petite Alexandrie, enserrée dans les marécages. L'air y est empesté par les miasmes, et les rares Européens qui y trafiquent se réfugient l'été dans le bourg de Béïlan, sur une hauteur. L'assainissement de la ville s'impose, Alexandrette étant, par sa situation géographique, le point de départ, la tête de ligne du chemin de fer qui, un jour, par Alep, débouchera dans la vallée de l'Euphrate. Aujourd'hui, malgré les vents furieux qui fouettent sa rade et sa notoire insalubrité, Alexandrette est le centre d'un commerce important qui dépasse 30 millions. Entre ce port et Alep, le passage des caravanes est incessant.

A Alep convergent les routes d'Asie, celles d'Arménie et de Mésopotamie, aussi Alep est-elle l'une des grandes villes de l'Asie turque; sa population s'élève encore à 260,000 habitants. L'ouverture du canal de Suez, en détournant vers la mer Rouge une partie importante du trafic, lui a porté un coup sensible. Arrosée par des eaux courantes, la campagne d'Alep est riche et fertile; la ville, située dans un site pittoresque, l'est rendue plus encore par l'afflux de visiteurs de toutes races et de tous costumes qui lui ont fait donner le surnom d'Alep la bariolée.

Au sud d'Alep, Homs, l'ancienne Emesse, ville commerçante, dont le trafic s'effectue par le port de Tripoli. L'Oronte la baigne. De son antique origine elle n'a rien gardé, et il n'est rien resté du temple somptueux du Soleil dont les prêtres donnèrent un empereur à Rome, Héliogabale.

Hamah, au nord de Homs, est située dans une plaine admirablement cultivée, entourée de vergers et de jardins. Antioche, « la troisième ville du monde », sur laquelle l'emportaient seules Rome et Alexandrie, occupe le confluent des routes de Constantinople par l'Asie Mineure, de l'Égypte et de l'Arabie par le littoral syrien, de la Mésopotamie par la vallée de l'Euphrate. Sur ce sol mouvant d'Antioche, souvent secoué par les tremblements de terre, l'homme n'a rien pu édifier de durable. L'immense quadrilatère de murailles en ruines qui entoure la vieille Antioche n'est qu'un sépulcre vide et béant où gît la poussière de ce qui fut. Largement ouverte, la vallée de l'Oronte est belle; sur les monts qui ferment au nord la vallée, plane encore le souvenir du célèbre stylite chrétien, saint Siméon, qui leur a laissé son nom.

Souedieh est le port actuel d'Antakieh (Antioche). Celui de Séleucie n'existe plus, la mer l'a comblé. Il était déjà abandonné à l'époque où Antioche comptait des centaines de milliers d'habitants. On lui préférait celui de Laodicée (Latakieh), plus au sud.

Entre Latakieh et Tripoli, au long de la côte, se dresse un écueil peuplé, Ruad, l'ancienne Arad, autrefois la capitale d'un royaume assez important. Plus heureuse que beaucoup d'autres, Arad a survécu et quatre mille années ont passé sur elle sans l'atteindre. Elle est aujourd'hui telle qu'elle était à l'époque où elle dictait des lois, et ses paisibles habitants, oublieux ou ignorants de leurs grandeurs déchues, se livrent à l'unique industrie qu'ils connaissent, celle de la pêche aux éponges.

Sur les collines environnantes, commandant les routes et fièrement campées dans leurs enceintes fortifiées, les citadelles que Turcs et Croisés se disputèrent avec acharnement : celles de Safita, de Kalat-el-Hosn, de Nahr-el-Kebir. Au nord : Tortose, puis Margat que les Francs conservèrent cent vingt-cinq ans.

Tripoli, la triple cité, la cité savante dont les Croisés, pour châtier son orgueil, brûlèrent la bibliothèque, fut autrefois un centre scientifique important. On y enseignait la philosophie, l'histoire, la médecine. Ce n'est plus aujourd'hui qu'une ville commerçante. Au sud : Byblos, l'une des plus anciennes villes de l'univers, antérieure à Tyr et Sidon; Beyrout, « fondée le même jour que Byblos, racine de la vie, nourrice des cités, reine primitive du monde ».

Beyrout n'est pas seulement la plus commerçante cité du littoral syrien, elle est aussi la plus peuplée et la plus riante. C'est la Béryte des Phéniciens; aujourd'hui, sur ces côtes, elle est la ville européenne entre toutes. Au long de la mer elle se déploie sur plusieurs kilomètres, avec ses collines semées de villas au milieu de bouquets de palmiers et de jardins, adossées aux grands sapins qui bruissent au vent.

Beyrout est à Damas ce que Tripoli est à Homs, son port sur la Méditerranée, port qu'alimente le double trafic de l'Europe et de l'Asie. Sa population s'accroît rapidement ainsi que son commerce. Beyrout est aussi et surtout la ville intellectuelle de Syrie, le port largement ouvert par lequel pénètrent les idées, les inventions et les procédés de l'Europe. Déjà célèbre au temps de la domination romaine par son université de droit, elle l'est aujourd'hui par ses collèges, ses musées, ses observatoires, ses imprimeries et son école de médecine. L'une des villes les plus anciennes du monde est aussi l'une des plus modernes.

Au sud de Beyrout : Sidon et Tyr; deux noms célèbres dans l'histoire, deux noms qui réveillent tout un monde de grands souvenirs. Ces cités, glorieuses entre toutes, ne sont plus que ruines. Sidon n'a plus de port, elle qui vit affluer dans le sien les richesses de l'univers. Les enfants, en se jouant, nu-jambes, traversent son bassin envasé. Dans les débris de l'antique cité, Maronites, Grecs et Juifs se sont bâti leurs demeures. De ses gloires passées, Sidon n'a gardé qu'une seule : elle est encore « Sidon la fleurie », la ville des fleurs parfumées, des senteurs embaumées, des fruits savoureux. Damas, seule, pourrait lui disputer le premier rang.

Sidon était célèbre aussi pour ses étoffes de pourpre, très prisées du monde antique. On s'arrête encore, sur la plage, devant des tas énormes de coquillages amoncelés d'où les teinturiers de Sidon tiraient leurs belles couleurs. L'un de ces tas forme un monticule de 120 mètres de longueur sur 7 à 8 de hauteur. Les Sidoniens excellaient aussi dans la fabrication du verre.

Fille et rivale de Sidon, Tyr, plus misérable encore que sa mère; Tyr, la ville puissante de Baal, qui, dix ans tint les Assyriens en échec, qui treize années arrêta Nabuchodonosor et sept mois Alexandre, végète sur l'îlot rocheux dont elle n'occupe plus qu'une partie. L'île est devenue presqu'île; Alexandre, pour la réduire, avait jeté, entre elle et la terre ferme une chaussée ; des atterrissements successifs l'élargissent et l'on peut comparer Tyr moderne à un marteau dont l'île primitive serait la tète et dont l'isthme formerait le manche. Restée commerçante, Tyr trafique de la seule chose qui lui reste : ses ruines ; elle les vend comme matériaux de construction, expédie à Beyrout et à Alexandrie ses pierres et ses colonnes de porphyre, et, morceau à morceau, débite même sa cathédrale, où reposait, dit-on, Frédéric Barberousse.

Au nord, entre le Liban et l'Anti-Liban, au pied de ce dernier : Baalbek, la ville de Baal, la cité du Soleil, célèbre dans l'antiquité par ses sanctuaires dédiés au Soleil et à Astarté. Une route tracée par les Romains, de Damas remonte le torrent Barada, franchit un plateau pierreux, débouche dans le bassin du Léontès et dans la plaine de la Békaa où fut Baalbek. Peu de ruines au monde sont comparables à celles-ci, ruines de temples et de murailles, cyclopéens débris dont l'aspect confond, colonnes détachant sur le ciel bleu, dans l'air transparent, leurs entablements et leurs chapiteaux corinthiens, fûts épars sur les dalles, statues mutilées. Le temple du soleil fièrement découpe à l'horizon ses colonnes immenses debout encore sur une puissante assise de rochers. Elles mesurent 19 mètres de hauteur, 2 de diamètre et sont faites de trois fragments énormes reliés par des crampons soudés au plomb.

C'est pour s'emparer de ce métal que les Turcs ont hâté la destruction de Baalbek, creusant à la base des colonnes des fourneaux de mines pour les renverser et recueillir les quelques livres de plomb qu'ils détachaient des joints. On voit encore sur les colonnes mutilées les profondes déchirures de la poudre et bon nombre ont vaillamment résisté, mais elles ne résisteront pas au vent d'ouest, humide et imprégné des vapeurs de la Méditerranée, qui corrode leur calcaire. Les chapiteaux s'effritent, les stylobates, réunis aux murs de la cella par de grands caissons curieusement fouillés, s'écaillent et se fendent ; détachés du plafond, des blocs énormes, empereurs, impératrices, déesses, en ronde bosse, l'un sur l'autre écroulés, jonchent le sol.

Mais tous ces étonnants débris étonnent moins encore que les murs cyclopéens et que les assises qui les composent. A l'aide de quels prodigieux engins, des milliers même de travailleurs ont-ils réussi à soulever, à transporter, à asseoir des monolithes mesurant jusqu'à 22 mètres de longueur sur plusieurs mètres d'épaisseur et de largeur, pesant jusqu'à 800 tonnes ? A 1,000 mètres de distance, dans la carrière, se trouve un bloc équarri de plus de 300 mètres cubes.

Au sud, dans la plaine, par delà les gorges profondes où mugit le torrent Barada, Damas, la superbe, offre un saisissant contraste avec les ruines de Baalbek et le désert pierreux de Sakkret. Dans une oasis fertile qui se détache en vert relief sur le jaune d'or du désert et que coupent à l'horizon lointain les chaînes du Djeidour et du Haouran, Damas, entourée de sa verdoyante ceinture de jardins, Damas, la cité des Mille et une Nuits, dresse ses minarets et ses dômes, déploie ses incomparables vergers d'amandiers, de figuiers, de pêchers, de grenadiers, d'abricotiers, arrosés par une multitude de canaux dérivés du Barada, « la rivière d'or ».

Les palais de Damas sont célèbres ; les Israélites les habitent, enrichis par le commerce. Dans ces palais, dont rien ne révèle extérieurement l'existence, ils ont accumulé toutes les recherches du luxe et de l'art le plus délicat. Damas est aujourd'hui la première cité de la Syrie ; elle est restée « l'œil de l'Orient », comme la désignait l'empereur Julien. Par le versant de l'Oronte et par celui du Léontès, elle commande les chemins du nord et du centre, elle tient la clef de la route du littoral et sut la garder. Les Francs ne réussirent pas à la lui arracher pendant les guerres des croisades, et, avec eux, elle traita d'égal à égal.

Damas trace haut son origine. Son nom figure sur le pylône de Karnak au nombre des cités de Toutmès III, il y a de cela trente-huit siècles, et déjà Damas était une ville importante. De sa terre « vierge », dit la légende arabe, le premier homme fut formé ; ses jardins embaumés furent le Paradis terrestre ; dans sa plaine, Abel tomba sous les coups de Caïn ; ici Noé édifia son arche ; ici vécut Abraham ; Elie y a son tombeau ; sur cette route, Saul, persécuteur du christianisme naissant, roula dans la poussière à la voix de Christ et se releva Apôtre des gentils. A Damas se forment chaque année les grandes caravanes de la Mecque et de Médine.

Souvenirs de la Genèse, de l'antiquité biblique, du Christianisme et de l'Islamisme revivent dans cette plaine merveilleuse, l'une des plus belles de l'Orient. Après tant de siècles écoulés, Damas, blanche et rose au milieu de sa verdure, prospère et populeuse, semble défier le temps qui a jeté bas Babylone et Ninive, Baalbek, Tyr et Sidon. Elle compte encore 160,000 habitants ; elle durera autant que le monde, et quand le monde finira, dit sa légende locale, c'est de la Tour de Jésus, l'un des trois minarets de sa mosquée, que le Fils de l'homme debout, au sommet, fera comparaître devant lui les vivants et les morts. Pour l'Arabe, rien n'égale Damas, et tout ce que la terre contient de plus beau et de plus désirable se trouve réuni dans l'El Gouta, le merveilleux jardin qui enserre la ville et, par Salahiyeh, le faubourg de la grande cité, s'élève sur les pentes du Djebel Kasioum.

A l'est de Damas, dans les solitudes du Hamad, dort l'antique Tadmor ou Palmyre, bâtie par Salomon ; là se croisaient les caravanes qui portaient de la vallée du Tigre et de l'Euphrate au golfe Persique, de la Phénicie et de la Syrie à la Perse et à l'Inde leurs marchandises et leurs produits. Pour Rome seule, Pline estimait à 100 millions de sesterces par an le commerce de Palmyre avec la capitale de l'empire.

La ville de Salomon, la cité puissante de Zénobie qui, un moment, disputa à Rome l'empire de l'Orient, qui lutta contre Aurélien et orna son triomphe, cette ville perdit jusqu'à son nom et, de ses ruines mêmes, le souvenir s'effaça dans la mémoire des hommes. En 1678, des négociants anglais d'Alep, séduits par les récits légendaires des Arabes, entreprirent de retrouver ces ruines dont on vantait les merveilles. Treize ans durant ils les cherchèrent dans les déserts de sable, dans les steppes et dans les plaines cailllouteuses ; ce ne fut qu'en 1691 que le hasard fit découvrir dans une plaine nue et desséchée l'étonnante colonnade de Palmyre.

Sur un sol brûlé, deux cents colonnes encore debout attestent la magnificence du temple du Soleil. Quatre cents colonnes l'entouraient, quinze cents autres formaient la grande avenue conduisant au palais ; il n'en subsiste plus que deux cents, les autres couvrent le sol de leurs gigantesques débris. Les statues qu'elles supportaient sont détruites, les tombeaux seuls ont survécu et de la grande ville il ne reste qu’une majestueuse nécropole perdue dans le désert. Toute cette plaine qui s’étend jusqu’au massif du Haouran recouvre des cités abandonnées; semées sur la route des pèlerins qui passent, indifférents, à travers ces antiques débris, Bosra, Djerach, Amman, Machita. Pour retrouver la vie, il faut rentrer dans la dépression qui, du nord au sud, sillonne l’étroit plateau de la Syrie et, par le bassin du Jourdain, traverse la Palestine.

La vallée du Jourdain elle-même n’est guère peuplée que dans sa partie septentrionale; il reste à peine quelques masures de l’ancienne Césarée ; aux sources du Jourdain, Tibériade n’est qu’un monticule envahi par les broussailles; un autre, le Tell Houm, recouvrirait Capharnaum. La Tabariyeh actuelle, ainsi que Safed, comptent quelques habitants retenus par la prophétie qui prédit, sur les bords du lac, la venue du Messie.

Entre le lac de Tibériade et la mer Morte, pas de villes. Au sud de Tabariyeh, entre la mer et le lac de Tibériade : En-Nacyra, Nazareth, où vécut Jésus. Son nom et son souvenir remplissent toute cette région; de là ils débordèrent sur le monde. Ici, plus puissante qu’aucune puissance humaine, fut semée et germa la parole qui devait métamorphoser l’univers, dégager la notion d’un Dieu miséricordieux des ténèbres qui l’obscurcissaient, substituer à la loi de crainte la loi d’amour et de charité, dont, pour la première fois, le nom prononcé faisait tressaillir l’homme.

Cette vieille Asie, berceau de l’humanité, fut aussi celui de ses croyances religieuses : sur les plateaux de l’Hindoustan, le Brahmanisme, naquit, culte monothéiste d’où plus tard, dans l’Inde septentrionale, devait sortir le Bouddhisme. Plus universel, s’adressant à tous, dégagé des superstitions ridicules ou révoltantes du Brahmanisme, le Bouddhisme, moins entravé dans son essor, rallia à lui la plus grande partie de l’Asie. Les religions particulières de la Babylonie et de la Syrie, empreintes d’une sensualité grossière ; celles de la Chine, œuvres de conseillers avisés d’une race sans idéal ; celles de la Perse, dogmatiques et savantes mais dépourvues de hautes aspirations, n’étaient ni pour l’arrêter ni pour le modifier. Mais, au delà de l’Asie, le Brahmanisme et le Bouddhisme ne pouvaient s’étendre. Un naturalisme profond, une poésie mélancolique et douce, une aspiration ardente à dégager l’âme, par la contemplative immobilité, d’un monde périssable, pour lui donner accès au monde immatériel, répondaient aux asiatiques conceptions de la vie, mais non aux idées et aux besoins des races sémitiques.

Dans ces races, patriarcales et nomades, que la vie errante sous la tente, que la solitude des plaines où paissaient leurs troupeaux, leur unique richesse, préservaient des vices et des excès qui, spontanément, naissaient au milieu des grandes agglomérations, s’agitait un autre idéal. En elles persistait une antipathie vigoureuse et puissante contre les cultes voluptueux de la Syrie et de la Babylonie, contre l’extatique immobilité du Bouddhisme et les castes aristocratiques du Brahmanisme. Elles portaient en elles un instinct d’égalité, une foi profonde dans leur monothéisme, des espérances illimitées dans l’avenir réservé à leur culte et à leur race.

UN GUIDE DE VOYAGEURS EN PALESTINE.

L'un et l'autre devaient conquérir le monde. Nulle n'y croyait plus fermement que la nomade tribu d'Israël, et, le jour où se fixant au sol elle déposa à Jérusalem son arche errante et ses livres saints, Jérusalem et son Temple devinrent pour elle le lieu très haut appelé à dicter au monde la loi religieuse de l'avenir.

L'avenir, elle ne cessa jamais d'y croire et, sur elle, les plus cruelles épreuves passèrent sans ébranler sa confiance, sans troubler sa foi. Son génie prophétique la soutint, l'adversité la fortifia. Protestation vivante contre le matérialisme religieux, contre la dégradante superstition qui, de toutes parts, l'enserraient, Israël, pleine de mépris pour les dieux étrangers, attendait l'avènement et le triomphe du sien. Isolée dans ses montagnes, inconnue ou méprisée du monde romain absorbé dans ses jouissances, enivré de sa grandeur, Israël portait en elle l'inconnu mystérieux, prédit par les prophètes, l'espoir de sa race et de l'humanité : l'homme de douleurs.

Il naquit et grandit dans cette riante et grandiose Galilée, semée de bourgades que séparent les unes des autres de montueux contreforts. Nazareth, où il vécut enfant, est environnée de mamelons et de plis de terrain couverts de buissons et de chênes verts. Déjà du temps de Flavius Josèphe, la Galilée était réputée « un pays riant, abondant en pâturages et riche en arbres de toute sorte ». La plus belle partie de cette région est le bassin du lac de Génézareth, appelé aussi mer de Galilée ou de Tibériade. De hautes montagnes l'abritent. Fertilisée par les ruisseaux qui descendent des sommets, par les vapeurs du lac et la « rosée du Hermon », toute cette contrée jouit d'un climat très doux.

Elle fut très habitée, et c'est aux foules qui la peuplaient que Jésus prodigua ses enseignements. C'est sur les bords de ce lac que le Christianisme prit naissance. Là aussi naquit le Judaïsme moderne. Saint Paul les compare aux deux fils d'Abraham : Ismaël, né de la servante; Isaac, fils de la femme libre. « La Jérusalem d'à présent, dit-il, est esclave avec ses enfants, mais la Jérusalem d'en haut est libre : c'est elle qui est notre mère. »

Au long de cette vallée du Jourdain, qui relie le lac de Tibériade à la mer Morte, Naplouse, l'ancienne Sichem, la Néapolis de Vespasien, rivale religieuse de Jérusalem, champ de bataille des cultes de Jupiter, de la Vierge et d'Allah, qui se disputèrent le Garizim, « la montagne bénie ». Au nord, Samarie, qui a perdu sa royauté, sa population et jusqu'à son nom, humble bourgade que l'on appelle Sébastiyeh, du nom de son ancien port, Sebaste, et qui était devenue, après la ruine de Jérusalem, la capitale de la Judée.

Un peu au sud de Jéricho : la mer Morte. La Bible la désigne sous le nom de mer Salée; les Grecs et les Romains sous celui de lac Asphaltite. Tout ce bassin du lac de Tibériade, du Jourdain et de la mer Morte se trouve considérablement au-dessous du niveau de la Méditerranée : le lac de Tibériade à 200 mètres, la mer Morte à près de 400. Dans cette dépression profonde, la mer Morte, encaissée entre ses rives pierreuses, adossée au plateau de Massada, s'étend, marécageuse et plate, dans le sud. Sa longueur est d'environ 50 kilomètres; elle varie en largeur de 9 à 12; les rives en sont malsaines, la chaleur excessive dégageant des vapeurs délétères. Une péninsule sablonneuse, El Lisan, la partage en deux bassins : celui du nord, qui atteint une profondeur d'environ 500 mètres; celui du sud, moins profond. Autour de cette nappe d'eau, lourde de sel, des rives mornes, arides, lugubres et nues, des plages fangeuses, l'antique vallée de Siddim, que domine le Djebel El Méleh, la fameuse montagne de Sodome, masse compacte de sel gemme de 100 mètres de hauteur.

Dans le bassin septentrional débouche le Jourdain, aux eaux abondantes et profondes, entre deux rives envahies de végétation. Une forêt d'arbres touffus, d'épais taillis, de plantes grimpantes autour desquelles bourdonnent des myriades d'insectes ailés forment, à cette extrémité de la mer Morte, une oasis dont l'aspect contraste d'une façon saisissante avec l'aspect monotone et triste du paysage.

Au bord de la mer Méditerranée, en dehors du massif montagneux, Akka, ou Saint-Jean-d'Acre, ville essentiellement militaire sur son plateau rocheux, forteresse phénicienne que les Hébreux ne purent réduire, prise et reprise pendant la croisade, que Bonaparte ne réussit pas à emporter contre la flotte anglaise. Plus au sud, Jaffa, l'ancienne Joppé, port de Jérusalem, abri peu sûr, le seul, cependant, qui donne accès à la Judée méridionale. Sur son rocher, la légende enchaîne Andromède. Dans sa plaine étroite mais fertile, sur sa plage semée d'écueils, Jaffa n'en fait pas moins un commerce assez important. Près de 80,000 voyageurs y débarquent ou s'y embarquent annuellement, et le trafic avec Jérusalem s'élève à 150,000 tonnes.

Plus au sud encore, Askalon, aujourd'hui déserte, convertie en jardins maraîchers où les habitants de Djourah cultivent et récoltent l'*ascalonium*, l'échalote, qui lui donna son nom. Sur les confins du désert Sinaïque, Gaza, la méridionale cité de la Pentapole, dont les annales remontent à cinquante siècles, et qui est restée une ville importante, grâce à sa situation entre la Palestine et l'Égypte, entre l'Asie et l'Afrique. Les sables l'envahissent et depuis longtemps l'eussent conquise, n'était l'obstination avec laquelle les cultivateurs luttent pour défendre le sol contre ces dunes mobiles.

Entre Jaffa et Jérusalem, au sud de la ville sainte, Bethléem, où naquit Jésus, vit du mouvement des voyageurs, de la vente des objets de sainteté. Là viennent s'agenouiller les pèlerins dans des églises que se disputent les communautés religieuses. Près de la ville où Jésus naquit, la ville où Jésus mourut; huit kilomètres séparent son berceau de sa tombe.

Le voyageur qui, de Jaffa, se rend à Jérusalem, laisse derrière lui une riche plaine semée de massifs d'orangers, de limoniers, de cédratiers, de palmiers. Tout ce coin de terre embaume; au printemps, les parfums que le vent emporte vont, au large, avertir les navigateurs du voisinage de Jaffa qu'ils ne distinguent pas encore. Au delà, la plaine de Sâron, la plaine du Cantique des Cantiques, où les lis et les roses, les giroflées et les narcisses couvrent le sol, charmant les regards, semant dans l'air leurs enivrantes senteurs. Après Ramieh, le paysage change; la route traverse une plaine monotone, s'engage dans des vallons étroits, gravit des roches nues que calcine un soleil de feu. Plus on approche de Jérusalem, plus le paysage devient âpre et rude, les vallons plus profonds, les lits des torrents plus desséchés, la terre plus aride, le chemin plus caillouteux. Un horizon funèbre de montagnes espacées, entre lesquelles l'œil fuit, cherchant au loin une cime plus verte et ne découvrant que des arrière-plans plus solennels et plus lugubres encore.

Du sommet d'une dernière pente, en face du voyageur, se dresse le mont des Oliviers. A ses pieds : Jérusalem, devant laquelle Chateaubriand restait les yeux fixés, mesurant la hauteur de ses murs, envahi par tous les souvenirs de l'histoire depuis Abraham jusqu'à Godefroy de Bouillon, songeant au monde entier changé par la mission du Fils de l'homme, et cherchant vainement ce temple dont il ne reste pas pierre sur pierre. « Quand je vivrais mille ans, écrit-il, jamais je n'oublierais ce désert qui semble respirer encore la grandeur de Jéhovah et les épouvantements de la mort. »

Sur ce sol historique où coula le sang du Juste, gardien de ces lieux saints autour desquels se pressent chaque jour des milliers de pèlerins, le Turc impassible, mais respectueux de toute manifestation religieuse, est maître. El Kods, « la ville sainte », Jérusalem, « l'héritage de la paix », a vu fondre sur elle les plus terribles calamités. On a peine à croire à tant de maux, et aussi à tant d'audace, à Jérusalem défiant seule la puissance de Rome au temps où le monde tremblait devant Rome toute-puissante. Dans ces murs, 500,000 hommes bravèrent l'empire et la mort, se défendant en désespérés, décimés par la faim, le typhus, l'incendie, et, la dernière forteresse emportée, ne livrant à Titus que quelques milliers de captifs trop faibles pour porter les armes, maigre cortège du vainqueur rentrant triompher dans la cité impériale.

Puis l'invasion et la conquête musulmanes, le siège par les Croisés égorgeant dans ses murs 60,000 sectateurs de Mahomet; enfin l'Islam triomphant, maître de la Syrie et de la Palestine.

Au sud de la Palestine, au-dessous de Gaza, commence la péninsule sinaïque. Point de villes. Sur le golfe occidental, Tor; à l'extrémité du golfe oriental, Akabah, autour de laquelle se groupent quelques tentes de pêcheurs. Au centre, le granitique massif du Sinaï et ses cimes imposantes : le mont de Moïse, le Serbal aux sept pointes, le mont Horeb, le mont Sainte-Catherine; à ses pieds ravinés par des torrents desséchés, le désert faisant face à deux golfes; au nord, la Méditerranée; au sud, la mer Rouge; à l'ouest, par delà l'isthme de Suez, s'ouvre l'Égypte; l'Arabie s'étend à l'est et par delà Akabah, nous pénétrons dans l'Arabie.

Juges turcs de Damas.

Ruines du Temple de Jupiter à Balbeck.

IV. — L'ARABIE

Sur trois mers aux flots brûlants : la mer Rouge à l'ouest, la mer des Indes au sud, le golfe Persique et la mer d'Oman à l'est, l'Arabie déploie son massif quadrangulaire que borne au nord le désert de Syrie. Sur cette superficie de plus de trois millions de kilomètres carrés, une population d'environ six millions d'habitants.

Leurs ancêtres ont fait de grandes choses. L'Europe a tremblé devant eux; ils ont failli la conquérir, la dépeupler et la repeupler. Enflammés du zèle de l'Islam, ces sectateurs du prophète ont envahi l'Asie jusqu'aux îles de la Sonde, subjugué toute l'Asie grecque, l'Afrique, jusqu'à Tanger, la Sicile et Malte, l'Italie méridionale et les Baléares, l'Ibérie et le sud de la France. A tous les grands fleuves historiques leurs chevaux ont bu; l'océan seul les a arrêtés. Cette Arabie est une terre d'Afrique, torride et brûlante, attachée aux flancs de l'Asie; sa population est une population nomade, campée, non fixée sur un sol qu'elle occupe cependant depuis des siècles.

Asiatique par sa situation, par sa contiguité avec le bassin du Tigre et de l'Euphrate, africaine par le relief du sol, par ses contours et l'orientation de ses montagnes, l'Arabie est un monde à part, isolé et solitaire, monde de transition entre les deux continents. La grande voie de migration des peuples la longe — au nord par la

Syrie, — mais ne l'aborde pas. Sur ses autres faces, les mers en font une île et ses voisins l'appellent Djezireh-el-Arab, l'île des Arabes.

Les anciens l'ont à peine connue; les grands conquérants l'évitèrent. Rome elle-même n'y mit qu'un pied et n'eut garde de s'aventurer dans l'intérieur. Ce qu'elle en vit ne la tenta point; elle se heurtait au désert de Dahna. Depuis, le littoral s'est peuplé et l'élément étranger, attiré par la fertilité relative des côtes, a, sur ces points, profondément modifié l'aspect de la région, en même temps qu'il se substituait lentement à l'élément autochtone. Dans la partie qui longe la mer Rouge et que suit la route des pèlerins, le Turc domine; Médine est une ville cosmopolite, la Mecque est mahométane, ainsi que Moka, Mascate et Catif; Aden est citadelle anglaise.

Au long de la mer Rouge, le Hedjaz et l'Yémen sont cultivés; sur la mer des Indes, l'Hadramaout de même. Au delà courent d'interminables plages, Mâra et Gâra, lisières sablonneuses où l'on ne rencontre que quelques villages, des cabanes de feuilles, puis la riche contrée d'Oman, le Catar et le Haça; plus haut, débouchant dans le golfe Persique, les deux grands fleuves de la Mésopotamie : le delta du Tigre et l'Euphrate.

Au centre : le plateau central, les hautes terres ou le Nedjed, la région des Wahabites. Au pied de ce plateau, en tous sens l'enserrant, une gigantesque ceinture de déserts. Elle s'étend jusqu'au littoral, arrêtée par la barrière rocheuse qui, entre elle et la mer, abrite les régions cultivées que nous venons d'indiquer. L'Arabie offre ainsi l'aspect d'un vaste quadrilatère sur trois côtés baigné par trois mers, déployant en façade sur chacune d'elles un littoral relativement fertile et peuplé, en arrière une ligne de montagnes, au delà le désert que domine le haut plateau.

Ce Nedjed, ou haut plateau, doit à son altitude un climat tempéré; les cours d'eau sillonnent ses *ouadis* ou vallées et y entretiennent une abondante végétation; sur ses pentes abritées s'étendent de nombreux villages, des champs cultivés et des bois de palmiers. A ses pieds, là où s'arrête l'eau vive bue par le sable, pompée par le soleil, commence le désert.

Au sud-est, le plus vaste, le Dahna, devant lequel recula Rome, énorme tache blanche qui, sur nos cartes, court à distance des trois mers, plongeant au nord comme deux bras gigantesques pour rejoindre le désert de Syrie, en étreignant à droite et à gauche le Nedjed. Ces deux bras, ses « filles » ou les Néfouds, comme les désignent les Arabes, forment, avec le Dahna, un océan d'où surgit ainsi que des îles sur la mer un archipel de plateaux.

Océan de sable, mobile et fluide, dans lequel le pied enfonce, labourant péniblement la molle surface qui, sous lui, cède et se referme. Mer baignée dans une lumière éblouissante et torride, ondulant au vent comme les flots, dressant, selon son caprice, ici de hautes collines que le vent nivellera demain, là des ravins profonds dans lesquels disparaîtrait une caravane entière sans laisser trace de son passage. Puis d'étranges entonnoirs, parfaitement circulaires, si vastes que le désert ne les comble pas, quelques-uns même habités, contenant des roches calcaires d'où filtre un mince filet d'eau.

Pas de fleuves; les plus proches, le Tigre et l'Euphrate, passent à plusieurs centaines de kilomètres au nord; sauf dans le Nedjed, pas d'eaux courantes. Dans les ouadis qui bordent le désert l'eau coule mystérieuse et souterraine, fertilisant le sol, mais ne se montrant que rarement à sa surface. L'hiver, après les grandes pluies, quelques petits lacs, promptement desséchés par l'ardent soleil, quelques sources promptement taries, qui s'épanchent au dehors.

Le Toweyk forme le nœud central de l'Arabie; sa chaîne montagneuse protège le haut plateau, le Nedjed, contre le Néfoud que le Dahna projette au long du golfe Persique, dans la direction de l'Euphrate; à l'ouest, il abrite contre le désert la ligne de puits et de villages qui bordent la route des pèlerins vers la Mecque. Par sa forme, il rappelle l'arme parlante de l'Islam, le « croissant », tant de fois victorieux. Aux sables du désert, il oppose ses abruptes falaises, étagées en gradins; vers le sud, il détache sa crête principale, le Djebel-Chammar, aux roches de granit rose, comme teintées du reflet d'un éternel soleil couchant.

Au nord du Chammar, complétant l'investissement des hauts plateaux du Nedjed qu'encerclent au sud le désert de Dahna, à droite et à gauche les Néfouds, le désert de Syrie, le chot redouté que du sommet des hautes vallées, à l'autre extrémité, les riverains de l'Euphrate contemplent avec effroi et dans lequel ils n'osent pénétrer. Au début des guerres de l'Islam, Khaled s'y aventura, lui et son armée, accomplissant la marche la plus audacieuse qu'un général pût entreprendre et que soldats pussent accomplir. Avec neuf mille hommes, il franchit ce désert, contournant la seule région où l'on trouvât de l'eau, le Haouran, où campait, l'attendant, une armée d'observation. Poussant droit sur Tadmor, n'ayant, pour abreuver ses hommes, que le lait des chamelles et l'eau que contenait l'estomac de ses chameaux égorgés, il atteignit enfin les puits et, ralliant à lui l'armée de Syrie, écrasa, dans un sanglant combat, les forces que lui opposait Byzance.

Entre le Nedjed et les chaînes montueuses qui bordent le littoral de la mer Rouge, s'étend le Harra, ou la région brûlée. Région volcanique et pierreuse, en grande partie inexplorée, entrecoupée de vastes espaces nus appelés *Ka*. Le sol, cuit par le soleil, s'y découpe en pentagones ou en hexagones. Entre ces dalles noires, nulle végétation; des cailloux, du gravier charriés là par le vent remplissent les interstices, accentuant encore par le contraste des couleurs les formes géométriques des dessins. Il semble qu'une main capricieuse ait étendu sur cette surface plane un voile artistement découpé et curieusement nuancé. Les blocs épars ajoutent encore à l'effet bizarre. Leur surface, au sud et à l'ouest, brûlée par un soleil ardent, lisse et polie, brille comme un miroir dans lequel se reflètent les rayons. L'autre surface exposée aux vents du nord, couverte de lichen, est invariablement terne. Selon que le voyageur se dirige vers le nord ou le sud, son œil ne rencontre que roches scintillantes ou blocs grisâtres.

A travers cette région brûlée, semée de puits espacés, passe la route des pèlerins qui, du Nedjed, se rendent aux cités saintes de Médine ou de la Mecque. Routes presque invisibles à un œil moins exercé que celui de l'Arabe. Depuis tant d'années que les voyageurs foulent ce sol, leurs pieds n'ont pu mordre sur la roche ; à peine un léger sillon indique-t-il où des millions d'hommes ont passé. Sans les traces qu'ont laissées çà et là les briques de fientes de chameaux que les Arabes aplatissent et font sécher sur le roc, on courrait risque de s'égarer à chaque pas.

Au nord du Harra, le Néfoud, exploré par Pelgrave, Blunt, Huber, le Néfoud au sable rouge, cramoisi après les pluies d'orage ou le matin à l'humidité de la rosée, calciné par le soleil dont chacun de ses grains de sable semble garder la chaude et miroitante empreinte. Désert de feu, comme teinté de sang, semé d'énormes ondulations atteignant parfois 100 mètres de hauteur, vagues de sable, plissées ou ravinées comme celles de l'Océan sous le souffle des vents alizés. Des *Fouldj* ou gouffres, en forme d'entonnoirs profonds, brusquement s'ouvrent sous les pas. Pelgrave en cite qui auraient jusqu'à 240 mètres de profondeur. Tous affectent la forme d'un cirque régulier, de diamètre variable, à pentes d'inclinaison égale, sorte de gigantesque sabot de cheval incrusté dans le sol meuble, protégé au sommet par une dune de trois à dix mètres d'élévation.

Ni le vent qui souffle, ni le sable qu'il creuse, ravine, emporte et roule en monticules escarpés, n'envahissent et ne comblent les *Fouldj*. Il semble qu'un tassement uniforme et continu produit par un phénomène inexpliqué, tel que le passage d'eaux souterraines, s'oppose à ce que le tout-puissant désert comble ces gouffres ; à leur orée il s'arrête vaincu.

Au printemps, quand les fortes pluies de l'hiver ont réveillé jusque dans les sables du Néfoud la vie végétale que le soleil va promptement anéantir, une herbe rare mais savoureuse germe dans l'aride désert ; une liane, la *gerta*, apparaît et rampe sur le sol ; la *ghada* s'y étale en buissons et le nomade descend avec ses troupeaux. Cette terre désolée, sur laquelle les ossements blanchis des pâtres et ceux de leurs troupeaux attestent les dangers qu'il y court et qu'il affronte, exerce sur lui une incroyable séduction. Là plus qu'ailleurs, plus que sur les pentes herbeuses du Nedjed, mieux que dans les ouadis profondes, aux eaux vives et fraîches, il se sent heureux et libre.

Le désert est sa patrie. Ces grands horizons lointains baignés dans l'air et la lumière, ces interminables solitudes où il erre à sa guise, sans autres compagnons que ses animaux dociles, agissent puissamment sur son imagination. Dans le désert, l'homme replié sur lui-même, en pleine possession de toutes ses forces, atteint le plus haut point de concentration. C'est là que son Dieu se révèle à lui ; là sont nées les religions puissantes et vivaces. A l'état social, l'homme se disperse et se dépense, et cette séduction, ce charme puissant que le désert exerce sur l'Arabe, l'Arabe n'est pas seul à l'éprouver. L'Européen qui a quelque temps vécu dans la solitude des pays inexplorés le subit, lui aussi, en dépit des héréditaires traditions, des accoutumances du passé. Quand les circonstances le ramènent ensuite dans le milieu où il est né, a grandi et vécu, dans cet horizon borné, restreint et mesquin des grandes villes, des rues étroites, des murs, des pavés et des maisons, la nostalgie de l'espace, de l'air, de la lumière l'envahit. Au milieu de ses semblables, il se sent plus triste et moins libre.

Mais si l'Arabe descend dans la Néfoud, il évite la Dahna. De Wrede l'aborda par le nord de l'Hadramaout, mais dut bientôt s'arrêter. Aussi loin que l'œil peut porter, ni herbe ni arbustes ; de monstrueuses vagues de sable les unes sur les autres déferlent, des abîmes profonds se creusent, dans l'un desquels, Bahr-el-Safi, la mer de Safi, ce chef gît englouti avec toute une armée, dit la légende. De Wrede n'alla pas au delà, son escorte refusa de le suivre, et, bien que la légende ajoute qu'au fond de ce gouffre dorment d'incalculables richesses, ses Bédouins n'approchèrent pas du bord. Il s'y aventura seul. Dans la poussière, blanche comme l'eau, son bâton enfonçait ; une pierre attachée à une longue corde jetée dans le gouffre disparaissait dans le sable fluide jusqu'à une profondeur de 110 mètres. A distance, pâles de terreur, les Bédouins s'attendaient à voir disparaître l'audacieux qui osait sonder l'abîme.

Plus massive que la massive Afrique, plus compacte encore dans sa régularité géométrique, la plate Arabie est singulièrement dépourvue de pluies. Seules ses montagnes, arrêtant au passage les nuées emportées par la mousson du sud-ouest, retiennent sur leurs flancs les eaux fécondantes qui s'épanchent en torrents impétueux et alimentent les sources, mais cette région montagneuse est trop restreinte pour donner naissance à des rivières ; les pluies d'orage sont trop rares, trop incertaines pour répandre sur ce sol brûlé l'humidité qu'il réclame. Les sources des montagnes ne portent pas loin, le sable a tôt fait d'arrêter leur cours et l'Arabe ignore l'art de capter et de diriger l'eau. Aussi les sources et les puits sont-ils sans prix ; pour les défendre, on abandonnera le village, on le laissera piller et incendier plutôt que de laisser ensabler la source ou combler le puits, sans lesquels le village meurt.

Le climat est brûlant, non seulement dans l'intérieur, mais aussi sur les côtes. Mascate, Makalla, Aden, tout ce littoral de la mer des Indes est « l'enfer » des matelots. Ils le redoutent et le fuient. L'hiver est plus chaud à Aden que l'été en Europe ; le thermomètre monte à 40 degrés à l'ombre à Mascate, à 42 dans le Téhama de l'Assir, et, si le vent souffle du désert, il monte jusqu'à 50 degrés à l'ombre. Au soleil, la chaleur parfois fait éclater les pierres. L'eau des sources du plateau central se maintient à une température de 28 à 29 degrés centigrades.

Sur le Nédjed, plus aéré, le climat est salubre, la race forte et vigoureuse ; dans le Yémen, plus abrité, les fièvres dominent ; sur le littoral arabe, sur le versant iranien du golfe Persique, le rachitisme et la cécité surtout frappent les populations.

Nomade des déserts, l'Arabe le fut aussi des mers, intrépide sur les flots comme sur terre, partout et toujours brave devant le danger. Il fallait l'être pour s'aventurer, ainsi que le firent, les premiers, les marins de l'Oman et de l'Yémen, au delà des « portés », pour affronter ces mers démontées par les vents qui, s'engouffrant dans les manches d'Oman et de Bab-el-Mandeb, se heurtent au courant descendant. Longtemps ils trafiquèrent seuls avec les ports de l'océan Indien, longtemps ils les disputèrent aux Portugais, comme ils disputèrent aux Européens le commerce de la Méditerranée.

Entre l'Arabie et la Perse, s'étend le golfe Persique, plus long que large et peu profond, 40 à 80 mètres en moyenne, mer intérieure qui, par le détroit d'Oman, communique avec la mer de ce nom, porte trop étroite pour que les grands courants de

LE PÈLERINAGE DE LA MECQUE. — MAALA : TOMBEAU DES PARENTS DE MAHOMET.

l'océan Indien puissent se propager dans le bassin intérieur où se déversent les eaux de l'Euphrate et du Tigre. Ce bassin est semé d'îles ; elles sont nombreuses, surtout dans la vaste échancrure que forme sur la côte d'Asie, au sud du golfe Persique, le Bahr-el-Benat, la « mer des Filles ». Plus nombreux encore les bancs de poissons de ces mers que les Arabes exploitent, sans les appauvrir, depuis des siècles. Séchés au soleil, ils prennent en quelques heures, à ses rayons ardents, l'apparence de morceaux de bois ; en cet état ils se conservent longtemps et s'exportent jusque dans l'Hindoustan et en Afrique.

Sur aucune côte, dans aucune mer, la vie animale n'est aussi intense ni aussi variée, depuis l'infiniment petit jusqu'au *balœnoptora indica* mesurant 25 mètres de longueur. Telle est la phosphorescence des flots que, le jour, la mer paraît blanche comme du lait ; la nuit, elle est de « flamme » ; les embarcations laissent derrière elles un sillon de feu et sur les rames ruissellent des gouttelettes étincelantes.

Au nord de cette « mer des Filles », au-dessous de la péninsule de Zabara : l'île de Bahreïn et ses fameuses pêcheries de perles. Aux mois de février et de mars, la côte déserte se couvre de tentes aux couleurs vives, aux pavillons déployés. Toute une population de plongeurs et de marchands, de débitants de viande et de poissons, de joailliers et de calfats, d'Asiatiques et d'Africains, accourt pour la pêche dont la durée est limitée à un mois. Elle se fait au point du jour. Dans chaque barque, dix rameurs et autant de plongeurs. A tour de rôle, ces derniers se relaient, cinq travaillent, les autres reprennent haleine. Ils en ont besoin ; la tâche est rude. Les narines comprimées, les oreilles bouchées avec de la cire pour empêcher l'eau de pénétrer, la poitrine gonflée, ils disparaissent dans les flots, tenant entre leurs pieds un lourd pavé de granit qui accélère leur descente. Parvenus sur le banc, ils détachent et entassent rapidement dans un sac fixé autour de leurs reins les coquilles perlières, avertissant par un signal donné à la corde qui les relie à l'embarcation qu'on les remonte.

Chaque plongeur peut descendre ainsi jusqu'à dix et quinze fois par jour, mais le plus souvent il ne va pas au delà de cinq. Rarement il reste plus d'une minute sous l'eau ; on en cite qui y sont restés jusqu'à quatre et même cinq minutes, mais ce sont des cas extrêmement rares. Ces hommes, d'ailleurs, meurent jeunes. On reconnaît aisément le pêcheur de perles à sa démarche incertaine, à ses yeux injectés de sang et à son torse voûté. La pêche des perles occupe environ trente mille hommes, montés sur trois mille barques. Elle produit en moyenne une dizaine de millions.

Entre l'Afrique et l'Arabie, la mer Rouge court sur une étendue de 2,200 kilomètres, de Suez au détroit de Bab-el-Mandeb, « à la porte de ceux qui vont mourir ». Fissure profonde, qui sépare de l'Asie l'Afrique, laquelle se rattachait au continent noir par un lambeau de terre aujourd'hui tranché par le canal de Suez, la mer Rouge atteint jusqu'à 2,000 mètres de profondeur. Vaste bassin d'évaporation qui promptement baisserait et se tarirait en peu de siècles, puisque chaque année le soleil pompe à sa surface une couche de sept mètres d'épaisseur, si, par le détroit de Bab-el-Mandeb, l'océan Indien ne réparait ses pertes et ne relevait son niveau, en lui apportant chaque année plus de mille milliards de mètres cubes d'eau.

De toutes les navigations, celle de la mer Rouge est une des plus pénibles à cause de la température élevée. Ces quelques jours de traversée sont parfois intolérables quand l'atmosphère est calme et que le vent du désert passe lourd et brûlant sur la nappe surchauffée. Le miroitement du soleil sur les vagues, l'éblouissant reflet des montagnes, l'air desséché que l'on y respire lui ont valu son nom de mer Rouge. Sur les deux côtes d'Asie et d'Afrique, règne une ceinture d'îlots rocheux, cimes surnageant au-dessus des flots, bancs de coraux édifiés par les polypiers, poussée souterraine qui, lentement, exhausse le sol du littoral, convertissant les baies en étangs fermés, les îlots en promontoires. Dans cette mer, redoutée des hommes, il semble que le poisson même ait peine à vivre ; chaque année, au changement de la mousson, surtout en octobre et novembre, la vague rejette sur les côtes de Périm et d'Aden des milliards de poissons morts. On se hâte d'enfouir ces amas de chair pourrie qui empoisonnent l'air.

Moins abondantes et moins intenses que la flore et la vie marines, la flore et la faune terrestres de l'Arabie sont aussi moins variées. Ses productions les plus connues sont les aromates, la casse et le séné, la myrrhe, l'encens ; puis le dattier, que Mahomet prescrivit d'honorer, le caféier, dont elle ne fournit plus qu'une faible partie de ce que le monde consomme.

Dans ce cadre que nous venons de décrire : une population d'environ six millions d'êtres humains. Au premier rang, l'autochtone : l'Arabe ou le Bédouin. La distinction que fait l'Européen, attribuant au second terme une qualification fâcheuse, désignant de ce nom des métis dégénérés et abâtardis, vivant de rapines et de pillages, est essentiellement erronée. L'Arabe, l'homme des plaines, et le Bédouin ne font qu'un ; race orgueilleuse et fière, fière de sa pure origine, du sang « bleu » qui coule dans ses veines, de son indépendance, de sa vie solitaire et nomade. Habitant des tentes, habitué du désert, dédaigneux du « peuple de l'argile », comme il désigne ceux qui vivent dans les villes, l'Arabe hait surtout l'Ottoman qui prétend l'astreindre au tribut.

De taille moyenne et de traits réguliers, bien conformé et maigre, son front est haut, l'ovale du visage correct, l'œil vif et noir, d'un éclat inaccoutumé et inquiétant. Il a, dit-on, « l'œil du loup » ; il a surtout celui de l'Indien d'Amérique, comme lui habitué à fouiller et à interroger l'horizon lointain, à relever une piste. Les unions entre cousins contribuent peut-être à la brièveté de la vie de l'Arabe ; il vieillit rapidement et rarement atteint un âge avancé. Et cependant sa sobriété est proverbiale, excessive même. Il se fait gloire de ses privations volontaires, de peu manger et de peu boire, de supporter sans murmure la faim et la soif. Dans ses chants, il célèbre les héros qui ont tout enduré, la chaleur, la fatigue, qui ont tout bravé, que le danger n'a pas fait reculer, à qui la souffrance n'a pu arracher une plainte. De l'endurance et de la patience il a fait son idéal. Malade ou blessé, il s'isole pour souffrir ou mourir ; il a la pudeur des âmes fortes qui ne veulent pas de témoins à leurs maux.

Doux aux femmes et aux faibles, il n'est fort que contre les forts, et leur applique la peine du talion. S'il est cupide, il est hospitalier et n'attend rien de son hôte, sacré pour lui, même si cet hôte est un ennemi. Il n'a point de maître, il se tient pour solidaire des siens, leur allié, leur égal, non leur serviteur ou leur sujet. S'il nomme son cheikh, il peut le déposer, le changer en temps de paix ou de guerre; c'est un guide que volontairement il se donne, non un maître qu'il s'impose.

L'Arabe sédentaire habite au long de l'immense littoral. Le mélange avec les autres races : Persans, Hindous, Somalis, Abyssins et nègres a profondément modifié le type primitif. Tous se disent mohométans; ils orientent leurs tentes ou leurs demeures vers la *kiblah*, ils observent les préceptes du Coran. Monothéistes, ils n'admettent qu'un Dieu et, fiers de la simplicité de leur culte, des merveilleux succès de l'Islamisme à ses débuts, très rarement renoncent à leur religion.

La plus vivace et la plus résistante de leurs sectes est celle des Wahabites. Mahommed Abd-el-Wahab la fonda à la fin du xviie siècle. Ce fut un réformateur; non un initiateur. Il aspirait à rendre à l'Islam, avec ses croyances primitives et simples, cette prodigieuse force d'expansion qui avait porté si loin son étendard victorieux. Il s'élevait contre les abus qui s'étaient introduits à la Mecque, contre les vices qui envahissaient Constantinople. Bientôt, encouragé par le succès de ses prédications, il s'attaquait aux fausses interprétations du Coran et ramenait l'Islamisme à un pur théisme. Supprimant tout intermédiaire entre Dieu et l'homme, il rejetait d'une manière absolue l'efficacité des prières des saints et la médiation à demi divine de Mahomet lui-même. Il rétablissait le droit d'interprétation personnelle du Coran et mettait à néant les commentaires des docteurs. Enfin il annonçait la réapparition prochaine du prophète qui devait conduire les musulmans à la victoire et assurer leur suprématie sur toutes les races infidèles.

Un des traits distinctifs de la religion musulmane, c'est qu'elle intervient dans tous les actes de la vie. Son domaine n'est pas exclusivement celui de l'âme et de la pensée. Elle règle les relations sociales, les rapports de l'individu avec l'État, du soldat avec ses chefs. Elle est à la fois sociale, militaire, administrative et judiciaire. Wahab rêvait de la ramener à des limites plus étroites, de restreindre à leur domaine propre l'autorité des interprétations des docteurs. Cette autorité était devenue, elle est encore restée excessive, car elle ne porte pas seulement sur des points de théologie, mais elle prétend déterminer les devoirs de chacun dans l'ordre politique. Sous forme de consultations, les docteurs de la loi rendent des arrêts qui s'imposent à la conscience des vrais croyants; ils proclament, suivant les circonstances, la rébellion un devoir, la guerre une nécessité, et cela en dehors et au-dessus du pouvoir politique qu'ils dominent toujours et renversent souvent.

Les doctrines de Wahab secouaient ce joug pesant : elles se propagèrent avec rapidité et, à sa mort, en 1787, elles avaient conquis la Perse et une partie du monde musulman, envahi les Indes et créé un schisme dans l'Islam, et cela au moment où plus que jamais l'union s'imposait à l'Islam pour résister à l'invasion anglaise.

Le Nedjed fut le berceau du Wahabisme. C'est encore là qu'après des fortunes diverses, des alternatives de revers et de succès, il a maintenu le siège de son pouvoir, rallié les débris de son empire. Haïl est sa capitale et l'État de Djebel-Chammar sa place forte.

Sur trois côtés, baignée par trois mers, l'Arabie n'a une frontière terrestre qu'au nord. Une ligne à peu près droite qui, d'El-Arish sur la Méditerranée, aboutit au-dessus du golfe Persique, au sud du delta du Tigre et de l'Euphrate, la sépare de la Méso-potamie. Partant de ce point initial et longeant le golfe, la première ville importante que nous rencontrons est Koveït. C'est le port naturel du bassin des deux fleuves, le débouché des pays de l'Euphrate, le siège d'un grand mouvement d'échanges, le point terminus du futur chemin de fer qui relierait la Méditerranée au golfe Persique. Koveït compte vingt mille habitants, c'est le principal port d'exportation des fameux chevaux du Nedjed.

Entre Koveït et El-Katif se déroule la côte du Hasa. Hofhof, sa capitale, se trouve à une centaine de kilomètres en arrière de la côte, au pied de la chaîne montagneuse qui, de l'autre versant, domine le Néfoud. L'oasis de Hofhof est réputé l'un des plus fertiles de l'Arabie, il est peuplé de 25,000 habitants. El-Katif, sur le golfe Persique, n'en compte que 6,000; les sables et les bancs ont envahi son port qui fut un moment l'arsenal militaire des Wahabites, le point de départ des flottilles nombreuses du nouvel Islam. Avec l'enlisement du port, le climat est devenu humide et malsain.

Plus au sud, Ménamah, capitale du Bahreïn, centre de commerce d'exportation des perles et de la nacre, ville de 40,000 habitants. Le port renferme plus de 1,500 bateaux de pêche perlière auxquels viennent s'adjoindre 3 ou 4,000 embarcations de la côte. Les riches Hindous y possèdent des comptoirs. L'Angleterre a pris pied à Ménamah : un navire de guerre anglais maintient l'ordre parmi les pêcheurs, et le consul anglais de Bouchir règle les contestations qui surgissent.

De l'autre côté du golfe que forme le Bahr-El-Bénat, la « mer des Filles » : Charkah « l'orientale », située sur la côte dite « des Pirates ». Elle possède une industrie locale, des fabriques de filigranes, de tissus, manteaux, tuniques et châles, une population de 20,000 âmes, et entretient avec le Bengale un commerce actif. Dans l'intérieur des terres Bireimah, puis Sohar, importante par son industrie, renommée pour ses palais et ses somptueuses résidences. Sur la côte, Barka, et au sud, Mascate.

C'est la capitale de la terre d'Oman; un sultan arabe la gouverne, l'Angleterre le subventionne. L'Inde anglaise est de l'autre côté de la mer d'Oman; et, par-dessus cette mer l'Angleterre étend sa main. Au xvi⁰ siècle, Albuquerque s'empara de Mascate et la fortifia. Le château de Mirani qui domine la ville a gardé l'empreinte portugaise. Mascate, avec ses 40,000 habitants et sa population flottante d'Abyssins, de Somalis, de nègres d'Afrique, de Baniah de l'Inde, de Baloutches, étouffe dans son enceinte trop étroite, dans ses rues, sortes de fossés creusés entre les hautes maisons et où deux hommes ont peine à passer de front. Au-dessus de ces ruelles, des nattes tendues d'une maison à l'autre et recouvertes d'une légère couche d'argile arrêtent les rayons du soleil. La nuit, on couche sur les terrasses et, quand le vent brûlant du désert passe sur la ville, les habitants s'arrosent mutuellement pour compenser par l'humidité factice une transpiration trop abondante.

Au long du rocher sur lequel est construite Mascate, les maisons montent, se hissant les unes au-dessus des autres pour capter un peu l'air du large. Pour l'Européen,

Mascate est un enfer inhabitable. Son port, large et profond, son mouillage sûr, sauf pendant les vents de nord-ouest, ont fait la fortune de la ville, en en faisant le rendez-vous de la navigation de la Perse et de l'Inde. Le commerce de Mascate s'élève pour l'importation et l'exportation à 35 millions de francs, mais Mascate exporte bien plus qu'elle n'importe : 28 millions contre 7. Cette ville fut la capitale et le port d'un grand empire, l'empire d'Oman, dont les souverains d'Europe recherchaient l'alliance et cultivaient l'amitié, Mascate régna sur ces mers ; chaque bâtiment étranger qui entrait dans le golfe lui payait tribut, mais ce tribut qui grossissait les revenus du sultan ne satisfaisait pas les hardis marins de Mascate. Ils allèrent souvent au large guetter les lourds navires de la compagnie des Indes anglaises, aborder, piller et saborder ceux que ne protégeait aucun bâtiment de guerre. En 1819, les Anglais irrités firent une razzia sur la côte des Pirates ; ils y capturèrent deux cent cinquante navires d'un tonnage moyen de 200 à 400 tonnes.

Sur la côte méridionale, en face de l'île de Socotora, Mirbat, l'ancienne Dofar, eut, elle aussi, ses jours de grandeur et de prospérité. Ce fut, au xɪvᵉ siècle, une cité commerçante et industrieuse : ses ruines l'attestent ; mais le commerce s'est détourné d'elle et la Mirbat actuelle n'est plus qu'un misérable village de pêcheurs, contenant à peine 300 habitants. Plus loin, à l'entrée du golfe d'Aden, dans une crique profonde et bien abritée que dominent d'éblouissantes parois de calcaire, Makalla entretient un commerce actif avec l'Afrique. Sa population est surtout africaine ; les Somalis, les Abyssins, les nègres et les habitants de Zanzibar la composent. En arrière de Makalla, la région de l'Hadramaout serait, au dire de de Wrede, qui seul jusqu'ici, l'a explorée, riche, fertile et populeuse. Makalla en est le port.

Au delà de ce port, au fond du golfe, à 170 kilomètres du détroit de Bab-El-Mandeb : Aden, la clef de la mer Rouge. Elle est en bonnes mains et bien gardée. A cette autre pointe de la Péninsule Arabique, nous retrouvons l'Angleterre. A Mascate, elle surveille la mer Persique, à Aden la mer Rouge, par toutes deux la route des Indes. Aden est un autre Gibraltar dont les fortifications puissantes, creusées dans le cratère même d'un volcan éteint, barrent l'accès de la mer des Indes, de même que Gibraltar celui de la Méditerranée. Sur ce rocher nu sont accumulés tous les moyens de défense qu'a pu inventer l'art des ingénieurs et édifier l'or. Aden est imprenable ; par la soif seule, on pouvait la réduire et ses merveilleuses citernes la mettent à l'abri de ce danger. Taillées dans le roc, leurs murs ont plusieurs mètres d'épaisseur. Elles mesurent 220 mètres de longueur sur 50 de largeur.

Longtemps, les Anglais guettèrent cette proie que détenait le sultan de Lahedj. En 1839, l'occasion s'offrit, ils ne la laissèrent pas échapper. Les pirates d'Aden avaient pillé un vaisseau anglais ; mis en demeure de donner réparation, le sultan traîna les négociations en longueur. Un hardi coup de main livra Aden et son territoire aux Anglais ; ils en ont fait un dépôt de charbon et une forteresse. Entre leurs mains intelligentes, Aden prospère. De 1,500 habitants, sa population s'est élevée à 15,000. Steamer Point, le port de ravitaillement où relâchent les nombreux vapeurs en route pour la mer des Indes et le littoral africain, est relié par une belle route à Aden.

Au delà, Périm, puis Moka, très commerçante autrefois, célèbre par l'excellence de son café, dépossédée de son trafic par la concurrence d'Aden et des ports voisins, ville d'environ 5,000 habitants. En arrière, dans l'intérieur des terres, Sana, capitale du Yémen, sur un plateau élevé et salubre, l'une des villes les plus importantes et les plus populeuses de l'Arabie. En façade, sur ses larges rues, de riches résidences, de somptueux monuments, massifs comme les palais de Florence, ornés comme les temples indiens. Cinquante mosquées, dont quelques-unes de grandes dimensions, attestent le zèle religieux de cette capitale du Yémen, capitale militaire, administrative et religieuse qui domine toute cette partie de l'Arabie, et que des routes bien entretenues relient aux ports du littoral.

Au nord de Sana, Mareb, l'antique Saba, perdue, puis retrouvée par les explorateurs, dans sa dépression du Djof. De ses légendes et de son passé elle n'a gardé qu'une enceinte de ruines et les débris d'un palais, le palais de Balkis, qu'habitait, dit-on, l'alliée et l'amie de Salomon, la reine de Saba. Sous la puissante pression des eaux que déversaient dans sa gigantesque citerne « soixante-dix torrents », les murs cédèrent et Saba submergée se dépeupla. Cette catastrophe semble avoir eu lieu au deuxième siècle de notre ère. Sur la côte, Hodeidah, qui a détrôné Moka et concentré dans son port le commerce d'exportation du café. Au nord du Yémen, en remontant la mer Rouge : le pays d'Assir.

Epha est sa capitale et Konfoudah son port, mais la ville la plus importante comme population est Namuz. Région pauvre où les paysans se terrent dans des tanières avec leurs troupeaux, région souvent envahie, ravagée, ainsi qu'en témoignent les ruines des châteaux forts des Cheikh, et les grosses tours semées dans la campagne, lieux de refuge des habitants quand débouchaient les hordes de Kabilets pillards qui vendaient leurs filles aux enchères. Plus au nord, la ville sainte, la Mecque; dans la direction de laquelle, à l'heure de la prière, deux cents millions de musulmans, chaque jour, se tournent; la Mecque, la « mère des villes ».

Dans une vallée étroite et sablonneuse que dominent de hautes collines dénudées, la Mecque étend ses rues larges. Des armées de pèlerins les sillonnent. Par cinq grandes routes ils affluent, par celles de Damas, du Chammar, du Nedjed, du Yémen et du Djeddah. Par celle de Damas débouche la caravane officielle, qui porte à Médine les flacons d'eau de rose et les dix-huit quintaux de cire destinés à l'éclairage du tombeau du prophète, présents du commandant des croyants. En quarante jours, cette caravane traverse le désert, sous l'escorte de tribus subventionnées, et par une route que des puits jalonnent de distance en distance. Abd el Malek la suivit semant l'or sur son passage. En 782, Abdallah Mohammed dépensa plus de 20 millions à son pèlerinage.

Très chaude l'été, la Mecque est inondée l'hiver par des pluies diluviennes. A l'époque du pèlerinage, sa longue rue de Masa offre l'aspect vivant et grouillant d'un vaste bazar asiatique. Marocains et Tunisiens, Turcs d'Europe et d'Asie, Persans et Afghans, Arabes de l'Yémen et nègres du Soudan y débitent, à côté des riches copies du Coran, des peaux de chèvres teintes en rouge et en jaune, des confitures de Constantinople, de l'ambre et des étoffes brodées, des châles d'Angora et des tapis de soie, des armes et des étoffes, au milieu des appels des vendeurs, des récriminations des acheteurs, des importunités des mendiants, d'une foule sans cesse en mouvement.

De tout temps, la Mecque fut un vaste marché. De tout temps, les tribus arabes fréquentèrent ses foires, protégées par une trêve inviolable de quatre mois. Là se négociaient les échanges de prisonniers, se réglaient les différends, se nouaient et se dénouaient les alliances. Là aussi ces tribus nomades, également passionnées pour la poésie et pour la guerre, faisaient assaut de chants par leurs poètes attitrés et la *cacida* du vainqueur, transcrite en lettres d'or, ornait les murs sacrés de la Kaâba grossissant le recueil des poèmes dorés « ou suspendus », comme on les désignait.

Bien avant l'Islamisme, la Mecque était ville sainte. La Kaâba, construite, disait-on, par Adam, détruite par le déluge, rebâtie par Abraham quand il vint y revoir Agar et son fils Ismaël, fut un lieu de pèlerinage. On allait s'y prosterner devant la pierre mystérieuse, la « pierre blanche » que, du ciel, l'ange Gabriel apporta sur terre et remit à Abraham, pierre merveilleuse destinée à servir d'échafaudage pour la construction du Temple et qui, d'elle-même, se soulevait à mesure que montaient les murailles. Encastrée aujourd'hui dans l'angle nord-est de la Kaâba, à hauteur d'homme, la pierre « d'une éblouissante blancheur » est devenue noire sous l'attouchement des fidèles ; leurs baisers l'ont creusée.

La Kaâba, ou « le cube », s'étend sur une grande place, en un parallélogramme de 180 mètres de long sur 130 de large. Quatre rangs de colonnes, supportant des arceaux en ogive et surmontés de petites coupoles, l'entourent. Le temple, construction massive de 12 mètres de long sur 8 de large et 9 de hauteur, repose sur une base en talus. Un immense voile de soie noire, le *Kessoua*, que le sultan renouvelle tous les ans, le recouvre en entier. Là se trouve le puits de Zem-Zem, cette source que l'ange fit jaillir et qui sauva la vie d'Ismaël.

Plus de cent mille pèlerins visitent annuellement la Mecque et Médine, pèlerinage dangereux auquel l'Europe a été plus d'une fois redevable de l'invasion du choléra et des épidémies qui naissent au sein de ces foules et dont elles rapportent les germes. Les mesures prises depuis quelques années par la commission sanitaire internationale ainsi que le transport de pèlerins par mer, ont beaucoup diminué ce danger.

Au nord de la Mecque, Médine, la « ville du Prophète ». Elle occupe le centre du territoire sacré, le Houdoud-El-Haram, d'environ 300 kilomètres carrés. Les péchés y sont interdits ; « il est interdit aussi d'y chasser ou d'y tuer d'autres animaux que les Infidèles ». Les Arabes attribuent à Mahomet le dicton suivant : « Supporter sans murmurer le froid de Médine et la chaleur de la Mecque, c'est mériter le Paradis. »

A Médine repose le Prophète, dans la mosquée d'El-Haram ; dans la grande mosquée de Médine s'élèvent les tombes d'Abou-Bekhr et d'Omar.

Sur la Mecque, où il naquit, sur Médine, où il mourut, plane la grande ombre du fondateur de l'Islam. Elle s'étendit sur l'Asie occidentale et l'Afrique septentrionale ; sur Constantinople et la Turquie qu'elle couvre encore, sur la Grèce, l'Espagne et la Sicile qu'elle n'a pu conserver à ses sectateurs. En Mahomet s'incarna le génie religieux, politique et militaire de sa race. De lui date ce mouvement d'expansion qui, sous ses successeurs, porta si haut et si loin la fortune et la puissance de l'Islam, cette irrésistible invasion sous laquelle, ébranlée, l'Europe chancela, et qui, un moment, faillit la submerger.

Pour soulever cette race et la pousser à la conquête du monde, il fallait et le fanatisme religieux et l'éblouissante vision d'une imagination orientale surexcitée; il fallait l'indomptable énergie qui entraîne les masses et la gravité qui commande leur respect, la foi ardente qui brave, et le fatalisme qui fait mépriser la mort. Il fallait, réunies et concentrées dans un homme, portées à leur point maximum de puissance, les qualités et les défauts inhérents à la race même. Il fallait qu'en cet homme, elle se vît, se reconnût et, confiante en son génie, obéît à l'élan qu'il lui imprimait, décuplant sa force et ouvrant à ses instincts confus, à ses ambitions latentes, un champ illimité.

Mahomet fut cet homme. Monothéiste, il réveilla dans l'âme arabe la foi religieuse et, du même coup, la haine de l'étranger dont les cultes idolâtres déshonoraient la Mecque. Il fit appel aux deux passions vivaces de l'Arabe : l'orgueil et la haine, lui montrant la suprématie à conquérir, l'étranger à asservir, le danger à braver et les jouissances sensuelles d'un paradis ouvert aux vaillants, accessible à tous, pour tous intelligible.

Il lui laissa le Coran, aujourd'hui encore code religieux, civil, criminel, politique et militaire de 200 millions de croyants; il s'en fallut de peu qu'il ne lui laissât l'empire du monde et ne fît dévier la marche de la civilisation.

A l'ouest, sur les bords de la mer Rouge, Yambo, dernière ville arabe; au-dessus, et déjà sur terre égyptienne, El-Nedj, lieu de quarantaine.

Dans l'intérieur des terres, au nord, deux villes populeuses : Djof, dans l'oasis du Djof, et Meskakah. Toutes deux dépendent du Nedjed. A la décroissance continue des puits et des sources de cette région correspond une diminution de la population. Dans certains villages, on en est réduit à aller, la nuit, chercher l'eau jusqu'à 20 kilomètres de distance.

Dans le Nedjed, terre Wahabite, les deux capitales de la secte : Haïl et Riad; Haïl, avec ses hautes murailles et son palais fortifié; Riad, entourée de verdure et peuplée de 25,000 habitants. Palgrave et Lady Blunt nous ont fait une curieuse description de ces deux villes. « Là, habitent les purs croyants; là est l'asile pur de toute souillure des descendants de Wahab », affirment les Arabes.

Il en faut beaucoup rabattre, semble-t-il, et les récits des voyageurs nous dépeignent, dans ces deux villes, un fanatisme hypocrite voilant mal une moralité douteuse.

Au sud, le désert inexploré de Danah. A ces vagues de sable s'arrête l'Arabie, dont, plus haut, nous avons décrit le littoral; terre curieuse, morcelée en régions diverses, sur tout son pourtour entamée par l'étranger, mais dont le peuple garde encore une vitalité puissante, une foi profonde, le culte et les traditions du passé. Pilier de l'Islamisme, dont il fut l'apôtre et le soldat, l'Arabe soutient encore l'édifice chancelant que de ses mains il a élevé.

Marchakar, sur la route d'Ispahan.

V. — LA PERSE

Entre le bassin du Tigre à l'ouest, et celui de l'Indus à l'est, le haut plateau Iranien, berceau de la race aryenne, se déploie en forme de trapèze, descendant au sud jusqu'au golfe Persique et à la mer d'Arabie, borné au nord par la dépression de la mer Caspienne. De tous côtés des chaînes montagneuses, aux pentes abruptes, l'entourent. Au nord-est les plateaux du Kourdistan et de l'Arménie, plus élevés encore, surplombent et continuent le plateau Iranien. Par eux, il semble se relier à la chaîne du Caucase.

Géographiquement, il forme un ensemble compact, une unité distincte. Politiquement et ethnologiquement, il n'en est pas de même. Terre aryenne, il est, depuis des siècles, le sol que dispute à l'Iranien sédentaire, fixé au sol, dépositaire et gardien des traditions, le Touranien nomade. Entre ces deux représentants de la race caucasienne et de la race tartare-mongole, la lutte fut séculaire, jusqu'au jour où l'Islam triomphant les courbant sous un même joug effaça le nom de cet empire Persique, qui, un moment, s'étendit du Bosphore à l'Indus.

Aujourd'hui, démembrée, la Perse n'occupe plus que l'ouest du plateau Iranien; l'est forme deux États indépendants : l'Afghanistan et le Beloutchistan, et, sur le versant occidental du plateau Iranien, le sceptre du Roi des Rois est aux mains d'une dynastie touranienne.

Telle que l'ont faite les guerres intestines et les guerres extérieures, la politique et les traités, la Perse moderne est bornée, au nord, par la Transcaucasie Russe, la mer Caspienne et le fleuve des Turkmènes; à l'ouest, par une ligne qui, coupant les affluents· de gauche du Tigre, passe entre les lacs de Van et d'Ourmiah, laissant Katour à la Perse, Bayazid à la Turquie, et rejoint le massif de l'Ararat; au sud, par le golfe Persique et la mer d'Arabie; à l'est, du côté de l'Afghanistan et du Beloutchistan, par une frontière vague, qui, longeant les montagnes du Mékran, aboutit à la baie de Gwadar.

Sur cette superficie de plus de 1,600,000 kilomètres carrés, trois fois celle de la France, 10 millions d'habitants. Ce pays en comptait-il 50 millions au temps de Darius, comme l'affirment quelques auteurs? C'est peu vraisemblable. Les plaines cultivables et cultivées ne paraissent pas avoir pu comporter un pareil chiffre. Les immenses armées qu'ont mises sur pied les souverains de la Perse, multitudes humaines, sans cohésion, encadrées dans des troupes plus solides mais trop peu nombreuses pour les contenir et prévenir leurs effroyables débandades, provenaient moins du pays même que des États tributaires.

Le grand rôle joué dans l'histoire par cette race Iranienne a fait illusion sur son nombre. On l'exagérait pour expliquer l'inexplicable résistance de cette race aux assauts furieux que lui livraient les tribus barbares, sa durée, son dédain pour les nomades qui l'entouraient, l'empire qu'elle exerça sur eux. La puissance et l'empire ont disparu, mais l'orgueil a survécu avec les traditions d'antiquité, et aussi l'instinct de noblesse innée, le parler pur que copient encore aujourd'hui l'Afghan et le Beloutchi, plus fiers de leur origine aryenne que de leur indépendance de fraîche date.

Ce que l'on ne saurait exagérer, c'est le rôle de cette race dans le domaine religieux et intellectuel. Avant toute autre et mieux qu'aucune autre, elle posa le dogme fondamental du bien et du mal, de la lumière et des ténèbres, d'Ormuz et d'Ahriman, de la lutte de la vérité et du mensonge.

Du dehors, elle n'a rien reçu aveuglément, modifiant dans le sens de son génie propre les doctrines qu'elle acceptait, les marquant de son empreinte, comme les souverains marquent de leur effigie l'or ou l'argent venus d'ailleurs. En se heurtant à cette race, du coup l'Islamisme s'est rompu, son unité a été brisée. La secte des Chiites, née d'elle, domine aux Indes, en Mésopotamie, en Syrie, en Afrique, atten-, dant comme les Juifs, l'apparition de son Messie, d'Ismaël, légitime successeur du Prophète par Ali, de ce Mahdi, le « Dirigé de Dieu », dont le nom seul, éclatant dans· le Soudan, a suffi pour soulever l'Afrique centrale et mettre l'Égypte en péril.

Centre où se sont successivement formées ou modifiées les religions humaines, ce plateau de l'Iran a vu, de temps immémorial, défiler les peuples en marche de l'Orient vers l'Occident. L'Asie, par là, débouchait sur l'Europe d'une part, sur l'Afrique de l'autre. Entre la mer Caspienne et le golfe Persique, la route s'ouvrait, accessible, descendant sur les vallées de l'Euphrate et du Tigre, ou remontant vers les plateaux de l'Arménie. Plus au sud, le golfe Persique barrait le chemin; plus au nord, la mer.

Caspienne. Plus haut encore, c'étaient les steppes inconnues de la Scythie, sillonnée de tribus nomades. Là, entre l'Elbourz et les monts de la Susiane, par ce couloir de cinq cents kilomètres de largeur, les émigrants abordaient en plein espace libre, devant eux s'ouvraient les grandes voies historiques.

En traversant ce plateau, ils y laissaient quelque chose d'eux-mêmes, ils y prenaient quelque chose d'autre. Ils subissaient l'influence d'une civilisation antérieure, ils s'imprégnaient d'idées différentes. Au contact de la Perse, de sa poésie chaude et vibrante, de ses merveilleux récits, de ses antiques traditions, le sens intellectuel s'éveillait, l'horizon s'élargissait et le grand courant passait, charriant avec lui des germes nouveaux : idées ou croyances qui, plus loin, prenaient racine et portaient fruit.

Entre ces deux mers, alors solitaires, qui au nord et au sud, la couvraient et l'abritaient, la Perse, maîtresse de tout le plateau Iranien, haute citadelle d'où elle dominait les plaines basses de la Mésopotamie à l'ouest, les terres basses de l'Indus à l'est, semblait inexpugnable. Il n'en est plus de même aujourd'hui. La mer qui, jadis, arrêtait l'homme, le porte, maintenant, où il veut aller. La voie maritime, redoutable entre toutes, est devenue, de toutes, la plus sûre et la plus économique, la plus fréquentée et la plus directe. La mer Caspienne, qui isolait la Perse de la Russie, met la Russie à ses portes ; la mer d'Arabie et le golfe Persique, qui, au sud, l'abritaient du monde ancien, amènent le monde moderne sur ses côtes. Un « lac russe » au nord, un « lac anglais » au sud, enserrent la Perse. Les Russes lui ont pris ses provinces de la Transcaucasie ; les Anglais ont mis une garnison de Cipayes à Djask, à l'entrée du golfe.

Ce n'est pas elle que menacent ces puissances rivales, mais entre elles l'indépendance de la Perse est en péril ; toutes deux cherchent à s'interdire la route séculaire qui, par Hérat et l'Afghanistan, atteint le Pendjab. Sa neutralité précaire qui la fait osciller tantôt dans un sens, tantôt dans l'autre, accroît les dangers qu'elle court et que ne peut qu'ajourner une politique incertaine.

Ce haut plateau de l'Iran est soutenu, consolidé, par des chaînes montagneuses : au nord, par le système du Kara-Dagh qui se rattache au massif de l'Ararat ; au nord-est, par les chaînes continues du Ghilan, couvertes sur le versant nord d'épaisses forêts, arides et sèches sur le versant sud.

« Quand tu atteins le sommet de nos montagnes, dit un proverbe ghilan, la moitié de ta barbe qui est tournée vers nous est moite et parfumée des senteurs de nos fleurs, l'autre moitié sèche et poussiéreuse comme les chardons qui croissent dans les déserts de l'Irak. »

« Va dans le Ghilan, si tu veux mourir jeune », ripostent les habitants de l'Irak, qui affirment que jamais homme de Ghilan n'a atteint soixante-dix années, et que les fièvres pernicieuses rampent sous cette exubérante végétation.

Continuant le Ghilan et longeant la mer Caspienne se déroulent les chaînes du Manzanderan, du « jardin de la Perse ». Jardin merveilleux de végétation, mais hanté de fauves, empesté de fièvres, envahi par les moustiques. La chaîne de l'Elbourz court au long de la mer, dressant au Demavend sa cime volcanique de plus de 5,000 mètres d'altitude, sur laquelle aborda, dit la tradition persane, l'arche de Noë. De Téhéran, au coucher du jour, l'œil s'arrête sur sa masse plus sombre que l'ombre qui l'envahit, et, par delà les monts de Kachan et la zone des déserts, sa cime apparaît encore à l'horizon. C'est la montagne des légendes et des mythes, des trésors enfouis et des Dieux qui sommeillent.

En forme de fer à cheval, l'Elbourz contourne le littoral de la mer Caspienne, s'infléchissant, avec elle et comme elle, vers le nord-est, vers Astrabad. Au pic du Demavend succède celui du Trône de Salomon, puis celui d'Alamont, ou Nid d'Aigle. Sur ce roc sourcilleux, dans la forteresse démantelée qui le couronne, vivait le Roi-Prêtre des Assassins, le Vieux de la montagne, dont les sectateurs ivres de haschich et rêvant de paradisiaques orgies allaient, sur un signe, frapper la victime désignée à leurs coups. Dans ces murs s'entassaient ses trésors. La dynastie a survécu, mais les temps sont changés et le descendant du Vieux de la montagne, devenu sujet britannique, habite paisiblement Bombay où il vit du tribut volontaire des fidèles.

À l'est d'Astrabad, les chaînes du Khorassan s'inclinent vers l'Afghanistan, plus épaisses et plus tourmentées à mesure qu'on descend vers le sud. À l'ouest, au long du bassin du Tigre et de l'Euphrate, le plateau Iranien, par les monts du Kourdistan, se relie au plateau Arménien. L'Elvend y dresse à 4,000 mètres de hauteur sa cime neigeuse, et, au nord de Chiraz, le Kouh-I-Dena atteint, dit-on, 5,200 mètres d'altitude.

Au pied des chaînes irrégulières qui, du nord au sud, sillonnent le plateau, s'étendent le grand désert salé du Khorassan au nord, le désert de Lout au sud, Sahara persan, nappe de sable et de sel que le vent soulève en épais tourbillons. Sous l'incessant frottement de ces atomes, le roc a pris le poli du marbre; ailleurs il résonne et chante, comme la colline sonore de la vallée de Pandjhir que l'on entend à deux kilomètres de distance. Ici, balayé par les orages, le sol n'offre qu'une roche dure et lisse; plus loin, les sables amoncelés se déplacent comme dans la plaine du Désespoir, engloutissant les caravanes éperdues. De hauts piliers dressés dans le sablonneux désert indiquent la route à suivre.

Istekhri a décrit, au xᵉ siècle, cette morne solitude, « semblable à une masse de métal incandescent d'un rouge pâle », qu'aucune ombre ne raie et qu'inonde une lumière aveuglante. Et ce ne sont pas les seuls déserts du plateau Iranien, ce sont les plus vastes; çà et là, du haut des montagnes, l'œil en aperçoit d'autres dont la superficie n'est pas connue. Le mirage trompeur fait surgir de leur sein des collines et une végétation menteuses qui trompent sur leur étendue.

Sur ce sol, les cours d'eau sont rares. Mieux arrosés par les vapeurs de la mer Caspienne, les monts du Ghilan et de l'Elbourz donnent naissance au Sifid-Roud, ou rivière blanche, et au Gourghen qui, tous deux, descendent vers la Caspienne. Sur le versant du golfe Persique et du golfe d'Oman, les affluents de gauche du Tigre coulent sur le territoire Persan, puis la Kerkha, le Karoun et quelques torrents. Rares aussi les lacs. Le plus vaste, l'Ourmiah, qui mesure 4,000 kilomètres carrés, est sans profondeur. Ses eaux, plus chargées de sel encore que celles de la mer Morte, ne permettent pas au

LE CHEF DE LA GRANDE MOSQUÉE DE LA MECQUE ET SES SERVITEURS.

nageur de plonger : « son corps se recouvre aussitôt d'une couche de sel brillant au soleil comme la poussière de diamant. Dès que le vent souffle, une écume salée se forme en grandes nappes à la surface de l'eau; sur les vases du bord le sel se dépose en dalles de plusieurs décimètres d'épaisseur, ayant en certains endroits cinq et six kilomètres de large. » (E. Reclus.) Enfin, dans le Faristan, le lac de Niris ou Baktigan, nappe salée, vaseuse, exhalant une odeur infecte.

Ainsi que le sol, le climat est extrême, alternativement brûlan et glacé, suffocant dans le voisinage du golfe Persique et de la mer des Indes, rigoureux sur les plateaux du centre et dans les régions montagneuses de la mer Caspienne. Telle est, dans le désert de Lout, la siccité de l'air, que l'homme a peine à résister au vent qui court, desséché, à la surface. Il perd connaissance et meurt quand il est exposé quelque temps à sa mortelle influence. La nuit, de la queue des chevaux jaillissent des gerbes d'étincelles; dans l'air des *brouillards secs* interceptent la rosée, et les trombes de poussière montant du sol, voilent l'horizon de leurs grises et impénétrables murailles. Aussi une grande partie du pays est-elle inhabitée. Il n'en fut pas toujours de même et, dans maintes régions, les Kanots desséchés, ensablés, attestent qu'autrefois le sol mieux arrosé, cultivé, nourrissait une population plus dense.

Actif, industrieux et prévoyant, l'Iranien avait su mettre ce sol en culture, fertiliser ces sables. Le Touranien nomade, le Turc insouciant et fataliste ont laissé tomber en ruines les barrages des eaux, combler les puits et les sources. Un instant dompté par la volonté de l'homme, le désert a repris ce que l'homme avait conquis sur lui, et, victorieux, pousse toujours plus avant ses vagues de sable qui envahissent les rares oasis, recouvrent les champs, refoulant devant eux les villageois impuissants et découragés.

Du contraste de ces régions arides et dénudées avec les riantes mais rares vallées du Mazandéran, est née la poésie persane. Hafiz et Sadi, les chantres inspirés du plateau Iranien, ont chanté non ce qu'ils voyaient, mais ce que leur peignait leur ardente imagination. Dans le désert du Lout, dans ce royaume de la soif et de la mort, ils évoquaient la terre aux eaux murmurantes, aux buissons odorants, aux hautes ramures où gazouillent les oiseaux, où voltigent les papillons diaprés, où les roses parfument l'air. Aux vallons du Ghilan, ils empruntaient leur cadre, et, dans ce cadre élargi, ils créaient un Éden nouveau, intensifiant les charmes de leur vision, célébrant dans leur langue emphatique et vibrante le Band-Emir, roulant à la mer ses flots majestueux ombragés par de hautes forêts. Mirage de poésie, menteur et trompeur comme le mirage du désert qui déroule aux yeux du voyageur épuisé ses frais cours d'eau, sa riche végétation, ses minarets et ses tours. Le Band-Emir, canal d'une petite rivière de la plaine de Persépolis, n'a pas de forêts et peu d'eau, mais pour le pèlerin perdu dans les sables un mince filet d'eau est plus beau, plus riant mille fois que la plus fraîche source du parc le plus ombreux.

C'est sur la partie méridionale du plateau Iranien dans le Farsistan, que s'est conservé le type persan pur : la taille souple, le port de tête noble, les traits réguliers, les yeux bruns, vifs et mobiles, la barbe abondante et soyeuse, le nez légèrement aquilin, les mains et les pieds petits. Presque partout ailleurs le mélange avec le sang chaldéen, kourde, sémite, les croisements avec les Somalis et les Abyssins, ont profondément modifié le type primitif de cette race aryenne, fière, ignorante du mensonge, intelligente et vive, que des siècles de servitude ont façonnée aux vices d'esclaves, incapable qu'elle fut de résister aux assauts répétés des Arabes, des Turcs, des Kourdes et des Turkmènes, ses inférieurs intellectuellement et moralement, ses supérieurs en nombre et en courage. Mais les vainqueurs ont subi l'influence des vaincus et si les Turkmènes conquérants ont le pouvoir et peuplent l'armée, l'Iranien représente encore la race industrielle, commerçante et civilisée.

A travers tant de siècles et d'épreuves, l'Iranien a conservé l'un des traits caractéristiques de sa race, celui que nous avons noté au début. D'instinct, il est théologien, se dit musulman chiite et professe le Coran, en réalité indifférent à ces formes extérieures, prêt à les renier à l'occasion, s'inclinant, chez les Sunnites, au nom d'Oman qu'il exècre, usant en toute circonstance du *Ketman*, qui permet de professer une foi que l'on abhorre, feinte religieuse dont nul n'est dupe, qui n'est qu'un simulacre extérieur, admis de tous, et sous lequel il dissimule ses véritables croyances. Il se les crée et s'y tient, en parlant peu et s'abritant contre la curiosité sous le *Ketman* qui le fait tout à tous.

Étant donnés le sol et le climat, il semblerait que les grands centres dussent être rares en Perse. Ils sont au contraire nombreux eu égard à la population. Ce fait est dû à l'instinct sociable d'une part, de l'autre à la nécessité où s'est vu l'Iranien de se grouper pour se défendre contre des incursions constantes. Groupements éphémères et mobiles, souvent détruits, souvent reconstitués.

Dans l'est, la capitale du Khorassan, Méched, la ville sainte, où chaque année 100,000 pèlerins viennent visiter le tombeau de l'Imam Reza, cinquième descendant d'Ali. Du sépulcre du saint rayonnent trois grandes rues. Dans la ville, une autre ville, le Best, qui comprend, outre les monuments élevés en l'honneur de l'Imam, les boutiques, les logements des pèlerins, ville chiite dans laquelle les Chiites seuls peuvent pénétrer. Autour de la mosquée une chaîne d'airain que nul infidèle ne saurait franchir; tout animal domestique rencontré en deçà devient de ce seul fait propriété de l'Imam, c'est à-dire des prêtres qui desservent le temple. Méched compte 70,000 habitants et l'affluence des pèlerins a détourné à son profit une partie du commerce d'Hérat.

Au nord, Mohammedabad, capitale du Dereghez, à l'est Sarakhs, qui couvre Méched, la ville sainte, et qui plus et mieux que Merv ouvre la porte de l'Inde. Ce point stratégique de la Perse orientale a été le plus vigoureusement attaqué et le plus vaillamment défendu. Au sud de Méched, Chérisabad et le col de Dehroud qui fait communiquer la plaine de Méched avec celle de Nichapour. Col étroit et difficile, obstrué l'hiver par les neiges, coupé de rampes abruptes devant lesquelles hésite le chameau patient, sorte de porte d'enfer donnant accès dans un paradis inattendu. Le col franchi, le voyageur émerveillé contemple un sol fertile, largement arrosé, des cascades et des torrents écumants qui, de l'autre versant, vont porter dans la plaine une fraîcheur et une fertilité dont il a perdu le souvenir dans les déserts et dans les dunes, dans les steppes aux nappes salines et aux fonds d'argile. Nichapour, la Damas persane, était, dit Jacout, avant l'invasion de l'Iran par les Mongols, la cité la plus florissante, la plus riche et la plus peuplée de la terre, le vestibule de l'Orient où les caravanes se donnaient rendez-vous. Il y a, là encore, de l'exagération poétique persane. De tant de grandeurs, il reste une petite ville de 9,000 habitants agréablement située, mais dont les ruines sont loin d'égaler le souvenir.

Au sud, reparaît la vie nomade : Sultanabad, ville commerçante, entourée de prairies qui vont se perdre dans le désert, région que parcourent des milliers de bergers et de nombreux troupeaux. Plus au sud, les villes sont rares, le sol moins fertile, les famines causées par les sécheresses plus fréquentes. C'est le district du Kouhistan. Kain, sa capitale, confine à la *Plaine du désespoir*. La ville est en ruines, ses maisons s'écroulent, et, sur ces amas de débris à peine peuplés, les Tours du silence où les Parsis livraient leurs morts aux vautours, subsistent seules.

De l'autre côté de la chaîne montagneuse, Birdjand étage sur les pentes arides ses maisons aux toits arrondis. Quatre sources abondantes attirent et retiennent sa popu-lation qui, l'été, se trouve doublée quand les puits taris ramènent autour de ses murs les pasteurs et leurs troupeaux chassés par la soif.

De la plaine de Méched, entre les montagnes, un large couloir remonte vers le nord. Il aboutit à Koutchan, ville fréquemment détruite par les tremblements de terre, en dépit de tout, commerçante, marché principal des Kourdes, point stratégique au seuil de la vallée de l'Atrek. Égaux en bravoure aux Turkmènes, plus qu'eux actifs et indus-trieux, les Kourdes ont conscience de leur nombre et de leur importance politique. Ils ne forment point un corps de nation, mais des tribus distinctes que régissent patriarcalement des chefs choisis par eux. Nomades ou semi-nomades, leur fortune consiste en troupeaux, leur luxe en chevaux et en chameaux rapides, capables de franchir plus de 100 kilomètres par jour.

Près de Koutchan, Chiran, puis Boudjnourd, vaste quadrilatère fortifié que dominent une citadelle et une mosquée en ruines. La ville occupe le sommet d'un plateau d'où l'œil, aussi loin qu'il peut porter, n'aperçoit pas un arbre. Le climat y est rude, le froid intense et, dans les défilés montueux, les tempêtes de neige sont redou-tables. Au nord, c'est la région des plaines et de la vie nomade, des steppes balayées par l'âpre vent du nord. Boudjnourd est la sentinelle du monde Iranien, surveillant le Touranien.

De ce point culminant de la Perse dans le nord-est, redescendons vers l'ouest et le littoral de la mer Caspienne. Entre Boudjnourd et Astrabad : la plaine. Astrabad, la ville de l'Étoile, est située au point de croisement des routes de la Caspienne, de l'Iran et du Touran. Son port, Kenar Gaz, est à 40 kilomètres dans l'ouest, port peu sûr, mais qui passe pour l'un des moins dangereux de l'inhospitalière Caspienne. Sa situation géographique, fait d'Astrabad le point de départ de la grande voie historique qui relie l'Asie septentrionale à l'Asie méridionale par l'étroite bande de terre resserrée entre la Caspienne et l'Elbourz. Par cette voie ont passé les Barbares, les Touraniens nomades, les Tartares et les Mongols, puis les envahisseurs repoussés et refoulés, flux et reflux de peuples en marche, semant sur leur passage la ruine et le pillage. Point de jonction, aujourd'hui point de contact entre la Russie et la Perse, Astrabad, où domine la tribu turque des Kadjars, est le berceau de la dynastie persane actuelle. Elle a conservé son palais des Khans, mais la ville elle-même ne renferme que des masures; autour des murailles en ruines gitent les sangliers; jusque dans ses rues, hurlent les chacals. On y fabrique des tapis; par son port on exporte en Europe des excroissances de noyer, connues sous le nom de « *loups* », et très employées à Paris et à Vienne pour la fabrication des meubles.

La plaine d'Astrabad est semée de débris. Ils datent de loin et témoignent des tentatives des conquérants pour défendre et garder cette porte tant de fois forcée. Sur une ligne stratégique de 350 kilomètres, reliant Astrabad à Boudjnourd, serpente une série de retranchements, de fortins écroulés, de murs crénelés.

A l'ouest d'Astrabad, en suivant les contours de la mer Caspienne : Sari, célèbre dans les traditions persanes, où serait enseveli Féridoun, le héros légendaire, où l'armée d'Alexandre aurait fait halte pour sacrifier aux dieux. Son port, Férah-Abad, la « demeure de la joie », aurait été, dit Pietro de la Valle, une ville immense, aussi grande que Rome ou Constantinople, contenant une innombrable population. Grandeur imaginaire dont il ne reste qu'un village de pêcheurs.

A peu de distance, Barfrouch, ville plus importante de 30,000 habitants, marché très fréquenté au débouché des cols de l'Elbourz qui conduisent à Téhéran; puis Amol où commence la région fertile qui court entre l'Elbourz et la mer. Au delà, toujours sur le littoral, Lenghcroud et Recht, le grand marché des soies de la Perse.

Des pluies torrentielles en hiver, des chaleurs intenses en été, en tout temps des fièvres paludéennes font de Recht un climat des plus malsains. Le commerce y attire et y retient cependant une population de 40,000 habitants. Les tapis de Recht sont célèbres et s'exportent dans le monde entier. Au delà de Recht et d'Enzeli, port voisin, les grandes agglomérations cessent; on ne rencontre plus que des villages remontant vers la frontière russe.

Rentrons dans l'intérieur des terres. Au sud de Recht, nous relevons Chahroud, puis Damghan. Là fut, dit-on, Hecatonpylos, « la ville aux cent portes », l'antique capitale des Parthes, alimentée par les eaux de l'Elbourz qu'elle distribuait dans les cent vingt villages autour d'elle formant ceinture. Au delà, sur la route de Téhéran : Semnan; Alexandre y passa, poursuivant Darius et son armée. Entre Semnan et Téhéran, distant de 250 kilomètres, quelques villages, et d'innombrables ruines : ruines de murailles protégeant cette route qui reliait l'une à l'autre ces deux sections de la Perse, ruines de tours ou demeures des Guèbres, adorateurs du feu. Puis, adossée à l'Elbourz, faisant face à la Russie, Téhéran, « la Pure », dont Mohammed Khan, fondateur de la dynastie des Kadjars, fit, en 1795, la capitale du royaume.

Ni Chiraz, dans le voisinage du golfe Persique, ni Ispahan plus au centre du royaume, ne lui offraient les mêmes avantages. Toutes deux étaient trop éloignées du Russe menaçant d'une part, de l'autre d'Astrabad d'où il était issu, de sa fidèle et vaillante tribu des Kadjars. A Téhéran, il la sentait sous sa main. De Téhéran, il pouvait se replier

IMAN-ZADÉ-KASSEM, PRÈS DE TÉHÉRAN.

sur le Touran, appeler à lui et autour de lui ses nomades; tenir pied et résister, couvrir Méched, la ville sainte. De Téhéran et de ses huttes de boue, lui et ses successeurs ont fait au milieu des jardins actuels, des « Paradis de la Perse », une cité semi-européenne et semi-orientale de 200,000 habitants, entourée d'une enceinte percée de douze portes. Au cœur de la ville s'ouvre une vaste place rectangulaire, Maidan-I-Topkaneh; six grandes rues ou avenues y aboutissent; au centre : un bassin ombragé d'arbres que flanquent quatre canons enlevés par Schah-Abbas aux Portugais d'Ormuz.

Dans cette ville se croise une foule bigarrée : maigres Bokhariotes dans leurs robes étriquées, coiffés de hauts bonnets en laine noire, chameliers tartares, Arabes de Bagdad dans leurs manteaux gris, cavaliers afghans armés de cimeterres et de kandjars, pèlerins tannés et bronzés, vêtus de guenilles, Hadjis de la Mecque et de Kachgar, danseurs juifs aux tresses pendantes. Puis le Turc impassible, l'Arabe noir de Mascate, le Khan-turcoman, le fakir hindou, l'Arménien et le Khivien, l'Asie en miniature, ses races et ses costumes, un indescriptible bariolage de couleurs, une rumeur confuse de langues. Le bazar à lui seul est une ville, ville de 20 à 25,000 habitants, avec ses rues, ses carrefours, ses hôtelleries, dédale inextricable de ruelles enchevêtrées, étroites, voûtées contre les rayons ardents du soleil qui, par des ouvertures espacées, fait dans l'ombre de larges trouées lumineuses. C'est le centre de la vie et du mouvement, le lieu de rendez-vous des flâneurs, des chanteurs, des prédicateurs fanatiques.

Dans l'air flottent les lourdes et capiteuses senteurs des parfums de l'Orient, du musc et des eaux de rose de Chiraz, de l'essence de cèdre de Kyrdasch, des pyramides d'abricots, d'oranges, de cédrats, de citrons du Mazandéran. Plus loin, les orfèvres étalent les perles d'Ormuz, les émeraudes du Sinaï, les turquoises de Merched, les saphirs et les améthystes du Mékran, les diamants de Kaltour. Ailleurs, les manteaux de feutre, les velours, les brocarts tissés par les femmes de Yedz; les tapis et les armes; les coiffures et les chaussures, tout un déballage d'Orient marchandé et vendu avec âpreté, au milieu d'un bruit assourdissant.

Dans cette capitale de 200,000 âmes : une colonie européenne d'environ 250 résidents, divisée en deux clans distincts, le clan russe et le clan anglais; chacun d'eux s'efforçant d'obtenir une influence prépondérante dans les conseils du Shah et d'enrayer la marche de ses rivaux vers l'Inde.

Dans le nord-ouest, vers Tabriz : Sultanieh et Zendzan, villes déchues. Tabriz, ville de 170,000 habitants, est entourée de nombreux jardins qu'arrosent ses 900 canaux. Toute populeuse qu'elle soit encore, Tabriz a beaucoup perdu. En 1727, un tremblement de terre tua 70,000 habitants; en 1780, 40,000. Elle en compta, dit-on, à l'époque de sa plus grande prospérité jusqu'à 550,000. Les convulsions du sol ont anéanti ses monuments; seule, sa massive forteresse a résisté. Située dans l'angle nord-ouest de la Perse, à proximité de la Russie et de la Turquie, Tabriz est une des grandes portes d'entrée des marchandises. Au nord : Marand sur la route de Russie, au sud, Ourmiah dans la plaine qui s'incline vers le lac de ce nom. Ourmiah compte 25,000 habitants; Zoroastre, affirme-t-on, y vécut, et l'on montre encore la grotte qu'il habitait.

Hamadan, l'antique Ecbatane, n'est plus qu'une petite ville semée de décombres, sous lesquels gisent la septuple muraille décrite par Hérodote, peinte de sept couleurs différentes rehaussées d'or, le trône d'Artaxerce et le prétendu tombeau d'Esther et de Mardochée. A l'est d'Hamadan se trouve la ville de Koum, célèbre dans le monde Iranien par le tombeau de Fatima, « l'immaculée, » que recouvre sa coupole dorée, qu'entourent 444 tombes de saints. Les pèlerins affluent, Koum étant, après Méched, le lieu où les prières sont les plus efficaces. Agenouillées devant la sépulture de Fatima, les femmes viennent implorer d'elle la beauté, la fécondité et le bonheur conjugal. La plaine, aux environs de la ville, n'est qu'un vaste ossuaire; les fidèles tiennent à honneur d'y être ensevelis. Au delà, dans l'est, s'étend le désert dont le paysage aride et triste cadre avec l'aspect mélancolique qu'offre cette ville des morts.

Au sud de Koum, Kachan, ville des vivants, animée et prospère, dans son enceinte de vergers et de jardins, ville industrielle, où de nombreux ouvriers étirent et tissent les fils d'or et d'argent, où l'on manufacture les velours et les brocarts. Kachan, surnommée « la fiancée parmi les villes iraniennes », paraît destinée à devenir un jour le centre des chemins de fer persans; située à peu près à égale distance de Téhéran et d'Ispahan, elle les relie l'une à l'autre.

Ispahan fut célèbre dans l'histoire de la Perse. On vantait la somptuosité de ses édifices, la beauté de ses jardins, ses mosquées, ses palais et ses bazars. Tamerlan y passa et, pour la punir d'avoir osé l'arrêter, la démantela. Sur la place principale de la ville, il fit ériger une pyramide monstrueuse de 70,000 crânes, témoignage de sa colère, avertissement à qui serait tenté de résister. Sous le règne d'Abbas, au xviie siècle, Ispahan se releva de ses ruines. S'il faut en croire Chardin, elle posséda alors 32,000 maisons et une population de plus de 600,000 habitants. Son industrie prit un grand essor, Ispahan étant célèbre entre toutes les villes iraniennes par son goût artistique. De nouveau ruinée par les guerres qui précédèrent l'avénement de la dynastie Kadjar, elle ne fit plus depuis que subsister, sans recouvrer sa grandeur passée. Les Arméniens et les Juifs y dominent.

Au sud d'Ispahan, sur le plateau qui surplombe le versant oriental du golfe Persique : Chiraz, capitale du Farsistan, à ce titre s'estimant la métropole du royaume, le Farsistan étant le berceau de la Perse, le centre iranien par excellence. Entre Ispahan et Chiraz la rivalité est grande, chacune de ces deux villes revendiquant la prépondérance artistique et littéraire. Le voyageur qui, de Persépolis descendant vers la plaine, découvre tout à coup Chiraz, ses coupoles étincelantes rayonnant dans l'air bleuâtre, ses jardins et ses verts massifs, la salue avec admiration. A Chiraz commence la région chaude, la terre du midi, « la Perse creuse »; Hafiz et Sadi l'ont célébrée dans leurs vers, portant aux nues une splendeur dont il ne reste guère de traces. Le charme de Chiraz est dans le contraste saisissant entre les défilés abruptes, les plateaux arides et dénudés qui y mènent et la plaine riante, ensoleillée qui l'entoure.

A Chiraz, comme à Tabriz, les tremblements de terre ont, à maintes reprises, arrêté l'essor de la ville. Celui de 1855 ne fit pas moins de 10,000 victimes. Puis, ce climat chaud est aussi malsain; les fièvres déciment la population. Malgré son grand air extérieur, Chiraz n'est qu'un vaste village. De son antique industrie elle n'a gardé que ses merveilleux coffrets en marqueterie, son eau de rose célèbre dans tout l'Orient et son vin de Chiraz au goût étrange, au parfum capiteux.

Elle a gardé aussi le souvenir et le culte des poètes qui ont immortalisé son nom et qui sont nés dans ses murs. Sur la dalle de marbre qui recouvre les ossements d'Hafiz sont gravées deux de ses odes en lettres d'or. Sadi, dont « nul rossignol n'a modulé de plus doux chants dans le jardin du savoir », repose à peu de distance de Chiraz, dans un village qui, de lui, porte le nom de Sadiyeh.

A l'est de Chiraz, à cinquante kilomètres se trouve Istakhr, « la ville des Perses », la Persépolis antique, où s'entassent les ruines des six palais de Darius et de Xerxès que les habitants désignent du nom de « trône de Djemehid ». On y accède par un monumental escalier de 106 marches, assez large pour dix hommes de front, assez doux, pour que l'on puisse le monter et le descendre à cheval. Sur la plate-forme, deux énormes taureaux à têtes d'hommes sculptés dans les montants de la porte, veillent à l'entrée du vestibule; dans l'intérieur, des bas-reliefs et des inscriptions cunéiformes. On les a déchiffrées et elles ont appris que ce palais était celui de Xerxès, « le Roi des Rois, le fils du roi Darius, l'Achéménide ». En dépit des outrages du temps qui a renversé les murailles et détruit les colonnes, le monument garde encore un aspect grandiose.

Dans la paroi de la montagne de marbre qui surplombe le trône de Djemehid s'ouvrent des sépulcres royaux; celui de Darius est vide. Où sont les cendres du fils Hystaspes? Vides aussi ceux des Achéménides, ses successeurs. Dans la même région, à soixante kilomètres dans le nord-est, se trouverait le tombeau de Cyrus. Là fut une grande ville inconnue, il n'en reste que les pierres et un pilier sur lequel est sculptée l'effigie du souverain divinisé et une inscription portant ces seuls mots : « Moi, Cyrus, le Roi, l'Achéménide. »

Près de Darab, dans le sud-est de Chiraz, d'autres ruines encore que l'on a cru celles de l'ancienne Pasargades, mais aucune inscription n'a révélé leur origine ni leur histoire; un seul bas-relief : Valérien agenouillé au pied de Sapor qui étend sur lui sa main protectrice.

Dans le nord-est, isolée du reste de l'Iran par des plateaux argileux, des rochers et des dunes de sable, Yezd, cité du désert. Il commence à ses portes; marée montante, il bat ses murailles qu'il menace de submerger, ainsi qu'autrefois celles d'Ashikar, dont on voit les débris à quelques kilomètres. Yedz lutte contre son ennemi, emmagasine ses eaux dans de vastes citernes souterraines. La ville est riche et prospère; elle possède des filatures, des métiers à tisser, des teintureries et trois cents fabriques de soieries alimentées par les cocons des oasis environnantes. Toute cette région est peuplée de Guèbres; depuis qu'ils ont conquis le droit de trafiquer, ils ont accaparé le monopole des échanges.

Nombreux à Yedz, ils l'étaient aussi à Kirman, mais les conversions forcées et les persécutions religieuses les ont contraints à émigrer. Au delà de Kirman, les villes cessent, remplacées par des villages de Baloutches nomades, errants dans les plaines avec leurs troupeaux de chèvres, de chameaux et de brebis. Leurs villages même sont déserts; ils ne s'y réfugient que pour se mettre à l'abri des hordes de pillards.

Au sud, sur la côte du Mékran : des plages arides, entrecoupées d'oasis et de petits havres. Jusqu'à Bandar-Abbas on ne rencontre pas de ports, et encore l'importance de celui-ci a-t-elle singulièrement décru. Cette côte du golfe d'Oman et du golfe Persique est inhospitalière et rude; la mer s'y brise avec violence et le littoral est malsain ; l'été c'est une fournaise. Le cotonnier et le dattier y prospèrent.

Près de là, Ormuz dont parle Marco Polo, centre, alors, d'un commerce immense. A Ormuz affluaient les marchands de l'Inde, les navires chargés d'épices, de perles, d'étoffes d'or et de soie, de pierres précieuses et d'ivoire. La ville était riche et populeuse. Albuquerque en avait fait un comptoir portugais, mais sa prospérité portait ombrage à la compagnie anglaise des Indes; Ormuz détournait à son profit la plus grande partie du trafic. La Compagnie des Indes s'allia à la Perse. Investie par terre et par mer, la cité portugaise succomba; ses comptoirs furent pillés, ses murailles démolies et la grande ville commerçante n'est plus qu'un port de pêcheurs d'où l'on exporte du poisson salé, de l'ocre et du sel.

A l'est, en remontant le golfe Persique : Lindjah où relâchent les bateaux à vapeur; la population s'y livre à la pêche des huîtres perlières et à la construction des bâtiments en bois de tek; puis une côte inexplorée que parcourent quelques tribus d'Arabes nomades et pillards. Plus au nord, là où aboutit la route du plateau Iranien, Bouchir, la rade la plus rapprochée de Chiraz. Presque tout le commerce maritime de la Perse se concentre dans cette baie qui n'a, à marée basse, qu'un mètre de profondeur. Les navires jettent l'ancre au large. Bouchir n'en fait pas moins un trafic d'une certaine importance avec la Chine et Batavia.

Au nord, en longeant la frontière de la Mésopotamie, dans les plaines de la Susiane, dorment les cités en ruines des temps Sassanides : Chosroës et son palais; Suse que nous ont enfin révélée les fouilles entreprises et si heureusement menées à bonne fin par M. Dieulafoy, connu déjà par ses travaux sur l'art antique en Perse. Entravée par le manque d'ouvriers, par le mauvais vouloir des autorités, l'œuvre commencée fut énergiquement poussée par l'intrépide explorateur que secondait Mme Dieulafoy dans sa périlleuse entreprise. Grâce à une surveillance constante exercée sur les Arabes, à une activité toujours en éveil, les travaux des fouilles furent rarement suspendus. Il fallut lutter contre les hommes et le climat, contre une température qui s'élève à 49° à l'ombre, à 72° au fond des tranchées, qui vidait les outres et brûlait bêtes et gens.

On sait avec quel succès et quels furent les résultats obtenus. Dès la seconde année, les colonnes de la salle du trône furent déblayées, la tranchée des Lions fut creusée et la frise des Immortels exhumée des tumulus de Suse. Les palais des Achéménides livraient leurs statuettes de bronze, d'ivoire, de marbre, de terre cuite, des vases lacrymatoires en verre, des urnes funéraires, des armes de fer et de bronze, des pierres gravées, des cachets et des monnaies, toute une civilisation qui reparaissait au jour ; puis un fragment d'une frise émaillée provenant du palais de Darius, ornée de douze figures des gardes du corps des Immortels, décrit par Hérodote; et deux fragments d'une frise revêtue de lions en bas-reliefs provenant des pylônes du palais dArtaxerxès Memnon.

Pour transporter de Suse à Bassorah, à travers 400 kilomètres d'un désert sans routes, ces matériaux de grand prix mais aussi de grand poids, il fallut des prodiges de patience, d'adresse et d'énergie. Toutes ces difficultés furent heureusement surmontées et le Louvre s'est enrichi des dépouilles des Achéménides.

Entre les ruines de Suse et celles d'Ecbatane, on rencontre une cité vivante et industrieuse : Bouroudjird, centre d'un trafic important, relié à Dizfoul par un sentier montueux presque impraticable. A l'est de Suse, Chouster, « la petite Suse, » l'une des cités les plus populeuses de la Perse des plaines, dépeuplée par la peste en 1832, repeuplée depuis, aujourd'hui prospère, et enfin, au fond du golfe Persique, à peu de distance du delta du Tigre et de l'Euphrate, Mohammérah, ville nouvelle, sur le Karoun, port fluvial de la Perse encore peu fréquenté et séparé de la région du plateau Iranien par les massifs montagneux du pays des Kourdes.

Entre ce que fut la Perse et ce qu'elle est, entre le rôle qu'elle a joué et l'influence qu'elle exerce aujourd'hui, le contraste est grand. Pas plus dans la sphère des intérêts politiques que dans le domaine intellectuel et artistique, elle n'a gardé son antique prééminence. Les temps ne sont plus où le Roi des Rois, « pôle de l'Univers, marchepied du Ciel, souverain sublime, » régnait sur un peuple puissant et commandait des armées « nombreuses comme les étoiles » ; où Sadi proclamait que « chercher un avis contraire à celui du prince c'était se laver les mains dans son propre sang ». Entre l'Inde, dont la population s'est constamment accrue, et l'Asie antérieure, où elle croît chaque jour, la Perse s'est lentement dépeuplée. La peste et les famines, les invasions des Turkmènes, des Baloutches et des Kourdes, la lèpre et la misère, la sécheresse et la disette ont fait de larges trouées. L'émigration du dehors n'est pas venue combler les vides. Sur la grande voie historique que sillonnaient les migrations des peuples, le mouvement a cessé. D'autres voies plus courtes, plus rapides et moins rudes, ont été ouvertes au commerce. La mer a pris ce que la terre a perdu, et ce mouvement d'échanges et d'idées qui, pendant un temps, fit la fortune et la grandeur de la Perse, aujourd'hui passe au nord et au sud d'elle : au nord par la voie russe, la mer Caspienne et le chemin de fer transcaucasien, au sud par la mer d'Oman et la mer Rouge.

Isolée entre ces deux courants qui la contournent sans l'aborder, la Perse n'est plus l'intermédiaire entre les Indes et l'Occident ; brusquement repliée sur elle-même, réduite à ses propres ressources, à son industrie locale, sans autre ouverture sur le monde extérieur que par le nord, par la mer Caspienne, lac russe, jour de souffrance que la Russie peut murer, elle étouffe sur son vaste territoire sans issue. Puis l'impôt est lourd ; plus lourdes encore les exactions des préposés au fisc, impatients de s'enrichir, incertains de leurs emplois. Quand les neiges de l'hiver ne recouvrent pas les hauts plateaux, n'avivent pas les sources, la sécheresse de l'été brûle sur pied les moissons, la famine éclate, meurtrière, et telles sont la lenteur et la difficulté des transports qu'on ne peut pas plus exporter le surplus des récoltes du centre, quand elles sont abondantes, qu'on ne peut parer à leur insuffisance quand elles restent au-dessous de la moyenne.

Entre l'impôt qui le ruine et la famine qui le tue, le cultivateur abandonne le champ qui ne le nourrit plus; il va grossir le nombre des nomades errants dans les plaines, conduire de steppe en steppe ses troupeaux de moutons et de chèvres; or la part contributive du nomade à la richesse nationale est, de toutes, la plus faible. Elle se limite strictement à ses besoins et ceux-ci se limitent au minimum, à une nourriture frugale et rare, à une eau à peine potable. Il lui faut le désert, et là où il passe il le crée s'il n'existe pas, déboisant les coteaux pour que l'herbe y pousse et du même coup tarissant les sources. Il lui faut les grands espaces incultes; devant lui, il refoule le cultivateur et sur le sol sans culture l'eau disparaît.

« Partout où pénètre une charrue, disait Mahomet, la honte et la servitude entrent avec elle. » Si Mahomet eût prévalu, l'Europe, convertie en steppes sans bornes, n'aurait rien à envier au désert de Gobi et à la Sibérie orientale. Aussi l'Islam n'a-t-il pu prendre racine que dans le désert et le voisinage du désert. Il n'a pu garder ni l'Espagne, ni le midi de la France, ni les Baléares, ni la Sardaigne, ni la Sicile, ni la Grèce.

L'isolement dans lequel elle s'est trouvée reléguée n'a pas été moins funeste à l'industrie et au goût artistique de la Perse. Elle possède encore nombre d'ouvriers habiles, mais ses procédés de fabrication restent stationnaires, son outillage industriel est presque nul et les produits manufacturés de l'Europe font, sur ses propres marchés, une redoutable concurrence aux siens. Le salaire moyen du tisseur de Yedz ne dépasse pas 35 centimes par jour, et encore, pour gagner ces misérables gages, lui faut-il travailler l'été dans des caves malsaines où des cuves remplies d'eau entretiennent, par l'évaporation, une humidité sans laquelle les fils se rompraient par l'effet de l'intense siccité de l'air.

Le commerce extérieur de la Perse ne dépasse pas 150 millions à l'année, grevé d'un droit fixe à l'entrée et à la sortie de 5 0/0, mais, par une bizarre anomalie, le Persan est en outre tenu à l'acquit de droits de douane intérieurs, dont l'étranger est exempt, condition d'infériorité commerciale qui n'est, elle-même, que le reflet de la situation politique extérieure. Sur ce vieil empire s'étend l'ombre de la Russie, ombre grandissante, qui, par delà les frontières de la Perse, vers Hérat, Kandahar et Caboul, sur l'Afganistan et le Baloutchistan, s'allonge, inquiétante pour l'Angleterre menacée dans ces avant-postes de son empire des Indes.

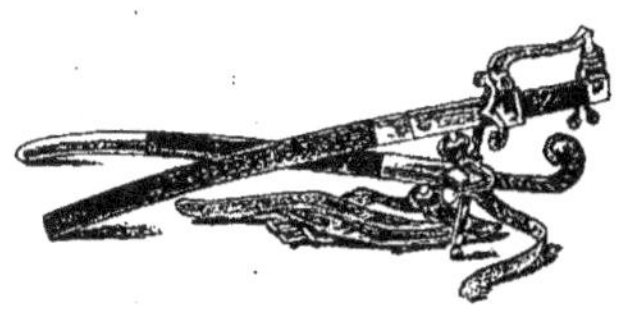

Armes persanes.

Maruchak, ville frontière de l'Afghanistan, sur la rivière Murghab.

II. — L'ASIE ANGLAISE

I. — L'AFGHANISTAN

Par delà la frontière de la Perse : l'Afghanistan et le Baloutchistan que le Russe et l'Anglais convoitent et enserrent. Ici, nous sommes au seuil de l'Inde. Elle commence à l'est de ces chaînes montueuses, talus oriental du plateau de l'Iran, énorme forteresse naturelle qui, au sud-ouest du Pamir, va rejoindre le rempart du Karakorum et celui du Yassin. Cette région montagneuse est l'Afghanistan, vaste camp retranché, coupé de contreforts abrupts et de vallées profondes. Des plaines de l'Oxus, au nord, le Russe voit se dresser devant lui la formidable muraille dont il a sondé les trouées, dont il connaît les détours sinueux. Par Hérat et Kandahar il sait comment contourner le massif ; par Caboul il sait comment le forcer.

Au sud de cette muraille qui, dans sa partie la plus étroite, mesure encore trois cents kilomètres d'épaisseur, l'Anglais surveille les défilés. Adossé à l'Indus, solidement établi à Péchaver, il fait face au nord et, sous sa main, tient Caboul dont l'émir, subventionné par lui à raison de trois millions par an, lui garantit la fidélité. Mais entre Abdoul-Rhaman et l'Angleterre, le lien est précaire et le pacte conclu par l'émir et le vice-roi de l'Inde, à Rawal-Pindi, peut se rompre sous la pression exercée par la Russie. Les tribus afghanes croient au triomphe final du « Tsar blanc », et leur foi tenace pourrait, à l'heure décisive, provoquer dans Caboul un de ces soulèvements terribles jusqu'ici vigoureusement étouffés par l'Angleterre qui, trois fois, prit et châtia la ville turbulente.

Elle fit plus ; pour affirmer son empire, pour le consacrer irrévocablement par un titre nouveau conféré à sa souveraine, la Grande-Bretagne a proclamé dans Delhi la reine Victoria impératrice des Indes, réunissant sur une même tête la couronne de l'Inde à celles d'Angleterre, d'Écosse et d'Irlande. Titre sonore et d'un grand effet sur l'Hindou fataliste ; barrière qui ne saurait arrêter le Touranien nomade, le Russe en marche qui, à l'ouest et au nord, presse l'Afghanistan, et dont les avant-postes campent à l'entrée des défilés.

Toute cette région montagneuse penche du nord-est au sud-ouest, comme pour se déverser dans la vallée de l'Indus ; sa pente naturelle porte vers l'Inde et, du plateau central, d'elles-mêmes, par une longue inclinaison, les routes y mènent, débouchant au nord et à l'ouest de Lahore.

Entre le Turkestan et l'Afghanistan la frontière court au long de l'Amou-Daria, depuis la source de l'Ak-Sou, dans le Pamir, jusqu'au fort de Kilif ; de là, une ligne conventionnelle franchit le désert des Turkmènes, laissant Merv au nord, et vient aboutir non loin de Méched, la ville sainte de la Perse. A l'ouest, la frontière suit le tracé du Tadjen, donnant Hérat à l'Afghanistan ; elle traverse le désert salé, s'infléchit à l'ouest, contournant le Seistan persan. Au sud elle longe la courbe de l'Hilmend, côtoie le Baloutchistan et va rejoindre les monts Soliman, dont la longue ligne droite orientée du nord au sud forme à l'est la frontière naturelle entre l'Afghanistan et l'Inde anglaise ; puis rejoignant l'Indus, elle enveloppe l'Hindou-Kouch et vient aboutir au Pamir, ce « toit du monde » où convergent également trois grands empires, l'Inde, la Chine et la Russie.

Ce compact et montagneux massif de l'Afghanistan forme entre le Touran au nord, l'Iran à l'ouest et l'Inde au sud une borne de séparation ; par ses défilés, par ses hautes vallées il offre un système de communications, un réseau de routes suivies par les migrations des peuples, les armées des conquérants et les caravanes des trafiquants. L'Hindou-Kouch le domine de ses hautes cimes qui, aux monts de Lahore, atteignent près de 7,000 mètres, au Tiritch-mir dépassent 7,500. Près de Caboul, la chaîne s'abaisse et s'infléchit, contournant le bassin, sillonnée par dix-huit cols ou passages historiques, dont le mieux connu et le plus fréquenté est celui de Caboul à Djalabad, défilé redoutable où une poignée d'hommes déterminés peut tenir une armée en échec et l'anéantir. L'Angleterre en fit l'épreuve en 1842. Le général Elphinstone occupait Caboul ; devant l'insurrection des Afghans qui égorgèrent l'ambassadeur anglais, sir Macnaghten, il dut battre en retraite et, par la passe de Caboul, se replier sur Djalalabad, après avoir signé une capitulation aux termes de laquelle il s'engageait à évacuer l'Afghanistan, à livrer le trésor de l'armée, des otages et une partie de son artillerie.

Dans ce défilé de Caboul, l'armée anglaise s'engagea ; elle comptait quatre mille

AFGHANISTAN : LA VILLE DE BALKH.

cinq cents combattants et douze mille suivants accompagnés de femmes et d'enfants. Le colonel G.-B. Malleson a laissé un récit de cette retraite qui, mieux que tout autre, donne une idée des difficultés que présentent ces cols redoutables. Une neige épaisse couvrait la vallée. L'armée démoralisée, abattue, avait peine à se frayer un passage au travers de ces couches profondes où elle enfonçait à chaque pas. Embusqués sur des hauteurs d'où il était impossible de les déloger, les Afghans suivaient l'armée, égorgeant les traînards. A la fin de la première nuit, trois mille hommes sur seize mille avaient péri sous les balles et par le froid. Accablés de fatigue, dépourvus de munitions, les soldats étaient hors d'état de lutter contre leurs assaillants; les enfants mouraient de faim, les femmes et les jeunes filles tombaient aux mains des Afghans qui les entraînaient sur les hauteurs. Les hommes, les chevaux, les chameaux blessés, mourants ou morts, laissaient sur la neige une longue traînée sanglante. Vainement, pour obtenir le libre passage, l'armée livra son général et ses officiers, le massacre continua; arrivés à la passe de Djagdalak, les Anglais la trouvèrent barricadée et les hauteurs couvertes d'Afghans. Là s'acheva l'œuvre d'extermination; six hommes seuls réussirent à franchir ce passage terrible; cinq furent tués un peu plus loin, et l'unique survivant, le docteur Brydon, couvert de blessures, porta à Djalalabad la nouvelle de l'horrible massacre.

L'Angleterre le vengea; elle envahit l'Afghanistan, prit Ghazni et Caboul, rasa les forteresses afghanes, mais ne put ou ne voulut garder ce pays vaincu et toujours frémissant. Elle l'évacua, se contentant, pour l'Inde, de ses frontières naturelles, laissant à l'Afghanistan la garde des défilés, le vestibule et la clef de son empire.

Par les difficultés que présente la passe de Caboul on peut juger des autres. Le Tiritch-mir, dont l'altitude dépasse 7,500 mètres, ne peut être contourné que l'été. Les bergers et les caravanes s'y frayent une route en taillant dans la neige et la glace de larges marches. Plusieurs de ces passes, fréquentées par les Afghans, sont encore inexplorées par les Européens, d'autres ont été visitées par des officiers russes ou anglais, mais leur tracé est tenu secret par les chancelleries. Même ignorance quant au chiffre des habitants. On l'estime de trois à cinq millions. C'est, semble-t-il, au seuil de l'Amou-Daria et de l'Indus que l'accès serait le plus facile; l'altitude ne dépasserait pas 3,600 mètres et, par les plateaux herbeux où les riverains du haut Oxus conduisent leurs troupeaux, on pourrait franchir ce faîte de l'Asie.

Si les armées anglaises, si celles qui les précédèrent sous les ordres de Mahmoud le Ghaznévide, de Baber, d'Akbar, de Nadir, suivirent le défilé de Caboul, il est vraisemblable qu'Alexandre et les premiers conquérants de l'Inde s'engagèrent dans le col qui contourne au nord la rivière de Caboul, et que l'antique cité d' « Alexandria ad Caucasum » était située près du Ghorband, au seuil des trois vallées qui aboutissent au versant oriental du Paghman, vers la plaine de Daman-I-Koh, « pied des monts ».

Sur ce montagneux plateau, les rivières sont rares, les torrents nombreux, alimentés les unes et les autres par les neiges et les glaciers. Les eaux se perdent dans des bassins fermés ou dans les sables. La rivière de Caboul, la plus importante, descend des monts

Paghman, recueille, au-dessus de la ville à laquelle elle donne son nom, le Logar grossi des neiges des montagnes de Ghazni, puis le **Pand**jhir où se déversent les torrents du versant sud-ouest de l'Hindou-Kouch. Plus au sud, en aval de Djalalabad, le Kounar impétueux débouchant d'un étroit ravin vient doubler le volume de la rivière de Caboul. Au sortir des montagnes elle s'épanche dans la plaine de Péchara qu'elle arrose et se déverse dans l'Indus en amont d'Attok.

Le Kouram, quand il rejoint l'Indus, n'est plus qu'un mince filet d'eau. Le Gomoul, à la fonte des neiges, étale parfois dans les plaines une nappe d'eau de seize kilomètres de largeur, mais le sol altéré la boit, et quand la sécheresse survient, le lit du Gomoul est à sec. Sur le versant nord, il en est de même ; le Khoulm, le Siripoul se perdent avant d'atteindre l'Oxus, et le Mourghab disparaît dans l'oasis de Merv qu'encerclent de vastes solitudes. L'Héri-Rad, ou la rivière d'Hérat, descend de la montagne Noire et de la montagne Blanche, se heurte aux contreforts de la Perse ; brusquement rejeté vers le nord, il pénètre dans les plaines du Turkestan et disparaît dans les sables sans pouvoir atteindre le lac desséché qu'il remplissait autrefois de ses eaux.

À l'ouest, dans les montagnes, un bassin fermé : l'Ab-Istada, « l'eau dormante ». Il couvre, dit-on, 17,000 kilomètres carrés et est alimenté par le Ghazni, mais la profondeur moyenne de cette nappe liquide ne dépasse pas quatre mètres et ses eaux elles-mêmes, chargées de particules salines, sont d'une amertume telle que les poissons du Ghazni meurent en en atteignant le seuil. Plus à l'ouest, dans la plaine, le bassin du Hamoun. Il occupe une partie de l'Afghanistan, de la Perse et du Baloutchistan, environ 500,000 kilomètres carrés. Le Hilmend l'arrose dans son parcours de 1,100 kilomètres. La source du Hilmend est peu connue ; il apparaît, majestueux, au seuil des collines herbeuses du Zamindawar, mesurant déjà près d'un kilomètre de largeur. Quatre rivières fondues en une seule, l'Argand-Ab, viennent grossir son cours. L'Hilmend coule au travers du Germsil, le « pays chaud » ; saigné par les riverains dont il fertilise les champs, il vient, épuisé, mourir dans le Seistan, dans la mer de roseaux du Naïzar, lac sans eau, vaste plaine de fourrages et de marais.

Les vents alizés du sud-ouest n'apportent à l'Afghanistan qu'une faible quantité de pluies. Les régions chaudes de la mer des Indes lui en envoient moins encore ; aussi le trait caractéristique du climat est-il, dans les hautes régions, un froid terrible ; dans les plaines des chaleurs suffocantes et d'excessives sécheresses. On y passe, sans transition, d'un extrême à l'autre ; des nuits glaciales succèdent à des journées brûlantes ; la neige tombe à Kandahar ; à Ghazni la chaleur parfois est intolérable. Dans les plaines du Seïstan, autour du lac Hamoun, le thermomètre monte à 50 degrés au-dessus de zéro ; des trombes de sable soulevées par le vent engloutissent les caravanes, tarissent les puits et les sources. « O Dieu, s'écriait un poète persan, qu'avais-tu besoin de créer l'enfer, toi qui as créé cette fournaise du Seïstan ! »

Dans le désert pierreux que traverse la route de Hazarn à Djalalabad, le simoun souffle avec violence entre les montagnes neigeuses. Vent pestilentiel qui produit sur l'organisme humain l'effet d'un empoisonnement subit. Les animaux y succombent ainsi que l'homme et on affirme que leur chair devient si molle et à tel point putréfiée que l'on peut, sans effort, détacher les membres les uns des autres.

Le froid n'est pas moins redoutable. En une nuit, près de Khouran, l'armée d'Ahmed-Chah perdit dix-huit mille hommes gelés. Des températures aussi extrèmes expliquent l'intensité de l'évaporation et le saisissant contraste de la flore et de la faune, les roches dénudées du Soulaïman-Dagh et les terrasses boisées du col de Païwar où les platanes mesurent jusqu'à dix mètres de circonférence.

Sur cette superficie d'environ 700,000 kilomètres carrés vit une population qui atteindrait au maximum six millions d'habitants ; les évaluations diffèrent beaucoup, avons-nous dit, et ne reposent sur aucune base solide. Les Afghans, ou Pathans, comme ils se désignent eux-mêmes, ne forment pas un corps de nation. Nulle race n'a poussé aussi loin l'esprit d'indépendance absolue, d'individualité, qui fait de chaque Afghan un être isolé, libre, d'un orgueil intraitable, rebelle à tout joug et, dans son groupement primitif, n'allant pas au delà de la tribu, aussi circonscrite, aussi limitée que possible. Si son instinct était et est encore réfractaire à toute organisation sociale, le climat, le relief du sol et les conditions de l'existence ne furent pas pour modifier l'instinct. Les circonstances politiques elles-mêmes n'ont pu amener qu'accidentellement l'entente, l'inévitable fusion qui groupe en un tout homogène des hommes de même race, de même langue, d'intérêts communs. Ni le Russe au nord, ni l'Anglais au sud, tous deux envahisseurs et inquiétants, ni, avant eux, la Perse conquérante et l'Islam dominateur n'ont abouti à grouper en un corps compact cette race farouche. Les Afghans se retrouvaient côte à côte quand il s'agissait de résister à l'étranger haï, mais l'union ne durait qu'autant que durait le danger et, leur sol affranchi, ils rentraient dans leur isolement.

Aussi leur histoire n'est-elle qu'une succession de biographies. Ni lois, ni institutions, ni traditions nationales. Le plus fort parmi eux était maître, tant qu'il restait le plus fort. Entre les deux grands empires qui l'étreignent, entre l'Angleterre et la Russie qui le convoitent, l'Afghanistan reste ce qu'il fut toujours, un champ de bataille d'ambitions personnelles, de luttes incessantes qui ne font trève que devant l'attaque extérieure.

A côté de l'Afghan pur, c'est-à-dire indépendant et libre, se trouve l'Afghan raya, ou infidèle, pire qu'infidèle, soumis au joug anglais qu'il accepte, qui lui donne la sécurité qu'il ne trouve pas chez lui, « l'Afghan de la Reine », de longue date assoupli, habitant les bords de l'Indus, les pays plats, sur le chemin des grandes invasions, successivement dompté par les Mogols, les Sikhs, les Anglais, façonné et plié à la domination étrangère. Il ne laboure plus le fusil en bandoulière ; il a vendu ses armes et perdu ses goûts belliqueux ; il ne règle plus lui-même ses différends, il a recours à la loi.

Le véritable Afghan le renie. Il s'en tient, lui, à ses trois lois primordiales : le nanavataï, loi d'asile ; le badal, loi de revanche ; le mailmastaï, loi d'hospitalité. Son plus mortel ennemi peut dormir en paix sous son toit, s'il s'y glisse ; dehors, il l'assassinera froidement. Il a l'instinct de vendetta du Corse : « Dieu vous garde, dit le proverbe hindou, de la vengeance d'un éléphant, d'un serpent cobra ou d'un Afghan. » L'hospitalité : il la doit et la donne à qui la demande. Nul ne se présentera en vain au seuil de sa demeure et même l' « Afghan de la Reine », l'Afghan raya, resté sur ce point fidèle à la tradition, fait de la maison commune, l'asile de ceux qui n'en ont pas.

Par contre, ni aux uns ni aux autres, ne demandez d'observer la parole donnée, le traité conclu. La parole, non plus que le traité n'obligent quand on les peut violer impunément: La force les impose et la force les maintient; en dehors d'elle, ce ne sont que des mots, qu'une arme pour lutter, qu'un filet de chasse pour prendre un adversaire. « C'est quand tu t'es réconcilié avec ton ennemi que tu dois te défier de lui », dit la Djirga.

Sur le même sol, entre Caboul et les monts Soulaïman, vivent les tribus des Ghilzais. Au viie siècle, elles donnèrent des chefs à l'Afghanistan, conquirent la Perse et refoulèrent les Turcs. Tribus nomades, commerçantes et pillardes, qui composent en grande partie ces bandes étranges de *Povindas*, voyageurs, qui se mettent en route chaque automne pour franchir les passes des montagnes et porter jusqu'à Delhi, Cawnpore et Patna les produits de Kandahar et de Bokhara. En rangs serrés, véritables armées en marche, ils s'engagent, parfois au nombre de cinquante mille hommes et de cinquante mille chameaux, dans les défilés des montagnes, débouchant à Dera-Ismail-Khan, sur territoire anglais, pour de là gagner les villes de l'Inde, d'où ils reviendront au printemps.

Les femmes et les enfants sont restés là-haut, sur les plateaux, bien gardés, protégés et défendus par d'énormes chiens-loups, les plus redoutables et les plus fidèles des fauves. Les pillards les plus intrépides hésiteraient à se mesurer avec eux. Ils s'attaqueraient de préférence à ces riches caravanes et ne s'en font pas faute, ingénieux à couper une partie du convoi, à jeter le désordre dans ces longues files lentes à se mouvoir. Souvent aussi la caravane elle-même, payée par quelque tribu en guerre avec sa voisine, s'arrête, lui prête l'appui de ses armes et pille les vaincus.

Puis les Kafirs, que l'on croit être des Hindous-Aryens refoulés depuis des siècles dans ce pays de montagnes. Ils habitent l'Hindou-Kouch, et les Anglais voient en eux des restes de tribus indiennes qu'ils espèrent rattacher à l'Inde et, en se les conciliant, fermer les passes aux Russes. Les Russes, par contre, les tiennent pour des frères slaves, pour l'avant-garde moscovite qui leur ouvrira le chemin de l'Inde. Les Kafirs, ou « noir vêtus », ainsi nommés de leurs vêtements de peaux de chèvres noires, ne se réclament, eux, ni du Slave ni de l'Anglo-Saxon. Comme les Afghans, farouches, comme eux indépendants, ils occupent l'Hindou-Kouch et le gardent, toujours en guerre de tribu à tribu. Une coutume bizarre entretient chez eux cet état permanent d'hostilité. Pour un Kafir, toutes les jeunes filles de sa tribu sont des sœurs; il ne saurait en épouser aucune et doit ravir, dans une tribu voisine, celle qui lui plaît et qu'il convoite. Ainsi fait-il, après avoir au préalable jeté dans la maison qu'elle habite des flèches teintes de sang. Le mariage est le résultat d'un rapt, et la violence appelle la violence.

Moins nombreux que les Kafirs, les Hézareh, d'origine mongole, peuplent les hauts plateaux du Hilmend, presque toute cette région montueuse qui s'étend de Caboul à Hérat. Tribu inabordable qui contraint les caravanes à gagner Kandahar et Farah, à emprunter un tracé de 1,200 kilomètres, alors qu'en ligne droite l'Inde n'est qu'à six cents. Tribu sédentaire, terrée dans ses villages de huttes basses que domine une

CAVALIER PERSAN.

tour percée de meurtrières dans laquelle la population se retire en cas d'attaque ou lorsque l'on signale la présence d'étrangers. Chez eux les femmes valent des hommes; elles délibèrent dans les conseils, montent à cheval et combattent comme eux. Leur influence est grande et grand aussi le respect qu'elles imposent. Enfin des Hindous, marchands, trafiquants, surtout prêteurs sur gages, qui exploitent et pressurent l'Afghan, détournant à leur profit le plus clair de son travail et de ses rapines; l'Arménien, qui lutte de ruse avec l'Hindou; quelques Juifs, puis des Abyssins, Kalmouks, Arabes, Kourdes, esclaves entraînés en captivité ou aventuriers nomades, complètent cette population, dont le moins connu est l'Afghan pur, qui rarement émigre et qui d'instinct fuit tout contact avec l'étranger.

Peu de villes; le relief du sol et l'indépendance jalouse des habitants ne favorisaient guère les grandes agglomérations humaines. Celles qui existent sont des centres stratégiques et commerciaux; elles sont nées au seuil des passes, là où les caravanes forcément s'arrêtaient pour reposer hommes et bêtes, pour se ravitailler; là où l'intersection des cols obligeait à une halte; là aussi où, maîtresse des défilés, la tribu pouvait prélever la dîme sur la caravane en marche, lui fermer ou lui ouvrir la voie, la barrer au nomade envahisseur. Aussi dans les régions montagneuses qui s'étendent de la vallée de Caboul à l'Hindou-Kouch, ne rencontre-t-on que des villages ou des hameaux tapis autour de primitives forteresses crénelées, tels que Tchahil, Kalkot, Tall, Miankalaï, petite capitale du petit royaume de Djoundoul.

Au long du Kounar qui, au nord de Djalalabad, déverse ses eaux dans la rivière de Caboul, Mastoudj, entourée de verts pâturages, domine le point de jonction des routes du Yassin; Tchitral, dont le chef commande nominalement à près de 200,000 Kafirs, dont les villages disséminés bordent les torrents; puis Asmar, et Kounar qui a donné son nom à l'affluent du Caboul. Il faut remonter au nord de Caboul pour trouver quelques centres importants : Tcharikar, qui fut peut-être l'Alexandrie du conquérant macédonien. Suivant la légende, Tcharikar occuperait l'emplacement où s'élevait autrefois une « cité grecque »; Masson, l'explorateur, aurait trouvé dans ses décombres, outre des amulettes et des anneaux en cuivre, des milliers de monnaies bactriennes. A l'ouest, Istalif, brûlée par les Anglais quand ils évacuèrent l'Afghanistan; elle est entourée d'eaux limpides, d'arbres magnifiques, de jardins et de vergers.

Au centre de cette région, sur la voie historique de la Bactriane à l'Inde s'élève Caboul, l'une des antiques cités du monde, la première du royaume, la résidence de l'émir. Elle est antérieure à l'époque d'Alexandre; Ptolémée en parle sous le nom de Caboura; Baber en fit la capitale de son empire et repose dans le vaste enclos de marbre blanc couvert d'inscriptions et curieusement dentelé qui existe encore au sud de la ville. Baber a célébré les charmes de Caboul; pour elle, il quitta Delhi. « Le climat, dit-il, est des plus doux et, dans le monde entier, nul site ne se peut comparer à celui de Caboul. La verdure et les fruits en font, au printemps, un paradis terrestre. Abreuvez-vous de vin dans le palais de Caboul; que la coupe passe de main en main, car on trouve à Caboul des montagnes et des ruisseaux, des villes et le désert. »

Dans une plaine de trente kilomètres de circonférence, semée de champs, de jardins, de vergers, sillonnée d'eaux courantes, Caboul déploie au long de la rivière ses rues populeuses et ses murailles ébréchées, son gigantesque bazar qu'encombre une foule affairée et son jardin du Roi Timour d'où la vue s'étend sur la plaine et les nombreux villages, sur les montagnes du Paghman couvertes de neige jusqu'à la moitié de leur hauteur. Pour le voyageur qui, venant de Djalalabad, a péniblement franchi les pentes arides et rocailleuses du Kourd, Caboul apparaît comme une merveilleuse oasis de verdure, comme une terre d'abondance.

A l'extrémité orientale de la ville, sur le sommet d'une colline, le palais de Bala-Hissar, avec ses hautes murailles et ses aériennes constructions, surplombe la cité turbulente. A la fois palais et citadelle, le Bala-Hissar peut recevoir, dans son enceinte fortifiée, cinq mille combattants et tenir Caboul en échec, mais ses défenses seraient hors d'état de résister au choc d'une armée européenne. Caboul est la ville des séditions soudaines et violentes, la ville d'Asie, après Boukhara, où le fanatisme musulman atteint son plus haut degré d'exaltation. Les Mollahs y forment une classe influente et puissante ; les derviches y sont en grand nombre, mais ni le commerce florissant, ni la beauté du site et du climat, ni la fertilité du sol n'ont modifié l'instinctive férocité afghane, l'indépendance ombrageuse des habitants.

Au nord-ouest de Caboul, par delà les monts de l'Hindou-Kouch et la passe de Kalou traversée par des chemins de neige durcie, à peine praticables, on descend sur Bamian, célèbre par ses colossales idoles et par les innombrables excavations qui forment, encore aujourd'hui, les demeures de la population. Elles s'étendent, sous les montagnes, en un inextricable dédale, et l'on y trouve en abondance des anneaux, des médailles, des ustensiles de toute sorte. Au nord de la vallée, les excavations plus nombreuses forment une ville considérable, et les légendes locales font remonter haut son antiquité. Quelle fut-elle ? on l'ignore. Peut-être la ville que rencontra Alexandre au pied du Paropamisus, avant de pénétrer dans la Bactriane.

En descendant de Caboul sur Péchaver on s'arrête à Djalalabad, lieu d'étape obligé, au débouché de la passe. Ici, le climat change. Djalalabad est le vestibule de l'Inde, la chaleur y est parfois étouffante au sortir des cols étroits balayés par un vent glacé. La terre y est féconde, la végétation abondante. Les caravanes qui descendent de l'Afghanistan, y font halte pour se ravitailler et s'acclimater ; celles qui, de l'Inde, remontent vers Caboul y stationnent pour se préparer à la rude chevauchée qui les attend. L'hiver, la population de Djalalabad triple et quadruple ; des hauts plateaux les bergers y affluent, chassés par le froid et le manque de pâturages.

Dans le nord-ouest, sur le versant du Hilmend, sur la route de Caboul à Kandahar, apparaît Ghazni, qui fut au xi⁰ siècle la capitale d'un vaste empire que Mahomet le ghaznévide, conquérant de l'Inde, avait fondé et porté des plaines de Delhi jusqu'aux rives de la mer Noire. Le site est triste ; Ghazni est moins une ville qu'une forteresse aux contours irréguliers, dominant un plateau pierreux ; c'est surtout un point stratégique important, la clef des communications entre Caboul et Kandahar. La « seconde Médine », comme la désignent les Afghans, abritait dans ses murs des tombes illustres.

Celle de Mahomet le ghaznévide subsiste encore; près de là s'élevait la mosquée de marbre construite par Mahmoud « la fiancée céleste », dont il ne subsiste que deux élégants minarets.

Au sud : Kandahar, l'antique capitale, ville plusieurs fois reconstruite sur des emplacements différents. Autour de la Kandahar moderne bâtie par Ahmed-Chah, le fondateur de la dynastie actuelle, les ruines des Kandahar détruites jonchent le sol. Kandahar est une des portes de l'Inde. Située sur la route circulaire qui, contournant le massif, relie Hérat à Caboul, elle domine les défilés par lesquels, des plaines de l'Hirmend, on atteint la vallée de l'Indus; par le sud et le sud-ouest elle est inabordable, couverte par de vastes déserts. Kandahar a la forme d'un quadrilatère enserré de murailles que flanquent cinquante tours et que domine une forteresse; sa population est de 60,000 âmes. Quand les Anglais la rétrocédèrent à l'émir, ils suspendirent les grands travaux qu'ils avaient entrepris pour pousser jusqu'à Kandahar la voie ferrée qui, s'embranchant à Chirkarpour sur le tracé de Péchaver à la mer d'Oman, atteignait déjà, à Harnaï, le pied du plateau. Ils se bornèrent à construire une route praticable jusqu'à Tchaman, à trois journées de marche de Kandahar, et, de Tchaman firent une sorte de camp retranché solidement assis au pied du Khodja-Amran. De là, ils surveillent la route militaire qui, du nord-ouest au sud-est, traverse l'Afghanistan.

Au nord-ouest de Kandahar, Hérat, « la Perle du Khorassan », s'étend dans la vaste et belle plaine qui porte son nom. C'est l'une des plus anciennes cités du monde, ce fut aussi l'une des plus populeuses s'il en faut croire les historiens persans du XIIe siècle. Elle possédait alors, disent-ils, 440,000 maisons, 12,000 boutiques, 6,000 bains publics et caravansérails. Quand Gengis-Khan la prit après six mois de siège, il fit passer ses habitants par les armes et laissa, affirment leurs annales, 1,600,000 cadavres derrière lui. Hérat est d'ailleurs la ville tragique entre toutes. Sous ses murs et dans son enceinte la Perse et l'Afghanistan se heurtèrent, se disputant cette porte de l'Inde avec un indicible acharnement. Cinquante fois prise et reprise, détruite et rebâtie, toujours Hérat ressuscita de ses ruines, dépeuplée se repeupla, ruinée s'enrichit, jusqu'au jour où, de nouveau, le pillage et la mort s'abattirent sur elle.

Hérat est ville persane; si elle fait partie de l'Afghanistan c'est de par la volonté de l'Angleterre qui deux fois l'arracha des mains des Persans. Il lui convenait que ce point important fût à l'Afghan, tributaire aujourd'hui, demain peut-être son vassal ou son sujet. Mais, par le Turkestan au nord, par Khiva et Merv, la Russie avance, menaçante pour Hérat et toute-puissante en Perse. Elle touche déjà aux frontières de l'Afghanistan et les Turkmènes et les Mongols n'ont pas désappris le chemin du plateau.

Hérat se complaît encore dans les souvenirs de sa grandeur passée, du temps où ses habitations étaient tellement pressées et nombreuses « qu'un chien, suivant la légende, pouvait courir sur les toits depuis la forteresse jusqu'aux villages de la plaine ». Dans cette plaine, dit une vieille tradition, se livrera le combat suprême qui décidera du sort de l'Inde. Les Afghans le croient et leurs vœux sont pour la Russie. Hérat, disent-ils, redeviendra alors ville afghane, riche et prospère. En attendant les temps prédits,

Hérat a conservé sa réputation de ville industrielle, renommée pour la fabrication des tapis, des cotonnades, pour la trempe des armes. Son climat est des plus salubres. Un proverbe de l'Iran dit : « Si l'on pouvait réunir dans un même site la terre d'Ispahan, l'eau du Kharezm et l'air d'Hérat, l'homme serait immortel ».

Après Hérat : Kouroukh, connue par ses sources thermales ; Ghourian, ville autrefois populeuse dont il ne reste que quelques masures groupées autour d'un fort ayant encore grand air. Puis au nord, le Turkestan et le tracé des voies ferrées que, de la Caspienne, la Russie projette d'établir, au moment même où l'Angleterre suspend la construction des siennes dans le sud, abandonnant des travaux commencés qui se chiffrent par une dépense de 13 millions. L'équilibre asiatique, cet équilibre instable qui réunit sous la domination afghane Hérat, Kandahar et Caboul, cités rivales, qui fait de l'Afghanistan le gardien incertain et douteux de l'Inde, ne saurait longtemps encore se maintenir, et la frontière « scientifique » n'est pas une barrière suffisante pour prévenir le conflit inévitable qui, si la prophétie dit vrai, doit se dénouer dans les plaines d'Hérat.

Campement afghan.

Marchands de tapis de l'Asie centrale.

II. — LE BALOUTCHISTAN

Borné au nord par l'Afghanistan, à l'ouest par la Perse, au sud par la mer d'Oman, à l'est par l'Hindoustan, le Baloutchistan, sur une superficie de 250,000 kilomètres carrés, ne compte que 500,000 habitants, la population d'une grande ville. Annexe et dépendance de l'Inde, nominalement gouverné par son khan, en réalité par l'Angleterre, il forme une province distincte, non encore annexée, de l'Empire Indien. A la cour de Kélat le résident anglais donne des avis, qui sont des ordres, et, suivant qu'ils sont plus ou moins promptement obéis, le khan voit croître ou décroître sa subvention de 125,000 à 250,000 francs par an. Dans les oasis du Katchi Gandava, que traverse la voie ferrée dont nous avons parlé, remontant vers Kandahar, des postes anglais sont échelonnés; des soldats anglais occupent la principale forteresse du pays baloutche; des colons hindous, sujets anglais, peuplent les ports du littoral.

Sauf du côté de la mer, la frontière reste vague, indécise; l'Angleterre se réserve de la rectifier plus tard, et ni la Perse ni l'Afghanistan n'insistent.

Là où le Baloutchistan confine à l'Afghanistan, le sol est en relief puissant, c'est le Kohistan ou « pays des monts »; autour du massif des Serpents les cimes dépassent 3,500 mètres. Les monts Brahoui qui séparent la plaine de Gandava, riveraine de l'Indus, du reste de la région, prolongent en une ligne droite d'une étonnante régularité leurs gradins calcaires, leurs chaînes parallèles entre lesquelles se succèdent les sites les plus variés : des vallées profondes et ombragées, des découpures de désert dans un cirque de montagnes, puis la « plaine désolée » que traverse la route de l'Inde et que surplombent les sommets du Mardar ou de « l'homme mort ». Dans ce passage redouté, bien des caravanes ont péri, ensevelies dans les neiges ou enfouies dans les sables.

De sentiers tracés, il n'y en a guère. Les voyageurs et les caravanes empruntent, le plus souvent, les lits desséchés des torrents. Chemins périlleux souvent envahis par des crues soudaines, comme en fait foi le proverbe local : « Ne t'arrête pas dans le lit du Mechkid ; ne t'arrête pas, même pour rattacher la courroie de ta chaussure. » Sur quelques points, les Anglais ont construit des routes, en petit nombre, voies stratégiques pour l'artillerie et les convois, convergeant vers Kalat et la frontière afghane.

Le plateau du Baloutchistan s'incline vers la mer Arabique par trois vastes gradins successifs de 1,200 mètres d'altitude, puis de 600 et enfin le littoral. La côte court de l'est à l'ouest, coupée d'abruptes falaises, mais n'offrant nulle part d'abris sûrs. Les bâtiments de guerre doivent mouiller à 3 ou 4 kilomètres au large et l'ancrage est incertain. Peu de fond ; la plage s'abaisse graduellement, fuit en pente douce, puis brusquement se dérobe et plonge à pic dans des profondeurs sous-marines de 6 à 700 mètres.

C'est une des régions les plus sèches de l'Asie. La mousson du sud-ouest qui vient se heurter à ses gradins étagés lui arrive presque tarie par les déserts de l'Arabie, aussi ses rivières sont-elles rares et courtes, les sources plus rares encore. Le cours d'eau le plus considérable, le Dacht, « rivière de la plaine », se jette dans la mer d'Oman, près de la frontière persane ; le Mechkid, torrent impétueux, bu par les sables et l'air, disparaît dans le désert de Kharan que sillonnent les caravanes sous la conduite de guides expérimentés. Les étapes sont soigneusement marquées par quelques puits saumâtres dont se contentent les chameaux, mais, en dehors du tracé fréquenté, le péril est grand. Le vent soulève des tourbillons de poussière, refoule les dunes de sable, vagues mobiles et changeantes qui se creusent sous les pas. Par un phénomène encore inexpliqué, l'atmosphère est chargée, même sans un souffle d'air, d'un brouillard de sable qui permet à peine de respirer.

De même que dans l'Afghanistan, le climat est excessif, l'extrême chaleur succédant au froid intense. La végétation est maigre ; seuls les arbres fruitiers prospèrent et donnent des fruits savoureux. Le léopard abonde ; on rencontre fréquemment l'ours noir, les hyènes, les loups, les sangliers et de grands troupeaux d'ânes sauvages. Les animaux les plus curieux sont le nectarinia, oiseau au plumage merveilleux, le lézard « uromastix » qui, par sa taille et son attitude, ressemble à un lapin accroupi à l'entrée de son terrier. Les Persans affirment qu'il bêle comme un chevreau pour attirer les chèvres et les téter. Aussi lui ont-ils donné le nom de « suceur de chèvres ».

La plus fréquentée des voies du Baloutchistan est celle qui, par le défilé de Bolan, débouche dans l'Inde anglaise. La description qu'en a laissé le correspondant d'un journal anglais attaché, en 1878, à la colonne d'expédition, rend bien l'aspect de ces cols serpentant entre les montagnes, et de ce paysage particulier au Baloutchistan et à l'Afghanistan.

« Depuis Dadour, en remontant la passe de Bolan, nous traversons des sites plus sauvages et tristes que grandioses. Nous cheminons entre deux chaînes de montagnes espacées de 250 mètres, et ce sentier n'est autre que le lit du Bolan. Les montagnes ne sont pas fort élevées, mais il serait néanmoins impossible de les gravir. Quelques-unes sont tellement couvertes de pierres et de cailloux roulés qu'elles ressemblent à d'énormes tas de galets amoncelés; d'autres sont formées de graviers agglomérés, d'autres enfin sont composées de roches stratifiées coupées d'angles et d'arêtes. Nuls êtres vivants que les vautours n'ont atteint ces sommets, et les pillards les plus intrépides ne sauraient tenter de les couronner pour attaquer une troupe serpentant au pied.

« Entre les bases des montagnes, le lit du torrent se déroule comme une baie maritime, avec sa couche de galets mouvants et glissants où les chevaux enfoncent jusqu'au boulet. Les nombreux cadavres de chameaux que nous rencontrons disent assez combien est rude la montée de la passe. Partout où les eaux ont déposé un peu de limon on voit apparaître quelques plaques de gazon. De loin en loin le sentier quitte le lit du cours d'eau et serpente sur le flanc des rochers, mais c'est assez rare, car tel est l'escarpement de ces montagnes qu'il faut un temps infini pour s'y élever même à une faible hauteur. »

Dans cette région que nous venons de décrire, deux races très distinctes, mais non hostiles, vivent côte à côte, les Baloutches et les Brahoui. Plus nombreux, les Baloutches ont les qualités et les vices des peuples nomades; comme les Afghans ils sont hospitaliers, comme eux ils professent un grand respect pour leurs femmes, comme eux ils sont, à l'occasion, pillards et cruels, mais en un point ils leur sont supérieurs. Ils ont le respect de la parole donnée, de la foi jurée et, à aucun prix, n'y manqueraient. Indolents par nature, passant des journées entières à aller d'une tente à une autre fumer, jouer et mâcher l'opium, ils ne sortent de leur repos que pour prendre part à un *Tchépao*, expédition de pillage. Ils déploient alors une activité sans pareille et une incroyable force d'endurance. Approvisionnés de quelques dattes, de fromage aigre, d'un peu de pain et d'eau, ils partent, montés sur leurs chameaux rapides, franchissant sans s'arrêter jusqu'à 100 kilomètres par jour. La nuit venue, ils cernent les tentes, les incendient, égorgent tout ce qui résiste et entassent sur leurs chameaux dont chacun d'eux traîne sept ou huit à sa suite, tout ce qui leur tombe sous la main. Le coup fait, ils repartent d'ordinaire par une autre route pour dépister les poursuites et ne s'arrêtent que chez eux.

Leur nourriture est simple et peu variée : des galettes d'orge et de froment, du riz, des dattes, du fromage, du lait aigre et, quand ils peuvent, de la viande de jeunes chameaux ou de gibier. Comme les Afghans, ils apprécient fort l'ail, l'oignon et surtout les tiges et les feuilles d'assa-fœtida, très goûtées des Asiatiques, mais dont l'odeur nauséabonde répugne aux Européens.

Plus nomades encore que les Baloutches, les Brahoui changent constamment de résidence, suivant la qualité des pâturages. Physiquement, ils sont d'une vigueur à toute épreuve, bravant également les froids intenses des montagnes et les chaleurs des plaines. Ceux qui habitent au sud de Kalat sont agriculteurs habiles; rigoureux observateurs de leur parole, ils n'ont ni les instincts pillards du Baloutche, ni sa cruauté froide. Leurs mœurs sont plus douces; reconnaissants et fidèles, ils s'attachent par les bons traitements, et leur fidélité est telle que les Baloutches qui en ont à leur service leur témoignent une confiance absolue.

Le Brahoui a le teint plus foncé que le Baloutche, le visage plus rond et plus aplati, la taille plus courte. Il répugne aux guerres intestines, laisse aux femmes le soin de régler les différends qui peuvent surgir de tribu à tribu, s'en trouve bien et tient pour la plus grande des calamités la perte de sa compagne. C'est par le Brahoui que la civilisation s'introduira et s'étendra, c'est par lui qu'elle triomphera des résistances du Baloutche et de l'Afghan.

Étant donnés la nature du sol et le petit nombre d'habitants disséminés sur la superficie du Baloutchistan, les centres y sont rares, et les « villes » se composent le plus souvent de tentes groupées autour d'une source ou au long d'un cours d'eau. Kwatah, où campe un détachement de cipayes sous le commandement d'officiers anglais, est moins une ville qu'un poste d'observation; toutefois, depuis quelques années, le ravitaillement des troupes d'une part, de l'autre la sécurité qu'assure leur présence ont groupé autour du fort une population assez considérable. Mastang, située entre Kwatah et Kalat, dans des conditions analogues, se peuple rapidement. Autour de Mastang, le sol propice à la culture est mis en valeur et le Baloutche nomade y devient sédentaire.

Kalat, capitale du royaume, est la ville la plus peuplée du Baloutchistan. Son château, ou fort, commande les routes de la mer, de l'Inde, de la Perse et de l'Afghanistan, mais le climat y est rude; pendant des semaines, la neige couvre le sol et le vent du nord souffle avec violence dans sa haute vallée. Près de Kalat, des ruines de cités anéanties, ruines sans nom, dont les décombres attestent l'importance stratégique du site qu'elles couvrent; puis Zohr, ville moderne et naissante; Gandava, résidence d'hiver du khan et poste militaire anglais; Bagh, et, au nord de la plaine, Sibi et Badar où passe le chemin de fer de l'Indus qui relie toute cette région du Baloutchistan à la mer par le port de Baratchi.

Une autre route, par Zérhi et Béla, conduit en ligne droite de Kalat au port de Soumiani, route de caravanes n'offrant sur sa longue pente de plus de 500 kilomètres que six étapes pourvues d'eau. Sur cette voie, de plus en plus délaissée : Khozdar, campement de cipayes qui surveillent le défilé de Moula, puis Béla; entre les deux : des tours en ruines, des débris de murailles; au sud, Soumiani, le port de la plaine, l'ancien port d'Alexandre. Les Anglais lui ont préféré Karatchi, plus rapproché du delta de l'Indus, mieux pourvu d'eau douce. Nominalement dépendante du Baloutchistan, cette région fait corps avec l'Hindoustan; commercialement elle vit de sa vie; elle est en grande partie peuplée d'Hindous, et les pèlerins de l'Inde y affluent au temple de Hingladj, à l'îlot d'Achtola, l' « île enchantée de Néarque ».

Au long de la côte du Mékran se trouve Gwadar, grande et belle ville pour les nomades de la plaine, en réalité gros bourg peuplé de Persans, d'Hindous, de Juifs, de Malais, d'Arabes, bourg de pêcheurs où relâchent les navires de Mascate, de Karatchi, de Bombay et de la côte du Malabar. Deux fois par mois les paquebots anglais y font escale et relient ce port au monde civilisé. De l'intérieur, les caravanes apportent à Gwadar des dattes, du beurre, des laines et du coton. Les paquebots y débarquent du riz, du sucre, des bois de construction et des cotonnades. Gwadar et Karatchi absorbent tout le trafic de cette côte; les autres ports du Mékran ne sont que des havres de pêcheurs.

Si, dans l'Afghanistan, l'Angleterre et la Russie se disputent la prépondérance, dans le Baloutchistan la première seule domine. Subventionné par elle, le khan lui doit le peu de pouvoir qu'il exerce, les apparences, non la réalité de l'autorité. Au régime féodal qui faisait de lui l'otage de ses vassaux, l'Angleterre a substitué, pour sa convenance, un chef unique avec lequel elle traite et qui lui garantit la soumission des autres. En accréditant auprès de lui seul un résident, en le couvrant de sa protection militaire, elle en a fait le chef attitré, responsable, un protégé, sous le nom duquel elle gouverne.

Nous sommes au seuil de l'Inde et déjà apparaît la conception politique sur laquelle repose le gigantesque édifice de la puissance anglaise.

Hommes du peuple.

Grottes d'Éléphanta.

III. — L'EMPIRE DES INDES

Au delà des frontières de l'Afghanistan et du Baloutchistan : le cœur de l'Asie, l'Inde.

Un grand nom, si l'on évoque le passé ; une grande chose, si l'on considère le présent : le plus étonnant tour de force qu'ait réalisé le génie politique moderne, servi par des instruments d'élite, par d'habiles diplomates, par une armée intrépide, par des administrateurs de premier ordre. Rien de comparable ne s'était vu depuis les temps de Théodose, alors que Rome, à l'apogée de sa puissance, tenait le monde ancien asservi sous sa main, et que, de la Perse, province de Trajan, à l'extrémité de la Lusitanie, de la terre d'Écosse au Nil, régnait la *Pax Romana*.

Sur 3,580,000 kilomètres carrés, deux cent soixante millions d'êtres humains obéissent à une nation dont la superficie territoriale est à peine un douzième de celle de l'empire qu'elle gouverne, dont la population est sept fois moindre et dont quatre mers la séparent.

Ils obéissent ; mais dans ce grand corps, en apparence immobile et muet, de sourds et inquiétants craquements se font entendre. Là aussi, l'idée moderne, subtile, insaisissable, idée d'indépendance, de progrès, de vie nationale, germe et grandit.

Dans l'Inde, en apparence assoupie sous la *pax britannica,* soumise à l'Européen invisible et anémique, réfugié dans son *bungalow*, gouvernant, comme à Calcutta, au nombre de trois cents, une population de huit cent mille Indiens; dans Madras, enfoui sous la verdure; dans Bombay, la Capoue asiatique, où les femmes parsis, à la taille svelte, aux yeux alanguis, rappellent par leurs bras nus et leurs bustes élancés les belles filles de la Grèce ; dans Bénarès et dans Delhi; du cap Comorin à l'Himalaya, deux cent soixante millions d'êtres humains s'éveillent.

La façade marmoréenne et grandiose de l'imposant édifice construit par l'Angleterre se lézarde de crevasses profondes. Sur ce sol mouvant et tant de fois conquis, que d'établissements éphémères qui se croyaient éternels et dont les ruines seules subsistent! Que de dynasties écroulées, que de grands noms dont il reste à peine un souvenir! Toujours conquise et jamais possédée, l'Inde a subi tous les jougs sans cesser d'être elle-même, c'est-à-dire souple et résistante, prodiguant à chacun de ses maîtres d'un jour l'antique respect que lui inspire la force et qui ne dure qu'autant qu'elle dure.

Puis, les révoltes terribles succédant aux soumissions abjectes, les attentats odieux aux génuflexions serviles; le viol, la torture, le massacre, à des hommages presque divins ; le fauve surgissant dans l'esclave; le croyant traînant son idole d'hier dans la boue, l'en gorgeant et l'y noyant; Delhi et Cawnpore en feu, les femmes outragées et coupées en morceaux, les enfants jetés par les fenêtres sur la pointe des baïonnettes, les supplices les plus monstrueux infligés à ceux devant qui l'on se prosternait la veille.

L'Angleterre a vu cela en 1857. Si la répression a été impitoyable et l'effort prodigieux, si d'une main de fer elle a dompté la brute exaspérée et étouffé l'insurrection dans le sang, les idées, les traditions, les croyances et les passions des Hindous sont restées les mêmes.

Sur ces millions d'hommes, l'Angleterre règne encore, et ce miracle est dû au sang-froid et à l'audace de quelques diplomates, à l'intrépidité de quelques milliers de soldats, à l'habileté, à la prudence des fonctionnaires, administrateurs et magistrats.

Mais c'est un miracle, et si le prestige de l'Angleterre, un moment ébranlé, semble raffermi, il serait imprudent de se fier à l'apparence trompeuse. Elle ne l'a accompli qu'à la condition d'enrôler les vaincus au service des vainqueurs, d'imiter Rome recrutant parmi les Barbares les légions qui tenaient les Barbares en échec : conception téméraire, qui, longtemps, réussit à l'empire romain et qui repose tout entière sur le prestige des vainqueurs aux yeux des vaincus. Mais, le prestige a deux ennemis à redouter : l'échec, n'importe où, n'importe comment, puis la discussion.

La discussion le mine, l'échec le ruine, et ce prestige, si laborieusement, si péniblement conquis, peut être compromis et perdu par un insuccès sur quelque point du monde que ce soit.

Puis, danger plus imminent encore, l'esprit d'examen et de libre discussion importé par l'Angleterre elle-même gagne chaque jour du terrain; l'instruction, largement donnée aux classes moyennes de la population indienne, réveille les souvenirs et éveille les aspirations d'indépendance. L'idée témérairement mise en avant d'une future nation indienne que l'Angleterre aurait pour mission de former implique l'idée d'émancipation.

L'Inde attendra-t-elle d'être mûre pour vouloir se gouverner elle-même, et, le voulant, le pourra-t-elle? Ce serait la première fois depuis cinquante siècles. Ou bien, suivant son immémoriale tradition, passera-t-elle sous le joug d'un nouveau maître?

Déjà, à l'extrémité de l'Afghanistan, ce champ de bataille de tous les conquérants asiatiques, aux portes d'Hérat, la clé de l'Inde, comme l'appelait lord Wellington, on entend retentir les pas des soldats du Tsar. Des steppes des Kirghiz à Khiva, à Khokand, à Samarcande, ils avancent et touchent à la *frontière scientifique* du nord-ouest.

Les arrêtera-t-elle, ou, mieux qu'elle, les complications européennes suspendront-elles leur marche?

Le Sindh, aujourd'hui l'Indus, a donné son nom à l'Inde, « la terre belle à voir », la « contrée fertile », la « fleur du lotus ». Douze mille kilomètres de mers et de montagnes enserrent la vaste péninsule qui, en forme de triangle, entre la mer d'Oman et le golfe de Bengale, profile dans la mer des Indes sa pointe massive que semble prolonger, à l'est, l'île de Ceylan, fragment détaché du continent.

Dans son bel et puissant équilibre, solidement adossée à l'Himalaya, la « ceinture du monde » au nord; à l'ouest, aux monts Soliman et aux monts Windhya; couverte à l'est par le Brahmapoutra et les montagnes de l'Indo-Chine; partout ailleurs l'Inde baigne dans les eaux tièdes de l'océan Indien, au long duquel, du nord au sud, court la double ceinture des Ghâttes de l'ouest et des Ghâttes de l'est.

Pays du soleil et des pluies régulières, de l'exubérante végétation et de l'éternel été, où les forces créatrices de la nature semblent atteindre leur maximum d'intensité. Nul sol ne porte autant d'hommes, peu de fleuves roulent des eaux plus abondantes, nulles montagnes ne dépassent les cimes altières de l'Himalaya et du Pamir, « Pilier du monde ». Région merveilleuse, pendant des siècles isolée du genre humain, contre lui défendue par ses montagnes et ses mers, à lui révélée par l'exode aryenne franchissant l'Indus et le désert, et qu'une fois entrevue il a voulu revoir et prendre. Ni les hautes murailles rocheuses, ni les déserts, ni les fleuves n'ont arrêté, depuis, le marchand cupide et le conquérant avide. Un instinct puissant les attirait, c'était moins encore la curiosité de l'inconnu que celle de retrouver là le point de départ de l'humanité, des vieilles traditions nées dans l'Aryavarta, dans la « terre des sept rivières » aux rives de l'Indus immortalisé par l'hymne aryen :

« Vers toi, ô Sindh! accourent les autres rivières; elles t'apportent leur tribut, comme les vaches apportent leur lait à leurs nourrissons. Quand tu t'avances à la tête de tes ondes impétueuses, tu marches ainsi qu'un roi belliqueux qui déploie ses ailes de bataille. Brillant, impétueux, le Sindh étend majestueusement ses ailes. Il enchante les yeux de ses beautés variées; il s'emporte comme la cavale ardente. Jeune et magnifique, fécond et superbe, entre ses rives fertiles il déroule ses flots d'or; il voit sur ses bords des coursiers généreux, des chars rapides, des troupeaux aux laines soyeuses; le Sindh répand autour de lui la richesse et l'abondance. »

L'Inde était, en effet, la terre des infinies richesses, des étoffes précieuses, des perles laiteuses et des ivoires curieusement travaillés, des armes luxueuses, de l'or et

L'EMPIRE DES INDES : LES RIVES DU GANGE.

des diamants. Sémiramis en rêva la possession, Cyrus se mit en marche pour la conquérir, et, près de l'atteindre, dans les sables du Baloutchistan, au pied des monts
Brahoui qu'il ne put franchir, vit périr son armée. Darius tenta l'aventure et échoua.

Alexandre, que nul obstacle n'arrêta, le premier franchit l'Indus par le nord, forçant les passes de l'Hindou-Kouch; au delà du Tchinab et du Ravi il porta ses armes
victorieuses, et, plus loin encore serait allé, emporté par son formidable élan, si, lasse
de vaincre et de conquérir le monde, son armée, d'elle-même, ne se fût arrêtée aux
rives de l'Hydaspe, refusant de le suivre plus avant dans sa marche audacieuse.

Là où on l'arrêta, là furent longtemps les bornes du monde. Pour les reporter plus
loin, pour dépasser le conquérant macédonien, il ne fallut rien moins que l'irrésistible
impulsion religieuse imprimée par Mahomet à l'Arabe nomade. L'Islam ouvrit au
monde la vallée de l'Indus et la porte de l'Inde que, plus tard, l'Europe abordait
par la mer, doublant le cap de Bonne-Espérance, longeant les côtes du Malabar et
de Coromandel. En tête : le Portugais qui, le premier, prit pied sur la péninsule;
derrière lui, le Hollandais, l'Anglais, le Danois, le Français, auquel Dupleix, mieux
soutenu par Louis XV et habilement secondé par sa femme, fille d'une créole portugaise, familiarisée avec les dialectes de l'Inde, Jeanne la Bégum, eût donné l'empire
de l'Inde. Il la tenait quand on le rappela, en 1754, lui arrachant sa conquête.
L'Anglais la prit. Godeheu signa le honteux traité, et Dupleix ruiné, auquel la France
refusa même les treize millions qu'il avait avancés, mourut désespéré, venu trop tard
ou trop tôt, après Louis XIV et avant Napoléon; Dupleix, homme de génie, fut un
grand patriote; seul, abandonné de tous, il tint douze ans la fortune indécise et
l'Angleterre en échec.

Ce qu'elle avait pris, l'Angleterre l'a gardé. L'Empire des Indes est, avec l'Australie,
l'un des plus beaux fleurons de la couronne britannique. Étudier, dans le cadre où ils
se meuvent, les traditions, le passé, le présent, et le génie de deux cent soixante
millions d'êtres humains, c'est demander à la géographie historique les secrets de
l'avenir.

Dans les limites dont nous avons indiqué le tracé, deux régions distinctes : au
nord, les plaines du Gange, au sud le Dekkan. Si, par l'imagination, on évoque
l'hypothèse d'un affaissement de 200 mètres de la péninsule indienne, on se trouve en
présence de la topographie suivante : une île énorme, le Dekkan. Entre ce plateau qui
surnage, surplombant la mer et les monts Himalaya, dont 200 mètres de moins n'ont
en rien altéré les gigantesques proportions, s'étend un vaste détroit dont les flots se
heurtent aux bases des montagnes et du plateau, reliant, par une large courbe septentrionale, la mer du Bengale à la mer d'Oman.

Au nord, l'Inde a pour frontière la haute muraille de l'Himalaya, « le séjour des
neiges ». Sur 2,200 kilomètres de longueur et 250, en moyenne, d'épaisseur,
l'Himalaya court du nord-ouest au sud-est, de l'Hindou-Kouch à la vallée du
Brahmapoutra, profilant une ligne continue de sommets de 21,000 pieds d'altitude.
Entassez le mont Blanc sur le mont Rose et vous n'atteignez pas encore la hauteur du

Gaourïsankar, le « Rayönnant » qui dresse à neuf kilomètres dans les airs sa cime
étincelante ; neuf kilomètres, la plus grande profondeur qu'ait rencontrée la sonde dans
l'océan Pacifique, au large du Japon ! La superficie entière de la France ne suffirait
pas à contenir le montagneux massif, qui, nivelé sur notre globe, l'exhausserait de plus
de cinquante pieds.

L'Himalaya est, à lui seul, tout un monde. Il tient du Tibet et de l'Inde qu'il
sépare. Entre ses chaînes parallèles, un seul plateau : le Népal. Ses vallées sont
d'immenses crevasses, taillées à angle aigu, au fond desquelles serpentent les torrents.
Sur le flanc de la chaîne maîtresse se dessine une autre chaîne, le Sivalik qui, de
Roupur, dans le Sutledj, court vers le sud, formant au-dessus des plaines adjacentes
une muraille perpendiculaire. En arrière, l'Himalaya, sur 800 kilomètres de longueur,
n'offre ni brèche ni ouverture, et l'Indus, échappé des plateaux du Tibet, roulant
ses eaux vers le nord-ouest, cherchant en vain une issue, ne la trouve que dans les
contreforts de l'Hindou-Kouch où, près de Chigar, le Chayok, « l'Indus femelle » lui
apporte le renfort de ses eaux et l'aide à se frayer sa voie au travers des « Eboulis
noirs ».

Ici, les seuils connus qui, de la vallée du Kara-Kach, donnent accès dans celle de
l'Indus, se trouvent, par des altitudes de 5,700 mètres, bien supérieures à celle du
mont Blanc. Pour aborder de pareilles passes il faut une vigueur extraordinaire et, par
un long entraînement, l'accoutumance des hautes cimes. Telle est la rareté de l'air que
le moindre effort est des plus pénibles, la marche presque impossible. Les indigènes
affirment qu'à ces difficultés s'en ajoute une autre : les émanations du *bis* ou *soran*,
parfum léthifère d'une variété d'aconit.

L'Himalaya, que les chants védiques appellent un troisième monde, mérite ce nom ;
monde d'une majesté sereine et silencieuse, de solitudes sans bornes et d'effrayantes
altitudes, baigné dans une incomparable lumière, étincelant sous les rayons du soleil,
au loin dardant l'aveuglant reflet de ses cimes éblouissantes, de ses roches polies ou
striées, miroirs unis ou à facettes ; puis les vallées ombreuses et les torrents impétueux,
les moraines et les glaciers, les cimes derrière lesquelles d'autres cimes, plus hautes
encore, se dressent interrogeant l'horizon, par-dessus les montagnes contemplant
l'immense plaine.

Dans ce « troisième monde » encore peu connu : trois régions distinctes. La
première, de la base des monts s'élève à 5,000 pieds de hauteur. La température y
est moins brûlante que dans la plaine, mais la neige y est presque inconnue ; les
plantes des tropiques s'épanouissent au midi, et celles des régions tempérées prospèrent. La seconde zone atteint 9,000 pieds. La neige y tombe l'hiver, mais disparaît
au printemps. La végétation asiatique se maintient encore, celle d'Europe domine et,
peu à peu, refoule sa voisine.

La troisième zone est celle des neiges ; elles commencent à 12,000 pieds d'altitude ;
c'est dire que, sous ce climat brûlant, à la hauteur du mont Blanc, elles n'existent pas
encore. Comme étendue, les glaciers de l'Himalaya rappellent ceux du Groënland et
des régions polaires ; ceux de Saïtchar, du Tchogo, du Baltoro mesurent plus de

50 kilomètres de longueur, et les glaciers secondaires atteignent des proportions bien supérieures à celles des plus vastes glaciers des Alpes. Au travers d'énormes trouées dans la mer de glace, l'eau jaillit triomphante, impétueuse, rongeant les épaisses parois bleuâtres, dessinant de fantastiques ogives, des portes cintrées, des arcades surbaissées, spectacles grandioses devant lesquels l'Hindou, prosterné, salue la force créatrice qui, plus bas, aux plaines brûlantes, va porter les ondes fraîches et fécondantes.

Dans la zone inférieure, constamment arrosée, la végétation déploie toute sa splendeur; les herbages sont d'une incomparable richesse; l'orge, le sarrasin, le blé poussent en abondance. Partout d'épaisses forêts de chênes, de pins, de sapins, entrelaçant leurs rameaux, à ce point serrés et pressés que l'arbre mort de vieillesse ou frappé de la foudre reste debout, soutenu par ceux qui l'entourent.

Nos fleurs et nos fruits, nos futaies et nos buissons donnent à ce coin d'Asie l'aspect de l'Europe, mais d'une Europe démesurée dans ses proportions, dans sa faune et dans sa flore, où la chaleur torride et, plus haut, le froid glacial, un ciel tantôt sinistre et tantôt éblouissant se succéderaient en un kaléidoscope immense. Il semble que les limites du possible s'effacent, qu'au monde réel se substitue un monde fantastique et sublime.

Dans cette énorme muraille, derrière laquelle le Tibétain nomade passe et repasse, n'osant l'aborder, derrière laquelle commence l'Empire Chinois : cinq fentes, passes ou crevasses profondes, dont l'aspect seul fait reculer, dont l'air empoisonne. Portes d'enfer à travers lesquelles nul ne s'engage : celles de Niti et de Mana vers les sources du Gange ; celles de Djaouar, de Darma et de Byansi vers les sources du Gogra. Là, plus encore que sur les hauteurs, le *bis*, air rêche, empesté, frappe d'une terreur superstitieuse le Tibétain et l'Hindou.

Entre les cimes inaccessibles de l'Himalaya, de l'Hindou-Kouch et du Karakoroum, au nord, à l'ouest et au sud enfermée dans les plus hautes montagnes du monde, la plaine de Kachemir, la plus merveilleuse du monde, immortalisée par les poètes hindous et persans, déroule ses champs verdoyants, ses forêts, ses hameaux, ses villes et ses palais. Coupée de profondes vallées où courent les eaux vives, blottie dans un cirque gigantesque de montagnes neigeuses qui semblent soutenir sur leurs cimes la voûte azurée, et, de toutes parts, sur l'horizon lointain, se détachent en teintes d'or et d'émeraude, cette région, tant vantée, est encore au-dessus des descriptions des poètes. Aussi belle qu'inabordable, elle n'est guère accessible que par la vallée de Chayok, route historique des grands Mogols, qui contourne le Depsang, la seconde des hautes montagnes de notre globe et dont l'altitude dépasse 8,600 mètres. A l'ouest, par le col du glacier de Baltoro, les Balti ont parfois réussi à pénétrer dans le Kachemire, mais, praticable seulement pendant une courte période d'été, cette route plus directe est hérissée de dangers. Les voyageurs s'y suivent à la file, attachés les uns aux autres, et, par-dessus les crevasses profondes, il leur faut porter, outre leurs charges, leurs petits chevaux du Yarkand qui les accompagnent.

La voie, plus fréquentée, du Pir-Pandjal, n'est pas toujours plus sûre. Aureng-Zeb la prit avec sa suite et son sérail. Dans chacun des « Mikdembers », tourelles grillées, que portait un éléphant, quatre odalisques trouvaient place. Il n'en emmenait pas moins de soixante sur quinze de ces pachydermes. A un détour de la route étroite, celui qui tenait la tête, effrayé de sentir le sol fléchir sous son poids, recula brusquement, et les quinze animaux roulèrent dans le précipice, heureusement peu profond. Quatre odalisques furent tuées; les autres, légèrement contusionnées, en furent quittes pour la peur, mais on ne put sauver aucun des éléphants, et Bernier, qui suivait l'empereur, raconte que, passant là deux jours plus tard, il vit quelques-unes de ces malheureuses bêtes qui n'étaient pas encore mortes, et levaient leurs trompes pour implorer du secours.

Dans ces hautes montagnes les cataclysmes sont grandioses. L'un d'eux est resté gravé dans la mémoire des habitants. En 1841, le cours du haut Indus s'arrêta subitement; son lit desséché ne contenait plus qu'un mince filet d'eau que l'on pouvait franchir à gué. On ne savait à quoi attribuer ce phénomène, qui cessa aussi brusquement qu'il s'était produit. Un pan de montagne s'était écroulé, barrant le cours du fleuve dont les eaux accumulées forcèrent enfin l'obstacle, charriant plus de 600 millions de mètres cubes de roches, de terre et de cailloux. La vague d'inondation, de 10 mètres de hauteur, passa, rasant les villages, refoulant la rivière de Caboul jusqu'à plus de 30 kilomètres de son embouchure, emportant un corps d'armée Sikh campé sur les rives desséchées de l'Indus, recouvrant de boue la plaine entière.

La vallée du Kachemir forme un ovale irrégulier du nord-ouest au sud-est, un parc de 100 kilomètres de longueur sur 30 de largeur, aménagé à souhait pour le plaisir des yeux. C'est la « vallée heureuse » qu'occupèrent les Aryas, lors de leur cinquième exode. Partout des eaux courantes, des rivières et des lacs semés d'îles enchanteresses, sillonnés d'embarcations manœuvrées par d'admirables types d'hommes. C'est une Venise asiatique, démesurément agrandie et multipliée, dans un cadre de montagnes et de verdure, c'est le paradis terrestre des Indes, dont l'empereur Jehan-Guir ne pouvait sortir, préférant, disait-il, la perte de sa couronne à la perte de Kachemir. Son climat, unique dans l'Inde, est merveilleux, surtout de mai à septembre. Nulle part l'air n'est aussi pur, aussi léger et aussi calme, et, dans ses lacs immobiles que ne ride aucun souffle de vent, le ciel, les montagnes et les arbres se reflètent comme en un incomparable miroir.

Débris du grand empire des Sikhs, œuvre éphémère de Runjil-Singh — le « Lion du Punjab », — l'État de Kachemir démembré, à sa mort, dans une orgie de soulèvements et de massacres unique peut-être, même dans l'histoire de l'Asie, passa sous le joug nominal de la dynastie actuelle.

Sur ce sol, dont la superficie n'excède pas 75,000 kilomètres carrés, vivent environ 1,500,000 habitants, inégalement répartis entre les deux provinces de Jumnoo et de Kachemir. Deux capitales : Sirinagar, du Kachemire proprement dit; Jumnoo, de la province de ce nom. Cette dernière, que des considérations politiques ont fait choisir au Maharaja pour sa résidence habituelle, est une belle ville de 40,000 âmes, fièrement campée sur la croupe d'une colline et aujourd'hui en communication avec Lahore par une assez bonne route.

La voie des grands Mogols, celle-là même que suivit Aureng-Zeb, et que suivent encore les trafiquants, relie le Kachemir à la province de Jumnoo. Sirinagar est située sur le Djhilam qui sépare la ville en deux parties inégales; celle de droite, la plus considérable, confine à un lac.

« La beauté de ce lac (dit une tradition vieille de deux siècles mais exacte encore), est accrue par un grand nombre de petites îles qui forment autant de jardins remplis d'arbres fruitiers et de trembles à larges feuilles dont les plus gros ne peuvent être embrassés par un homme, mais tous d'une hauteur extraordinaire, avec un seul bouquet de feuilles au sommet. »

Coquettement enfouie sous la verdure, au long du fleuve, Sirinagar, la Venise asiatique, est entourée d'une véritable forêt d'arbres fruitiers.

Les résidents anglais y viennent l'été, et leurs villas, pittoresquement construites sur les pentes des collines, dominent le Nishàt-Bagh, « jardin d'allégresse », construit par Jehan-Guir pour la belle Nourmahal. La grande, la vraie rue de Sirinagar, c'est la rivière et ses canaux, que traversent les ponts, aux arches sveltes, garnis, en guise de parapets, de demeures aux toits fleuris, aux escaliers où s'amarrent les embarcations.. Sur les vieilles maisons aux poutres branlantes, aux voûtes sombres, sur les fenêtres grillagées et les façades en saillie, le temps a jeté son voile mélancolique, la nature, son pittoresque manteau.

Dans une page charmante que nous lui empruntons, Mme de Ujfalvy-Bourdon décrit Sirinagar, la nuit :

« En revenant, la lune s'était levée ; notre *pendra* glissait sur la rivière entre deux rangées de maisons comme enveloppées dans un voile qui en laissait deviner l'archi-tecture caractéristique tout en cachant leurs défauts ; les vieilles poutres s'enfonçaient dans les murs, et de beaux arbres qui s'en échappaient se penchaient volontiers sur le courant du fleuve. Au loin les montagnes s'élevaient, sombres et majestueuses, encadrant le paysage. Comme elles étaient belles, le soir, au clair de lune, dans leur nudité, qui leur ajoutait un charme de plus! Éclairées par un beau soleil, on les voudrait ombreuses; leur terre paraît brûlante et semble réfléchir la chaleur du soleil. A cette heure, on pouvait admirer leurs belles proportions et le sommet neigeux qui les couronnait. La ville elle-même est silencieuse, avec ces rares ombres qui se glissent par ses étroits trottoirs, sous ses voûtes basses, avec ces bateaux éclairés par la lueur de leur cuisine, ces hommes, ces femmes, accroupis autour de leur petite lampe à bec fumant, ces terrasses où scintille une lumière discrète, tandis que les torches plus éclatantes du palais du Maharajah font rêver aux merveilles orientales décrites par les poètes. On admire, alors, et on absout. C'est sans doute par une de ces tièdes soirées qu'ils ont écrit leurs belles pages. L'eau, reposée des fatigues de la journée, est devenue limpide et reflète l'astre qui nous éclaire; les vêtements de nos rameurs nous paraissent presque propres, et, dans un ravissement inexplicable, nous arrivons à notre demeure. Déjà les Tchouprassis sont étendus sous les terrasses pour se reposer de leurs travaux d'une journée d'oisiveté. Ils vont dormir, sous ce beau ciel, où point n'est besoin d'une toiture ; si, par hasard, il survient un orage, la véranda est là pour servir d'abri. »

Au delà de Sirinagar : Gulmarg, d'où à quatre-vingts milles de distance on voit se dresser à l'horizon la cime étincelante du Nangâ-Parbat, haut de 8,200 mètres, Lolab, Tsirar, sont aussi des résidences d'été fréquentées par les Anglais. Si le climat de la vallée est apprécié d'eux, la beauté des femmes de Kachemir est renommée dans l'Inde. Il est difficile aux voyageurs d'en juger ; elles ne sortent, surtout les mahométanes, que voilées. Bernier en parle avec admiration, surtout de celles de Sirinagar.

En dehors des capitales, peu de grands centres : Gilgit dans le Dardistan, Skardio dans le Baltistan, Léha dans le Ladakh.

La diversité des races, la difficulté des communications, le pouvoir mal défini du Maharaja que l'Angleterre maintient et qui, s'appuyant sur elle pour contenir ses sujets, s'appuie sur eux pour résister aux exigences de l'Angleterre, rendent précaire et incertaine l'existence de cet État nominalement indépendant. Le jour n'est pas éloigné où l'annexion pure et simple se substituera à un protectorat déguisé, et où le Kachemire, État tributaire, deviendra, comme le Penjab, terre britannique.

De ces régions montueuses, frontières de la péninsule, redescendons vers le centre et complétons par un coup d'œil sur le plateau du Dekkan l'étude du relief du sol.

Au sud de l'Hindoustan, à la fois merveilleux et cruel, prodigue de maux et de biens, au sud-est de l'Aryavarta, berceau des Aryas, « terre fortunée des sept rivières », s'étend le Dekkan, région ondulée, semée de larges plateaux, d'impénétrables forêts, de plaines sablonneuses que les pluies convertissent en vertes prairies, que le soleil dessèche et brûle en alternances rapides.

Le Gange et la chaîne des monts Windhya la ferment au nord. Vers le sud elle descend en pointe massive, enserrée entre les Ghâts ou Ghâttes de l'est, qui longent la côte de Coromandel, et les Ghâts de l'ouest qui forment la côte de Malabar. Ces ghâts ou *quais*, massifs d'une hauteur moyenne de 1,000 mètres, enserrent la côte ouest à une distance de 40 à 50 kilomètres de la mer, sur une longueur de 300 lieues.

Au cap Comorin, pointe extrême de la péninsule, ils se relient aux Nilgiris, montagnes Bleues, où viennent aboutir les Ghâts de l'est. Moins élevés que ceux de l'ouest, ils profilent au long de la côte de Coromandel, à 100 kilomètres de distance de la mer, leur massif de 500 mètres d'élévation, échancré par les vallées du Godovary, du Kistna, et par les torrents qui, se frayant un passage, descendent vers le golfe du Bengale.

La côte du Malabar et celle de Coromandel ne sont que deux longues bandes de terre de 40 à 50 kilomètres de large pour la première, et d'environ 100 pour la seconde, qui, du golfe d'Oman et du delta du Gange, étranglées entre la mer et les Ghâts, forment comme une première zone basse au Dekkan.

Elle est rude et dure d'accès cette côte du Malabar. Sur trois cents lieues de développement elle n'offre que quatre ports incertains : Quilon, Cochin, Goa et Bombay. De mai à novembre elle est presque inabordable aux navires à voiles, et de novembre à mai ses flots incessamment tourmentés déconcerteraient nos pêcheurs d'Europe. Les tempêtes y sont rapides et soudaines, les cyclones redoutables, le climat brûlant, les vents brusques, les bourrasques incessantes. Aux prises avec ces difficultés s'est formée une race de mariniers hindous, solide, résistante, prudente comme elle l'est toujours, sobre et patiente. Le meilleur port de cette côte dangereuse, Bombay, est d'un abord difficile. Il a fallu, pour le créer, une fissure dans les Ghâts, le cours impétueux d'une rivière élargissant la trouée, débordant sur la côte et s'y creusant un lit, impuissante toutefois à triompher de tous les obstacles ; les pics aigus, les récifs madréporiques, les îles basses y rendent la navigation dangereuse.

Moins rude sur la côte de Coromandel, la nature y est plus énervante, la race moins vigoureuse. La plaine, entre la mer et les Ghâts, plus large, est plus brûlante, plus aride aussi ; les cyclones la fouettent périodiquement.

Puissantes assises qui soutiennent l'énorme entablement du plateau du Dekkan, les Ghâts semblent s'être, à dessein, écartés de la mer, pour trouver sur un sol plus ferme une base plus résistante. Encerclant le Dekkan à l'est et à l'ouest, ils se renflent au sud, aux monts Nilgiris, accumulant à cette pointe de la presqu'île hindoustanique leurs sommets montueux d'où surgit le Dodabetta et que consolident encore les monts Palui qui dominent les terres plates du cap Comorin, au delà duquel, dans l'est, l'île de Ceylan, prolongement de l'ossature indienne, dresse ses roches de gneiss rouge-gris dont la formation géologique rappelle celle de l'Himalaya.

Enserré entre la double ceinture de la mer et des Ghâts à l'est et à l'ouest, entre les monts Windya au nord et les Nilgiris au sud, le Dekkan forme, avec l'Hindoustan et l'Aryavarta, un tout compact, homogène, dès le début isolé du reste du monde, une infinie variété de climats, un inépuisable réservoir de vie.

Dans cette vaste péninsule de l'Inde, il semble que la nature ait accumulé tout ce qu'elle peut donner : montagnes et fleuves, torrents impétueux et impénétrables, forêts hantées de fauves, les plaines fertiles et les grands horizons du Bengale, ses terres molles inondées par les rivières débordées, puis des marais pestilentiels, des hauts plateaux au sol dur, surchauffé ; tous les climats et toutes les cultures, une exubérance de végétation, une fécondité qu'égale seule la puissance destructive des éléments déchaînés, des vents, des orages et des cyclones.

Du large, ils viennent se briser contre la lourde muraille des Ghâts qu'ils ébranlent et dépassent pour fondre sur la plaine. Sous un ciel d'ambre disparaît le ciel bleu ; la pluie aux larges gouttes d'or ou teintées de rouge, suivant l'inclinaison du soleil, descend en ruissellement de fleuve. Dans les monts Windya, d'irrésistibles trombes de vent et d'eau passent sur les cimes dénudées, s'engouffrent dans les vallées ombreuses, hachant les forêts, bouleversant le sol, comblant les ravins, creusant de nouveaux lits aux torrents écumeux, cataclysmes violents de la nature, dont la nature a tôt fait de relever les ruines et de combler les vides.

Sur les terres détrempées, sous les rayons du soleil, surgit une végétation nouvelle, aussi dense, aussi variée que celle qui a disparu et dont les détritus fertilisent le sol qui la portait.

Dans ces plaines et sur ces hauts plateaux le soleil darde ses rayons meurtriers, d'autant plus dangereux que l'impression qu'ils produisent n'est pas celle d'une chaleur brûlante, qu'ils semblent inoffensifs, caressants et doux. Le soleil de l'Inde endort et tue ; la lune elle-même y est à redouter. Dans les monts Windya on succombe à un « coup de lune », comme, ailleurs, à une insolation et, dans les plaines abritées par l'énorme massif, l'air pesant et lourd, à peine respirable, laisse l'homme accablé, somnolent, engourdi dans une invincible torpeur.

Entre le delta de l'Indus et celui du Gange, 2,000 kilomètres d'intervalle. A l'ouest, l'Indus ou le Sindh. Il jaillit des Himalayas, à 14,000 pieds de hauteur, courant de l'est à l'ouest, au travers du Népal, cherchant à se frayer une issue, se heurtant aux montagnes du Dardistan, aux contreforts de l'Hindou-Kouch, brusquement rejeté vers le sud, ramassant au passage les eaux de la rivière de Caboul et, plus au sud, celles du Sapta-Sindhou, le pays des sept rivières. Lui-même en est une, la plus importante de toutes, le fleuve de l'Aryavarta. Dans cette plaine où le Vitarta, l'Asikni, le Ravi, le Coutoudri, le Vipaça, le Parouschni et la Saravasti mêlaient leurs flots à ceux de l'Indus, vécut l'Arya, qui réalisa un état social tel « qu'après lui, dit Marius Fontane, nul rêve d'indépendance nationale n'ira au delà de ce qui fut en Sapta Sindhou ».

Ici fut la terre deux fois sacrée où l'Arya atteignit l'idéal que poursuivent nos sociétés modernes ; où, dans toute l'acception du terme, la femme fut l'égale et la compagne de l'homme, compagne librement choisie et ne relevant elle-même que de son libre choix ; où l'homme, déchirant le voile qui recouvre ses lointaines origines, révèle dans les chants du Rig-Véda sa primitive grandeur et ses premières conceptions cosmogoniques, ses aspirations poétiques et religieuses. Le fragment suivant marque le point culminant de la croyance védique ; s'il subordonne les dieux à la création, il fait, de la création, l'œuvre consciente ou inconsciente du « Très Haut Voyant », à tout antérieur et supérieur, de qui tout émane.

« Les ténèbres régnaient et, à l'origine, toutes choses reposaient en une obscurité profonde, océan sans lumière, semence assoupie, cachée dans son enveloppe, tout à coup, germe réchauffé par la chaleur. Puis, apparaît l'amour, source vivante... Les poètes, interrogeant leur cœur, ont découvert l'amour, ce lien qui unit les choses créées à ce qui est incréé. Cette étincelle qui, de partout, jaillit, qui pénètre tout, d'où vient-elle? Du ciel ou de la terre? Qui sait ce secret? Qui peut nous dire d'où surgit cette création si variée? Les dieux eux-mêmes sont arrivés plus tard à l'existence. Qui sait d'où est tiré ce vaste monde? Celui de qui émane toute cette création, soit que sa volonté l'ait ordonné, soit que sa volonté ait été muette, « le *Très Haut Voyant* » qui séjourne au point culminant des cieux, c'est lui qui le sait, ou, peut-être, lui-même l'ignore-t-il? »

Aussi épris de la beauté que put l'être le Grec, le culte que lui rendit l'Arya fut plus pur. « La jeune Aryenne n'est ni cloîtrée ni voilée, et la vue de son visage provoque l'admiration. L'aurore dorée des splendeurs du soleil, n'est pas plus belle à voir que la jeune fille. La virginité est une noblesse, et la pureté du corps est un culte...

L'aurore blanche est comme une vierge aux formes légères, jeune et riante, au sein brillant, au corps éclatant de beauté, que sa mère vient de purifier. »

Et l'hymne se prolonge et s'achève sans qu'une pensée ou un mot licencieux le ternisse.

Même respect pour l'amour, même discrétion dans les désirs qu'il éveille. « Les jeunes hommes aiment entendre la voix des jeunes filles autant que les dieux aiment les louanges des hommes... » « On plaît aux dieux comme on plaît à sa bien-aimée, en étant aimable. » Dans la joie suprême du premier baiser échangé, avec quelle délicatesse charmante le poète compare l'amante à l'amie « qui se penche et doucement parle à l'oreille de son bien-aimé », avec quelle simplicité touchante, pour exprimer le bonheur de l'amour partagé, il le compare saintement aux « transports de la mère qui serre son enfant sur son cœur. Le jeune époux suit sa jeune épouse comme le soleil suit la brillante aurore ».

Race intelligente, laborieuse et patiente, respectueuse de l'épouse dans la vierge, du fruit dans la fleur, race qui nous a transmis, avec son sang, ses idées et ses aspirations, son culte poétique de la femme, de sa faiblesse et de sa beauté ! Ses chants ont traversé les siècles, éveillant dans nos âmes un écho de la sienne ; race privilégiée dont l'idéal, tour à tour obscurci et radieux, à intervalles inégaux revit et reparaît, évoquant sous des plumes inspirées un passé évanoui, un rêve de beauté, de grandeur et de noblesse.

Cette terre aryenne est aujourd'hui terre mahométane. La région des sept rivières est devenue, par l'assèchement des cours d'eau, celle des cinq rivières, la contrée du Pendjab et aussi celle du Sind et du Rajpoutana, contrées peuplées de plus de trente millions d'habitants. Les sables ont bu la Saravasti, la rivière « plus rapide qu'un char, la plus belle, la plus aimable des sept sœurs », et l'un des bras du Sutledj est tari. De tout temps ce bassin septentrional de l'Indus fut la brèche ouverte par laquelle, débouchant de la vallée de Caboul, les Aryens descendirent du Haut-Oxus, par laquelle les Grecs d'Alexandre, l'Islam, les Mongols, les Afghans entrèrent, par laquelle entreront peut-être aussi les Russes. C'est l'Inde mahométane, celle des Djats et des Sikhs. Les Hindous y sont, relativement, peu nombreux.

Dans le nord-ouest, surveillant la passe de Caboul : Péchaver, camp retranché, sentinelle avancée de l'Angleterre. Nous en avons parlé plus haut, dans notre étude de l'Afghanistan. Plus au sud, Rawal-Pindi, ville militaire anglaise ; Djhilam où passa Alexandre ; Goudjrat, puis Nazirabad, centre de la navigation du Tchinab.

Lahore, capitale du royaume des Sikhs, riche et curieuse, ressemble peu aux autres villes de l'Inde. L'aspect martial de la population, les forts construits par Akbar, les palais édifiés par Jehan-Guir et Chah-Jehan, le somptueux mausolée de Raujit, racontent l'histoire des Sikhs, secte hindoue plutôt que nation, qui jetèrent bas l'empire mogol, et, après une courte période d'indépendance, virent, impuissants à le défendre, leur royaume passer aux mains de l'Angleterre.

A l'est de Lahore, Amritsar, sa rivale, lui dispute le titre de métropole des Sikhs,

Au bord du « Lac d'immortalité », le temple d'or contenant le livre sacré des Sikhs voit affluer chaque année des centaines de milliers de pèlerins. Au sud, les stations anglaises se multiplient, enserrant ce pays belliqueux et remuant, Ambala, Moultan, fondée par les Titans, dit la légende.

A l'ouest, et au sud de Moultan, Bahawalpour, ville industrieuse et pacifique, réconciliée avec la domination anglaise qui lui assure la tranquillité, s'enrichit de son commerce de soieries. Plus au sud : Chikarpour, centre d'un trafic important de cotonnades et de tapis, point de départ de la voie ferrée qui, par Kandahar et la vallée de l'Euphrate, doit un jour relier l'Inde à la Méditerranée.

Dominant le delta de l'Indus, Haïderabad est l'un des points stratégiques les plus importants de l'Inde, aussi est-il surveillé avec soin par l'Angleterre qui administre la province du Sindh pour le compte du Nizam, prince feudataire.

On chercherait vainement, dans la situation respective de ces vassaux de la Grande-Bretagne, des analogies qui n'existent pas, des situations identiques. Les traités qui règlent les rapports des princes avec la métropole sont tous différents, conclus à différentes époques, sous l'empire de préoccupations et d'événements particuliers. Depuis, ils ont été modifiés, tantôt dans un sens, tantôt dans un autre, restreignant ou étendant les attributions du prince, suivant que sa fidélité semblait douteuse ou s'affirmait. Il en résulte, pour l'étranger, des contradictions apparentes, en réalité logiques, des stipulations distinctes, fréquemment mises de côté en cas d'urgence, rétablies et observées ensuite.

Ce qui se dégage de l'ensemble, c'est la main mise par l'Angleterre, la subordination des princes, l'autorité tour à tour absolue et limitée du vice-roi. Les traités subsistent, mais les princes feudataires n'ont garde d'en invoquer les clauses. Les restrictions que l'Angleterre leur impose sont, d'ordinaire, la défense d'importer certaines munitions de guerre, d'incorporer dans leur armée ou leur administration des officiers ou des fonctionnaires autres que ceux approuvés par le vice-roi, d'accroître le contingent, de négocier entre eux ou avec les puissances étrangères des traités d'alliance ou de commerce. Par contre l'Angleterre s'engage à les protéger contre toute agression extérieure, contre toute révolte intérieure. Accrédités auprès d'eux, des résidents anglais, hauts fonctionnaires largement rétribués, surveillent et déjouent les intrigues de ces cours asiatiques, donnent des avis qui sont des ordres, rendent compte au vice-roi, et, dans certains cas urgents, prennent sur eux la responsabilité d'agir.

Au sud d'Haïderabad, Karatchi, port de l'Indus. A l'est s'étend le désert de Thar, longues et larges dunes de sable, dont la flore rappelle celle de l'Arabie et que couvre, à l'époque des pluies, une herbe maigre promptement desséchée. Quelques pasteurs nomades y conduisent leurs troupeaux, mais les loups y sont nombreux et obligent à une incessante vigilance. Les Bhils, qui hantent cette région, font aux loups une guerre acharnée et les détruisent à la saison chaude. Le sable est tellement brûlant, au fort du soleil, que les loups « se brûlent les pattes » et peuvent à peine marcher. On les abat alors sans difficulté.

Au sud du désert de Thar apparaît une étrange région : les Rann de Catch, plaine saline où se produisent d'étonnants effets de mirage. Le sol y est à ce point uni qu'un objet quelconque, une pierre, une carcasse de chameau, prend, à des lieues de distance, un relief intense, revêt les formes les plus singulières et dessine, à l'horizon, de fantastiques images qui semblent flotter entre la terre et le ciel.

Bhoudj est la capitale de ce petit État de Catch, mais le port de Mandavi a plus d'importance. Il est, entre Karatchi et Bombay, le havre le plus fréquenté de la côte.

Dans la péninsule de Kattyawar que longent, à l'ouest, le golfe de Catch, à l'est le golfe de Cambay, s'étendent les campagnes fertiles du Goudgérat, peuplées de quatre millions d'habitants. Autrefois cette péninsule portait le nom de Sourachtra, et ses habitants celui de Koli, d'où est venu le terme de coolie, appliqué d'abord aux portefaix de Bombay qui se recrutaient surtout parmi eux, puis indistinctement ensuite aux engagés hindous, et même chinois, qui émigrent dans toutes les parties du monde.

Radjkot, située au centre de la péninsule, est devenue, de par le choix des Anglais, la capitale de la province. Dans son collège sont élevés, sous la direction de professeurs et d'officiers anglais, les princes mineurs appelés par leur naissance à succéder à l'un des nombreux trônes de l'Inde. Ici, les villes abondent. L'une des plus importantes est Ahmedabad, dont l'enceinte fortifiée mesure encore sept kilomètres de circonférence. Ville très populeuse autrefois, elle ne compte plus que 120,000 habitants et est devenue le centre religieux des Jaines, secte particulière qui semble pousser plus loin encore que l'Hindou, s'il est possible, le respect de la vie animale. Les Jaines ne boivent qu'à travers un linge de mousseline apposé sur leur bouche, et ne s'assoient qu'après avoir scrupuleusement balayé le sol, de crainte d'avaler ou d'écraser quelque microscopique insecte.

Cambay, qui a donné son nom au golfe et que mentionna Marco Polo, n'est plus aujourd'hui qu'une ville déchue dont les ruines majestueuses attestent la grandeur évanouie.

Au nord du désert du Thar et au sud du Pendjab s'étend le Radjpoutana qu'habitent des tribus guerrières, fières de leur origine et de leur antiquité. Sur elles régnait le Rama, le grand roi d'Oudhaïpour, « soleil entre les rois », prêtre et souverain. Chez elles se sont conservées les traditions aryennes, les défis, les combats, les fêtes, le culte de la femme. « A l'homme de faire de grandes choses, à la femme de les inspirer », dit un de leurs axiomes. Chez elles aussi se sont perpétués les chants de guerre et d'amour, les fières épopées exaltant les exploits des ancêtres, la richesse et la grandeur de leurs descendants. Pour un don de leurs belles, écharpe ou fleur, leurs guerriers bravaient la mort, et la longue histoire de ces peuples n'est que le récit de luttes sans fin, de combats sans trêve livrés en l'honneur d'innombrables Hélènes que célébraient leurs poètes. La dernière mourut empoisonnée par l'un de ses nombreux prétendants, et la guerre d'extermination qui suivit ce drame se termina par la conquête britannique.

L'Angleterre rétablit l'ordre parmi ces grands vassaux indépendants et belliqueux ; elle les courba sous le même joug, et de leurs capitales fit des stations militaires qu'elle occupe. Peuple artiste, les Radjpoutes ont édifié de merveilleux monuments. L'un de leurs sanctuaires du mont Abou est une perle d'architecture. Oudaïpour, « la cité de l'aurore », possède le plus élégant palais de l'Inde. Tchittor, résidence des souverains, contenait, affirme Thomas Roe, ambassadeur d'Angleterre, cent mille maisons de pierre, et le Khirat-Khoumb, « tour de la victoire », est encore un monument unique au monde.

Adjmir est située dans un cadre merveilleux de lacs et de coteaux, de terrasses, de bosquets et de champs de rosiers. Djaïpour, cité populeuse, s'intitule « le Paris de l'Inde ». Gwalior est devenue une place forte anglaise.

Dans son parcours de plus de 2,000 kilomètres, au travers du Pendjab et du Radjpoutana, l'Indus n'arrose aucune ville importante. A l'exception de Sakkhar sur la rive droite, de Rori, en face, sur la rive gauche, et d'Haïderabad, au sommet du Delta, toutes les cités du bassin de l'Indus sont situées, non sur les rives du fleuve, mais sur celles de ses affluents ; tel est le cas pour Multan, Lahore, Amritsar, Wazirabad. La cause en est son cours incertain, les fréquents déplacements de son lit, qui tiennent à distance les populations sédentaires.

Si l'Indus a donné son nom à la péninsule hindoustanique, s'il est resté le fleuve aryen chanté par les poètes, il n'est ni le fleuve sacré de l'Inde, ni le plus important ; ce titre et ce rang appartiennent au Gange.

Le Gange prend sa source dans l'Himalaya central, à la frontière du Thibet, à 4,200 mètres d'altitude. Sur la première marche du trône de Siva, ainsi que les Hindous désignent la première des cinq puissantes assises de montagnes qui s'étagent en vastes gradins dans le nord-est, de l'arche azurée d'un glacier profond jaillit le fleuve indien, dans la vallée de Baghirati-Ganga.

Là, au haut lieu de Gangotri, viennent encore quelques rares pèlerins. Autrefois, précédés du drapeau du Yama, « qui mène à la mort », les Anivarttina, « ceux qui ne reviennent pas », s'engageaient dans les passes redoutables pour aller porter au fleuve naissant leurs offrandes et leur culte. Peu en revenaient, en effet. C'est à Badrinath, plus accessible, que ses adorateurs se rendent aujourd'hui, à Hardwar qu'ils visitent au nombre de deux millions, pour y baiser l'empreinte du pied de Vichnou et se purifier dans l'onde sacrée. Depuis, sur ces hauteurs, les Anglais ont établi de nombreux « sanatorium », villes de santé, où les fonctionnaires anémiés et les soldats convalescents viennent, dans un air plus pur et plus frais, renouveler leurs forces.

Au nord, coule le Kali, dont l'Angleterre a fait la limite de son empire et du Népal, région presque inconnue, nominalement indépendante, bien qu'un résident anglais ait droit de séjourner à la cour du souverain, sous la protection d'un détachement de cipayes. Le Népal, qui s'étend sur une longueur de 700 kilomètres et une largeur de 125, est enclavé dans les deux chaînes de l'Himalaya et du Trans-Himalaya. Entre les terres basses et les terres hautes existe un écart d'altitude de plus de 8,000 mètres ; peu de brèches d'accès, elles sont soigneusement surveillées par les agents tibétains qui paieraient de leur tête l'entrée d'un missionnaire. A l'ouest : le col de Nialo, où la légende place, dans les grottes du Kaïlas, quatre animaux fantastiques vomissant par leurs gueules, démesurément ouvertes, les quatre fleuves de l'Inde.

La population étouffe dans cette région montueuse, cultivée avec art, où pas un champ ne reste en friche. Les Gourkha y sont les plus nombreux ; courageux et résistants, ils sont très appréciés des Anglais qui les encadrent dans leurs troupes indigènes ; puis la tribu des Newar ; comme dans le Koulou, la polyandrie y est en usage. Cette coutume semble avoir été en grand honneur parmi les populations de l'Himalaya occidental. « Généralement, lorsque le frère aîné se marie, dit M. Louis Rousselet, tous ses frères deviennent les époux de sa femme... Une femme a ainsi jusqu'à quatre maris à la fois, mais le nombre n'est pas limité, attendu qu'elle possède le droit de se choisir en outre un ou plusieurs maris en dehors du groupe de frères. » Pour lui plaire, semble-t-il, et l'emporter sur leurs rivaux, ils la comblent de bijoux et de présents. « La femme, ajoute-t-il, chez les Koulous polyandres, est le chef de la communauté, c'est elle qui administre les terres que les époux cultivent et dont ils lui remettent les fruits. C'est elle aussi qui dote les enfants et leur transmet ses biens par héritage ; dans le cas où elle meurt avant ses conjoints, sa fille aînée prend le rang de chef de la communauté. »

Katmandou est la capitale du Népal. Ville bizarre, groupée en désordre autour du Palais aux constructions basses, autour des pagodes découpant sur le ciel leurs coupoles et leurs clochetons dont les sonnettes tintent au vent. La plaine qui l'entoure est semée de villages, de temples et de villes. Du sommet du Darera, colonne creuse d'un bel effet et d'une hauteur de 75 mètres, l'œil embrasse le tableau mouvant et pittoresque de la ville, des prairies et des vergers, des monts boisés qui leur font une enceinte de verdure. Plus loin, Patan et Bhatgong, riches en temples antiques ; Kirtipour, que longtemps les Newar défendirent contre les Gourkha, qui s'en emparèrent par trahison, mutilèrent les habitants et laissèrent à la ville le surnom de « cité des nez coupés ».

Au nord-ouest : Naokot. Les Chinois et les Tibétains y campèrent, victorieux des Gourkha, en 1792. Enfin Kirong, la plus commerçante des cités du Népal, située sur la frontière du Thibet.

Plus heureux que le Kachemir, qui maintient à grand'peine sa précaire indépendance, le Népal vit en paix avec l'Angleterre qui lui prodigue les marques de bon vouloir. Les Ghourkha sont braves et l'armée du Népal compte cent mille combattants dont on n'aurait pas facilement raison. En cas de soulèvement, le Népal pourrait être un redoutable adversaire ; tout commande d'en faire un allié et de le ménager.

Reprenons le cours du Gange où nous l'avons laissé, près de sa source. A Hardwar, il débouche dans la plaine, plaine peuplée de près de cent millions d'habitants, semée çà et là d'efflorescences salines, de terres molles et souvent inondées par les débordements, mais terres fertiles, dont la population suit l'oscillation des récoltes, s'accroissant quand elles sont abondantes, diminuant quand leur rendement est insuffisant. Aussi l'Hindou pratique-t-il au long de son fleuve de nombreuses saignées, multipliant les travaux d'irrigation, reliant Kanpour (Cawnpore) au seuil de l'Himalaya par un canal dont le creusement a exigé un déplacement de terres comparable à celui de

Suez, 70 millions de mètres cubes, et qui irrigue plus de 18,000 kilomètres carrés.

Grossi des eaux du canal, de celles que la Gogra, le Gandak, la Kosi lui apportent de l'Himalaya, de celles, plus incertaines, que la Sone amène du Windhya et qui varient de 17 mètres cubes par seconde à 49,000, le Gange court vers Gaour, à la rencontre de la Djamouna, qui est elle-même la branche maîtresse du Brahmapoutra, dont elle lui apporte les flots d'or bruni. Sous le nom de Hougli, il se déverse dans le golfe du Bengale ; mais c'est par la Meghna que s'écoule le plus fort volume de ses eaux ; c'est aussi par la Meghna que la mer s'engouffre, impétueuse, refoulant devant elle les ondes turbulentes du Gange et du Brahmapoutra, roulant avec une vitesse de 25 kilomètres à l'heure sa vague énorme qui, parfois, atteint six mètres de hauteur, et dont le choc formidable se fait entendre à de grandes distances, comparable au tonnerre de l'artillerie.

Fleuve populeux comme une grande ville, couvert de centaines de milliers d'embarcations, foires et marchés fréquentés par une population flottante qui vit de lui, par lui et sur lui, fleuve dont le delta continuellement se modifie sous l'afflux de terres et de sable que ses flots roulent à la mer. Parfois, à son embouchure, il monte de dix mètres, inondant le bas pays à cent kilomètres de distance, immense nappe d'eau d'où surgissent, ainsi que des îles, les villages semés sur les collines.

Au long de son cours se déroulent les sites les plus beaux, les plus pittoresques. Par la large porte qu'il s'ouvre dans l'Océan et qu'élargit encore le Brahmapoutra, s'engouffrent, venant du large, les cyclones indiens dont la terrifiante grandeur a laissé dans l'imagination hindoue une indélébile empreinte. Ils sont autres, mais plus redoutables encore dans le delta du Gange que dans les Ghâts, dans l'Hindoustan que sur les plateaux du Dekkan. Se levant à l'horizon, muets et sombres dans un ciel cuivré, ils avancent lentement. La large tache s'étend, noire, enveloppant tout d'épaisses ténèbres. Aucun éclair ne traverse cette couche impénétrable, au-dessus de laquelle gronde l'incessant roulement du tonnerre. La pesante muraille rase le sol, heurtant les collines, et, par la brèche ouverte dans la masse compacte, déverse ses cataractes. Il semble qu'un fleuve aérien, vaste et profond, ainsi que le Gange, s'épanche du ciel et que la muraille se fonde en eau.

Elle passe, fouettée par l'ouragan, déchiquetée en lambeaux. C'est Agni, dieu de l'orage, vainqueur de Vrita et d'Ahi, dieux de la sécheresse. Fléau bienfaisant, Agni, sur la terre desséchée par les rayons du soleil, fait surgir la végétation et, sous l'épaisse couche grise d'un sol réduit en cendres, va vivifier les germes, éveiller le renouveau et couvrir d'une herbe épaisse la plaine calcinée. Fléau qui terrifie l'homme et l'animal éperdus, qui, sur le fleuve débordé, entraîne et rejette dans les terres les embarcations brisées, refoulant vers leurs sources les eaux grossies. Fléau dans lequel l'Hindou a vu l'effet d'une irrésistible puissance, d'une surnaturelle manifestation, d'une volonté aux fins intelligentes, par lui sacrée divine.

Cette région du delta, région indécise qui n'est ni la terre ni la mer, qui a sa végétation propre et que l'Océan inonde, ne mesure pas moins de 20,000 kilomètres carrés et présente, sur la mer, une façade de 200 kilomètres de longueur. Entre des

îles basses et marécageuses courent d'innombrables canaux d'une eau jaune et croupis-
sante. De la jungle épaisse surgissent les cocotiers élancés. Des myriades d'êtres vivants
peuplent cette solitude : la grande cigogne noire, l'adjudant ou arghelah, l'ibis, le
héron pêchent au long des rives, les canards brahmnis et les petits plongeurs couvrent
les eaux, dans lesquelles les crocodiles abondent.

Ils sont tellement nombreux que les indigènes qui campent sur les bords entourent
d'une estacade de pieux l'endroit où ils vont puiser l'eau ou laver leurs vêtements.
Précaution insuffisante, car maintes fois le crocodile réussit à s'introduire dans cette
enceinte, à saisir les femmes ou les enfants et à les entraîner dans le fleuve. Chaque
année ils prélèvent ainsi un sanglant tribu sur les villages de pêcheurs.

Non moins redoutables les tigres qui gîtent dans les jungles impénétrables. Nageurs
intrépides, ils franchissent les canaux et viennent, en troupes affamées, assiéger les
riverains. En 1862, ils attaquèrent ainsi et dévorèrent les employés de la station
télégraphique de l'île de Sangor. Entre les tigres [et l'Hindou la lutte est incessante.
Il n'est sorte de pièges ingénieux que l'Hindou n'invente pour détruire son ennemi.
Le plus efficace consiste en un appât dans un nœud coulant, attaché à un arbre jeune
et flexible qui, se redressant, emporte le tigre avec lui, pendu à ses branches. Les
Anglais ont distribué aux indigènes de la strychnine, et beaucoup de ces félins ont été
détruits par le poison, mais sans qu'on puisse encore constater une diminution appré-
ciable dans leur nombre.

Aussi dangereuse que les crocodiles et les tigres est la fièvre du Bengale ou fièvre
des jungles, qui, de ces terres marécageuses, remontant le cours des fleuves, envahit
tout le bas Bengale. Le choléra est également endémique dans cette région, que
recouvraient autrefois des centaines de milliers de cadavres confiés aux flots du Gange,
pieusement repoussés dans le courant par les riverains, et qui venaient échouer et
pourrir dans ce gigantesque estuaire. La quantité en a diminué, mais toutes les prescriptions des Anglais sont souvent encore impuissantes contre la foi religieuse des populations et leurs traditions, qui font du Gange sacré le lieu de sépulture de l'Hindou
croyant. Attaché sur une planche, avec une veilleuse brûlant aux pieds, le cadavre
descend, emporté par le courant, suivi des regards amis qui le confient à l'onde sainte.
Onde précieuse entre toutes, que les pèlerins colportent et vendent cher aux riches
Hindous de l'intérieur qui se purifient à son contact. Le nom seul du Gange, prononcé
avec vénération, suffit à effacer tous les péchés commis.

Peu de fleuves ont une navigation comparable à celle du Gange, peu voient affluer
sur leurs rives et sur leurs eaux autant d'êtres humains. En Chine seulement, au long
du Hoang-Ho et du Yang-tsé-Kiang, nous retrouverons une population aussi dense, un
trafic aussi considérable, bien que la construction des voies ferrées ait de beaucoup
diminué celui du fleuve indien.

Bengalis et Santals, Parsis et Dhanghars ou montagnards, Hindous et mahométans
peuplent cette vaste plaine du Gange, dont les deux grandes capitales sont, au nord
Delhi, au sud Calcutta. La Djamna, courant du nord-ouest au sud-est, la coupe en deux
parties. C'est dans les plaines de la Djamna que se sont, à maintes reprises, jouées les

destinées du nord du Bengale. Timour, Baber et Akbar y triomphèrent, Nadir-Chah et Ahmed-Chah y furent victorieux.

Au nord, Delhi. Ses pieds baignent dans les eaux troubles de la Djamna ; ville historique, l'une des plus anciennes du monde, ville mystérieuse et sombre, aux souvenirs sinistres et menaçants. Quatre fois sous ses murs s'est décidé le sort de l'Hindoustan, et c'est dans ses murs, où coula à flots le sang anglais, que le vice-roi de l'Inde, dans tout l'éclat d'une pompe orientale, escorté des princes vassaux, proclama impératrice des Indes Victoria, « reine d'Angleterre, d'Écosse et d'Irlande, défenseur de la foi ».

Sur les ruines des cinq cités qui l'ont précédée, Delhi, la ville moderne, dresse, au point de rencontre des grandes voies historiques de l'Inde, entre Calcutta, Péchaver et Bombay, son gigantesque palais ; sa mosquée, chef-d'œuvre d'architecture de l'Hindoustan, son fort, qu'entourent de hautes murailles crénelées, d'un rouge sombre. Du dédale de ruelles qui en couvraient les approches, il ne reste plus rien, le gouvernement anglais les a fait raser. Sur le haut de ces murailles, les tourelles et les kiosques aériens se découpent sur le ciel. Pas un pouce de terre ici qui n'ait bu du sang.

Près de l'enceinte orientale du fort, le Divan-I-Kas surplombe la rivière. Sur six rangées de colonnes reposent les arceaux de cette vaste salle d'audience, longue de 114 mètres, et dont la nef majestueuse frappe d'admiration. L'empereur Chah-Jehan y donnait ses réceptions particulières. Un immense paravent de marbre, sculpté et ajouré, permettait à l'impératrice, suivie de ses dames d'honneur, d'assister, invisible, à l'audience. Au centre, un bloc de marbre, le socle du fameux « trône des paons », dont le dossier était formé de deux queues de paons incrustées de pierres précieuses d'une fabuleuse richesse.

L'extrémité de la salle aboutit à un kiosque dominant le cours de la Djamna et l'horizon lointain : une mer de sable où affleurent des rochers. Delhi est la porte de l'Inde ouverte sur la steppe.

Près de Divan-I-Kas : la mosquée des Perles, toute en marbre blanc, surmontée de ses trois coupoles étagées ; puis Jama Merzid, la grande mosquée, œuvre merveilleuse des artistes d'Aureng-Zeb, le grand empereur.

A l'intérieur, Delhi porte partout les traces de la rébellion qui faillit, en 1857, noyer l'empire anglais dans le sang. Nous en retrouverons les souvenirs et les traces à Cawnpore, à Lucknow, et succinctement raconterons ce terrible soulèvement. En dehors de ses murs, Delhi offre l'aspect d'une vaste nécropole : Les ruines de l'art hindou depuis deux mille ans y sont entassées : les fragments du palais de Férozabad et les débris d'Indourpout, les mosquées et les colonnades de Koutab, puis la tour de la Victoire, faisceau de colonnes de cinq étages et de soixante-douze mètres de hauteur, dominant la plaine historique où surgirent et périrent des cités, où se déroula la sombre et tragique histoire de Delhi. Près de la tour de la Victoire se trouve le tombeau de l'empereur Hamayoum. Là s'était réfugié, pendant le siège des Anglais, le dernier roi de Delhi, réduit à capituler devant l'assaut furieux des soldats ivres de colère, impatients de venger les cruautés commises sur des femmes et des enfants sans défense.

TYPES POPULAIRES DE L'INDE.

« Delhi, écrivait le baron de Hubner, Delhi barbare, raffiné, héroïque ; forteresse, mosquée et plaine. Forteresse où, à travers des siècles de faits glorieux et de forfaits, de trames ténébreuses et de tragédies intimes, les grandes figures de tes empereurs se sont transmis le pouvoir. Une mosquée, la grande mosquée, Jama Merjid ; symbole majestueux du croissant dont, moins heureuse que Vienne, tu n'as pas su arrêter les conquêtes. Une plaine abreuvée de sang, théâtre de luttes qui, plus d'une fois, ont décidé du sort de millions d'êtres humains. Voilà ce que tu étais. Voici ce que tu es : un miroir brisé qui reflète les destinées de l'Inde. »

Au sud de Delhi apparaissent des villes populeuses et commerçantes : Baran, Sikandarabad, Khourdja, Mouttra, l'un des centres bouddistes, « la cité des dieux », près de laquelle naquit Krichna, le patron des bergers ; Brindaban et la cité des merveilles, Agra, où mourut Timour, le Tamerlan, qui fit trembler l'Europe et qui conquit l'Asie, toujours en marche, d'Azov aux Indes, des Indes à la Chine, de la Chine à l'Asie Mineure, tout boiteux et manchot qu'il fût.

Ce furent de rudes hommes et de grands souverains, ces conquérants mongols, et, sur ce sol de l'Inde, ils ont laissé une forte empreinte. Partout on y retrouve leurs traces : dans le souvenir des peuples comme dans leurs cités vivantes encore où ils ont prodigué des merveilles d'art, à Delhi comme à Agra.

Vaste, animée, commerçante, Agra est surtout célèbre par ses tombeaux, par son Taj-Mahal, monument unique au monde. Plus qu'aucune autre, cette race a le culte des morts ; moins qu'aucune autre elle appréhende la mort. Hindous ou Mongols mahométans, ils l'ont sans cesse sous les yeux et, avec elle familiarisés, ils l'attendent sans crainte. Au centre de leurs jardins ombragés se dresse le mausolée où dormira un jour le propriétaire de ce beau site. Sa tombe est là, béante, dans ce bosquet circulaire et fleuri, lieu de réunion de sa famille, lieu de plaisance où, le soir, à l'air frais et parfumé, il devise avec ses amis. Rien qui l'attriste, nulle idée lugubre qui l'assiège ; cette tombe, c'est le lit où il dormira, le repos après l'agitation de la vie ; le calme succédant aux soucis. Ces parois de marbre, cette coupole soutenue par de légères colonnettes à jamais l'abriteront des ardents rayons du soleil ; nul bruit n'interrompra son sommeil.

Autour de ces villes hindoues, les tombeaux s'étendent au loin, semés dans la plaine, profilant sur la verdure des champs ou sur le bleu du ciel leurs sveltes colonnades, mais de tous ces tombeaux nul ne saurait se comparer au Taj-Mahal.

Le chah Jehan le fit édifier, pour porter aux âges à venir le témoignage de l'impérissable amour que lui avait inspiré sa femme, l'impératrice Mahal, morte en donnant le jour à la princesse Jehanasa. C'était, dit l'histoire, une femme d'une merveilleuse beauté, d'un grand cœur et d'une grande intelligence. Décidé à lui élever un monument tel que jamais encore on n'en avait vu, l'empereur convia tous les artistes de l'Asie à lui soumettre leurs projets, quelle qu'en pût être la dépense. Entre tous il choisit celui d'Iça Mahomet, lui donna vingt années pour l'achever, vingt mille ouvriers et tout l'or dont il aurait besoin. Commencé en 1630, le monument fut achevé en 1647. Du Rajpoutana on fit venir cent quarante mille chariots de grès rose et de marbres ; du

Pendjab le jaspe, du Thibet les turquoises, de l'Yémen les agates, de Broach les cornalines. On demanda à Ceylan le lapis lazuli, à l'Arabie le corail, au Bundalcund ses grenats, à Pannah ses diamants, l'onyx à la Perse, les saphirs à Colombo.

De ces matériaux mis en œuvre par un incomparable artiste est née cette merveille des merveilles, le Taj-Mahal, « le mausolée de l'impératrice Mahal ».

Sur les bords de la Djamna, à soixante mètres au-dessus du niveau du fleuve, une porte monumentale en ogive donne accès sur la cour d'entrée entourée d'un cloître formant caravansérail pour les voyageurs. Sur la façade en grès rose relevée de bandes de marbre blanc, sur les tympans de l'arche centrale se détachent des mosaïques d'agate et d'onyx. Le cloître franchi, s'ouvre une large allée pavée de dalles et bordée d'énormes cyprès. A l'extrémité, une montagne de marbre d'une surnaturelle blancheur se détache, éblouissante, dans un cadre de verdure sombre.

L'effet est puissant; à mesure que l'on avance il grandit. Sur une plate-forme de grès rouge de 330 mètres de longueur sur 110 de largeur se dresse une terrasse de marbre formant piédestal au monument. A chaque angle un minaret de marbre s'élance à 50 mètres au-dessus des dalles. Le mausolée est octogone, avec un sommet en terrasses d'où s'élève, au centre, un dôme majestueux.

On peut décrire le monument, non rendre l'indescriptible effet de ce gigantesque édifice de marbre blanc, sans une tache, sans un défaut, dont les tons s'harmonisent au point que l'œil ne perçoit ni jointures ni raccords. Il semble, ainsi que le disait l'évêque Héber, que des Titans aient dressé ce mausolée et que des orfèvres l'aient achevé.

« N'y eût-il que le Taj à voir dans l'Inde, s'écriait un écrivain anglais, ce serait, pour un architecte ou un artiste, une ample compensation à la longueur du voyage; car il n'est pas de plume qui puisse rendre justice à son incomparable beauté, à son étonnante grandeur. »

A l'intérieur, la magnificence redouble. Sur la voûte, sur les parois et sur les tombes : des mosaïques de pierres précieuses, oiseaux, fruits et fleurs. Un pourtour de marbre blanc, merveilleusement sculpté et ajouré, encadre les mausolées de Mahal et de l'empereur qu'éclaire, venant de haut, le jour filtrant au travers d'étroites fenêtres. Sous la haute coupole, le bruit des pas éveille un écho d'une sonorité lointaine; il ajoute encore à l'impression qui se dégage des proportions grandioses du monument, du contraste entre ce luxe asiatique et la poussière qu'il recouvre.

En dehors d'Agra, d'autres tombes : celle d'Akbar, palais en grès rouge encadré de verdure, de minarets et de kiosques. Dans l'ouest : Fatchpour, « la ville de la Victoire », dont Akbar fit, un temps, la capitale de son empire; puis, au long de la Djamna : Kalpi, Hamirpour, Badjapour, Banda, Kanodj, autrefois capitale d'un royaume aryen, riche et puissante, aujourd'hui déchue, depuis que le Gange capricieux a creusé son lit à sept kilomètres plus à l'ouest, et que Cawnpore sa voisine est devenue l'une des principales cités de l'Inde.

Assise sur la rive droite du Gange, Cawnpore est une ville relativement moderne; son nom reste inscrit à jamais dans l'histoire de l'Asie, accolé à celui de Nana Sahib, voué à l'exécration humaine. Lorsqu'éclata, en juin 1857, la terrible insurrection des cipayes, soldats indigènes à la solde de l'Angleterre, qui faillit anéantir à jamais la domination britannique dans l'Inde, sir Hugh Wheeler commandait le détachement cantonné à Cawnpore. Rien ne faisait prévoir la redoutable explosion, et Nana Sahib, fils adoptif du rajah de Pounah, pensionné par la Compagnie des Indes, mettait à son service l'influence qu'il possédait sur les Hindous. Retiré dans son palais, à douze milles de Cawnpore, il prodiguait en toutes circonstances, à sir Hugh Wheeler, les assurances de son entier dévouement.

Au signal donné, l'insurrection éclatait à Delhi, Cawnpore, Lucknow, dans l'Inde entière où les troupes anglaises submergées, isolées, se cantonnèrent dans les places fortes, attendant la mort ou des renforts qui, vu la distance de la métropole, devaient longtemps tarder. Réfugié dans la citadelle de Cawnpore, avec soixante hommes et quatre cents femmes et enfants, sir Hugh Wheeler invoqua l'aide de Nana Sahib, mais n'en reçut aucune réponse. Décidé à vendre chèrement sa vie et celle de ses soldats, à défendre jusqu'au bout le poste confié à ses soins et les femmes anglaises qui s'y étaient réfugiées, le chef de la garnison repoussa les assauts des rebelles. Le fort de Cawnpore pouvait tenir quelque temps mais était hors d'état de résister à l'artillerie. Les révoltés n'en possédaient pas. Nana Sahib leur en fournit et se mit à leur tête.

Les vivres s'épuisaient. Il n'en restait, plus que pour deux jours quand sir Hugh Wheeler, voyant approcher l'heure d'une capitulation inévitable, se résolut à tenter une sortie et à gagner, si possible, Allahabad. A la tête de sa garnison durement éprouvée par d'incessants combats et le rationnement des vivres, suivi de son triste cortège de femmes et d'enfants, sir Hugh Wheeler réussit à rompre les rangs des assiégeants, au travers desquels il fit une trouée sanglante, mais, au moment de franchir l'obstacle, il vint se heurter à un régiment de cipayes, accouru pour lui barrer la route. Impuissant, avec la poignée d'hommes qui lui restait, à pousser plus avant, il dut se replier sur Cawnpore. Un coup de feu l'abattit à la porte du fort.

Le lendemain, les survivants offrirent de capituler. Nana Sahib leur promit la vie sauve et des embarcations pour ramener les femmes et les enfants à Allahabad. Les embarcations allaient quitter la rive, laissant aux mains des révoltés le fort évacué, quand des décharges successives d'artillerie éclatèrent, tuant les soldats; les femmes furent ramenées à Cawnpore, au nombre de cent vingt-deux. Alors commença l'orgie sans nom qui se prolongea du 27 juin au 16 juillet et que suivit l'épouvantable massacre qui précéda l'entrée des Anglais. Outragées, découpées en morceaux, les malheureuses subirent les tortures les plus raffinées que puisse inventer l'imagination asiatique, et leurs membres, palpitants encore, furent jetés dans la citerne de leur prison. Un officier anglais qui, l'un des premiers, pénétra dans Cawnpore, a laissé un récit émouvant de ce qu'il vit.

« Aussitôt entrés dans le fort, nous n'eûmes qu'une pensée : sauver les malheureuses prisonnières que nous savions aux mains de l'odieux Nana Sahib. Une soif ardente de vengeance nous torturait à la pensée des horribles traitements qu'avaient dû endurer ces malheureuses victimes; d'étranges et féroces idées s'éveillaient en nous. A moitié fous, nous courions au lieu du martyre. Toutes avaient succombé. Le sang coagulé, mêlé à des débris sans nom, couvrait le sol de la chambre où elles étaient enfermées et nous montait jusqu'aux chevilles. De longues tresses de cheveux blonds et soyeux, des lambeaux de robes, de petits souliers d'enfants, des jouets brisés, gisaient dans cette mare de sang. Un petit livre de prières attira mon attention. Je le ramassai et, sur la première page, je lus : « 27 juin 1857, quitté les bateaux... 7 juillet, prisonnière « de Nana Sahib... fatale journée... » Mais ce n'étaient pas là les seules horreurs qui nous attendaient. Plus horrible encore était la vue du puits où gisaient les restes mutilés des victimes. »

Non moins tragique fut le drame de Lucknow, à peu de distance de Cawnpore, mais autre en fut le dénouement. Assiégé par toute une armée de cipayes révoltés, sir Henry Lawrence y avait sous ses ordres quinze cents soldats et, sous sa garde, plusieurs centaines de femmes et d'enfants. Son courage et la vaillance de ses hommes furent à la hauteur du péril. Derrière des retranchements improvisés à la hâte autour de la résidence, ils tinrent en échec pendant des mois les régiments de cipayes, marée montante d'hommes qui les enserrait. Sur les murs en ruines, sur les décombres incendiés par les obus, les balles pleuvaient. Réfugiés dans les souterrains, femmes et enfants attendaient le dénouement de cette lutte sans trève, décimés par le choléra et la faim. Un éclat d'obus emportait l'héroïque défenseur de cet amas de décombres, dès le 1er juillet ; le colonel Inglis prenait le commandement de la garnison, et les femmes éplorées le suppliaient, avant la reddition qui apparaissait inévitable, de les soustraire, par une mort prompte, aux tortures et aux outrages qui les attendaient.

Le 5 septembre, un assaut terrible faillit anéantir les derniers défenseurs de Lucknow. Sur le point le plus faible, huit mille cipayes concentraient leurs feux et s'avançaient en bon ordre. On dut lutter corps à corps ; l'énergie européenne l'emporta. Cette fois encore on repoussa l'ennemi, mais les jours étaient comptés, et la garnison, encombrée de blessés et de mourants, ne se soutenait plus que par l'énergie du désespoir.

Le courage des femmes ne fut pas moindre que celui des hommes. De tous les récits du drame final, le plus émouvant est encore celui qu'a laissé l'une d'elles :

« Nous n'avions plus en perspective que la mort ; plus d'espoir ; encore vingt-quatre heures et tout serait fini, nos défenseurs l'avouaient. Nous nous encouragions mutuellement et, de notre mieux, nous nous acquittions encore de notre tâche, portant les ordres aux batteries, les vivres aux hommes, nuit et jour préparant du café pour subvenir à l'insuffisance de la nourriture. Je faisais comme mes compagnes, toujours suivie de Jessie, femme d'un caporal du régiment de mon mari. Jessie déclinait visiblement ; depuis plusieurs jours, la fièvre la minait et parfois le délire la prenait, mais Jessie m'était attachée et ne me quittait pas. Je l'aimais aussi et, la voyant épuisée par la fièvre, je m'accroupis derrière une casemate et mis sa tête sur mes genoux. Elle s'endormit en murmurant, dans son délire : « Vous me réveillerez quand père reviendra des champs ». Immobile et fatiguée, je finis par m'assoupir aussi au grondement monotone du canon.

« Un cri qui me hante encore me réveilla en sursaut. Debout, devant moi, Jessie, transfigurée, immobile, écoutait quelque chose au loin que je n'entendais pas. — « Entendez-vous, entendez-vous? Je ne rêve pas, je n'ai pas le délire. Écoutez... « là-bas, là-bas... — Quoi donc?... » Elle étendit la main vers l'horizon. — « Là-bas... « la fanfare des Écossais... Sauvées, nous sommes sauvées. » Je prêtais l'oreille : rien que le tonnerre de l'artillerie, l'incessante mousqueterie... Brusquement, Jessie courut en avant, vers les soldats, sous une pluie de balles. — « Courage, amis, courage... ils « arrivent... les Écossais arrivent... Sauvés, mon Dieu ! » L'effet de ces quelques mots, je ne saurais le décrire. Instantanément le feu cessa, chacun écoutait, l'oreille tendue, puis un sourd murmure de désappointement courut dans les rangs. — « Elle est folle », disaient-ils. — « Folle, non, non... la fanfare a cessé, mais les Campbells approchent... »

Ils approchaient, en effet ; la fanfare éclatait dans l'air, fanfare ardente, impatiente, enlevant les bataillons à la tête desquels marchait le héros de la guerre indienne, Havelock l'intrépide. Débloquer Lucknow, il ne le pouvait pas, mais il savait quel avait été le sort des martyrs de Cawnpore ; il accourait se jeter dans Lucknow, et, à ses soldats, ne donna qu'un ordre : « En avant ! allons combattre ou mourir avec eux ». La trombe humaine passa, irrésistible, trouant comme un boulet les rangs serrés des cipayes, apportant aux défenseurs de Lucknow un renfort inespéré, un convoi de vivres, et l'assurance que sir Colin Campbell accourait à leur secours.

Au milieu de novembre il arrivait enfin, écrasant dans son formidable élan contre les murs de la ville, quatre-vingt mille Hindous abrités derrière cent pièces d'artillerie, débloquant Lucknow. On sait les épouvantables représailles qui noyèrent dans le sang la rébellion indienne, les cipayes enchaînés à la gueule des canons semant dans l'air des débris humains, les exécutions rapides et sommaires. L'Angleterre a la main lourde ; sa cruauté froide a fait passer sur l'Europe un frémissement d'indignation, sur l'Inde une salutaire terreur. La répression fut atroce, mais non moins atroces avaient été les tortures infligées, les outrages prodigués à des êtres sans défense.

A l'effroyable explosion, aux boucheries et aux massacres, le calme a succédé. Cawnpore est l'une des plus commerçantes cités de l'Inde ; Lucknow, décor asiatique et trompeur, apparaît splendide, au milieu de ses campagnes surnommées le jardin de l'Inde. De près elle n'offre à l'œil qu'une architecture d'apparat, d'un style composite et sans caractère.

C'est à un simple soldat français que Lucknow en est redevable. Il avait nom Claude Martin, ou Martine, était né à Lyon d'une famille pauvre, s'engagea comme soldat et fut envoyé avec son régiment rejoindre, en 1760, l'armée de Lally à Pondichéry. Non sans peine il parvint au grade de caporal, mais ne put monter plus haut. Dégoûté du service, il gagna la cour du roi d'Aoûdh qui le fit capitaine dans son armée. Comment devint-il commandant en chef et favori? On l'ignore. On sait seulement qu'il était féru d'architecture et qu'il décida son maître à dépenser des sommes énormes pour l'embellissement de Lucknow. On sait aussi qu'il fit une immense fortune qu'il consacra à fonder à Calcutta, à Chandernagor, à Lucknow et à Lyon, sa ville natale, des écoles connues sous le nom de « La Martinière ».

Au sud-ouest de Cawnpore et de Lucknow, au confluent des deux rivières saintes, la Djamna et le Gange : Allahabad, « la cité de Dieu », rendez-vous des pèlerins hindous qui campent sur les rives des deux fleuves. C'est là qu'ils se réunissent pour la « grande purification », accourant parfois de cinq ou six cents lieues de distance, vêtus, riches ou pauvres, d'un costume uniforme. On les a vus, réunis sur ce point, au nombre de plus de deux cent mille. Les Anglais ont fait d'Allahabad un camp retranché important ; ils y ont établi un collège central pour les provinces du nord-ouest.

En descendant le cours du Gange, on rencontre ensuite Mirzapour, pittoresquement située sur la berge où aboutissent ses larges escaliers que dominent temples et palais richement sculptés, puis Bénarès, la ville sainte entre toutes, qu'il suffit d'apercevoir pour être purifié de toutes ses fautes passées.

Bénarès, l'antique Varanasi, fut, de tout temps, la cité des sanctuaires ; Çakya Mouni y prêcha sa doctrine et, huit cents ans durant, Bénarès fut le centre du bouddhisme. Au ve siècle de notre ère, elle revint à la foi des Hindous. Sur la rive gauche du Gange, la ville sacrée étage ses temples et ses palais, palais de presque tous les princes indiens, entre lesquels celui du Népal se détache par son architecture chinoise. La mosquée d'Aureng-Zeb les domine tous de ses hauts minarets. « Heureux l'Hindou qui peut, au lever du jour, purifier son corps dans l'onde sacrée, plus heureux celui dont le cadavre sera consumé sur les bûchers de Bénarès. »

Ils brûlent, au pied du Manmenka Ghât, sur le quai, d'où monte, épaisse et fétide, une colonne de fumée qu'illuminent de brusques lueurs livides. A demi nus, les Hindous les avivent de leurs longues barres de fer et de l'huile qu'ils jettent sur le bois ; vêtus de blanc, les cadavres, préalablement lavés dans le Gange, disparaissent dans la fournaise, jetés sur ce monceau de cendres humaines, accumulées depuis des siècles. Autour, le sol est jonché d'ossements à demi calcinés et, en cercle, accroupis, de hideux mendiants implorent là pitié de ceux qui viennent brûler les corps de leurs proches.

Au long du fleuve se déploient les merveilleuses façades des palais et des temples. Les Ghâts célèbres, escaliers aux raides et larges gradins, descendent à la plage où grouille une foule humaine, hommes, femmes, enfants, baigneurs plongeant dans le Gange ; puis, montant et descendant le monumental escalier, des jeunes filles vêtues de rose ou de blanc, portant, comme les Canéphores antiques, sur leurs têtes fines, le vase où elles puisent l'eau, sveltes et gracieuses sous l'éclatante lumière, disparaissant comme des ombres dans les ruelles tortueuses.

Partout des temples, des pèlerins, des fakirs, des idoles ; idoles bouffies et somnolentes, fakirs aux cheveux hérissés, aux membres décharnés, immobiles et accroupis sous un ciel de feu, entourés d'un cercle de charbons d'où, pendant quarante jours, ils ne sortiront pas. Puis le temple d'or, Bihesvar ; derrière le temple, le puits sacré où les pèlerins jettent des fleurs et que remplit, dit-on, la sueur de Vichnou. Une odeur méphitique se dégage de ces fleurs en putréfaction dans l'eau stagnante. A l'extrémité de la ville le château de Ramnagar, « qu'aucun Anglais, dit Davidson, ne peut regarder sans rougir ».

Warren Hastings y vécut et de là pressura l'Inde. Jamais proconsul romain ne fut investi de pouvoirs plus étendus et n'en fit un plus odieux usage. Il gouvernait en maître absolu cinquante millions d'êtres humains qu'il exploitait à sa guise, entassant trésors sur trésors, enrichissant ses adhérents, pensionnant les membres du Conseil et la Compagnie des Indes dont il redoutait l'opposition, dédaigneux des ordres qu'on lui transmettait de Londres, grisé par l'or et la toute-puissance.

Sous sa serre de vautour, l'Inde agonisait; un soulèvement était à redouter. Malgré le silence imposé, les imprécations d'un peuple se firent entendre. Le Conseil suprême ordonna son rappel. Il dut partir, rentrer en Angleterre où l'attendait un procès qui dura douze ans. Il acheta ses juges, suborna les témoins et, dans sa splendide résidence des Daylesford, transporta les trésors entassés par lui dans le palais de Ramnagar.

Entre Bénarès aux quatorze cents temples et Calcutta, reine du Bengale, ville des palais, qui sommeille dans sa nonchalante magnificence sur les rives de l'Hougly, se trouve Patna, l'antique Palibothra, capitale des empereurs Mauryas. Il ne lui reste rien de sa grandeur passée; l'exubérante végétation envahit l'espace que l'homme cesse de lui disputer; les lianes couvrent les ruines et, sur les toitures effondrées, les palmiers déploient leur vert panache. C'est l'Inde tropicale, aux plantations de bétel et de pavots, aux vastes rizières encerclées de bananiers. Deux chemins de fer relient aujourd'hui Patna à Calcutta.

Les Hindous en font usage, acceptant avec leur placide indifférence et leur fatalisme résigné ces étonnants modes de locomotion qui ne leur arrachent ni une exclamation de surprise ni un cri d'admiration. Ces conquêtes de la civilisation moderne ne modifient en rien leurs habitudes non plus que leurs traditions. Ils en usent, et dans une proportion énorme, près de 97 0/0, mais sans paraître y attacher de prix; ils s'en abstiennent sans regrets, aussi peu soucieux d'économiser leur temps que curieux de nos découvertes. Près de Patna : Gaya, centre de quarante-cinq stations sacrées, ville de prêtres et de commerce, enrichie par le trafic du sucre plus encore que par les visites des pèlerins ; puis Monghyr, assise sur un promontoire dominant le Gange. Ici le fleuve mesure près de quatre kilomètres de largeur à l'époque des crues. Le mhowah abonde sur ses rives.

Providence de l'habitant de l'Inde centrale, le mhowah, au tronc majestueux, porte haut son épaisse ramure. Au mois de février, brusquement, en quelques heures, l'arbre se dépouille de son feuillage, révélant et étalant à l'extrémité de ses branches dénudées de larges grappes de fruits d'or qui, d'elles-mêmes, se détachent et tombent sur le vert tapis semé pour les recevoir. Dans le pays des Gounds, le fruit desséché, réduit en farine, pourvoit à la subsistance des indigènes. Les baies fermentées donnent un vin clair et léger, l'amande fournit l'huile, l'écorce une fibre excellente et le bois du mhowah est impénétrable aux insectes.

Les Gounds, les Bhils, les Mhairs et les Minas lui doivent leur subsistance, aussi est-ce à son ombre qu'ils célèbrent leurs fêtes, à ses branches qu'ils suspendent leurs offrandes, entre ses racines rugueuses qu'ils forment leurs cercles mystérieux. Le mhowah n'est pas moins utile à l'Hindou. Les Gounds le lui disputent et, pour éloigner ses ennemis, l'Hindou n'a d'autre ressource que d'envahir leurs terres et d'abattre leurs mhowahs. L'arbre mort, le Bhil et le Gound émigrent. On estime à 500,000 le nombre de ces arbres autour de Monghyr, et à 100,000 tonnes la récolte des fruits. Ils abondent près de Bhagalpour, sur la rive droite du fleuve, au seuil du pays des Santals.

Les tigres y sont nombreux aussi, moins que dans le Delta du Gange, mais inquiétants déjà pour les planteurs. Un tigre adulte tue et dévore, en moyenne, un bœuf ou l'équivalent tous les quatre ou cinq jours. Ces 60 ou 80 têtes de gros bétail qu'il détruit annuellement représentent une dîme de 15,000 francs, prélevée par chacun d'eux. Ce chiffre ne laisse pas que d'être énorme; il explique la terreur que cause à l'Hindou le voisinage du tigre, plus redoutable encore quand une fois il a goûté de la chair humaine. Peu de chasses offrent des péripéties aussi émouvantes. Le récit suivant, emprunté aux lettres sur l'Inde de M. J. Rousselet, en donnera une idée :

« Pendant la nuit, les tigres s'étaient approchés plusieurs fois de notre camp et nous avions pu entendre leur toux rauque. Au lever du jour, nous quittions notre tente et nous nous dirigions lentement vers le ravin. Le chikari et deux batteurs nous accompagnaient; M. M. H. et Schaumburg montaient un éléphant et moi l'autre; chacun de ces animaux était conduit par un cornac habitué à cette chasse.

« Nous étions partis de bonne heure, dans l'espoir de rencontrer un tigre hors de son repaire; mais quoique le sable de la nullah qui passe auprès du village et dont nous suivions le lit, portât de nombreuses empreintes toutes récentes, les tigres étaient déjà rentrés. Nous continuâmes donc notre route lentement vers le ravin; il fut décidé que je resterais avec le chikari d'un côté, tandis que M. H. contournerait la nullah, et, descendant du versant opposé, débusquerait les tigres.

« J'avais atteint à peine la limite du bois s'étendant le long du ravin lorsque j'aperçus à une distance de cent pas devant moi l'un des tigres, marchant d'un pas calme et mesuré. Je restai un moment en admiration devant le bel animal, qui ne manifestait aucune inquiétude et paraissait revenir repu et fatigué de son excursion nocturne. Au moment où, armant mon fusil, j'allais épauler, l'animal disparut derrière un buisson. Quelques minutes après, M. H. arrivait sur la crête opposée, et le tigre, l'ayant aperçu, sortit des broussailles et se dirigea en rampant, la queue basse, précisément vers moi. Je n'étais plus qu'à 60 mètres; le mettant en joue, je lui logeai une balle dans les côtes pendant que, ne m'ayant pas aperçu, il tournait la tête pour suivre les mouvements de mon compagnon. Poussant un terrible rugissement, il bondit sur lui-même et rentra dans le fourré.

« Mon cornac lança son éléphant en avant, et bientôt nous étions dans le lit du ravin. Je vis alors, à 200 mètres devant moi, le tigre fuyant vers le bois. M. H., qui avait suivi les mouvements, s'était porté en avant, et il l'arrêta d'un coup de fusil. Le tigre, blessé de nouveau, se voyant cerné, marcha droit à mon compagnon; son éléphant, épouvanté de cette attaque, fit volte-face et prit la fuite, mais la terrible bête l'eut bientôt rejoint et d'un seul bond s'accrocha à sa croupe. Un frisson me parcourut le corps; je crus mon ami perdu. Quelques mètres nous séparaient et mon mahout excitait de ses cris mon éléphant. M. H., tirant à bout portant dans la face du tigre, le fit

INTÉRIEUR D'UN PALAIS A DELHI.

rouler à terre. C'était une bête vraiment enragée, car, se relevant encore, elle se rua cette fois sur mon éléphant qui arrivait enfin sur la scène de l'action; mais, au moment où elle essayait de se cramponner à la jambe de ma monture, je lui brisai le dos d'une balle, et elle retomba expirante. Nous lui donnâmes chacun encore une balle, pour bien nous assurer de sa mort.

« Je descendis, fort ému, de mon éléphant, et j'allai serrer la main à mon ami, en le félicitant d'avoir soutenu avec tant de sang-froid le premier assaut du tigre, puis nous examinâmes notre victime. C'était un beau tigre royal, dans toute la force de l'âge; sa robe, d'une couleur orange, était zébrée de superbes rayures noires et blanches; il mesurait, du museau à l'extrémité de la queue, un peu plus de 3 mètres, ce qui est une taille moyenne pour un tigre adulte.

« La joie de nos éléphants se manifestait plus bruyamment encore que celle de nos gens; ces énormes bêtes venaient flairer le cadavre de leur ennemi mort, le retournaient avec leur trompe, puis poussaient des cris rauques accompagnés de véritables fanfares. »

En aval de Bhagalpour, le Gange, qui court de l'ouest à l'est, décrit une courbe et se dirige vers le sud, passant au long de Radjmahal que, plusieurs fois, dans son capricieux parcours, il a enrichie et ruinée, déplaçant son lit et roulant plus à l'est ses eaux. Plus bas, Mouchidabad, ancienne résidence des rois du Bengale, ville riche et populeuse. Robert Clive y entra après sa victoire de Plassey, étonné de ne rencontrer aucune résistance dans cette « cité aussi peuplée, aussi étendue et aussi riche que Londres, écrivait-il, avec cette différence toutefois que les grands négociants de Mouchidabad étaient bien autrement opulents que ceux de Londres. Si les habitants avaient voulu nous exterminer, ajoute-t-il, il leur eût suffi de s'armer de pierres et de bâtons ».

A sept lieues au nord de Calcutta : Chandernagor, comptoir français de 940 hectares, ville florissante autrefois, aujourd'hui délaissée, malgré sa situation pittoresque et son climat salubre. La voie ferrée qui, de Calcutta à Djarjeling au nord, à Bombay au sud-ouest, à Pachavar dans le nord-ouest, sillonne de son immense réseau de 23,000 kilomètres toute la péninsule, laisse Chandernagor de côté, par suite d'une fausse manœuvre de l'administration locale. Désireuse de construire aux environs de Chandernagor des villas d'été pour les riches résidents de Calcutta, la Compagnie des chemins de fer offrit d'établir un embranchement reliant Chandernagor à la voie centrale, moyennant la cession des terrains nécessaires à la gare et à la voie. Les prétentions que l'on éleva furent telles que le projet dut être abandonné. Il sera repris peut-être et, s'il aboutissait il rendrait à Chandernagor la vie qui lui manque et quelque peu de son ancienne importance.

Capitale de l'Empire Anglo-Indien, résidence du vice-roi, peuplée de près de 1,000,000 d'habitants, Calcutta, « la ville des Palais », est aussi la ville des contrastes, celle dont l'aspect étonne et impressionne l'Européen qui, par le golfe du Bengale, aborde l'Inde. D'une terre basse, demi-noyée, surgit d'abord une forêt de mâts; au delà : des tours, des dômes, des clochers, des colonnes, des résidences qu'entourent des jardins fleuris et des ombrages toujours verts, décor merveilleux et d'un grand effet. Le palais monumental du vice-roi déploie, au centre de la ville, la courbe bizarre de ses ailes construites en vue d'y concentrer le plus d'air et le plus de fraîcheur possible. Dans ses gigantesques proportions, dans son aspect somptueux se révèle la volonté de donner à l'Hindou une haute idée de la puissance et de la richesse du représentant de l'Impératrice des Indes. Le respect, chez l'Hindou, pénètre par les yeux. Les villas des hauts fonctionnaires et des princes-marchands, les cercles, les hôtels étalent leurs façades grandioses, les magasins leurs riches devantures, refoulant derrière eux la ville indigène, affirmant hautement la suprématie de l'Angleterre.

La vie est large; le climat l'exige. Elle est luxueuse; la politique le veut, et la *respectability* est à ce prix. Il faut aux fonctionnaires, sinon un palais, à tout le moins une riche villa, un monde de serviteurs, des équipages et des palanquins, les signes extérieurs du pouvoir et de l'opulence. A Londres, un ministre de la Reine se rend souvent à pied de son bureau à Parliament House; ici, il ne peut traverser la rue qu'en voiture, en grand apparat, et peu de fonctionnaires se risquent à se montrer autrement. L'Anglais semble avoir emprunté à l'Hindou son système de castes et d'étiquette. Nulle part la hiérarchie n'est plus savamment organisée, les rangs mieux marqués, la vie sociale plus étriquée.

En dépit du climat, on s'habille à Calcutta comme à Londres, on y vit comme à Londres; les réceptions, les dîners, les soirées y sont réglés par le même cérémonial, par la même minutieuse étiquette. Sur le Strand, longeant la rive du fleuve, l'après-midi, à l'heure fixée par la mode, les luxueux équipages défilent et se croisent, ainsi qu'à Hyde-Park. Les belles de Calcutta y étalent leurs toilettes élégantes, les riches marchands leurs attelages, le monde officiel y parade, les princes indiens s'y montrent dans tout l'éclat de leur pompe asiatique, foule bizarre où les types les plus divers se coudoient, se saluent, se critiquent, dans un cadre merveilleux de beauté, sous ce ciel de l'Inde resplendissant de lumière et de lourde chaleur.

Aux rayons obliques du soleil couchant, le fleuve miroite. Haut comme un homme, l'Arghilah, ou l'Adjudant, l'oiseau préposé à la voirie de la ville, juché sur ses hautes pattes, la tête chauve et galeuse, de ses yeux perçants, guette les immondices que charrie le Gange. Dans les rues, il circule, majestueux, sans crainte, au milieu de la foule; la loi le protège, nul ne le moleste; rien n'échappe à son regard, ne résiste à son bec d'acier. Des milliers de vautours, de buses, de milans, l'aident à maintenir la propreté dans la ville, mais il n'a que faire d'eux et son estomac vorace est à la hauteur de la tâche.

L'été, Calcutta se vide. Le gouvernement émigre. Le vice-roi, sa cour, son état-major et ses chefs de départements partent pour Simla; les autres pour Djarjeling, sur les pentes des montagnes du Bhoutan, chercher un air plus salubre, une température plus fraîche. Seuls, les juges que leurs fonctions retiennent, les employés subalternes et les négociants restent, mais leurs familles suivent le courant. C'est la saison des chaleurs accablantes, des redoutables ouragans. En un instant ils se lèvent à l'horizon, voilant le ciel pur d'un nuage grisâtre, courant au long du sol qu'ils rasent et balaient soulevant sur leur passage une aveuglante poussière. Les oscillations du baromètre les ont devancés, l'éveil est donné. Dans le port les câbles des navires sont doublés, les mâts dépassés, les voiles carguées. Dans la ville, portes et fenêtres se ferment. A l'approche de l'ouragan tout se fait petit. Il passe irrésistible, trombe de vent qui ébranle les maisons, déluge de pluie qui inonde le sol, éclats retentissants de la foudre, éclairs aveuglants ; puis le vent tombe, le nuage fuit au loin dans la plaine du Bengale, et le soleil ardent reparaît, pompant l'humidité, disputant l'eau au sol altéré.

Calcutta est le centre de l'administration. Ici se discutent et se décident les questions importantes, d'ici partent les ordres qui impriment le mouvement à l'Empire ; mécanisme merveilleux de simplicité et de souplesse et qui, jusqu'ici, a pourvu à tout. Au sommet de la hiérarchie, le vice-roi, d'ordinaire grand seigneur et homme politique, riche et largement rétribué, possédant non des aptitudes spéciales, mais des vues d'ensemble ; homme de gouvernement, impartial, sans idées préconçues ou absolues, sachant représenter et en imposer. Il le faut, car il traite avec quatre cent soixante princes souverains ou feudataires. A ses côtés, le conseil suprême, vrai conseil des ministres, composé de six membres et du général commandant en chef. Puis un conseil législatif, à la nomination de la Couronne, mais dont la moitié au moins des douze membres doit être prise parmi la population non officielle.

Gouvernement autoritaire, comme tout gouvernement fondé sur la conquête ; gouvernement fait de pièces et de morceaux, sans souci d'une logique inapplicable à des races d'origine, de religion et de traditions différentes. L'antithèse est frappante entre la conception anglaise et la conception hindoue du gouvernement. L'Anglais, en tant qu'Européen, et plus qu'aucun Européen, estime que le gouvernement est fait pour le peuple et par le peuple ; l'Hindou, de longue date façonné à l'obéissance servile, estime que les peuples sont faits par les gouvernements et pour eux. La concussion comme moyen, la richesse comme but, lui apparaissent comme le dernier mot de l'ordre politique. Sa longue histoire ne lui a pas laissé entrevoir d'autre idéal du fonctionnarisme, et, sous ses princes indigènes, cet idéal prévaut encore, nonobstant les efforts faits pour modifier les mœurs. Quand le Rajah de Travancore voulut faire édifier un modeste bungalow de 10,000 roupies, l'entrepreneur hindou qui s'en était chargé vint le trouver, dit-on, pour le prier de résilier son contrat. Il lui exposa que le coût de la construction ne dépasserait pas 500 roupies, mais que sur les 9,500 d'excédent son ministre en exigeait 5,000, son secrétaire 1,000, les employés 2,000, sa favorite 1,000, le commandant en chef 500 et que, tout compte fait, il ne lui resterait rien.

Cette anecdote, plus ou moins apocryphe, montre les difficultés auxquelles se heurte l'administration centrale, explique les résistances qu'elle oppose au grand courant d'opinion qui réclame qu'une part plus large soit faite dans les emplois publics aux Hindous. Et ce courant, lui-même, n'est pas aussi désintéressé qu'on le pourrait croire. Il est la résultante de l'impulsion donnée, dans l'Inde, à l'instruction publique. Les nombreuses écoles créées par le gouvernement, les collèges édifiés et dotés par lui, ont amené à la vie intellectuelle une génération nouvelle, éveillé en elle des idées d'ambition qui, pour beaucoup, ne vont pas au delà d'un modeste emploi, mais qui,

chez quelques-uns; plus hardis, plus impatients, se traduisent par un désir d'autonomie, par un rêve, vague encore, de vie nationale, d'empire indien se gouvernant
librement.

C'est le levain qui fait fermenter la pâte. Chaque jour le nombre de ces jeunes
lettrés, des *Babous*, s'accroît. Il est trop tard pour enrayer le mouvement, supprimer
les écoles et les universités et revenir en arrière. Aussi n'y songe-t-on pas. On s'efforce
au contraire, en élargissant l'horizon, en étendant le domaine des connaissances
acquises, de faire toucher du doigt, aux plus intelligents, les avantages de la domination anglaise, de la *pax britannica* par elle imposée à l'Inde. Mais de telles considérations ne sont accessibles qu'à un petit nombre. Pour le plus grand nombre, la
future nation indienne est en voie de formation : encore quelques années, pensent-ils,
et elle saura s'administrer elle-même.

On en peut douter, mais ce qui n'est pas douteux, c'est l'inévitable conflit. L'étonnant tour de force réalisé par l'Angleterre, le gouvernement d'un vaste empire par une
poignée de fonctionnaires et de soldats, ne comporte ni discussion ni échec. Il ne
s'explique, comme il ne se maintient, que par le prestige, et le jour où le prestige lui
ferait défaut, de lui-même, par son propre poids, l'empire croulerait.

Nous avons décrit le bassin de l'Indus et celui du Gange. Avant d'aborder l'Inde
occidentale, il nous reste à parcourir le bassin du Brahmapoutra, la province d'Assam,
et, par la région centrale, gagner le golfe de Cambay.

Cheminant parallèlement à la base de l'Himalaya Oriental, le Brahmapoutra court à
la rencontre du Gange, grossi par les pluies exceptionnellement abondantes de l'Assam,
dont la flore est la plus riche de l'Inde. Autour de sa source, au nord, à l'est et à
l'ouest, s'étend une terre inconnue, jusqu'à ce jour inexplorée, montueuse et semée de
pics élevés. Près de sa source même il est alimenté par deux rivières : le Lohit et le
Dihong ; il débouche dans la plaine aux monts Garro. Cette province d'Assam, qu'il
arrose et dont il reçoit les eaux, a longtemps réussi à se soustraire au joug de l'Angleterre. Elle ne le subit que depuis peu d'années : joug nominal qui se borne au
paiement de l'impôt. Autant que l'on en peut juger, les Garros sont d'origine tibétaine,
excellents cultivateurs, nomades par tradition, défrichant et cultivant leurs champs, les
exploitant deux ou trois ans, puis laissant la terre se reposer en jachère et se transportant ailleurs.

Race étonnamment réfractaire aux influences extérieures et qui garde encore ses
coutumes singulières, entre autres le *matriarcat*, nom qu'ils donnent à leurs clans.
La femme en est le chef. Jeune fille, c'est elle qui fait les avances, choisit son époux,
le fait enlever et se le fait amener. A partir de ce jour il appartient à la *matriarcat*. Le
fils n'hérite pas, mais bien le fils de la sœur qui, du même coup, hérite aussi de la veuve
et devient son époux, fût-elle la mère de sa propre femme. Mais si la femme est chef,
elle ne gouverne pas. Le groupe des *matriarcats*, ou maternités, uniquement représenté par elles, choisit un chef, un « Laskar », qui, lui, gouverne et administre.

Auprès des Garros, et en bonne intelligence avec eux, vivent les Khasia, forts et vigoureux, gais et braves, chevaleresques à leur façon. Longtemps en guerre avec les Anglais, n'ayant à opposer aux armes à feu que leurs flèches, ils n'ont jamais voulu faire usage des flèches empoisonnées dont ils n'estiment devoir se servir que contre les fauves. Puis les Naga, ou les « Nus », plus connus sous le nom d'Angami, « les invaincus ». L'Anglais n'a pu les soumettre, mais ce que la force n'a pu faire, l'intérêt le fera. Les Naga louent leurs services aux planteurs de thé qui apprécient leurs qualités de travailleurs et, à ce contact, les Naga abdiquent peu à peu leur indépendance farouche.

Plus au nord, entre le Brahmapoutra et le Monas, vit la grande tribu des Bodo, nomades comme les Garros, comme eux cultivateurs vagabonds, n'attachant aucun prix à la propriété qui enchaîne l'homme au sol, louant la terre, payant en produits, puis émigrant ailleurs. S'ils n'ont pas, comme les Garros, l'institution du matriarcat, ils professent pour la femme le plus grand respect. Quant à leur culte religieux, il est des plus simples : ils invoquent les montagnes et les fleuves, les étoiles et les forêts et vénèrent le *Sidj*, variété de l'Euphorbe au suc laiteux.

Par les seuils des collines du Brahmapoutra, les Indo-Chinois ont pénétré dans l'Assam, mais ils sont peu nombreux et fondus avec les autres races. Toutes ces tribus, avons-nous dit, sont d'humeur indépendante, d'instinct elles sont agricoles et leur terre, riche et fertile, produit en abondance ce qui est nécessaire à leur nourriture, et aussi le coton, le jute, le thé qu'ils vendent aux négociants de Calcutta.

Dans cette région rurale de l'Assam, sans issue par le nord, par le sud se déversant sur le Gange et n'écoulant ses produits que par Calcutta, les grandes villes n'existent pas. Çà et là, quelques centres plus populeux, mais agricoles, tels que Sadiya, au confluent du Dihong, du Loti et du Brahmapoutra ; Sibsagar dans la plaine ; Tezpour, escale sur les rives du fleuve ; Gaohati, capitale de l'ancien royaume hindou de Kamroup. Dans la région basse : Nazirabad, centre du commerce du jute, Bikrampour, puis Dakka, grande ville dont les ruines envahies par la jungle couvrent un espace de près de trente kilomètres.

Au centre de la péninsule, la Gondwana ou pays des Gounds, bassin de la Tapti, de la Mahanaddi et de la Godaveri, pays encore peu connu, riche autrefois en forêts de tek ; dont le bois incorruptible est très recherché pour les constructions navales. Ici la végétation est incomparable, le mhowah, l'arbre providentiel, abonde, et, dans les hautes forêts, le gibier pullule. Sur le cours de la Narbadah, on remarque une des curiosités naturelles de l'Inde : les Roches de marbre, qui déroulent sur trois kilomètres de longueur leurs énormes piliers d'une éblouissante blancheur.

Les Gounds sont ici au nombre de plus d'un million et demi, race déchue, mais remarquable encore par son courage, sa droiture et sa véracité. Djabalpour, centre des vallées de la haute Nerbadah, et Nagpour, « la ville des serpents », sont les deux cités les plus importantes des provinces centrales.

Du golfe de Cambay au cap Comorin, sur la côte du Konkan et celle de Malabar, se déroule l'Inde occidentale, traversée, parallèlement à la mer, par les Ghâts occidentaux, couches de laves superposéees d'une épaisseur moyenne de mille mètres, qui se prolongent jusqu'à Goa. Au-dessous de Goa, l'aspect des Ghâts change ; la lave fait place aux roches qui soutiennent le plateau du Dekkan. Depuis plus longtemps en contact avec le monde extérieur, les races qui peuplent la côte du Konkan ont, moins que celles du nord et de l'est, gardé les traits caractéristiques de leur origine. Ce qui leur en reste est dû surtout à leurs croyances religieuses conservées intactes. Entre toutes, la plus remarquable, mais non la plus nombreuse, est la secte des Parsis, descendants des Perses qui, devant l'invasion mulsumane, préférèrent l'exil à l'abjuration et vinrent chercher un refuge aux Indes.

Ils y ont trouvé la fortune. Industrieux et entreprenants, ralliés de cœur à l'administration anglaise qui, respectant leur culte, leur donne la sécurité qu'exige le commerce, ils ont réussi à édifier des fortunes énormes, non seulement aux Indes, mais en Angleterre, à Ceylan, en Russie, partout où les a poussés l'instinct aventureux de leur race. Plusieurs d'entre eux ont été créés baronnets par la reine d'Angleterre en récompense de leurs millions employés à la construction d'écoles et d'hôpitaux, ainsi que des services importants qu'ils ont rendus au gouvernement de l'Inde. Nous les retrouverons à Bombay où ils sont en grand nombre ; nous noterons leurs traits distinctifs et leurs singulières coutumes.

. Au long de la côte du golfe de Cambay, l'État de Baroda, le plus important de ceux qui relèvent de la Présidence de Bombay, compte environ deux millions et demi d'habitants. Baroda, la capitale, en contient cent mille, et son Guicowar, ou prince souverain, est réputé l'un des plus riches de l'Inde ; Baroda est une ville pittoresque, avec ses longues rues de maisons bariolées de vert et de rouge, aux étages en saillie, aux toits rouges.

Plus au sud, Surate, autrefois l'un des marchés les plus actifs de l'Inde, le port d'embarquement des pèlerins qui se rendaient à la Mecque, ville de 800,000 âmes et n'en contenant plus que 80,000, célèbre encore par ses tissus de soie, par ses objets d'art en fer forgé incrusté d'or et d'argent.

En descendant vers Bombay, on passe par Nosari, Boulsar, puis Damaô, ville portugaise, où se réfugient les débiteurs insolvables de Bombay. Sur son île étroite, de quinze kilomètres de longueur, apparaît Bombay, la plus populeuse des cités de l'Asie méridionale. Un roi de Portugal, Jean IV, en fit don à Charles II, époux de sa fille.

Bombay compte aujourd'hui près de 800,000 habitants de toute race et de toute religion: Point de rencontre des civilisations européennes et asiatiques, elle est pour elles ce que fut autrefois Alexandrie, dans le bassin de la Méditerranée, pour l'Europe, l'Afrique et l'Asie : le lieu de contact, d'échange d'idées, et de trafic de marchandises. Ici l'Hindou et le Parsi, l'Européen et le Nègre, le Gound et le Bhil, le Persan et le Turc, le Chinois et le Russe se confondent en une foule bariolée. Le commerce de Bombay dépasse un milliard à l'année, et plus de 70,000 bâtiments, y compris les navires de cabotage, entrent et sortent annuellement de son port.

Pour le voyageur européen, Bombay est la porte de l'Inde, porte grandiose, bien que difficile d'accès, du pays des féeries. La passe en est étroite, semée de récifs, mais, la passe franchie, un mervei leux paysage se déroule devant les yeux. La rade rappelle celle de Naples, avec le Vésuve en moins et la riche végétation des tropiques en plus. A l'horizon lointain, sur un ciel d'un bleu pâle se profilent, comme dans un rêve, les cimes nuageuses des montagnes. Cette ville elle-même est tout un monde, monde de races et de types curieux, de costumes éclatants, de bazars asiatiques, de rues bizarres, irrégulières, de constructions étranges; tous les genres d'architecture s'y heurtent, toutes les gammes de couleurs s'y mêlent, frappant et retenant l'œil surpris.

Ville affairée, bruyante, n'ayant ni la tranquille magnificence de Calcutta, ni ses longues files de palais et de villas, ni ses terres plates et à demi noyées fuyant dans un vaporeux lointain, mais débordante de vie et de mouvement, de richesse et d'animation. Ville aux coutumes étranges où, dès le premier pas, l'Européen nouvellement débarqué, se sent dans un milieu d'idées, d'usages et de traditions profondément différent du sien. Près du fakir nu et hideusement zébré, les derviches, au regard louche et haineux, passent, voilant de haillons leur maigre nudité ; dans les voitures au dôme d'étoffe rouge, que traînent les bœufs de Surate, défilent les brunes beautés hindoues ; les calèches, d'une sévère correction britannique, s'arrêtent pour laisser la rue libre à l'enterrement d'un Parsi dont le cadavre rigide se dessine sous les plis de l'étoffe qui le recouvre. On le porte aux Tours du Silence où il servira de pâture aux vautours immobiles et noirs dont les rangs serrés font aux massives murailles une sinistre couronne. A l'approche du convoi ils hérissent leurs plumes immondes, s'abattent sur le cadavre jeté dans l'enceinte par une étroite ouverture, puis repus, bavant le sang, s'envolent pesamment.

Bombay est le centre d'une région merveilleusement belle et merveilleusement riche. Les princes feudataires qui relèvent de la Présidence déploient un luxe inconnu en Europe, et dont la réception faite, en 1875, au prince de Galles, héritier de la couronne britannique, peut seule donner une idée d'ensemble. Nous en empruntons le récit à l'intéressant volume du comte Goblet d'Alviella, « Inde et Himalaya ».

« Qu'on se figure tous les rajahs de l'Inde occidentale réunis avec les fonctionnaires de la Présidence et les dames de la colonie anglo-indienne dans un vaste hangar, élevé sur le débarcadère. Les Européens étaient en uniformes, leurs femmes en toilette de bal, mais ni les parures de celles-ci, ni les dorures de ceux-là ne pouvaient rivaliser un instant avec les ruissellements de velours, de soie, de gaze, d'étoffes de cachemire, de broderies d'or, de diamants, d'émeraudes, de rubis et de perles qui dessinaient dans l'enceinte réservée aux chefs indigènes une véritable guirlande d'une splendeur inouïe et indescriptible. C'était un de ces spectacles où l'artiste doit imposer silence au philosophe.

« ... Il y avait là, sur quelques mètres carrés, un entassement de richesses capables d'acheter la moitié de l'Inde ! Ma première impression fut un complet éblouissement. Je ne distinguai que la bigarrure des étoffes et le chatoiement des pierreries ; peu à peu, cependant, des points brillants se détachèrent et se dessinèrent dans la masse, comme des cristaux se forment dans les dissolutions de certains sels colorés. Mon voisin me désigna à quelques pas de moi un enfant qui se retournait sur son siège. Sa figure

bronzée, mais fine et décidée, disparaissait à moitié sous les diamants de son turban et
de son aigrette que terminait une pierre de la plus belle eau, grosse comme un œuf de
pigeon ; sur le velours noir de sa tunique brillait un collier formé par cinq rangées de
diamants. Ce personnage n'était encore, quelques mois auparavant, qu'un pauvre enfant
sans fortune et sans avenir, destiné, selon toute apparence, à vivre et à mourir dans
l'humble médiocrité d'un village hindou. Actuellement, c'était Sa Hautesse le Guicowar
de Baroda, que la récente déposition de son cousin, Mulhar Rao, avait appelé à régner
sur un des trônes les plus considérables de l'Inde occidentale.

« En face de lui, dans une sorte de robe de soie à ramages, avec un pantalon rouge
à bande d'or, portant autour du cou un magnifique collier de perles, se tenait une
autre Hautesse de quatorze ans, le jeune Maharajah du Mysore ; à côté du Guicowar, un
homme entre deux âges, habillé tout en blanc, avec un cimeterre dans une gaîne de
velours et un bouclier sous le bras, figurait le Maharajah d'Oudeypore, un représentant
de la plus ancienne dynastie du globe. Sa famille a régné sans interruption depuis dix-
sept siècles ; elle prétend même se rattacher aux rois d'Aoudhya qui florissaient trois ou
quatre siècles avant notre ère. La place suivante était occupée par un personnage tout
couvert d'or des pieds à la tète : c'était le Rao du Outch, un ancien nid de pirates, qui
s'est civilisé au point d'entretenir, selon le dernier recensement, trente-deux écoles
élémentaires, avec trois ou quatre mille élèves. Mais le personnage qui attirait le plus
l'attention, c'était, en face du Rao, un homme au visage pensif, à l'œil profond, habillé
d'une houppelande en velours noir, à la ceinture d'or, à la calotte blanche, sans autre
ornement que le cordon bleu de grand commandeur de l'Étoile de l'Inde. Il s'agissait
cette fois d'un simple ministre, sir Salar Yung, mais il représentait son maître le
Nizam, le plus puissant des princes indigènes, et lui-même, du reste, est réputé
l'homme d'État le plus accompli de l'Inde actuelle.

« Le prince de Galles passa avec sa suite au milieu de cette foule bigarrée en
adressant à chacun quelques phrases de circonstance qui parurent faire une vive
impression sur ses futurs vassaux ; puis, ayant répondu à une harangue de la municipa-
lité, il monta en voiture avec le vice-roi et le gouverneur, pour gagner le palais de
Parell, à travers les acclamations de six cent mille Bombayens, débordant des rues, des
fenêtres, des toits, des balcons, en un mot de chaque saillie capable de supporter une
grappe humaine. »

Les îles qui avoisinent Bombay recèlent dans leurs flancs de vastes et mystérieuses
cavernes. La plus célèbre est celle d'Éléphanta, l' « île des Dieux » dont les monstrueuses sculptures, encadrées dans l'ombre des cryptes, produisent une impression
profonde. Partout, autour de Bombay, et jusque dans les Ghâts, on retrouve ces cavernes
souterraines où les Hindous viennent, à certaines époques, célébrer leur culte.

Au sud de Bombay, Goa, la ville portugaise, la « ville dorée », bien déchue de sa
grandeur, capitale des possessions portugaises dont la population ne dépasse pas
400,000 âmes. Des milliers de mahométans habitent aujourd'hui la ville catholique qui
renferme les restes de François de Xavier, l'apôtre des Indes. Du palais de l'Inquisition
il ne subsiste plus que des ruines.

Au sud de la frontière portugaise se trouvent le port de Karwar, l'un des plus sûrs de cette région; Mangalore, « la ville heureuse », abritée par son rideau de cocotiers à l'embouchure du Gompour; Kalicut, « la citadelle du coq », la cité la plus importante de la côte du Malabar, bombardée et brûlée par les Portugais, par les Français, les Anglais, les Danois, prise et reprise, détruite et rebâtie, maintenant et de nouveau en voie de prospérité. Plus bas, Cochin. Gama y fonda une factorerie, Albuquerque y construisit un fort. Mais les Portugais, non plus que leurs rivaux, n'ont pu se faire à l'énervant climat. L'éléphantiasis sévit à Cochin et sur cette partie du littoral alternativement envahi par les eaux douces et les eaux salées.

Au-dessous d'Aleppi commence la côte de Travancore qui succède à la côte du Malabar, comme elle-même succédait à celle du Konkan, toutes trois, du nord au sud, du golfe de Cambay au cap Comorin, longeant la mer d'Oman. Trivandram, capitale de l'État de Travancore, est une grande ville située à deux lieues de la côte et entourée de vastes forêts de cocotiers, d'aréquiers et de palmiers. On n'estime pas à moins de vingt-deux millions le nombre de ces derniers, dont cinquante suffisent à tous les besoins d'une famille indienne. Un proverbe de Travancore affirme que « l'arbre donne des fruits pendant *mille* années ».

Ici, la côte s'infléchit vers l'est, dessinant les contours du cap Comorin, pointe extrême de l'Inde s'enfonçant dans l'océan Indien, et dont la grande île de Ceylan, au sud-est, fragment détaché du continent, prolonge jusqu'au sixième degré de latitude sud l'ossature rocheuse. Semée de nappes d'eau et d'étangs, cette extrémité de l'Inde offre un inextricable dédale de sables et de marécages, de terres nues et de forêts de palmiers.

Le cap Comorin doublé, au nord-est s'ouvre le détroit de Pamban. Il sépare l'Inde de Ceylan.

Les Grecs connurent l' « Ile resplendissante ». Ils l'appelaient Taprobane. Onésicrite, embarqué avec Néarque sur la flotte d'Alexandre, en vanta la merveilleuse beauté, en exagéra l'étendue. L'imagination des Hellènes en fit un « Antichtôn », une « contre terre », un continent englobant Java et Sumatra. Ils ne furent pas les seuls, d'ailleurs, sur lesquels l'aspect féerique de Ceylan produisit cet effet d'éblouissement et de grossissement. Marco Polo, qui la vit, en quadrupla l'étendue. Les pratiques Chinois, émerveillés de la quantité de rubis et de grenats que roulent ses eaux, la dénommèrent l' « Ile des Trésors »; les Arabes y placèrent, au pied du pic d'Adam, un second paradis terrestre. Fût-ce Adam ou Boudda, absorbé dans la contemplation du merveilleux paysage, qui laissa sur ce pic l'énorme empreinte d'un pied gigantesque dont les baisers des fidèles ont accentué les contours et accru la profondeur?

Si belle qu'elle soit, Ceylan fut plus belle encore, alors que de riches et florissantes cités s'épanouissaient dans son cadre de végétation luxuriante. Les cités ont vécu laissant des ruines grandioses; la végétation est restée, mais l'île n'est plus l'étonnant jardin qu'alimentaient d'immenses réservoirs. La jungle envahit l'intérieur, disputant le sol aux plantations de café, de cannelle, de riz. Aux portes de Colombo, la forêt vierge commence, envahissante et redoutable, peuplée d'alligators et de serpents. Sous ces merveilleux ombrages, que les rayons ardents du soleil ne peuvent traverser, dans cet air parfumé, la fièvre flotte, invisible, et le malheureux qui s'endormirait au pied de ces arbres ne se réveillerait pas, vidé de sang par les sangsues. Ici, comme à Panama, quand on construisit le chemin de fer qui relie Colombo à Candy, les coolies Chinois moururent par milliers, emportés par les miasmes qui se dégageaient de la terre remüée. Une partie du tracé en a gardé le nom de *Valley of the shadow of death*, vallée de l'ombre de la mort.

Sur cette voie ferrée qui court au travers de la forêt, pas de villages, pas de clairières, sauf çà et là une station. Colombo, sur le détroit, est une jolie ville, paresseusement enfouie sous la verdure. Dans ses rues larges, bordées d'élégantes villas, qu'entourent des vérandas fleuries de plantes grimpantes, circule une population de sang mêlé, métis de Portugais ou d'Anglais, mulâtresses aux yeux noirs et aux fines extrémités. On connaît le costume bizarre des Cingalais, leurs jupes à ramages, leurs cheveux ramassés en chignons, qui, à distance, leur donne l'aspect de femmes, sous leurs larges ombrelles.

Un dicton cingalais, converti depuis en prophétie, affirmait que l'île conserverait son indépendance, « aussi longtemps qu'un chariot ne franchirait pas les fleuves sans se mouiller, aussi longtemps qu'un être vivant ne traverserait pas les rocs des montagnes ». Les jours sont venus et la prophétie s'est réalisée. La voie ferrée de Colombo à Candy franchit les fleuves sur des ponts et, au travers des profondes tranchées, emporte les voyageurs.

Candy, capitale de l'île, conquise en 1815 par l'Angleterre, est située dans l'intérieur des terres, au bord d'un lac pittoresque qu'encadrent de belles allées ombreuses. Sur les collines environnantes, se profilent d'élégantes villas éparses sous la verdure. Une avenue de près de deux lieues de longueur, bordée d'habitations, relie la ville au jardin botanique de Péradenia, l'un des plus beaux qui existent.

Toute cette région est couverte de plantations de caféiers, dont la culture a amené dans l'île plus d'un million de coolies Tamils. Le café de Ceylan est connu du monde entier. On évalue à plus de 1,500 le nombre des plantations ; elles couvrent une superficie d'environ 250,000 hectares et leur production a dépassé 50 millions de kilogrammes. Outre le caféier, Ceylan cultive le cinchona, dont l'écorce s'exporte en Angleterre. Les plantations de cinchona couvrent une superficie de 15,000 hectares. L'arbre réussit admirablement, comme en font foi les chiffres de l'exportation ; elle s'élevait en 1872 à 5,000 kilogrammes, en 1882 à 522,805. On estime à plus de cinquante millions le nombre d'arbres de cinchona existant dans l'île.

Ceylan exploite encore le cacao, la canne à sucre, le caoutchouc, le muscadier, le poivrier. Cette terre si riche et si féconde, où tout germe, pousse et fleurit, est aussi une terre des plus curieuses par sa faune et sa flore. Près de Maticaloa, hantée de crocodiles énormes, se rencontrent les poissons chantants que l'on retrouve dans les eaux de Bangkok. Les éléphants ont diminué, autant par la quantité détruite que par la quantité exportée, près de 4,000 en 23 ans, mais on en voit encore dans ses forêts, immobiles à tel point que des chasseurs maladroits ont pu prendre dans le demi-jour ombreux les pattes énormes du monstrueux pachyderme pour des troncs d'arbre. L'anabas abonde, poisson rampant dans l'herbe humide, grimpant sur les palmiers et se blottissant dans leurs larges feuilles. Nulle part les coquillages n'étalent de plus riches couleurs, la végétation sous-marine de teintes plus éclatantes.

Candy n'est pas seulement une ville pittoresque dans une région plantureuse, elle possède aussi une dent de Boudda célèbre dans tout le monde asiatique et que les prêtres exposent, en certains jours, à l'adoration des fidèles. Dent monstrueuse que les sceptiques disent empruntée à la mâchoire d'un tigre ou d'un crocodile, et pour la possession de laquelle Cingalais et Tamils luttèrent avec acharnement. Peu d'odyssées sont aussi curieuses que celle de cette dent, perdue et retrouvée, ravie et reprise. Une fille de Rajah l'emporta cachée dans son chignon; le Roi de Pégu en offrit à Don Constantin de Bragance trois cent mille pièces d'argent que le prince refusa, sur l'ordre de l'Inquisition, qui fit broyer la dent et en jeta la poussière dans la rivière de Goa, laquelle ne put la garder, paraît-il, la relique se reconstituant d'elle-même et d'elle-même venant reprendre sa place dans le sanctuaire de Candy.

Au sud de l'île : Pointe de Galle, admirablement située comme point de relâche entre la mer d'Arabie et la mer du Bengale. Son port sert d'escale aux paquebots anglais, mais son accès difficile et l'étroitesse de la passe lui font préférer Colombo, plus au nord. Une belle route, ou pour mieux dire une large avenue de cocotiers de deux cents kilomètres de longueur relie Colombo, Pointe de Galle et Matoura, les trois villes importantes du littoral.

La population de Ceylan dépasse 2,700,000 habitants et tend à s'accroître, grâce à la richesse du sol et à la sécurité de l'île. Les guerres et les famines qui la décimaient autrefois ont cessé. Aussi la population cingalaise supporte-t-elle assez patiemment le joug d'ailleurs léger que l'Angleterre lui impose. Sur un point seulement, celui de la perception des impôts, elle se montre récalcitrante. Les procédés méthodiques et réguliers d'une administration européenne sont ceux auxquels les races asiatiques ont le plus de peine à se plier. Les impôts à date fixe, si légers soient-ils, leur sont odieux, et volontiers préféreraient-ils les anciens errements de leurs princes qui, lorsqu'ils avaient besoin d'argent, leur prenaient jusqu'à leur dernière pièce, mais se montraient indulgents quand la récolte manquait, ou qu'eux-mêmes ne manquaient de rien.

De Ceylan, revenons sur la terre ferme, et, de Tonticorin où l'on s'embarque pour Colombo, remontons la côte de Coromandel, vers Calcutta.

Au nord de Tonticorin, dans l'intérieur des terres et sur la voie ferrée qui, longeant la côte à grande distance conduit à Madras : Madoura, ville importante, longtemps métropole de l'Inde méridionale et capitale du royaume des Pandyas dont deux ambassades visitèrent Rome.

A la pointe du delta de la Caveri, dans une région riche en rizières, en vergers et en plantations de tabac : Tritchinapoli, cité populeuse que la France et l'Angleterre se disputèrent avec acharnement. Près de là, dans une île de la Cavéri, le superbe temple de Seringham, dédié à Vichnou. A l'est, Tandjor, ville d'orfèvres et de bijoutiers, renommée pour son temple à treize étages, couronné d'un dôme monolithe. Une voie ferrée relie Tritchinapoli et Tandjor à Négapatam, « la cité des serpents », que les Grecs nommaient Nigamos, et dont le port peu sûr est abandonné pour celui de Madras au nord.

Cette partie de la côte de Coromandel est arrosée par la Cavéri, la plus riche en eaux de toutes les rivières de l'Inde méridionale. Elle descend des Ghâts et se déverse dans la mer de Bengale par un delta de plus de 150 kilomètres de largeur. Au nord de Négapatam, à 140 kilomètres au sud de Pondichéry, apparaît Karikal, terre française, région de 13,000 hectares que six rivières traversent et recouvrent de leur limon fertilisant. Le sol est d'alluvions fluviales; la ville contient 35,000 habitants; à peu de distance, deux autres centres assez populeux : la grande Aldée, 24,000 habitants, Nédowcadou près de 35,000. Cette population est d'origine indienne et comprend à peine 50 Européens.

Pondichéry, chef-lieu des établissements français de l'Inde, possède environ 45,000 habitants; le territoire entier en compte 285,000 dont 3,000 Français ou descendants de Français. Son port est l'un des meilleurs de toute la côte, et la voie ferrée le relie au réseau de l'Inde. Les importations et les exportations de Pondichéry ne dépassent pas encore vingt-quatre millions de francs, le sixième du port de Madras. Ce fut une héroïque et triste histoire celle de cette ville dont Dupleix avait fait la capitale d'un royaume, la pierre d'attente d'un empire; ville prise et reprise, que la France n'arracha des mains de l'Anglais que dépeuplée et réduite à un territoire de 29,000 hectares.

Au nord de Pondichéry : Madras, enfouie sous la verdure, sillonnée de longues et magnifiques avenues sur lesquelles les maisons avides d'air, ouvrent leurs vérandas profondes et leurs vastes colonnades. C'est le chef-lieu de la Présidence de l'Inde méridionale, la troisième ville du vaste empire, déployant au long de la plage sa façade de 13 kilomètres de longueur, sa superficie de 70. Chaque année cinq mille grands navires entrent et sortent de son port, chargés de produits européens ou de cafés, sucres, indigo, coton, denrées coloniales et matières tinctoriales. Sa côte est inhospitalière, son port difficile d'accès; la houle y est violente et les sinistres y sont fréquents, mais la ténacité britannique a eu raison de ces difficultés, comme elle aura raison de celles qui subsistent encore.

Madras, la ville anglaise, est essentiellement militaire, bureaucratique et commerçante. La ville indienne est des plus pittoresques. Dans ces rues où fourmillent 500,000 habitants, roule un flot humain aux couleurs voyantes et éclatantes. Sous l'épaisse ramure que traversent à peine quelques rayons de soleil, ils passent, dans les costumes les plus étranges, en tuniques blanches, roses, jaunes, kaléidoscope vivant dont l'œil suit, sans se lasser, les notes d'ombre et de lumière.

A l'ouest de Madras, au centre du plateau du Dekkan, Bangalore, l'un des grands cantonnements militaires de l'Inde. C'est le cœur de l'État feudataire de Mysore, conquis par un soldat mahométan, Haider-Ali, auquel succéda son fils l'héroïque et cruel Tippou-Saib. Il ne fallut rien moins que la main vigoureuse de celui qui devint « l'Iron Duke », le Duc de fer, Wellington, pour arracher l'Inde à cet intrépide aventurier, auquel sa haine de l'Angleterre tint lieu de génie, qui, vaincu, sollicita l'aide de Bonaparte, et, réduit à ses seules ressources, faillit soulever toute la Péninsule, s'enferma dans Séringapatam, y tint pendant des mois et mourut les armes à la main.

A Maisour, près de Bangalore, réside le Maharaja de Mysore, le jeune et beau Bahadour, mélancolique et triste, que le baron de Hubner nous représente assistant à l'une de ces revues de l'armée anglaise cantonnée à Bangalore, dont il a retracé dans son ouvrage, « A travers l'Empire britannique », le pittoresque tableau :

« Mon séjour à Bangalore, où en ce moment dix mille hommes se trouvent concentrés, n'est, écrit-il, qu'une suite de spectacles et de fêtes militaires. C'est pour la première fois qu'on voit réunis les trois grands « chefs » : Sir Donald Stewart, commandant en chef de l'Inde, sir Frederick Roberts, commandant l'armée de Madras, le général Hardinge, commandant l'armée de Bombay.

« Aujourd'hui, grande revue au camp. Huit mille hommes se trouvaient échelonnés sur une grande plaine parsemée de petits mamelons et de bouquets d'arbres; artillerie à cheval, cavalerie britannique, artillerie royale, infanterie britannique; en tout, sans les officiers, deux mille huit cents Anglais. Le reste se composait de troupes indigènes, cavalerie et infanterie, et d'un régiment du Maharaja. La tenue des troupes anglaises était magnifique, celle des régiments indigènes de Madras tout à fait martiale, quoique les races auxquelles ces soldats appartiennent passent pour moins guerrières que les populations du nord. Le régiment de cavalerie du Maharaja produisait l'effet de troupes irrégulières, relativement bien exercées.

« Près du grand étendard britannique se tenaient, avec sir Frederick Roberts, qui commande le camp, le gouverneur, en bourgeois, toilette du matin, sir Donald Stewart, et le général Hardinge. Comme tous les officiers, ils portaient la tunique écarlate et le casque blanc passementé d'or. Le Maharaja s'était mêlé anx officiers de l'état-major. Sur l'invitation de sir Frederick, il se plaça à ses côtés. Il avait la tête enveloppée d'un foulard cramoisi, rayé d'or. A l'exception de cette coiffure fort élégante, qui n'était pas un turban, le jeune prince avait pour cette solennité choisi des vêtements européens : jaquette de velours noir, culotte de peau claire, bottes à l'écuyère. Il montait un superbe cheval arabe blanc. Derrière le groupe des chefs et de leurs suites, où s'étaient, par contrebande, glissées quelques intrépides amazones, se pressaient les voitures remplies de dames et un grand nombre d'Européens à pied et à cheval. Rien de beau comme le défilé, surtout celui dit « en brigade ».

« Mais c'est l'ensemble du spectacle qui défie toute description; une plaine immense légèrement accidentée, la longue ligne des troupes, partie rouge, partie foncée, les armes étincelant au soleil, le hennissement des chevaux, le bruit sourd des caissons de l'artillerie; le tout encadré d'une foule innombrable d'indigènes accourus à pied, à cheval, dans des charrettes attelées de petits bœufs aux cornes rejetées en arrière, peintes en rouge, en bleu, en jaune.

« Dans cette masse confuse prédominaient les tons blancs et cramoisis des vêtements, relevés par le teint bronzé ou noir de ceux qui les portaient. Plus loin, des éléphants chargés du fourrage destiné au camp, des chameaux attachés, un à un, à une longue corde dessinaient leurs silhouettes sur le fond de ce ciel de l'Inde, à cette heure lumineux au zénith, pâle plus bas, légèrement brumeux à l'horizon. Grâce à la mousson nord-est, l'air était frais, mais le soleil impitoyable.

« Nous étions venus en chemin de fer : nous rentrâmes en voiture à Bangalore. Le pays n'est qu'une suite de petits mamelons de pierres, de jardins, de vergers, de groupes isolés d'arbres énormes. Du peuple partout. Çà et là un village. Les bazars remplis de monde. Nous passons devant une pagode flanquée de cocotiers. Le vent agite les branches, et le temple rustique s'entoure d'une auréole mouvante d'ombre et de lumière. »

Au nord de Madras : Tritani et Tripati, où les temples de Siva attirent une foule de pèlerins; Ballari, station militaire, puissamment fortifiée, sur la frontière du royaume de Haïderabad, dont la capitale, du même nom, résidence du Nizam, couvre, avec ses faubourgs, plus de vingt kilomètres carrés. Un chaos de roches granitiques semées sur une plaine aride de trente kilomètres de distance, abrite la grande cité qui ne compte pas moins de 200,000 habitants et ses faubourgs aussi peuplés que la ville même.

Autour, se déroule la plaine onduleuse et rocheuse du Dekkan. A l'horizon, les hauteurs de Golconde. Sur le sol plat les éléphants chargés profilent leurs ombres monstrueuses. A peu de distance, Golconde, autrefois la capitale, que le manque d'eau a fait abandonner. Haïderabad l'a remplacée. Ville remuante, inquiétante, vaste agglomération humaine que l'Angleterre n'a pas encore annexée, dont elle tolère l'existence, mais qu'elle tient sous sa main de fer. Au centre de la ville, à l'intersection des deux grandes artères, se dressent les quatre tours du Char-Minar, reliées par une voûte élégante. L'aspect de la population est autre ici que dans les grandes villes de l'Inde. Tout le monde est armé, et des regards louches et haineux y suivent l'Européen, qui y courrait des risques n'était la longue file de casernes anglaises qui, à distance, veillent et le protègent.

A deux lieues d'Haïderabad se trouvent les mausolées des rois de Golconde, dans un site sauvage et grandiose. Des mines de diamants et de rubis de Golconde il ne reste plus qu'un souvenir. On ignore où elles furent, si elles existèrent. Un résident anglais séjourne à Haïderabad. Son palais est aussi une forteresse et sa garde d'honneur est assez nombreuse pour tenir pied en cas de soulèvement et attendre des renforts. Haïderabad est une des villes de l'Inde où l'on se sert le plus des éléphants; ils constituent, surtout dans la ville indigène, le mode usité de transport. Ici le service des portefaix incombe aux femmes ; la garde du corps du Nizam, entièrement composée de femmes, était, il y a peu de temps encore, un bataillon redoutable et parfaitement discipliné.

Toute cette terre du Dekkan fut autrefois riche et peuplée. Quand le royaume de Golconde s'écroula sous les coups d'Aureng-Zeb, le Dekkan devint une province de l'Empire Mongol que gouvernait un vice-roi établi à Haïderabad. Ses successeurs héréditaires s'affranchirent peu à peu du souverain résidant à Delhi. La France fut puissante à cette cour et, un moment, son influence y prédomina, mais sa politique incertaine découragea ses partisans et le Nizam lui-même qu'elle avait porté au pouvoir. L'Angleterre ressaisit le Dekkan ; elle y est fortement assise.

Revenons sur la côte de Coromandel. Au nord de Madras, Nellore, cité populeuse, plus littéraire que commerçante, dépourvue de port mais reliée à Madras par un canal navigable ; Masoulipatam, autrefois ville hollandaise ; la France y possède un comptoir. Un cyclone rasa cette ville en 1864 et tua plus de 20,000 habitants. Plus au nord, au confluent du Coringny et du Godavéry : Yanaon, établissement français, débris de nos possessions de l'Inde, isolé à 140 lieues de Pondichéry. Les navires de faible tonnage peuvent seuls remonter la rivière jusqu'à Yanaon qui ne compte que 4,500 habitants, dont une cinquantaine d'Européens ou descendants d'Européens. Ici finit la côte de Coromandel et commencent les côtes du Circar et d'Orissa.

Peuplée de 32,000 habitants la ville circar de Vizapatam est célèbre dans l'Inde pour ses coffrets d'ivoire sculptés, incrustés d'argent. Cette région des Circars fut terre française. Le marquis de Bussy qui contraignit les Anglais à lever le siège de Pondichéry en 1748, y lutta longtemps contre des forces supérieures et les chants hindous ont perpétué le souvenir de ses exploits. Barhampour est aujourd'hui la capitale circar, capitale peu peuplée. La côte est inhospitalière et, dans l'intérieur, le climat insalubre.

Au nord, s'étend la côte d'Orissa et s'ouvre le delta du Maha-Naddi au cours capricieux et changeant. Cattak, capitale de l'Orissa, est située au sommet du delta du fleuve, dans l'intérieur des terres. Cette région est semée de temples. Le bouddhisme, l'islamisme, le brahmanisme y ont tour à tour prévalu. Les sanctuaires s'y dressent au long des rives désertes. Siva, dit la légende, en possédait sept mille autour du lac Chilka. Le plus célèbre est le temple de Djagannath (Juggernauth), sur la montagne Bleue, desservi par six mille prêtres et assistants qui, chaque année, en juin, s'attelant au char de Vichnou, monumentale pagode en bois, le traînent jusque sur la plage. Ce voyage de deux kilomètres sur un sol sablonneux exige plusieurs jours. Une légende accréditée veut que les fidèles, impatients de gagner le Ciel, se précipitent sous les roues du char. Il n'en est rien et l'on aura pris quelque inévitable accident pour une pratique superstitieuse. La vérité est au contraire que le Dieu a horreur du sang et que si l'un des assistants qui le traînent est blessé, force est de suspendre la marche et de procéder à des cérémonies de purification. Par contre, la ville de Pouri, près du temple de Djagannath, est, à l'époque du pèlerinage, un foyer d'infection et d'épidémies.

A l'est de Cattak, à l'embouchure de la Maha-Naddi on a créé un port, False Point, bien abrité de la mousson du sud, et d'un accès relativement facile, mais le cours du fleuve l'envase, et Balasor, plus au nord, détourne une partie de son trafic.

Ici nous retrouvons le Delta du Gange, Calcutta, résidence du vice-roi, siège du gouvernement impérial, que nous avons décrite plus haut.

De cette étude géographique et ethnologique de l'Inde se dégage tout d'abord le rôle civilisateur de l'Angleterre. Elle a fait régner la paix dans cet immense empire ; si, d'une main de fer, elle a comprimé des soulèvements terribles, elle a sillonné la péninsule de voies ferrées, amélioré les ports, créé des routes, multiplié les moyens de communication, fondé des écoles, détruit d'odieux abus et de non moins odieuses pratiques superstitieuses. -

Par contre, elle n'a pu ou elle n'a su créer entre ces populations et elle aucun lien moral, politique ou social. Là même où elle s'est montrée juste, elle ne s'est pas révélée sympathique. Elle a gouverné et administré l'Inde comme gouvernaient et administraient des provinces lointaines les proconsuls de Rome, suppléant par le prestige du nom romain au petit nombre de leurs légions. Sous la domination anglaise, l'Inde a prospéré ; son commerce a grandi, les négociants hindous, parsis se sont enrichis et, dans ce pays des castes, une classe moyenne a surgi.

Elle s'accroît ; avec elle et par elle l'idée d'une Inde autonome, indépendante, gagne du terrain. Les événements extérieurs précipiteront ou ralentiront le mouvement, et, plus qu'aucun autre, l'inévitable choc de l'Asie anglaise que nous venons de parcourir avec cette Asie russe qui plus au nord s'étend, et que nous allons visiter et décrire.

Vue d'Agra.

Vue d'ensemble d'Ouzoun-Ada sur la mer Caspienne.

III. — L'ASIE RUSSE

L'Asie est la terre des contrastes, la terre des villes populeuses et des vastes solitudes, de l'exubérante végétation et des déserts stériles, des montagnes inaccessibles et des steppes immenses sans un pli de terrain, des sécheresses et des inondations, des puits rares et des fleuves majestueux, des sombres et profondes vallées et des plaines ensoleillées, de la vie intense et de la mort. Les civilisations affinées et vieillies s'y heurtent à la primitive barbarie. Tout y est, tout en vient, tout y retourne, peuples et idées, emportés par un éternel mouvement de flux et de reflux, et l'histoire du monde civilisé semble n'avoir été longtemps que l'histoire de l'Asie débordant sur l'Europe, de l'Europe envahissant l'Asie.

Lutte incessante qui, à travers les siècles, se poursuit. C'est la Grèce barrant la route à l'Asie, arrêtant à Marathon l'armée de Darius, l'Achaménide, à Salamine la flotte de Xerxès et sauvant l'Europe; c'est, par un retour offensif, Alexandre portant jusqu'aux Indes ses armes victorieuses; Rome maîtresse du Pont, de l'Assyrie et de la Médie, transférant à Constantinople le siège de l'empire, d'instinct faisant face à l'est, aux nomades Asiatiques qui se pressent sur ses frontières. Mais de toutes parts les barrières trop étendues cèdent et craquent. Le christianisme, sorti d'Asie, conquiert l'Empire et l'empereur; les Huns, les Tartares, les Mongols débordent; plus tard, c'est l'Islam triomphant qui envahit les Gaules, remonte jusqu'à Tours où Charles, duc d'Austrasie, l'arrête et, par les coups terribles qu'il lui porte, mérite son fier surnom de « Martel »; mais par delà les Pyrénées, l'Islam garde l'Espagne, dont il fait une province de l'Empire de Damas. L'Asie l'emporte et, à Constantinople règne.

Puis, c'est l'offensive reprise et l'Asie refoulée; l'Arabe rejeté par delà les mers en Afrique, le Turc dans l'est. C'est l'Europe, à son tour, par terre et par mer envahissant l'Asie Mineure, conquérant l'Inde, forçant les portes de la Chine, mettant la main sur l'Archipel-d'Asie et sur l'Indo-Chine. Anglais, Français, Espagnols, Portugais se taillent des royaumes dans les Iles et le continent démembré, dont, plus au nord et silencieusement, la Russie s'annexe d'immenses territoires.

Nous venons de voir l'Angleterre à l'œuvre. Nous avons parcouru son vaste Empire indien. Dans l'Afghanistan nous avons entrevu le Russe attiré vers le sud, vers les riches plaines du Penjab et du Rajpoutana, s'en rapprochant lentement. Il tient tout le nord, des rives de la Baltique à l'océan Pacifique, seize millions de kilomètres carrés de terres asiatiques, près de trois fois autant qu'en détient l'Angleterre : le Caucase, le Turkestan et la Sibérie, l'Asie russe ou vassale de la Russie, conquête moderne, en moins de deux siècles et à travers bien des événements poursuivie avec une prodigieuse ténacité.

Au xviiie siècle les Russes s'ébranlent, au long du littoral de la mer Caspienne, prenant le district de Pétroswk, 12,000 kilomètres carrés, puis le défilé du Darial; par le nord et l'est entamant la Circassie. L'impulsion est donnée. En 1801 : 30,000 kilomètres carrés, toute la Géorgie; plus tard, le littoral de la Caspienne et le bassin transcaucasien de la mer Noire. De 1825 à 1840, ils soumettent au nord le pays des Kirghiz; en 1864 ils sont maîtres du cours inférieur du Syr-Daria, ils occupent Tachkend et 300,000 kilomètres carrés; le Khiva et le Boukhara ne gardent plus qu'une indépendance fictive, le Turkestan devient terre russe. Par la Sibérie, ils gagnent l'océan Pacifique, s'emparent du fleuve Amour et de son vaste territoire pris en pleine paix à la Chine.

Tel que l'ont fait les armes et la politique, l'Empire asiatique russe dépasse en superficie l'Europe entière; empire peu peuplé : 17,000,000 d'habitants; empire peu visité, mais dont MM. Bonvalot, Boulangier, Moser nous laissent entrevoir les grandes ressources, dont M. Elisée Reclus a, dans son magistral volume de l'Asie russe, dessiné les contours, la topographie et le relief du sol. Nous en aborderons l'étude par la Caucasie, voisine de l'Europe.

Balakhani, centre du bassin pétrolier de Bakou.

I. — LA CAUCASIE

Entre la mer Noire à l'ouest et la mer Caspienne à l'est, la Caucasie russe s'étend sur une superficie de 465,000 kilomètres carrés peuplés de 5,870,000 habitants. La chaîne du Caucase la traverse, déroulant sur une longueur de 1,200 kilomètres son faîte dentelé de cimes étincelantes. De la mer Noire et de la mer Caspienne, des steppes du nord, l'on voit, fermant l'horizon, sa longue arête surgir, grandir, nuage indistinct dont les contours peu à peu s'accusent, reliant les sommets dont plusieurs dépassent en hauteur le mont Blanc. Sur les longues pentes s'étagent les forêts, courent les torrents rapides, déversant leurs eaux dans la plaine. Par la presqu'île de Kertch, dans la mer Noire, le Caucase s'allonge vers les monts de la Crimée ; par la presqu'île d'Apchéron il déborde dans la mer Caspienne.

Il semble que par delà la mer Caspienne, entre Bakou et Krasnodovsk, par un renflement sous-marin il se relie au grand Balkan, et, par une chaîne de hauteurs, aille rejoindre l'Hindou-Kouch. A distance égale de la mer Noire et de la mer Caspienne, la chaîne s'infléchit, livrant passage à la route militaire entre la Russie et Tiflis, coupant le Caucase en deux parties : celui de l'est et celui de l'ouest. A ce point d'inter-section le massif, qui s'abaisse, s'amincit aussi ; l'épaisseur montagneuse qui sépare

la plaine du versant nord de celle du versant sud n'est plus que de 100 kilomètres.
A droite et à gauche de ce seuil la chaîne se renfle et se relève en une muraille de deux
à trois cents kilomètres de largeur. C'est dans la partie ouest que se trouvent les plus
hautes cimes : l'Elbrous, roi du Caucase, de 5,646 mètres d'altitude, puis le Kochtan-
Taou, le Dikh-Taou, le Kasbek et l'Ouchba de plus de 5,000 mètres.

La Caucasie a pour limites : au nord, la dépression du Manitch, à l'ouest, la mer
Noire, à l'est, la mer Caspienne, au sud, une ligne irrégulière coupant le haut plateau
d'Arménie et séparant la Caucasie de la Perse et de la Turquie. Entre la chaîne du
Caucase qui la traverse dans toute sa longueur et, aux deux extrémités, déborde dans
deux mers, et la chaîne des Pyrénées qui, séparant l'Espagne de la France, court de la
Méditerranée au golfe de Gascogne, l'analogie est frappante. L'orientation est la même,
même dépression scindant le massif en deux sections, même forme dentelée des crêtes.
Le Caucase l'emporte toutefois comme épaisseur et comme altitude.

On désigne sous le nom de grand Caucase le massif distinct compris entre la
dépression du Manitch au nord et celle du Rion et du Koura au sud, dépression qui, de
Poti à l'ouest et du Delta du Koura, à l'est, se creuse au long du grand Caucase en une
longue vallée séparant le grand du petit ou de l'anti-Caucase. Entre ces deux massifs
nulle analogie. Autant le Caucase forme une masse compacte aux contours arrêtés,
autant l'anti-Caucase se déroule en une série de plateaux montueux, sans direction
déterminée, se confondant au sud avec le haut plateau Arménien.

Les neiges n'apparaissent dans le Caucase qu'à une altitude supérieure à celle où
elles se montrent dans les Alpes, aussi les versants du Caucase, plus boisés, sont-ils
également plus riches. Le buis y abonde, formant des masses impénétrables de végétation. L'atmosphère est saturée de son odeur pénétrante. L'azalée et le rhododendron
couvrent les pentes, qu'envahissent les vignes sauvages. Le Caucase est le pays des
arbres fruitiers ; ils croissent facilement et donnent d'abondantes récoltes.

De l'un à l'autre versant du Caucase les communications sont difficiles, les routes
rares. Dans ce massif montagneux une poignée d'hommes déterminés pourrait tenir
une armée en échec et Schamyl, pendant vingt années, y arrêta la marche des
Russes. Aujourd'hui ils l'occupent solidement et, dans cette région, leur nombre
dépasse 1,400,000.

Maîtres du défilé de Darial, par lequel passe la grande route militaire qui relie les
deux versants de la chaîne, les Russes l'ont élargi et rendu praticable pour l'artillerie.
Ce fut, dès la plus haute antiquité, le passage le plus fréquenté du Caucase. Strabon le
désignait sous le nom de « Porte caucasique », Ptolémée sous celui de « Porte sarma-
tique ». La route, qui aboutit à Wladikavkaz, tête de ligne des chemins de fer russes
méridionaux, a 200 verstes de longueur. A Toudaour, par 8,000 pieds d'altitude, elle
atteint son point culminant. La pente, dit M. Kœchlin-Schwartz, a de 6 à 7 pour cent;
les tournants sont la plupart du temps d'une brièveté effrayante. Par moments, pendant
des centaines de mètres, le chemin est creusé à même le roc; qu'on se figure un tunnel
dont une des parois serait ouverte sur un immense précipice. Dans une pareille route il
serait dangereux de rencontrer des voitures ou des troupeaux. Lorsqu'un prince du

sang doit y passer, le trajet se fait avec une vitesse vertigineuse, au point d'accomplir en dix ou douze heures la distance de Tiflis à Wladikavkaz. Mais aussi, deux jours auparavant, la circulation est-elle absolument suspendue sur la route. On met le chemin en état, on comble les ornières, on enlève les pierres et alors le train princier passe comme un ouragan.

De Batoum et de Poti, dans la dépression qui sépare le grand du petit Caucase, court la voie ferrée qui, aboutissant à Bakou, relie la mer Noire à la mer Caspienne. Par delà cette dernière, que le bateau à vapeur franchit en vingt heures, on débarque à Ouzoun-Ada, tête de ligne du nouveau chemin de fer russe qui, par Tedched et Merv au nord, rejoint l'Amou-Daria, le franchit et atteint Samarcande; à Mesched au sud, franchissant la frontière de l'Afghanistan, il se dirige vers Hérat. Longtemps on hésita à croire qu'un pareil tour de force pût être exécuté, qu'une voie ferrée pût traverser la région désolée et sablonneuse du désert turcoman, que la Russie prolongeât jusqu'à Merv son réseau transcaucasien. L'Angleterre incrédule et inquiète douta jusqu'à la dernière heure. Prise à revers et menacée, nous avons vu avec quel soin jaloux elle surveille, à Péchavar, au débouché de la vallée de Kaboul, l'entrée de l'Inde.

Au long de la mer Noire la Caucasie s'étend de la presqu'île de Taman confinant à la mer d'Azov, jusqu'à Poti en une longue côte, la côte d'Abkhazie. Les rivières y sont courtes et rares; ce ne sont, pour la plupart, que des torrents descendus des hauteurs ou des cours d'eau serpentant dans les vallées perpendiculaires à la mer. Entravés dans leur cours par une végétation abondante, ces derniers, n'ayant qu'une faible pente d'écoulement, forment de nombreux marécages. Les hautes fougères qui enserrent leurs rives entretiennent une humidité constante d'où se dégagent des miasmes redoutables. La fièvre hante cette région d'où les Abkhazes qui la cultivent fuient au coucher du soleil pour gagner sur les hauteurs un air plus salubre. Ils y ont construit leurs demeures et ne descendent dans la plaine qu'au milieu du jour. Partout, d'ailleurs, où le gouvernement russe a fait détruire les fougères, sur le sol assaini la fièvre a disparu.

Le versant septentrional de la côte fait partie du bassin du Kouban qu'alimentent les glaciers de l'Elbrous. Le Kouban est la limite géographique où s'arrêtent les steppes du nord. S'il affecte parfois l'aspect d'un grand fleuve, d'un kilomètre de largeur, son régime irrégulier, le débit incertain de ses eaux ne permettent pas d'y établir une navigation constante. Son vaste delta finit au sud, à la presqu'île de Taman, riche en sources volcaniques et en puits de naphte. Ces derniers couvrent une superficie de près de 1,500 kilomètres carrés.

Des habitants primitifs, peu subsistent. Les Abkhazes ont en grande partie disparu; les Adighé et les Tcherkesses ont émigré en Anatolie; en 1864, 258,000 partirent, préférant l'exil à la domination russe, contre laquelle ils avaient lutté avec énergie. La Russie les vit s'éloigner sans regret : ces montagnards remuants et belliqueux l'obligeant à un déploiement de forces considérable pour les maintenir dans l'obéissance. Les Tcherkesses ne sont pas seulement braves; peu de races pourraient rivaliser avec la leur au point de vue de la beauté physique. Minces, élancés, vigoureux, d'une remarquable pureté de traits, ils ont conscience que la beauté est un de leurs apanages et ils ne s'unissent qu'à des femmes de leur sang. Tout vice de formes est, pour eux, une tare irrémédiable. Atteint d'obésité, le Tcherkesse s'enferme et refuse de paraître en public.

Très supérieures par leur beauté et leur intelligence aux autres Orientales, les femmes tcherkesses étaient tenues en haute estime dans les tribus, et y jouissaient d'une grande indépendance. Nombre d'entre elles ont joué un rôle important dans les sérails turcs où elles ne tardaient pas à devenir les femmes légitimes de grands personnages. Ce furent les Circassiennes captives si recherchées dans l'Orient.

Sur ce versant caucasien, incliné vers la mer Noire, on ne trouve pas de centres populeux. Soukhoum-Kaleh, chef-lieu de district militaire, n'est qu'un bourg sans importance ; son commerce total ne dépasse pas un million de francs à l'année. Pitzounda, lieu de bannissement des Byzantins, plus tard entrepôt de Gênes, n'est qu'un village insignifiant. Plus au nord : Soudjouk, puis Anapa, ports peu sûrs ; Temrouk, chef-lieu de la province de Taman, entourée de volcans de boue, située sur une côte basse, inabordable pour toutes autres embarcations que des bateaux à fond plat. Ici apparaît le Cosaque, cantonné dans ses *stanitzas,* colon militaire auquel, suivant son grade, le gouvernement alloue un nombre d'hectares qui varie de 33 à 1,600. Maïkop est la plus importante de ces *stanitzas.* Située à la base septentrionale du Caucase, centre commercial et poste stratégique, Maïkop se relie à Yekatérinodar par une série de villages. Yekatérinodar est la capitale de la province de Kouban, moins importante par ses manufactures naissantes que par ses foires où la population afflue. Son port de Yeïsk est visité, chaque année, par près de sept cents navires de cabotage.

Plus à l'est, par delà le bassin du Kouban : Stavropol, l'une des forteresses préposées à la garde des plaines. Favorisée par sa situation, par ses eaux courantes, par son sol fertile, elle est en voie de devenir une ville importante. Au nord de Stavropol les villages se multiplient ; ce territoire se peuple et la fertilité du sol active le courant de l'immigration. Stavropol possède déjà 29,000 habitants ; Maïkop : 22,000 ; Yeïsk : 28,000 et Yekatérinodar 32,000.

Nous avons dit que le Caucase oriental ne comptait pas moins de six sommets d'une altitude supérieure à celle du mont Blanc. Du Kazbek, dépassant 5,000 mètres, descendent les torrents qui alimentent le Kalaous dont les eaux, débordantes au printemps, courent au travers du steppe, mais s'épuisent l'été et tarissent avant d'avoir atteint la dépression du Manitch. Comme le Kalaous, la Kouma descend majestueuse dans la plaine ; impuissante à lutter contre le soleil, le sol altéré et les saignées que les agriculteurs pratiquent au long de son cours, elle s'épuise et tarit, parfois à cent kilomètres de ce qui fut son embouchure fluviale. Il n'en est pas de même du Térek qu'alimentent de nombreux glaciers, que grossissent les torrents de l'Elbrous et que rejoint dans la plaine la Soundja aux eaux chaudes et sulfureuses. Ni les saignées des riverains, ni l'évaporation ne vident son lit et, par un delta de 120 kilomètres il se déverse dans la mer Caspienne, au nord de la péninsule d'Outch.

Sur ce versant septentrional du Caucase les races autochtones, à tout le moins

antérieures à l'occupation russe, ont beaucoup diminué en nombre. Les guerres et l'exil
les ont décimées. Sur le haut Térek campent encore quelques milliers de Kabardes,
pasteurs nomades, débris d'une tribu puissante, mais autour d'eux l'espace se resserre.
Les Allemands ont, en partie, germanisé cette région que leurs émigrants cultivent.
Les Osses, qui se désignent eux-mêmes sous le nom d'Iron, qui rappelle celui d'Iran,
et auxquels on attribue une origine aryenne, habitent les hautes vallées. Race guer-
royante et pillarde, toujours prête à s'enrôler au service de qui la payait bien, des Turcs,
Géorgiens, Persans qui recrutaient chez elle des bandes de cavaliers. Dans les steppes
riverains de la mer Caspienne errent les Nogaï, nomades et tristes comme leur nom
qui désigne « un être voué au malheur ». Ainsi que les Kalmouks, ils habitent sous
des tentes de feutre, campant au bord des rivières, et, sur leurs maigres chameaux
montés par les femmes et les enfants, parcourant en tous sens les dunes désertes et les
rives poissonneuses.

Dans le bassin de la Kouma, à la base des montagnes, on rencontre une ville très
fréquentée et dont la population s'accroît chaque année, c'est Patigorsk, ville ther-
male, dont les eaux sulfureuses sont célèbres dans toute la Russie. Autrefois les
malades campaient autour de ses fontaines jaillissantes. Aujourd'hui de beaux hôtels,
de luxueuses villas offrent tout le confort désirable. Patigorsk s'est civilisée et compte
14,000 habitants. A peu de distance : Georgyevsk, chef-lieu de la province, abandonnée
pour Stavropol, mais entrepôt important. Les Allemands y sont nombreux. Nombreux
aussi les centres agricoles qui s'étendent dans la plaine : Alexandrovskaya, Prascoveya,
Madjar, Svatoï.

Au flanc des montagnes, là où le Térek tortueux serpente au travers des défilés, se
trouve Vladikavkaz, forteresse du Caucase, préposée à la garde de la route militaire.
Ce fut, pendant la guerre, un point stratégique important; c'est, aujourd'hui que la
Caucasie est devenue terre russe, une ville commerçante et un poste militaire. Au nord,
dans la plaine : Yekatérinograd, dont Potemkin fit une forteresse et qui n'est plus qu'une
stanitza de Cosaques; puis Mozdok, fondée par un chef kabarda proscrit, asile de pro-
scrits, dont la conquête russe a fait l'entrepôt des colonies agricoles environnantes. A
l'est, Grozniy. Ses sources de naphte lui ont donné une importance industrielle; ses eaux
minérales y attirent les malades; aussi grandit-elle, et autour d'elle la plaine se peuple.
En suivant le cours du Térek, au sommet de son delta, dernière ville du bassin :
Kizlar, célèbre par ses cultures et plus encore par ses vignobles qui fournissent un vin
très apprécié de la Russie.

Le Caucase oriental ou Daghestan, est inférieur en altitude au Caucase occidental.
On n'y trouve pas de cimes comparables à celle de l'Elbrous et du Kazbek; aucun de
ses sommets n'atteint 5,000 mètres; le plus élevé, le Teboulos, s'élève à 4,500. Par
contre, le massif montagneux, plus tourmenté, offre une protubérance moyenne supérieure. Ce n'est qu'enchevêtrements de hauts plateaux ravinés, qu'un inextricable dédale
de passes sinueuses, de vallées profondes, de torrents écumeux entre des parois abruptes,
de précipices et de sentiers de chèvres. C'est dans le Daghestan, forteresse naturelle,

vaste camp retranché, dont ils connaissaient les détours, dont ils occupaient les hauteurs et commandaient les défilés, que les Caucasiens longtemps arrêtèrent les Russes, défendant avec l'intrépide énergie du désespoir leur dernier asile contre les envahisseurs.

Quand le Russe, débouchant de ses steppes septentrionaux, de ses plaines sans fin où l'ennemi se montre à découvert, où l'on lutte en pleine lumière, où l'on se voit et l'on se compte, vint, pour la première fois, se heurter à ce mur du Caucase dont les cimes colossales, barrant l'horizon, retenaient les nuages et, au loin, projetaient l'ombre, il hésita, surpris. Quand il s'engagea dans ces passes sinueuses, où le jour, tard levé, finissait tôt, où les colonnes défilaient, tassées, compactes, sans espace pour se mouvoir, où l'ennemi invisible, inaccessible, décimait ses rangs, choisissant et abattant les officiers, il se sentit envahi par une superstitieuse terreur. Que pouvait-il contre un adversaire dont il ignorait le nombre et la force, dont la tactique déconcertait sa routine, qui toujours se dérobait, apparaissant là où on ne le croyait pas, disparaissant quand on espérait l'atteindre?

Aussi la guerre fut-elle longue, et Schamyl, « le Moudchid, l'Envoyé de Dieu » put-il, pendant trente-cinq années, braver les efforts de la Russie, défier ses armées et ses généraux qui, familiarisés enfin avec ce genre de combat, formés par leur adversaire, le cernèrent en 1859 et, captif, l'envoyèrent à Saint-Pétersbourg où il mourut en 1871.

Si les torrents sont nombreux dans ce massif du Daghestan, les rivières y sont rares. Le Soulak porte à la mer Caspienne le tribut des eaux des montagnes Noires. Plus bas, le Samour, après un cours restreint, se déverse dans la même mer en un large delta marécageux.

Soumises à la Russie, les races indigènes du Daghestan ont dû, pour la plupart, émigrer dans la plaine. Les Tchetchènes et les Lezghiens sont les plus nombreux, au nombre d'environ 500,000. Comme les Tcherkesses, dont nous avons parlé plus haut, les Tchetchènes sont beaux, vigoureux et braves. Schamyl recruta parmi eux ses meilleurs soldats. Les Lezghiens habitent les vallées du Caucase oriental; pendant la guerre, ils firent trève à leurs discordes et, ainsi que les Tchetchènes se groupèrent autour de Schamyl. Ils ne capitulèrent qu'enserrés dans un cercle de forts, de colonnes militaires, décimés par les balles et la maladie. Quand Schamyl se rendit, il n'avait plus à ses côtés que quatre cents combattants valides. La fin de la guerre fut, malheureusement pour les Lezghiens, le signal du retour à leurs anciennes dissensions.

Les villes sont clairsemées dans cette région montagneuse. Khounzak, capitale du Khan des Avares, est en ruines; Ghimri n'est connue que comme lieu de naissance de Schamyl; à Vedeno fut sa principale forteresse. Au seuil de la plaine : Témir-Kan-Choura et son port, Pétrovsk, que le prolongement de la voie ferrée du nord doit relier à Moscou. On exploite des puits de naphte aux environs, et sa rade, l'une des moins mauvaises de la mer Caspienne, est visitée par un assez grand nombre de bâtiments de cabotage. Au sud, sur le littoral, Derbent, dont on attribue la fondation à Alexandre; ville de construction bizarre, enserrée entre deux hautes murailles parallèles qui, des

PUITS JAILLISSANT DE PÉTROLE A BALAKHANI (CAUCASE).

montagnes, descendent à la mer; une seule rue, de près d'une lieue de longueur, traverse la ville qui n'est, en réalité, qu'une porte ouverte sur la plage, donnant accès au défilé par lequel on pénètre dans la région des Lezghiens. Derbent compte 14,000 habitants. Au sud-ouest : Kouba, dans une plaine fiévreuse, puis Akhti, au cœur des montagnes.

Par deux rivières, l'Ingour et le Rion, qui courent du nord-est au sud-ouest, la Transcaucasie occidentale déverse ses eaux dans la mer Noire. C'est la région des fleurs et des arbres, des bœufs de l'Ukraine, des chèvres, des mulets et des volailles. C'est aussi la région des beaux types humains, qui, plus haut, sur la montagne, se déforment sous un climat trop dur, dans une vie trop rude. Aussi la différence est-elle grande entre les Mingréliens habitant les plaines du bas Rion, et les Svanes qui occupent les hautes vallées. Chez ces derniers, la misère est telle que, ne pouvant plus vendre leurs enfants, ils ont, dit-on, recours à l'infanticide pour diminuer leurs charges.

Cette vallée du Rion fut la grande route des Grecs, des Romains, des Génois et des Turcs. C'est la voie qui relie la mer Noire à la mer Caspienne, c'est aussi celle qu'emprunte le tracé de la voie ferrée de Batoum à Bakou, par Tiflis. Batoum, ville de 10,000 habitants, était, commercialement, russe, bien avant la guerre de 1877 à la suite de laquelle elle passa sous la domination du tsar. Si les Russes l'ont fortifiée, s'ils ont amélioré son port, comparativement bon sur cette mer qui en compte peu de sûrs, le commerce du pétrole de Bakou enrichit Batoum.

Bakou, à l'autre extrémité de la vallée, sur la Caspienne, écoule par le port de Batoum ses naphtes qui, de là, s'exportent en Europe, aussi Batoum, ville cosmopolite, se peuple-t-elle rapidement. Au premier aspect, elle rappelle les villes naissantes d'Amérique, affairées, bruyantes. Les lourds camions la sillonnent; sur les quais s'alignent les longues files de tonneaux, suintant l'huile, que l'on charge à bord des navires, grecs, russes, turcs, rangés au long des appontements. Batoum est la ville du pétrole dont l'odeur l'enveloppe, dont la nappe huileuse flotte à la surface de l'eau; tout, depuis le sol jusqu'aux vêtements des portefaix, aux quais et aux ponts des navires, en est imprégné.

Entre la gare et le port le mouvement est incessant. Au sortir de Batoum, la voie ferrée longe la mer, puis brusquement s'engage dans une vallée ombreuse dont M. J. Patenôtre a retracé, dans la *Revue des Deux-Mondes*, l'étrange aspect : « Le rail court, écrit-il, sur une étroite chaussée, bordée de marécages et de forêts. De chaque côté de la voie, un impénétrable fouillis de branchages, de troncs vermoulus, de taillis noyés dans les roseaux, richesses inutiles, sans cesse détruites et renouvelées par les siècles, témoigne de la fécondité de ce sol, vierge de toute exploitation. Partout les arbres tombent de vétusté. La forêt est jonchée de leurs cadavres à peine reconnaissables sous le linceul de vase qui les recouvre. Seuls habitants de ces solitudes, de grands aigles perchés sur la cime dépouillée des chênes s'envolent en criant au passage des trains comme pour protester contre cette violation de leur domicile. La scène est d'une majesté sauvage. Pour peu que le soleil, empourprant l'horizon, veuille prêter au

décor la magie de ses coloris et changer en granit rose les pics neigeux du Souram, le
tableau dépasse en splendeur toutes les merveilles de la féerie. D'heure en heure le
train s'arrête devant quelques huttes misérables disséminées sur la lisière de la forêt;
puis le défilé des bois et des marais recommence. » Peu à peu cependant le terrain
s'assainit, la plaine succède au marais, le taillis à la forêt. A Koutaïs, belle ville de
15,000 habitants, le paysage est merveilleux; abritée des vents du nord, la plaine de
Koutaïs est d'une grande fertilité, la ville elle-même d'une haute antiquité. Au delà :
Tiflis, capitale de la Caucasie et la plus grande cité de cette partie de l'Asie; elle
compte 110,000 habitants.

Située dans le bassin et sur les rives de la Koura qui se déverse dans la mer Caspienne,
Tiflis, « la ville chaude », se divise en deux parties distinctes : la vieille ville asiatique,
sombre et triste, et la ville nouvelle, d'aspect européen, bâtie en amphithéâtre sur la
rive droite du fleuve dans un cirque gigantesque qu'encadrent des montagnes admirables
de ligne et de couleur. Torrent impétueux, la Koura la traverse, roulant dans son lit
profond creusé dans le roc ses eaux écumantes que dominent de 40 mètres de hauteur
les maisons construites au long de ses parois. Étagée sur le versant de la montagne,
Tiflis profile au loin ses églises, ses clochers, ses dômes blanchis à la chaux, ses milliers
de constructions étagées et bariolées de couleurs voyantes. Sur une éminence, dominant et surveillant la ville, se dressent les ruines cyclopéennes d'un colossal donjon, qui
serait, selon la légende, l'antique résidence de la reine Tamara. Toutes les nationalités
sont représentées à Tiflis, mais les Arméniens y sont de beaucoup les plus nombreux :
37,000, puis les Géorgiens, 22,000, et les Russes 20,000. Les Turcs et les Allemands
viennent ensuite, au nombre d'environ 2,000.

Anciens maîtres de cette région qui fut autrefois la Géorgie, les Géorgiens sont
encore au nombre d'un million dans la Transcaucasie centrale. Ils y prédominent, s'ils
n'occupent à Tiflis que le second rang. La Géorgie devint terre russe en 1802. Moins
nombreux que les Géorgiens dans le bassin de la Koura, les Tartares occupent la partie
orientale, située en aval de Tiflis. Intellectuellement, ils sont supérieurs aux Géorgiens,
probes, hospitaliers et actifs. Il ne leur manque, pour l'emporter sur les races qui les
entourent, que l'initiative et le sens du commerce dont ils sont dépourvus. Les Juifs,
les Arméniens, les Persans les exploitent et l'usure les ronge. Un proverbe de Tiflis
dit qu'il faut trois chrétiens pour valoir un juif, trois juifs pour valoir un Arménien
et trois Arméniens pour valoir un Persan.

Près de Tiflis se trouve l'établissement allemand de Kédabek, vaste usine où l'on
traite les minerais de cuivre. L'alun, le fer et le cobalt sont également exploités dans
cette région.

Dans le sud-est de Tiflis : Yélizavetpol, l'un des chefs-lieux de la Transcaucasie et
qui, sous le nom de Gandja, fut une ville importante; ce n'est plus qu'un jardin de cinq
lieues de circonférence qu'entourent vingt-deux cimetières. Dans le même département :
Choucha, ville du moyen âge, avec ses rues dallées, ses maisons en pierres de taille,
ses tours et ses poternes. Sur l'autre versant de la Koura, Telav, centre d'un commerce
important de vins; Noukha d'où l'on exporte des soies grèges; Chamakha, que Pierre

le Grand et Nadir-Chah dévastèrent, qui se relève de ses ruines et s'enrichit par la fabrication de ses tapis.

Au delà de Tiflis, à 25 verstes dans l'est, la voie ferrée s'engage dans le steppe de Karaïas, dont les irrigations artificielles ont modifié l'aspect. La Société de propagande du christianisme au Caucase a métamorphosé une partie de ce désert en une plaine fertile. Encouragé par ce premier succès le gouvernement russe a mis à l'étude un projet colossal d'irrigation. Il ne s'agirait de rien moins que d'englober dans un réseau de canaux presque tout le bassin inférieur de la Koura, plus de trois millions d'hectares. Ces steppes que l'on mettrait ainsi en valeur, sont aujourd'hui presque inhabités et nourrissent à grand'peine quelques maigres troupeaux. Les promoteurs de ce projet estiment à douze cent millions de roubles l'accroissement de valeur de la propriété foncière qui résulterait de l'irrigation et à trois cent millions de roubles le coût des travaux.

Dans un rapport adressé en 1884 à son gouvernement et que M. Boulangier cite dans son intéressant volume d'un *Voyage à Merv*, M. Hagelmans, ancien ingénieur des mines de Belgique et consul général pour la Russie méridionale s'exprime ainsi : « Au point de vue économique, le Caucase est un diamant brut, rugueux et terne, mais il ne faudrait qu'un lapidaire expert en son métier pour le faire briller d'un éclat remarquable. La transformation commencera le jour où l'on sera décidé à entreprendre l'arrosage de la partie orientale de la Transcaucasie, c'est-à-dire de la plus grande surface irrigable qui soit au monde.

...... « Le plan de MM. Baly et Gabb est fort bien conçu; personne cependant ne peut songer à l'exécuter dès maintenant dans son ensemble... Il faudra procéder de proche en proche et n'amener l'eau dans les steppes qu'au fur et à mesure de la colonisation de ceux-ci. Cette colonisation s'effectuera lentement peut-être, mais sûrement, car sous ce climat l'irrigation est un agent de peuplement dont l'efficacité n'est pas contestable, pour autant, bien entendu, que les éléments ne fassent pas défaut. Or c'est ici le cas : il y a d'abord les nomades des plaines qui finiront par se grouper et se fixer dans les districts irrigués; il y a ensuite la population des frontières persanes, sobre et laborieuse, dans le sein de laquelle se recrute déjà la grande majorité des ouvriers du Caucase...; il y a enfin les Arméniens de Turquie sur lesquels il est permis de fonder de grandes espérances. Déjà, pendant la guerre de 1878, ces excellents agriculteurs ont immigré, nombreux, au Caucase, abandonnant leurs foyers sans esprit de retour; à cette époque, on ne put leur donner que des terres impropres à la culture par suite du manque d'eau, et ils durent rentrer en Arménie; mais il n'en serait plus de même dans l'avenir. Si l'on se pénètre bien de cette idée qu'en Orient l'eau est un liquide rare et précieux, l'on reconnaîtra que les probabilités sont en faveur d'une immigration des peuplades voisines dans les steppes qu'arroseront un jour en abondance les eaux de l'Araxe et de la Koura. »

Le steppe de Karaïas s'étend jusqu'au littoral de la mer Caspienne, jusqu'à Bakou où aboutit la voie ferrée.

Au fond d'une vaste baie qu'entourent des collines rocailleuses et nues, Bakou étale en amphithéâtre ses maisons grises, les cimetières qui la dominent, et sa « ville noire », Tchornigorod, qui vomit dans l'air d'épaisses et nauséabondes fumées. A l'est se déploie la presqu'île d'Apchéron, terre désolée sur laquelle flottent, la nuit, des lueurs phosphorescentes, terre autrefois sacrée pour les sectateurs de Zoroastre qui, du fond de l'Asie venaient ici adorer le dieu du feu. Notre siècle, moins crédule, exploite ces gisements de naphte; les spéculateurs ont remplacé les fidèles, et de l'antique culte, il ne reste plus qu'un pauvre temple délaissé où végètent deux prêtres Parsis.

Plus de quatre cents puits ont été forés dans cette presqu'île d'Apchéron que couvrent, de distance en distance d'immenses, cages en bois, semblables à d'énormes cheminées d'usines. Elles se dressent au-dessus de l'orifice d'où jaillit ou d'où l'on pompe le pétrole. Plusieurs de ces puits ont une profondeur de 200 à 300 mètres; c'est peu de chose encore à côté des puits américains, mais c'est beaucoup quand on pense qu'au début de l'exploitation il suffisait de creuser le sol à quelques pieds pour rencontrer la nappe souterraine. A mesure que l'on pénètre plus avant la pression des gaz devient telle qu'elle oppose au forage une résistance presque insurmontable. Sous l'action de cette force le trou foré se referme instantanément.

On comprend les formidables explosions que de pareilles pressions peuvent déterminer quand le forage ouvre une issue étroite et soudaine au pétrole. Avertis par le retentissant bruissement, par le ruissellement de la marée montante que leur sonde a rencontré la nappe, les mineurs n'ont que le temps de fuir. Parfois le jet jaillit avec une force telle qu'il projette dans l'espace le lourd trépan de 300 kilogrammes et fait voler en éclats le sommet de la cage. La gerbe éclate jusqu'à 100 mètres de hauteur.

Dans son livre intitulé : *The region of the internal fire*, la région des feux souterrains, M. Ch. Marvin a retracé l'éruption de la source Droujba, dont il fut le témoin oculaire. Le grondement, dit-il, se faisait entendre à plusieurs lieues de distance. L'orifice par lequel s'échappait le sable et le pétrole avait 25 centimètres de diamètre, mais au-dessus le jet en mesurait 45. Au travers des poutres brisées de la banne il s'élevait à 80 mètres de hauteur retombant en pluie sur le sable que le liquide ravinait. La masse de matière vomie par le puits était telle que le sable accumulé atteignait les toits des hangars et, à l'orifice, mesurait 6 mètres de hauteur. La gerbe se maintint ainsi pendant plusieurs semaines, et l'inondation du pétrole qui, en longs ruisseaux, s'épanchait dans la mer Caspienne, sans qu'on pût l'arrêter ou le recueillir, devint à ce point menaçante que l'on fit venir de Saint-Pétersbourg des ingénieurs pour conjurer le danger. Loin d'être enrichie par cette abondance du précieux liquide, la compagnie fut ruinée, ayant à payer de fortes indemnités aux exploitations voisines.

Pour conjurer ces pertes et aussi les dangers que présente le transport de ce liquide inflammable on agite la question d'établir un tuyau de conduite de 500 à 900 kilomètres de longueur entre la presqu'île d'Apchéron et la mer Noire. On estime à 10,000,000 de mètres cubes la production des puits depuis leur ouverture. Dans les dix dernières années elle s'est beaucoup accrue; de 242,000 tonnes à l'année elle est montée à 1,370,000 en 1885, à 1,600,000 en 1886, et les prix d'extraction ont baissé de 15 fr. 30 la tonne en 1877 à 5 fr. 75.

Cette production est encore peu de chose, comparée à celle des États-Unis qui atteint 1,800,000,000 de kilogrammes à l'année, mais, telle qu'elle est, elle a eu pour résultat d'affranchir l'Empire Russe du tribut qu'il payait de ce chef aux États-Unis, et qui, pour la France seule, est de 250,000,000 de francs à l'année. Outre ce qu'elle consomme, la Russie exporte un surplus de 100,000,000 de kilogrammes par an. L'exploitation du pétrole enrichit Bakou dont la population s'est élevée de 10,000 à 60,000 habitants. Elle a fait un centre industriel important de cette presqu'île d'Apchéron, aux côtes plates, au sol aride, d'où jaillissent des volcans de gaz et de boue. Toute cette côte frémit sous l'action des feux souterrains; le sol s'affaisse et, sur le haut plateau sous-marin qui de Bakou à Krasnovodsk traverse la mer Caspienne, les caravanes ont cheminé à pied sec entre l'Europe et l'Asie. Aujourd'hui le niveau de la Caspienne est à 30 mètres au-dessous de celui de la mer Noire. Sous cette mer Caspienne elle-même gît une mer de pétrole, et les îlots qui affleurent à sa surface laissent suinter l'huile par leurs fissures.

Au sud de Bakou, Salyani, chef-lieu du delta de la Koura, est renommée pour ses pêcheries et ses vergers; Lenkoran, sur la plage, offre un ancrage peu sûr, les navires mouillent à 3 kilomètres au large; plus au sud, Astara et par delà, dans l'est, la Perse.

A l'ouest : l'Arménie russe, dans le bassin de l'Araxe, fleuve turc, moscovite et persan. L'Araxe naît sur territoire turc; sa rive droite est persane sur la plus grande partie de son cours, l'autre est à la Russie qui détient, en outre, les postes donnant accès dans la vallée de l'Euphrate. Elle avait pris les sources, l'Angleterre les lui fit restituer à la Turquie par le traité de Berlin.

Ici, sur sa puissante assise, se dresse d'un seul jet le massif de l'Ararat, centre historique du plateau d'Arménie. Les montagnes et les hauts plateaux semblent s'abaisser devant lui, tant, de haut, il les domine de sa masse conique et blanche striée de roches noires. Sur sa cime de 5,160 mètres de hauteur s'arrêta, dit-on, l'arche de Noé; la première, elle émergea des flots pour recueillir l'homme flottant « à quarante coudées au-dessous des plus hautes montagnes ». Le massif de l'Ararat se compose de deux montagnes distinctes l'une de l'autre séparées par une dépression profonde : le grand et le petit Ararat dont les bases réunies couvrent une superficie de plus de 900 kilomètres carrés. Longtemps la cime de l'Ararat fut considérée comme inaccessible et les légendes arméniennes ne tarissaient pas sur les dangers auxquels s'exposait le profane assez audacieux pour gravir le sommet de la « mère du Monde ». Tournefort et Morier y échouèrent. Parrot, plus heureux, réussit en 1829, et, après lui, Khodzko campa cinq jours au sommet pour continuer sa triangulation du Caucase.

Ce ne fut pas sans peine qu'il acheva la périlleuse ascension, et qu'après deux jours d'efforts il atteignit le pied du dernier rocher qui précédait la cime. Surpris par un épouvantable orage, suivi d'une abondante chute de neige il dut, avec ses guides, passer la nuit sans abri. Quand le jour parut, les cimes s'étaient bien dégagées de leur enveloppe nébuleuse, mais en revanche les flancs du petit Ararat et toute la région basse disparaissaient sous un rideau de nuages semblables à une mer ondoyante et glacée. A mesure que le soleil montait à l'horizon, il se dégageait de ce milieu des vapeurs qui bientôt se condensèrent en brouillards épais et neigeux.

Ce ne fut qu'après avoir franchi une troisième chaîne de rochers que les voyageurs débouchèrent enfin sur le plateau. Il présentait une pente inclinée de cinquante degrés au moins. Le détachement conserva ce poste pendant trois nuits et deux jours, du 3 au 5 août 1880. Le 6, le vent tomba; toutes les gorges du grand et du petit Ararat s'éclaircirent; il ne resta plus à l'horizon qu'une mince rangée de nuages couronnant les cimes lointaines du Karabagh et les gigantesques terrasses du Savalan dont la silhouette se profilait dans l'est.

Jusqu'à près de 3,500 mètres la végétation couvre les pentes de la montagne; les graminées persistent jusqu'à 3,750, les neiges ne commencent qu'à 4,300, l'Ararat, isolé dans la plaine, recevant plus directement les rayons du soleil. Aussi les eaux sont-elles rares à sa base.

En face de l'Ararat, de l'autre côté de la plaine d'Erivan, l'Ala-Goz, « le mont bigarré », se dresse à plus de 4,000 mètres d'altitude. Moins élevé que l'Ararat, il est plus massif, plus étendu encore et recouvre de ses scories volcaniques des centaines de kilomètres. Au nord, parallèlement au Caucase, court la chaîne volcanique qui se rattache au plateau d'Akhalkalaki et au lac de Goktcha, « l'eau bleue ». Ce lac remplit une cavité du vaste plateau et, par la rivière Zanga, épanche dans l'Araxe le surplus de ses eaux. Deux fois et demi plus vaste que le Léman, il couvre une superficie de plus de 1,300 kilomètres carrés; sa profondeur moyenne est de 60 mètres. Le Goktcha abonde en truites et en saumons. Sur ce haut plateau, dans ce site grandiose et triste que les neiges recouvrent pendant les deux tiers de l'année, au bord de ce lac que n'encadre aucun arbre, se trouve le couvent de Sévan construit sur un îlot de laves, habité par des moines qu'une règle rigoureuse condamne à un silence absolu sauf quatre jours par année.

Au sud d'Erzeroum, à peu de distance des sources de l'Euphrate, l'Araxe descend du « mont aux mille sources », du Bingöldagh. Remontant au nord il entre dans la Transcaucasie russe, ramassant sur son parcours les torrents de l'Ala-Goz, serpentant entre les gorges étroites des montagnes qu'il franchit en cascades pour déboucher dans la plaine. Grossi du Bergouchet et des cours d'eau que déversent dans son lit les monts Persans il va dans l'est rejoindre la Koura et se jeter avec elle dans la mer Caspienne en un vaste delta marécageux.

Cette vallée de l'Araxe est peuplée principalement d'Arméniens. Le mont Ararat est l'axe central, le point de ralliement de cette race qui répugne au contact des sectateurs de l'Islam. En 1830 les Arméniens émigrèrent au nombre de 13,000 dans les vallées de l'Araxe et de la Koura devenues terres russes, prenant la place des Kourdes qui refluaient vers les terres mahométanes. Après la guerre de 1877-1878 ils vinrent en plus grand nombre encore, se heurtant à l'exode musulman en marche vers le sud. Suivant leurs affinités religieuses ces peuples se déplacent et se groupent.

Errante et dispersée, ainsi que la race juive avec laquelle elle possède plus d'un point de ressemblance, la race arménienne se retrouve en Pologne, en Russie, en Galicie, aussi bien qu'à Londres, à Singapour et à Constantinople, où, malgré l'antipathie que lui inspire le musulman, on ne compte pas moins de 150,000 Arméniens; mais nulle part ils ne sont aussi nombreux qu'en Russie. Si l'amour du gain et une remarquable entente du commerce ont triomphé d'instinctives répugnances, la masse de la nation est restée agricole. Elle est restée aussi telle qu'elle fut autrefois, intelligente, avide d'instruction, passionnée pour les questions d'histoire, de géographie et de théologie. Les Arméniens furent et sont encore d'émérites imprimeurs et leurs couvents abritèrent longtemps les chefs-d'œuvre, délaissés pendant un temps, de la littérature antique.

Près d'eux, les Géorgiens. Un vieux proverbe dit : « l'Arménien a son intelligence dans la tête, le Géorgien l'a seulement dans le regard. ». Les Géorgiens sont au nombre de plus d'un million dans le Caucase. Strabon a parlé de leurs ancêtres, les Ibères, et le portrait qu'il a tracé des Ibères est encore celui des Géorgiens; ni le type ni le costume n'ont varié; à défaut de leur indépendance qu'ils n'ont pu maintenir, ils ont gardé leur cohésion ethnique et, là où vivaient leurs aïeux ils vivent encore aujourd'hui.

Sur le cours de l'Araxe, à l'est d'Erzeroum, la première ville qui apparaît dans le haut bassin du fleuve est Kaghizman, dans son nid de verdure et de vergers, puis Kars sous les murs de laquelle se heurtèrent le fanatisme musulman et la stoïque valeur moscovite. Paskevitch s'en empara en 1828; Mouravoff l'assiégea en 1855 et, après de terribles assauts victorieusement repoussés, n'y pénétra qu'en l'affamant. Tour à tour prise et reprise, Kars succomba en 1877; elle est restée aux mains de la Russie. C'est la clef de la région, le point stratégique qui commande l'Euphrate, la Koura, l'Araxe et les défilés. Tamerlan la saccagea; après lui Amourat III et les Persans..

Plus loin Alexandrapol, l'ancienne place forte russe qui menaçait Kars et lui barrait la vallée de l'Araxe. Sur le site qu'elle occupe s'élevait la résidence des souverains d'Arménie, Arri, dont les ruines couvrent un promontoire, ruines de palais, de mosquées et d'églises dont elle contenait, dit la tradition, un millier. Dans le sud-est : Talich, puis les trois capitales qu'édifia successivement Erovan II : Erovantachad, Erovantagerd et Armavir; la seconde fut, semble-t-il, la plus importante; de toutes trois il ne reste guère que des débris.

Entre Armavir et Erivan, se dresse un vaste couvent qu'entourent des eaux limpides et de riches vergers. C'est tout ce qui subsiste de la capitale de l'Arménie, d'Anachit consacrée à la Vénus arménienne. Erivan est l'une des villes les plus importantes du bassin de l'Araxe; sa population est arménienne. Située aux confins de la Perse et de la Turquie, elle est le centre d'un commerce important, mais son climat extrême en rend le séjour intolérable l'été. A l'est : les ruines de Garni où fut un temple connu sous le nom de trône de Tiridate, puis Ardachar, pauvre village construit des débris d'Artaxates, qui fut Néronia et que Sapor II renversa en 370. Dans le sud-est : Nakhitchévan; on y montre le tertre funéraire de Noé. Ici, dit-on, il planta la première vigne et habita. C'est aujourd'hui là douane frontière entre la Perse et la Russie. L'avant-poste, Djoulfa, fut une ville populeuse, 40,000 habitants, dit-on, mais Chah-Abbas voulait un désert entre son empire et la Turquie, maîtresse alors de cette région. Il fit raser Djoulfa, jeter dans le fleuve ceux des habitants qui tardaient à partir et des ruines entassées édifia un colossal bûcher.

Au cours du fleuve, dans la courbe qu'il décrit au sud des montagnes de Karabagh, se trouve Ordoubat, qu'arrosent des sources nombreuses et qu'entourent de beaux jardins. C'est un des sites les plus riants du bassin de l'Araxe, l'un de ceux où l'on voit les plus beaux arbres et les plus riches vergers. C'est l'entrée de la « Vallée d'or », ainsi nommée, dit-on, parce qu'elle est habitée par des négociants arméniens enrichis dans le commerce de la soie. Ici fut Akoulis dont Nadir-Chah s'empara et dont il fit détruire les maisons une à une jusqu'à ce que les habitants eussent consenti à lui payer la rançon fixée. Au nord, Girousi, « le village des piliers »: Les aiguilles de tuf surgissent du sol par centaines, dressant partout leurs arêtes aiguës au pied desquelles se blottissent les habitations.

A l'est s'ouvrent les steppes de Karabagh et de Mougan. L'Araxe et la Koura s'unissent et, dans la plaine marécageuse et plate, serpentant en ruisseaux sinueux, déversent leurs eaux dans la mer Caspienne, entre Bakou, au nord, et Lenkoran au sud.

Ici se termine la Caucasie. Sous la domination russe elle jouit d'une paix qu'elle n'avait jamais connue, et ses richesses agricoles alimentent déjà un trafic important. Cette vaste région qui nourrissait autrefois vingt millions d'hommes, que les guerres intestines et les guerres extérieures avaient dépeuplée, se repeuple rapidement et la construction des voies ferrées active le mouvement d'immigration qui attire dans la Caucasie Géorgiens, Arméniens, Tartares et Persans. La colonisation moscovite s'accentue également. En 1858 les Russes n'étaient encore qu'au nombre de 850,000; on en compte près de deux millions maintenant, et le mouvement s'accélère. La mer Noire et la mer Caspienne sont des lacs russes; le port de Bakou peut jeter une armée sur les côtes du Mazendaran; Kars et Alexandrapol dominent le bassin de l'Euphrate, et, par le Turkestan conquis, que nous allons étudier, par Bokkara et Merv, la Russie côtoie l'Inde; par Samarcande et Tachkend, la Chine, que la Sibérie enserre au nord.

Le chemin de fer transcaspien et les montagnes de Kopet-Dagh.

II. — LE TURKESTAN

Le Turkestan russe a pour limites : à l'ouest, la mer Caspienne, les monts Ourals et l'Oural ; à l'est, le plateau du Pamir, les monts du Thian-Chan et de l'Ala-Tan le séparent de l'Empire de Chine ; au nord : le plateau qui traverse les steppes Kirghizes sous le 51° de latitude, forme la ligne de partage des eaux entre les bassins de l'Aral, et de la Caspienne d'une part, de l'Ob de l'autre. Au sud, la frontière, délimitée par le traité de 1882 avec la Perse, s'étend de l'angle sud-est de la mer Caspienne à Chat, à la jonction du Sumbar, puis dans l'est, suivant la ligne de partage des eaux, aboutit au sud-est d'Askabad. Sa superficie est d'environ quatre millions de kilomètres carrés, huit fois celle de la France, sa population de 6,500,000 habitants.

Peu de pays présentent d'aussi saisissants contrastes dans le relief du sol et dans les variations de la température. A des montagnes qui atteignent six et même sept mille mètres de hauteur, il oppose de vastes régions basses dans lesquelles le niveau descend au-dessous de celui de la mer. L'écart entre les températures extrêmes n'est pas moindre ; il comprend jusqu'à 74 degrés, de + 44 à — 30. La sécheresse est telle dans certaines régions que des années s'écoulent sans que la pluie vienne abreuver le sol desséché, et que dans le désert de Kara-Koum, en 1858, on n'a relevé que quatre heures de pluie dans l'année.

Progressivement le sol se dessèche ; partout on rencontre des lits de rivières vides ou comblés, des milliers de lacs évaporés que recouvrent des cristaux salins ; les mers intérieures, l'Aral, le Balkhach, l'Issik-Koul, laissant leurs rives à découvert voient baisser leur niveau et diminuer leur superficie. Le steppe envahit la plaine, enserre les montagnes, chassant des vallées une végétation impuissante à lutter contre les froids intenses de l'hiver et les sèches ardeurs de l'été. Et cependant, autrefois, tout l'indique, cette terre fut habitée et cultivée, elle posséda des cités populeuses dont les ruines attestent la grandeur. Dans les bassins de l'Oxus et de la Sogdiane s'élevèrent des Empires, se développèrent des centres de civilisation. Ici, le nomade a reconquis ce qu'il a perdu ailleurs, il erre sur ces plateaux abandonnés par l'agriculteur qui va chercher dans les basses vallées l'eau qui lui manque dans la plaine, et un sol arable.

Une pareille conquête n'était pour tenter que le Slave. Seul il pouvait affronter le climat et l'énormité des distances. De longue date, il connaissait le steppe. Adossé à la mer Caspienne, approvisionné par ses ports, il pouvait seul, au long du désert de Khiva, d'Ada à Merv, de Merv à Samarcande, construire cette voie ferrée qui est l'un des plus étonnants tours de force réalisés en notre siècle. Il fallait, pour l'entreprendre, outre cette foi profonde dans l'avenir qui est l'un des traits caractéristiques et aussi l'une des forces du Slave, un homme capable d'en concevoir l'idée, un souverain qui le comprît, un lieutenant, doublé d'un savant, qui l'exécutât. La Russie les avait, et dès 1880 se mettait à l'œuvre, au lendemain même sous et le coup d'un échec qui compromettait gravement son prestige dans l'Asie centrale.

Cette histoire doit être esquissée avant d'aborder l'étude géographique de cette partie de l'Asie russe à laquelle elle se relie intimement, les difficultés rencontrées et vaincues mettant en relief puissant la nature du sol, et le tracé suivi nous amenant au seuil même de la région peuplée et vivante du Turkestan.

En 1880 l'armée russe venait d'essuyer un troisième et désastreux échec sous les murs de Gheok-Tépé, à 380 verstes de distance des rives de la mer Caspienne. Chargé en 1877-1878 de réprimer les brigandages des Turcomans de l'oasis d'Akhal Tekké, le général Lomakine s'était vu deux fois obligé de reculer ; le général Lazareff avait échoué contre les murailles de la citadelle turcomane, et se retirait en désordre, laissant ses canons aux mains de l'ennemi. Le coup était rude ; les Russes venaient de se heurter à des adversaires redoutables, disciplinés, possédant, avec le sens inné de la guerre, une bravoure égale à la leur, une tactique supérieure ; il l'était d'autant plus qu'il coïncidait avec la marche en avant des Anglais dans l'Afghanistan et que l'insuccès des Russes s'aggravait des succès de leurs rivaux.

Pour relever son prestige, pour prouver sa résolution de triompher de l'obstacle, pour affirmer sa prise de possession du sol et porter au cœur même du pays des Turkmènes ses avant-postes et sa base d'opérations, le gouvernement russe décida la construction du chemin de fer transcaspien, dont la première section devait s'étendre du port de Michailovsk sur la mer Caspienne jusqu'à l'entrée de l'oasis d'Akhal Tekké, sur une longueur de 225 kilomètres. C'était le prolongement de la grande voie ferrée qui, de Saint-Pétersbourg et Moscou, par la mer Noire et le Caucase, atteignait Bakou et, de là, débordait sur le Turkestan, en marche vers la Chine à l'est, vers l'Inde au sud.

Sur 160 kilomètres de parcours l'eau manquait ; le bois, le combustible, les vivres faisaient défaut. En avant de la voie ferrée à construire on jeta en toute hâte à travers les sables et les marécages un chemin de fer Decauville à voie étroite ; on consolida les tranchées de sable en les arrosant d'eau de mer en y multipliant le *saxaoul*, arbuste de cette région, aux racines profondes qui fixent les dunes mouvantes. Dans le désert de Karakoum, « des sables noirs », encaissé entre les grands et les petits Balkans, le vent souffle parfois avec une vitesse de 170 kilomètres à l'heure, arrêtant les trains dans leur marche, les refoulant en arrière. On passa outre à l'aide de machines plus puissantes.

Au delà, ni eau, ni végétation, ni habitants; des steppes salés auxquels succèdent d'autres steppes non salés qui, au printemps, se couvrent d'herbe et en juin n'offrent plus qu'un aspect désolé. Mais si le sol est dénudé, le sous-sol recèle des richesses ; le pétrole, le gypse rose, l'alun, puis le salpêtre et le soufre. Ici la voie ferrée atteint l'oasis d'Akhal-Tekké, région des Turkmènes aujourd'hui soumis, encadrés dans l'armée russe. L'oasis franchie, le steppe recommence, steppe sombre, implacablement uni, donnant l'illusion de la mer avec la courbure de son horizon qui vient mourir au pied des premiers contreforts du plateau de l'Iran. Le chemin de fer les suit, courant au long des montagnes, qui forment la frontière persane. A Bahmi on retrouve l'eau qui descend des monts et alimente un petit ruisseau. Au delà, le paysage change. Sur les hauteurs, à droite, des forteresses tekkés ; dans la plaine immense, à gauche, des tentes de nomades; le steppe se peuple. A mesure que l'on avance les eaux descendent plus abondantes des montagnes de la Perse; elles vont se perdre dans le désert de Karakoum, mais non sans avoir, sur leur passage, créé des oasis, au centre desquelles, couverte par un intelligent système de défenses, se dresse la forteresse de Ghéok Tépé qui barra le chemin aux Russes et que le général Skobeleff emporta en 1881.

Mieux que ne saurait le faire une étude ethnologique empruntée aux observations des voyageurs, le récit de ce siège homérique met en saillie les traits caractéristiques des deux races qui peuplent actuellement cette région. Les détails en sont puisés au rapport du général en chef et de son lieutenant le général Annenkoff.

Sur les gigantesques massifs de terre qui couvraient la forteresse turkmène le feu des 69 pièces de l'artillerie russe s'émoussait et se perdait. On dût recourir à la mine. Sous leurs pieds les assiégeants entendaient le bruit des travaux souterrains ; dans leur naïve ignorance ils s'attendaient à voir s'ouvrir, béant, un trou par lequel, un à un, les Russes surgiraient, et nuit et jour se relayant, ils guettaient, sabre en main, prêts à leur couper la tête à la sortie. La mine éclata le 24 janvier 1881, et l'armée russe, en masse compacte, se rua à l'assaut. Déconcerté un moment par cette explosion inatten- due, l'ennemi se jeta à la rencontre des Russes, engageant avec eux un combat désespéré corps à corps. A cet instant Skobeleff apparut si beau à ses compagnons d'armes qu'ils croient encore avoir vu en lui le dieu de la guerre.

Dans l'enceinte, 40,000 Turkmènes étaient entassés. Skobeleff n'avait que 15,000 combattants. Son artillerie, amenée en ligne, lui donna la victoire. La déroute qui suivit le combat fût effroyable. « A quatre heures de l'après-midi, dit Skobeleff, voyant que toutes mes colonnes étaient victorieuses, je lançai ma cavalerie à la poursuite de l'ennemi qui se retirait vers le nord en deux fortes colonnes. L'obscurité profonde et la disparition définitive des fuyards arrêtèrent seules la poursuite, dans laquelle, 8,000 Turkmènes périrent. » Dans l'enceinte 7,000 cadavres, des milliers d'autres dans les tranchées attestaient l'héroïsme des défenseurs de Géok-Tépé, où, dès le surlendemain, éclatait le typhus qui, plus redoutable encore que les Turkmènes, força l'armée victorieuse à aller camper vers les hauteurs.

Si les Russes se montrèrent impitoyables pendant la lutte, ils surent se montrer généreux et pitoyables après le succès. « Il faut frapper fort et longtemps jusqu'à ce que la résistance soit vaincue, disait Skobeleff, expliquant à M. Marwin son système, puis reformer les rangs, être bon et humain pour l'ennemi abattu. La soumission faite, les troupes doivent être ramenées dans les limites de la plus étroite discipline; aucun adversaire ne doit plus être touché. » Aussi la pacification est-elle complète; le souvenir de l'écrasement terrible du 24 janvier 1881, vivra longtemps dans le souvenir des Turkmènes et aussi celui de la mansuétude des vainqueurs.

M. Boulangier cite à ce sujet le témoignage d'un correspondant français qui suivit toute la campagne : « J'ai assisté là-bas à de curieux spectacles, un entre autres qui, sans me surprendre, m'a paru original : c'est la façon d'agir des officiers russes alors qu'il s'agit de faire de la politique avec l'ennemi. Ils n'arrivent pas au lieu choisi pour les délibérations avec un luxe qui pourrait rappeler celui du camp du Drap d'or; ils viennent, au contraire, avec une simplicité, et j'ajouterai avec une bonhomie incroyable. On se serre la main, on se regarde en vieux amis qui n'ont pas été fâchés de se mesurer, mais qui, la tempête étant passée, sont tout heureux de se connaître. On fraternise, on s'entr'aide; aux femmes et aux enfants on offre des vêtements; aux hommes on offre des cigarettes et du thé, et le général en chef lui-même, les mains dans les poches, le visage souriant, ayant à ses côtés son interprète, échange avec les anciens de bonnes paroles qui, loin de rouvrir la blessure, là pansent et font que d'ennemis on devient immédiatement amis.

« Ce sont mille prévenances à la manière bon enfant, et cela sans chercher malice, parce que, en effet, c'est le fond du caractère russe que cette bonhomie, que ce manque complet de représentation. Et ces braves Tekkés, braves entre les braves, — entendez-moi bien, — sont tout de suite disposés à subir le joug, ce joug ne paraissant pas être bien lourd. »

Au delà de Géok-Tépé le sol se couvre de verdure; la voie ferrée atteint Askhabad, ville nouvelle, qu'entoure une végétation luxuriante, ville créée par la Russie qui en a fait le chef-lieu de la Transcaspienne; elle compte déjà près de 10,000 habitants y compris la garnison. Plus loin, le steppe, semé de tentes et où paissent de nombreux chameaux. A la station de Ghiaours passe la route qui mène à Mesched et que nous avons décrite dans l'étude de la Perse. A Ghiaours les sables recommencent jusqu'à l'oasis de l'Aték. Toujours, à droite, les montagnes de la Perse; le train court dans la plaine, à quelques kilomètres de cette longue muraille qu'il longe; à gauche, la vue se

VUE DE SAMARKAND.

perd sur les steppes que limite au loin, se confondant avec eux, le désert de Karakoum.

Au débouché de l'oasis de l'Atek la voie ferrée atteint son point méridional extrême. Ici se trouve Douchak, simple station appelée peut-être à devenir une ville importante. D'ici partira l'embranchement qui, par Hérat, Kandahar et les passes du Bolan, gagnerait la mer d'Oman et se relierait au réseau de l'Hindoustan, mettant Paris à dix jours des rives du Gange, réduisant de moitié la distance qui sépare l'Europe de Delhi, de Lahore et de Calcutta. Déjà, en moins de trois semaines, la Russie peut jeter 100,000 hommes sur la frontière afghane, et les études faites prouvent qu'entre Douchak et le point terminal du réseau indien la voie ferrée ne rencontrerait aucun obstacle sérieux.

De Douchak, le Transcaspien, brusquement, remonte vers le nord-est. Il court au travers du désert d'alluvions, franchit la rivière de Tedchen qui arrose Hérat et, par le plateau désolé, semé d'ossements de bêtes de somme tuées par la soif, perforé en tous sens par des légions de rats blancs, gagne l'oasis de Merv, traversant en quelques heures ce périlleux désert redouté des caravanes. Les tentes de feutre reparaissent et aussi les troupeaux nombreux, et les tours de guetteurs d'où les Merviens surveillaient l'horizon et l'approche des Turkmènes. Le Russe est aujourd'hui le maître commun des Turkmènes et des Merviens.

Là, devait primitivement s'arrêter la voie ferrée, tout au moins pour un temps; mais l'impulsion était donnée, on passe outre, on court vers Samarcande et la frontière de Chine.

A Merv, le Transcaspien atteint déjà 744 verstes de longueur; il en aura 1,335 à Samarcande. Jusqu'ici le coût de la voie ne dépasse pas 75,000 francs par verste, résultat merveilleux pour une ligne à voie large construite dans des conditions aussi difficiles, résultat dû à la prodigieuse énergie du général Annenkoff, au fanatisme qu'il a su inspirer à ses hommes et à ses collaborateurs, les enflammant de son ardeur et de sa volonté. Il n'y avait qu'un homme « ayant dans le cerveau de quoi faire sauter une citadelle » qui fût capable de mener à bien une pareille entreprise, de construire quatre kilomètres de voie ferrée par vingt-quatre heures; de défendre cette voie contre les sables, de s'approvisionner d'eau dans un désert aride, de chauffer ses machines dans une région totalement dépourvue de bois et loin de tout centre houiller. Il a surmonté ces obstacles qui rendaient, affirmait-on au début, l'entreprise chimérique : 1° en protégeant la partie construite par des palissades perpendiculaires aux vents régnants et par des semis, dans les dunes, de plantes aux racines profondes qui retiennent le sable; 2° par l'installation de machines à distiller l'eau de mer, par le creusement de nouveaux puits et par des réservoirs au long des montagnes de la Perse; 3° par l'emploi des résidus de pétrole de Bakou.

Quant au mode de construction lui-même c'est un chef-d'œuvre de simplicité et de célérité; nous en empruntons les curieux détails à l'intéressant récit de M. Boulangier dans son *Voyage à Merv*. « Deux heures après notre départ de Merv, nous arrivons au *train de pose*, à ce train fameux qui peut abriter 1,500 hommes, et s'avance tous les jours d'une étape vers l'Orient. Il se compose de trente-quatre wagons dont vingt à deux étages pour le logement de la troupe et des ouvriers, six pour les officiers, trois pour les cuisines, cinq pour l'ambulance, le télégraphe, la forge, les vivres et les boulons et accessoires.

« Il est dix heures du matin ; le général passe son inspection, les soldats préparent leur thé. Premier sujet d'étonnement : pourquoi ce *farniente ?* Le Transcaspien se construit donc tout seul. Le général nous donne l'explication bien simple de ce mystère. Pour obtenir un effort continu et prolongé pendant de longs mois, sous un climat débilitant, il est indispensable de ménager les forces des travailleurs. Les hommes sont donc partagés en deux brigades d'égale force qui fournissent six heures seulement de travail journalier ; l'une de six heures du matin à midi, l'autre de midi à six heures du soir. Il n'y a d'exception à cette règle qu'au passage des stations ; à cause de la double voie et en vue d'obtenir le même avancement linéaire, les deux brigades d'ouvriers travaillent toute la journée.

« C'est la main-d'œuvre militaire à laquelle on a recours et qui a permis de réaliser, moyennant une haute paye, l'économie que nous avons constatée. Tous les terrassements et maçonneries sont faits par les ouvriers du pays. Les soldats, en vareuse et casquette blanche, qui manipulent si prestement les rails sous les yeux de leurs officiers à cheval, ne touchent ni à la pioche ni à la pelle. Ils trouvent la plate-forme de la voie préparée à l'avance par les chantiers de terrassiers indigènes, conduits par les ingénieurs.

« Derrière ce chantier qui tient toujours la tête, marche le chantier de pose. La voie posée, les ingénieurs la reprennent en sous-œuvre et la parachèvent. Ils précèdent et suivent le chantier militaire. Aucun accident ne s'est encore produit depuis le début des travaux.

« Pendant que le général me donne ces explications, nous arrivons auprès des poseurs qui travaillent tout en tête de la ligne ; les deux derniers rails viennent d'être cloués sur les traverses et j'ai à peine le temps de pousser mon cheval sur la plate-forme de la voie que les deux suivants sont mis en place : 7 mètres gagnés en quelques secondes dans la direction de Samarcande.

« Vous avez en face de vous un wagonnet léger que des indigènes conduits par un soldat, poussent sur la voie posée dans la minute précédente ; ce wagonnet porte de douze à vingt rails. Arrivé au bout du dernier rail placé, il s'arrête : quatre soldats sont en position, deux de chaque côté de la voie, armés de pinces avec lesquelles ils prennent deux rails sur le wagonnet et les déposent sur la plate-forme ; d'autres soldats s'en emparent, les mettent en position, les clouent en trois coups de maillet ; alors le wagonnet s'avance de 7 mètres avec son escorte, qu'on pourrait comparer aux servants d'une pièce de canon ; deux autres rails sont mis à terre, et une nouvelle conquête de 7 mètres est faite du côté de l'Orient. Cette manœuvre s'exécute et se continue d'une façon mathématique.

« Rails, traverses, boulons, etc., sont amenés deux fois par jour, à minuit et à midi, par un train de cinquante wagons derrière le train militaire. Les matériaux sont à leur tour chargés sur un petit chemin de fer Decauville, de cinq kilomètres qui, lui-même, se déplace, au fur et à mesure de l'avancement des travaux. « A quoi bon « disent les Turkmènes résignés, essayer de lutter contre ces Russes qui viennent de « mettre, en courant, deux bandes de fer entre la mer et notre oasis. »

Après cette digression qui nous a permis de constater avec quelle énergie les Russes poursuivent leur œuvre de colonisation dans le Turkestan, revenons à l'orographie du pays.

Au nord de l'Hindoustan, à l'est de l'Afghanistan, nous avons rencontré ce faîte de l'Asie, ce plateau du Pamir, « toit, ou couronne du monde », planté comme une borne colossale au cœur du continent; sa formidable base couvre près de 75,000 kilomètres carrés, sa puissante saillie domine d'une hauteur moyenne de 4,000 mètres les terres environnantes. Longtemps on le tint pour infranchissable; de tout temps les Grecs et les Romains, les Arabes et les Italiens, sont venus se heurter à ce plateau qui leur barrait la route la plus courte entre eux et le « pays de la soie », la terre des Chinois, qui, les premiers peut-être le traversèrent. Marco Polo le vit et le décrivit : « Là, dit-il, se trouve une plaine où il y a un fleuve moult bel (l'Amour) et la meilleure pasture du monde, car une maigre jument y deviendrait bien grasse en dix jours. On y chevauche, toujours montant, pendant douze journées, durant lesquelles on ne rencontre nulle habitation ni nul herbage, fors le désert. Nul oiseau n'y a, pour le haut lieu et froit qui y est. Et si vous dit que le feu pour cet grand froit n'y est pas si cler ni de tel chaleur, comme en autre lieu, ni se peuvent pas si bien cuire les viandes. »

En février 1838 le capitaine Wood visita le plateau du Pamir, remontant jusqu'à 4,760 mètres d'altitude, au lac Sir-i-Kol d'où s'épanche l'Amou-Daria. Voici le tableau qu'il trace de cette région : « Le pays présentait l'aspect d'un hiver dans toute sa rigueur. Partout où s'étendait le regard, une couche éblouissante de neige couvrait le sol comme un tapis, tandis qu'au-dessus de nous le ciel offrait une couleur sombre et menaçante. Pas un souffle ne ridait la surface du lac; pas un animal vivant, pas un oiseau ne se montrait à la vue. Le son d'une voix humaine eût été une musique harmonieuse à l'oreille, mais aucun être ne s'aventurait, en cette saison inhospitalière, dans ces domaines glacés. Le silence régnait autour de nous, silence si profond que le cœur se serrait de tristesse. »

Depuis, le Pamir a été visité par d'intrépides explorateurs, et, grâce à eux, on en connaît aujourd'hui la plus grande partie. Au sud et au nord il est délimité par des crêtes qui dominent de 2,000 à 3,000 mètres son plateau de 4,000 mètres d'altitude. L'Hindou Kouch le sépare du bassin de l'Indus; l'Alaï et le Trans-Alaï des versants du Sir-Daria. Ses eaux s'épanchent : à l'ouest par le fleuve Amour, à l'est par le Tarim. Son plus fier sommet, le Taghalma, dépasse d'environ 3,000 mètres le mont Blanc. Telle est la violence des vents déchaînés sur ces cimes que la roche, polie par le sable fouetté, brille comme un miroir. Le thermomètre, à l'ombre, marque dix degrés au-dessous de zéro, parfois, au soleil, quarante au-dessus.

Et pourtant cette région est habitée, temporairement il est vrai, par les pasteurs nomades, attirés par cette « meilleure pâture du monde », dont parle Marco Polo. Ils ne s'y attardent guère, le froid les chasse et aussi l'absence de combustible. Bonvalot, qui la parcourut, y trouva des températures de — 26 la nuit, et de + 23 le jour au soleil. Sur ces hauts plateaux, le Kara-Koul, lac noir, enserré entre des montagnes neigeuses, déroule ses eaux amères dont le niveau, affirment les pâtres, s'élève régulièrement tous les vendredis pour redescendre ensuite. Si le fait est exact il ne saurait s'expliquer que par l'action d'une source intermittente très puissante.

L'Alaï et le Trans-Alaï qui se rattachent au massif montueux du Thian-Chan, développent, au nord du Pamïr, leurs crêtes régulières. Elles séparent le bassin du Sir-Daria de ceux du Tarim et de l'Amou: Le Thian-Chan, « les monts Célestes », comme le désignent les Chinois, constitue le massif montagneux le plus considérable, comme largeur et comme hauteur du versant septentrional de l'Asie. Les Russes eux-mêmes hésitèrent à s'y engager, reculant devant « le steppe de la faim », devant les déserts et les marécages qui le couvrent. C'est la frontière naturelle et politique de la Russie et de la Chine. De l'est à l'ouest, sur 2,500 kilomètres de longueur le Thian-Chan déroule sa longue muraille de 400 kilomètres d'épaisseur. « Pendant des mois entiers, écrivait Severtzov qui, le premier, l'étudia, je me dirigeais vers le sud-ouest, et toujours je voyais à ma gauche se dresser ces monts neigeux. Voici la chaîne d'Alexandre, puis une autre chaîne et d'autres encore. Les monts Célestes semblent continuer sans fin; toujours des dents de scie qui découpent l'horizon, toujours des neiges qui brillent sur le ciel. »

Région comparativement peu connue, dont les conquérants et les migrations de peuples ont contourné le montagneux chaos que surplombe le Khan-Tengri, « le Roi des cieux », à l'est du lac d'Issik-Koul, le plus vaste bassin des monts Célestes, lac solitaire, aux eaux verdâtres, sous lesquelles, dit une légende kirghize, dort une ville engloutie. Au long de sa chaîne se trouvent deux vastes bassins désséchés, prairies naturelles que traversent les affluents du lac de Karachar : le grand et le petit Youldouz. Tamerlan y campa; dans ce cirque immense il avait donné rendez-vous à cinq armées, commandées par ses lieutenants chargés par lui d'exterminer les populations entre le lac Zaisan au nord, et le lac de Karachar au sud. C'est d'ici, qu'à la tête de son torrent d'hommes, le terrible boiteux et manchot, le plus grand destructeur que le monde ait connu, se rua sur l'Asie, conquit l'Inde qu'il inonda de sang et couvrit de ruines, conquit la Syrie et l'Asie Mineure, se retourna contre la Chine qu'il eût ravagée si la mort, qu'il traînait après lui, ne l'eût arrêté à Otrar. Son nom, à jamais gravé dans la mémoire des peuples, survit dans ces régions et les légendes kirghizes décrivent la pompe barbare du « Destructeur de l'Univers », assis sur un trône étincelant de pierreries, dans son haut pavillon tapissé de soies, passant en revue ses hordes de barbares admis à l'honneur de le voir et de baiser la trace de ses pas.

Au nord de cette plaine, alimenté par les nombreux cours d'eaux qui, du sud et de l'est, descendent des montagnes, s'étend le lac de Balkhach d'une superficie d'environ 21,000 kilomètres carrés ; par son étendue c'est le troisième des bassins fermés de l'Asie. Son principal affluent est l'Ili, qui, au travers de la plaine de Kouldja, roule ses eaux torrentueuses. Au-dessus du lac Balkhach s'étend à perte de vue la vaste région des steppes, déroulant leurs longues vagues onduleuses, plissements du sol dont les sillons se perdent dans la désespérante monotonie de l'horizon. L'été, l'air frissonne sous les rayons du soleil, se charge d'une poussière rougeâtre au souffle du vent; l'hiver, la neige s'abat en tourbillons, ou silencieusement flotte dans l'air immobile, recouvrant le sol uni de son manteau blanc. Le printemps y est court, l'été sec. Le désert aride succède aux marécages semés de fondrières, recouverts des roseaux. Ces déserts couvrent la moitié de la plaine du Turkestan entre l'Ob et le plateau d'Iran : ce sont le steppe des Sables blancs et celui des Sables rouges, celui des Sables noirs et le steppe de la Faim.

Ce dernier est l'un des plus redoutés des Kirghizes; la chaleur des sables y brûle les pieds, l'eau et les pâturages y font défaut. Toute la région Aralo-Caspienne est pauvre en végétation, pauvre aussi en espèces végétales, les plus robustes, les plus aptes étouffant et refoulant les autres, dépouillées elles-mêmes par les sécheresses de l'été de leur rare feuillage. Entre l'Amou-Daria et la mer Caspienne se déroule le désert de Kara-Koum, « des sables noirs »; la terre glaise, durcie par le soleil, résonne sous les pas du voyageur que, plus loin, menacent d'engloutir les mouvantes collines de sable. Une indéfinissable tristesse plane sur le steppe monotone, où, de loin en loin, le saxaoul dresse ses tiges ligneuses, où les puits bourbeux sont parfois empoisonnés par les cadavres d'animaux qui y pourrissent. Non moins désolés que le steppe du Kara-Koum, sont ceux du Kizil-Koum « des sables rouges », entre l'Oxus et le Jaxartes, et de l'Ak-Koum, « sables blancs », entre les montagnes d'Alexandre et la rivière du Chui.

Dans ces steppes arides dont, mieux que personne, M. Bronislas J. Zaleski a saisi et rendu l'étrange poésie, nulle route tracée. Les puits sont rares, plus rares encore les sources, et si le voyageur se trompe de direction il peut errer des journées entières sans trouver une goutte d'eau. Impossible d'avancer sans guide. Les Kirghizes en tiennent lieu; familiarisés avec les steppes, ils s'orientent la nuit en observant les étoiles. Le rôle du guide est de trouver de l'eau potable, des pâturages pour les chevaux et les chameaux. Au printemps le steppe se pare d'une herbe courte; l'été tout est desséché. L'automne est doux et calme; il semble que la nature veuille donner à l'homme et aux animaux quelques belles journées en compensation du rude hiver qui s'approche. Le steppe a néanmoins des heures merveilleuses, d'incomparables mirages. A l'horizon s'élèvent des montagnes, se dressent des édifices, se déroulent des lacs sur les eaux desquels semblent flotter des forêts et des îles magiques.

Il a aussi ses moments terribles. Quand l'ouragan, que les indigènes nomment « bourane », éclate, on voit, malgré la sérénité du ciel, le steppe s'obscurcir; en un instant, d'épais tourbillons de sable dérobent la lumière; la respiration est coupée, l'homme perd connaissance. Il ne saurait lutter contre cette force irrésistible qui balaie le sol sans que nul obstacle en ralentisse l'essor; elle renverse les tentes kirghizes; elle enlève des troupeaux entiers qu'elle enterre dans le sable. Sentant l'approche du « bourane », les chameaux se couchent, allongeant leurs cous du côté du vent et criant d'une façon lugubre. Les chevaux effrayés se serrent les uns contre les autres et le voyageur se jette à terre.

Le steppe ressemble à la mer, même immensité de l'espace, même horizon. Le Kirghiz qui l'habite ressemble au marin ; même teint hâlé, mêmes yeux perçants, même connaissance du temps et de l'aspect du ciel.

Le vrai roi de cette région, c'est le chameau, qui rend aux Kirghizes d'inappréciables services. Aussi l'entourent-ils de soins. « Quiconque a visité le steppe, écrit M. Bronislas Zaleski, n'oubliera jamais l'impression profonde que produit dans l'âme humaine son cri prolongé et plaintif. Ce cri, quand on l'entend au milieu des rues et des jardins, est perçant et désagréable ; mais au milieu de l'étendue sans bornes, quand il retentit dans le lointain, pendant une chaude et calme nuit des steppes, il est imposant et sonore. Les Kirghizes élèvent plus de chameaux qu'il n'en faut pour leur propre usage, car ils les louent aux caravanes ; aussi dans chaque aoul, à chaque halte de nuit, on peut entendre ces sons plaintifs que le vent vous apporte ; c'est la vraie musique du steppe, l'harmonie qui lui convient exclusivement. »

Au nord du Kara-Koum, entre la mer d'Aral et la mer Caspienne s'étend le vaste plateau de l'Oust-Ourt, longtemps tenu pour inabordable aux caravanes qui, par Orembourg et Kazalinsk, décrivant un vaste circuit, se dirigeaient sur Khiva, Bokkara ou Tachkent. L'initiative d'un simple marchand de poisson du nom de Vaniouchina vient d'ouvrir à la Russie une voie plus courte et plus directe par l'Oust-Ourt, qu'il fut le premier à signaler au général Tchernaïeff comme praticable. Une route carrossable reliera bientôt les deux mers, offrant sur tout le parcours, sauf dans la traversée du petit désert de Kara-Baïran, de l'eau et des fourrages. Autour des puits récemment creusés les Kirghizes accourent et se fixent. Sur les rives de l'Aral, se construisent de grandes barques, et deux compagnies de navigation subventionnées par le gouvernement russe établissent des lignes régulières sur les deux grands fleuves de l'Aral, le Sir et l'Amou-Daria. Cette voie nouvelle diminuera d'un tiers la distance à franchir pour le transport des marchandises et aussi leur coût.

Le Sir-Daria, le Yaxartes des anciens, prend sa source dans les monts Célestes, changeant d'appellation à mesure qu'il se grossit d'un nouvel affluent, débouchant dans la plaine de Ferghana où il reçoit le Kara Daria et prend enfin son nom de Sir. Si de profondes saignées appauvrissent son cours, sur son passage la plaine irriguée s'épanouit en une abondante végétation. C'est la partie la plus fertile du Turkestan. De tous côtés de petites rivières accourent à la rencontre du Sir mais sans pouvoir l'atteindre. Les riverains les détournent au passage, elles s'épuisent dans les champs ou se dérobent souterrainement. Contournant le Kizil-Koum le Sir rejoint la mer d'Aral à son extrémité nord-est. Près de son embouchure il possède à peu près la largeur du Rhin à Cologne, mais ses eaux sont jaunes, comme la terre qu'il traverse, comme la faune qu'elle nourrit et la végétation qu'elle porte. Sur ses rives le faisan abonde ; c'est le paradis des chasseurs ; on y rencontre l'antilope, d'énormes sangliers, le chevreuil et le cerf, la panthère et l'irbis, léopard de l'Asie centrale, blanc ou jaune tacheté de noir. On y trouve aussi dans les fourrés de Pérovski le tigre royal, de plus haute taille et de poil plus touffu que son congénère du Bengale. C'est la plaie de ces contrées et la terreur des Kirghizes dont il décime les troupeaux. On en a vu traverser le Sir à la nage, traînant un chameau et le soutenant sur l'eau de leurs mâchoires puissantes.

L'Amou-Daria, l'Oxus, descend du plateau du grand Pamir, traversant, dans son parcours de 2,500 kilomètres le Ouakhan, le Badakchan, le Chignan, le Rochan. Ses rives sont aussi giboyeuses que celles du Sir, mais son lit est semé de bas-fonds qui en rendent la navigation lente et difficile. Ainsi que le Nil, l'Oxus est soumis à un régime de crues périodiques. L'inondation commence en mai, atteint en juillet son point culminant et décroît jusqu'en octobre. Autrefois l'Oxus se dédoublait; l'un de ses bras, celui de gauche, allait rejoindre la mer Caspienne, celui de droite se déversait seul dans l'Aral. Aujourd'hui il s'épanche entièrement dans cette dernière, à son extrémité méridionale.

Cette mer d'Aral, aux eaux vertes et pures, couvre une superficie de plus de 65,000 kilomètres carrés, un huitième de la France. Elle a peu de profondeur, 10 à 15 mètres en moyenne; au centre la sonde en indique 55. Par suite de sa grande surface et de son peu de profondeur l'évaporation fait baisser son niveau. L'eau n'en est cependant que légèrement salée et les animaux la boivent sans répugnance.

Au sud de l'Amou-Daria, l'Atrek, courant vers le nord-ouest se déverse dans la mer Caspienne, à son extrémité méridionale. Bien plus étendue autrefois qu'elle ne l'est de nos jours, la mer Caspienne se reliait probablement à la mer d'Aral par la dépression du désert de Kara-Koum.

Les Turcomans et les Kirghizes représentent, sur ce sol du Turkestan, la race turque, les vaincus résignés et en grande partie réconciliés. Nous avons vu que les Turcomans étaient braves; de leurs ancêtres Touraniens ils ont hérité une grande souplesse de corps, la taille élevée, l'allure martiale. Ce sont des recrues précieuses pour l'armée russe qui a pu et su apprécier leur valeur, leur solidité et leur discipline. Intrépides cavaliers ils élèvent de grands et robustes chevaux célèbres dans toute l'Asie. L'on prétend que Bucéphale, le cheval d'Alexandre était originaire de cette région. Ils les élèvent et les dressent avec soin, habiles à développer leur action et à réduire au minimum leur ration de nourriture et d'eau, les couvrant de feutre pour faire « fondre leur graisse » et ne leur laisser que des muscles. L'épiderme et le poil, par suite de cet excès de couvertures, sont d'une finesse qu'on ne retrouve nulle part ailleurs, chez aucun autre cheval. Le poil luisant produit des robes invraisemblables, des alezans couleur bronze et vieil or, d'un effet surprenant au soleil.

Toute l'affection dont le Turcoman est capable, il la réserve pour son cheval. Il partagera avec lui sa dernière poignée d'orge et sa dernière goutte d'eau. N'étant jamais maltraité, cet animal est d'une douceur singulière avec l'homme. Un mot de son maître suffit pour qu'il obéisse docilement, hâte ou ralentisse le pas, et franchisse des distances de 200 verstes par jour voyageant vingt heures sur vingt-quatre.

Le Turcoman se résigne difficilement à la vie sédentaire. Il est nomade d'instinct, ou l'est devenu par suite de l'assèchement de la région. Quelques-unes des tribus n'ont point de chefs. « Nous sommes un peuple sans tête, disent-ils ; nous sommes tous égaux et chacun de nous est roi. Nous ne voulons auprès de nous ni l'ombre d'un arbre ni l'ombre d'un chef. » Là même où ils se choisissent des khans, l'investiture est des plus simples. Le plus âgé, après consultation, disait à l'élu : « Tu seras khan ». Aussi simple était sa déposition : « Tu ne seras plus khan » mettait un terme à son pouvoir. « On clouerait plus facilement chaque grain de sable du désert qu'on ne fixerait au sol le Turcoman », dit un de leurs proverbes.

Bien que polygames, ils laissent aux femmes une certaine autorité ; la veuve de Nour-Verdi, l'un de leurs khans, gouverna Merv. Le costume des femmes est élégant. Il consiste en une longue chemise flottante, en soie rouge ou bleue, surchargée de plaques, de monnaies, de clochettes d'argent, formant cuirasse autour du buste. Sur la tète, un petit bonnet rond, brodé, d'où déborde une abondante chevelure. La jeune fille porte ses cheveux tressés et découverts. Aussi braves que les hommes, les femmes prirent part à la défense de Ghéok-Tépé, et ne se montrèrent pas les moins énergiques. Leurs époux les achètent à leurs pères ; le prix convenu était payable en esclaves et variait entre 1,500 et 2,000 francs. Depuis le massacre de Ghéok-Tépé ce prix a baissé, le nombre des hommes étant devenu très inférieur à celui des femmes. Les Turcomans sont hospitaliers, respectueux de la parole donnée. Pillards et cruels ils faisaient autour d'eux de terribles razzias, emmenant leurs captifs en esclavage et les traitant avec la dernière rigueur. Il n'en est plus ainsi sous la domination russe ; en dépit du proverbe le Turcoman nomade devient sédentaire et, par la culture, se fixe au sol.

Entre les Turcomans du nord et les Kirghizes du sud la différence est marquée. Le Kirghiz est court, trapu ; son cou de taureau supporte une tête osseuse, au front bas, aux yeux bridés, au nez aplati, à la barbe rare. Indolent à l'excès, il prise fort l'obésité, marque d'opulence. Cette race descend, dit-elle, de quarante vierges (Kirk, quarante, et Kiz, vierge) ; elle serait, d'après ses traditions, originaire des frontières de la Chine. Son type mongolien, sa coutume de se raser la tète, sa division en « hordes » semblent confirmer cette assertion. Les Khirghizes se désignent aussi sous le nom de Kazak « vagabonds » ; et, de fait, tous les efforts tentés pour les amener à la vie sédentaire ont, jusqu'à ce jour, échoué. Ils répugnent à vivre dans une maison ; ils ont l'horreur des forêts, et, partout où ils le peuvent, ils les détruisent par le feu. La *yourte*, ou *kibitka*, est leur unique habitation. C'est une tente circulaire en feutre blanc, de quatre mètres de diamètre, d'autant de hauteur, que les femmes montent, démontent et chargent sur les chameaux. Dans cet étroit espace, ils vivent pêle-mêle, souvent avec les poulains et les agneaux nouveau-nés qui ne résisteraient pas au froid de l'hiver.

Les Kirghizes étaient braves et belliqueux. Au contact des Russes ils ont perdu leurs vertus guerrières ; par contre ils sont restés hospitaliers. Ils établissent leurs *aouls* ou campements, dans le voisinage des sources, et leurs migrations rappellent celles des races primitives. Polygames, ils ont rarement plus d'une femme auprès d'eux ; l'autre ou les autres campent dans un *aoul* à distance, et, en cas de contrariétés domestiques, ils changent de domicile. Leurs idées de justice sont vagues encore. Les Russes ont eu fort à faire à leur enseigner le respect des biens de leurs voisins et même de leur vie.

Il n'est pas rare, dit M. Bonvalot, d'entendre, dans une querelle, un Kirghiz dire à un autre : « Je ne te crains pas, j'ai assez de biens pour payer ta mort. » Nonobstant les mesures sévères qu'a dû prendre parfois le gouvernement russe contre les Kirghizes, ils sont devenus ses alliés les plus sincères.

Pas plus que les autres peuples d'Orient, les Kirghizes n'ont l'idée de patrie. Facilement et aveuglément, ils se soumettent à la force. On a voulu voir en eux des sectateurs de Mahomet; il n'en est rien; ils ne s'assujettissent à aucune des pratiques de l'Islamisme, aux ablutions et aux prières prescrites. Ils n'ont ni mosquées, ni mollahs, ils ne font aucun pèlerinage au tombeau du Prophète, et ce que l'on a pris pour du fanatisme religieux n'était chez eux que le fanatisme de la guerre, de l'extermination et du pillage.

Dans la vallée de l'Ili campent les Tarantchi; dans les bassins du Sir et de l'Amou, les Uzbegs, descendants, disent-ils, de la *Horde d'or*, dont le khan recouvrait de feuilles d'or les pieux de sa tente; puis les Sartes, et les Russes qui, peu à peu, enserrent de leurs colonies ces races diverses qu'ils gouvernent et civilisent.

Ils les enrôlent aussi et les encadrent dans leurs troupes; ainsi font les Anglais pour les Afghans. Chaque jour rapproche l'une de l'autre ces deux grandes puissances européennes qui, par le nord et le sud, bientôt se heurteront. Déjà la voie ferrée russe atteint Samarcande et l'ombre de la Russie se projette sur le Turkestan afghan dont l'Angleterre s'efforce, par la voie diplomatique, d'étendre les frontières pour tenir plus à distance sa rivale. De la Tartarie indépendante, qui, jadis, occupait un espace considérable, il ne reste plus que quelques oasis.

Les villes sont peu nombreuses mais importantes dans tout ce Turkestan. Étapes commerciales ou militaires, points stratégiques, presque toujours on les a vu renaître de leurs ruines. Dans le sud, c'est Merv, l'antique cité persane. Gengis-Khan y préluda par une effroyable hécatombe à ses hécatombes futures; sept cent mille habitants comptés comme des bêtes, comme elles menés à l'abattoir, y furent égorgés et des pyramides de cadavres élevées dans les champs. Après Gengis-Khan : Mourad, qui dévasta la ville, tua ceux qui résistaient, déporta les autres au nombre de quarante mille et détruisit la digue qui retenait les eaux du Mourghab. Qui construisit Merv? On l'ignore. Elle semble avoir existé de toute antiquité et s'être toujours relevée des plus terribles épreuves. Sa prospérité, sa richesse lui valurent la haine de ses voisins. « Si tu rencontres une vipère et un Mervi, dit un proverbe persan, commence par tuer le Mervi, et ensuite la vipère. »

Indépendante de nom, dépendante de fait et relevant de la Russie qui lui transmet ses ordres sous forme d'avis, la Bokharie possède un certain nombre de villes déchues : Termez, « la bruyante », ainsi nommée de ses bazars populeux dont le bruit s'entendait, dit un proverbe empreint de l'exagération asiatique, jusqu'à Bactres, située à 90 kilomètres de distance; Miya, Tachta, où l'on a découvert nombre d'objets précieux et de monnaies grecques. Les eaux du Ouakch qui arrosent cette région sont riches en paillettes d'or. Les Grecs le surent et les exploitèrent. Au nord de l'Oxus se trouve Hissar, qui, de son industrie florissante, n'a conservé que la fabrication des lames damassées; puis Chéhr, « la verdoyante cité », construite sur l'emplacement de Kech où naquit le terrible boiteux qui fut Tamerlan. De son palais, l'Ak-Seraï, « l'une des sept merveilles du monde », il ne reste que des tours. On montre encore celle du sommet de laquelle quarante de ses suivants se seraient précipités pour ressaisir un objet que le vent avait enlevé des mains de leur maître. Toute cette région, d'où sortit le destructeur de l'univers, est célèbre autant pour l'intrépidité de ses hommes que pour la beauté des femmes.

Dans une riante oasis se trouve Karchi, peuplée de 25,000 habitants, arrosée par la Kachka qui, plus loin, se perd dans les sables, impuissante à franchir le désert qui la sépare de l'Oxus. Plus au nord : Bókhara, fameuse entre toutes comme foyer intellectuel et religieux. « Partout, sur la terre, la lumière descend d'en haut; elle monte de Bokhara », disent les imans.

C'est la Rome de l'Islam, la Cité des Temples, la ville des *médressé* ou des écoles de théologie. On n'en compte pas moins de cent, et autant de mosquées qu'il y a de jours dans l'année. Mais la ville fanatique et remuante s'est modifiée au contact de la Russie, qui, longtemps, chercha à se concilier l'émir et durement aujourd'hui lui dicte la loi. On cite encore la brutale réponse de ce diplomate russe auquel le premier ministre de l'émir, surpris de sa jeunesse, disait : « Le tsar blanc connaît-il bien l'importance de mon souverain pour lui adresser un ambassadeur aussi jeune que toi? — Si l'empereur connaissait l'émir, il lui aurait envoyé un bouc, et il lui aurait encore fait trop d'honneur. »

Quand le général Tchernaïeff envahit le Turkestan, l'émir lui fit tenir une dépêche laconique contenant ces mots : « Je me porte bien et je te somme de te retirer. Si tu refuses, je proclame la guerre sainte. » Non moins laconiquement, le général répondit : « Moi aussi, je me porte bien, et s'il plaît à Dieu, tu me verras bientôt dans ta capitale. » Il tint parole. Dans la suscription de sa réponse, il s'était servi, à dessein, de la formule de *Stepenstovo*, usitée en style épistolaire russe pour les marchands. La Russie l'a maintenue dans ses rapports officiels avec l'émir.

Bokhara est un grand centre commercial. On évalue à plus de cent millions de francs l'importation des marchandises étrangères. Un ministre russe y réside; un fort russe est construit sur le territoire, et l'armée de l'émir, réduite en nombre, n'est plus qu'une force de police employée à maintenir l'ordre.

Entre Bokhara et la mer d'Aral, sur la rive droite de l'Amou-Daria, en face du Khanat de Khiva que leurs canons commandent, s'élèvent d'autres campements russes. Leurs forteresses et leurs casernes contiennent des troupes prêtes à franchir l'Amou au premier signal et à mettre à la raison le khan de Khiva, s'il se montrait vassal récalcitrant. Il n'en a garde; la campagne du général Kaufmann en 1872 a brisé toutes les résistances et libéré les quarante mille esclaves retenus dans Khiva. Cette campagne fut l'une des plus rudes qu'ait entreprises la Russie, l'une de celles qui révèlent le mieux la force d'endurance de ses soldats. Confiant dans ses déserts qu'il tenait pour infranchissables aux Russes, le khan refusait de libérer les Russes réduits en esclavage. Avec 60 compagnies d'infanterie, 26 sotnias de cavalerie, 56 canons et 10,000 chameaux, le général Kaufmann s'engagea dans ces déserts. Il en sortit, laissant derrière lui 8,800 de ses bêtes de charge englouties dans les sables, et avec un effectif très réduit, vint se heurter aux masses Turcomanes qui, de trois côtés, enveloppaient sa petite armée; il les balaya, franchit l'Oxus, et lançant Skobeleff, à la tête d'une colonne d'assaut, emporta Khiva.

Le khan atterré et vaincu dut payer une forte contribution de guerre, céder la rive droite de l'Oxus et abolir l'esclavage. « Il est loisible aux journalistes, écrit Vambéry dans son remarquable voyage dans l'Asie centrale, de se poser sentimentalement, dans leurs rêveries politiques, en défenseurs de l'indépendance des petits peuples de l'Asie, qui ne comprennent sous le nom de liberté que l'anarchie, le pillage et le meurtre. Les utopies de Rousseau ont fait leur temps, et nous sommes persuadés que l'Europe, — partout où elle se présente dans l'Orient, soit sous l'humble vêtement du missionnaire, soit avec l'appareil puissant et terrible de ses armées, — ne peut répandre que le bonheur, les germes d'une meilleure existence; car plus la lumière de l'Occident se répandra sur l'Orient, plus les abus de l'ancien monde y disparaîtront et plus les hommes y seront heureux. »

Khiva est une ville pauvre, aux maisons de pisé et commercialement peu importante. Ses jardins sont beaux; sa population peu nombreuse. Par contre, ses bardes sont célèbres et leurs poésies gracieuses. La pièce suivante, recueillie par Vambéry, en donnera une idée :

REVNAK.

Un soir j'allai chez mon amie, marchant doucement, doucement
Elle dormait et, dans mes bras, je la serrai doucement, doucement.

Je contentai mon âme en cueillant un baiser sur ses lèvres
J'ensérrai sa taille fine et l'embrassai doucement, doucement.

Je lui dis : donne-moi un baiser. Quoi, dit-elle, n'as-tu pas honte?
D'où tu viens, retourne-t'en, marchant doucement, doucement.

Je partis, mais, bien triste; je revins en lui disant :
Cruelle, un seul baiser, je te prie, doucement, doucement.

Dans sa colère elle me blessa de son poignard
Et, traité avec barbarie, je m'éloignai doucement, doucement.

Revnak ajoute : le monde toujours rit et plaisante;
Que nul ne me blâme, mais qu'on me lise doucement, doucement.

Des terres vassales, si nous rentrons dans le Turkestan russe, nous y noterons, plus encore que dans celle-ci, l'absence de populations sédentaires. Sur le littoral, le centre le plus important est Krasnovodsk ou « l'eau rouge », située sur une plage de sable. Ici nous retrouvons, ainsi qu'à Bakou de l'autre côté de la mer Caspienne, d'importants gisements de naphte. Dans l'île Tchéléken, en face de la pointe de Krasnovodsk, on compte plus de deux mille puits.

A l'est de l'Amou, l'antique Sogdiane fait aujourd'hui partie des possessions russes. Samarcande en est la capitale. Elle fut celle de Tamerlan, dont elle garde la mosquée et le tombeau.

                  « Samarcande, du globe est le foyer central »

dit un vers persan.

Si jamais elle le fut elle a cessé de l'être. Sa population n'excède pas 20,000 âmes. Samarcande, avec son prestige antique, ses habitations ombragées d'arbres, ses fantastiques monuments, n'en est pas moins une des villes les plus curieuses de l'Asie, une de celles qui ont le plus hanté l'imagination des explorateurs. De nombreux pèlerins y visitent la tombe de Tamerlan. Il voulut être enterré près de Mir-Seid-Berke, son maître spirituel, et fit élever à sa femme, Chinoise d'une grande beauté, un des plus beaux monuments qui subsistent encore à Samarcande, le Mesdjet-Khanim, qui menace ruine.

L'histoire de Samarcande fut celle de toutes les grandes villes de cette région. L'islamisme la conquit en 643, Gengis-Khan y passa et la broya, écrasant l'armée de 110,000 hommes qui la défendait. Tamerlan la releva, il en fit le centre de son immense Empire, y entassa les monuments et les merveilleux médressé qui disent ce qu'était Samarcande au temps de sa grandeur. De la capitale de Tamerlan les Russes ont fait un chef-lieu de province. Tout mort qu'il soit depuis cinq cents ans bientôt, ce destructeur infatigable dont les nations épouvantées firent un dieu, menace encore et sur l'une des parois de sa tombe on lit : « Si je vivais, l'univers tremblerait. »

Au sud-est de Samarcande, près de la ville d'Ourgout s'ouvre le défilé des Serpents et la porte de Tamerlan, roc de schiste sur lequel une inscription d'Abdoullah rappelle la victoire qu'il remporta sur une armée de 400,000 combattants. « Pendant un mois, dit-elle, je fis couler des flots de sang dans la rivière de Djizak. Que le monde le sache. » Namagan, grande ville commerçante, possède des gisements houillers; Och, au seuil d'une vallée fertile, se déploie en amphithéâtre devant le trône de Salomon, roche célèbre dans les légendes orientales, sur la route du Pamir et de la « région de la soie », la Chine.

Marghilan, capitale de la province du Ferghana, se compose de deux villes, l'ancienne cité sarte et la ville russe moderne. Plus loin : Kokan « la charmante »; elle possède l'un des plus vastes bazars du Turkestan et quelques beaux monuments, entre autres le palais édifié par le khan Koudayar et dont les Russes ont fait la résidence du gouverneur. Khodjent est, ainsi que Marghilan, une ville double. La cité russe grandit à côté de la vieille cité mahométane, construite elle-même sur les ruines d'une ville qu'édifia, dit la légende, une fille d'Adam. Située sur le passage des conquérants et des migrations de peuples, Khodjent fut souvent dévastée, ruinée et relevée. Sous ses murs se livrèrent de sanglants combats; celui de 1866, à peu de distance, à Irjar, livra le Kokan à la Russie.

Tachkent, capitale du Turkestan russe, est la ville la plus importante de la région aralo-caspienne. La Tachkent moderne est un de ces tours de force accomplis par les Russes, une de ces créations de villes dont on estimait les Américains seuls capables. En peu d'années une capitale européenne a surgi du steppe, élégante et coquette, aux rues spacieuses, bien alignées, bordées de canaux, éclairées le soir, pourvues de trottoirs plantés d'arbres; elle possède un théâtre, de nombreux magasins et un observatoire renommé pour sa position continentale et unique. Situé à l'abri des perturbations qu'amène l'Océan, l'observatoire de Tachkent compte, par année, deux cent soixante jours d'observations utiles, plus du double de la moyenne ordinaire. L'émir de Tachkent, Persan d'origine, n'exerce qu'un simulacre d'autorité. Son fils est à Saint-Pétersbourg, au corps des pages. On estime à 78,000 habitants, dont 12,000 Russes environ, la population de Tachkent.

Au nord de la capitale du Turkestan, ville naissante et d'un grand avenir, se trouve Tchimkent, « la ville verte », entourée d'ombrages et de jardins. Le climat y est des plus salubres et les valétudinaires russes y affluent. Plus au nord, Pérowsk qui porte le nom de son vainqueur, le général Pérowsky. Il s'en empara en 1853 et en fit une place de guerre importante. En suivant le Sir, et sur son bras principal on rencontre Kazalinsk, construite sur un terrain bas, fréquemment inondé, mais en voie de prospérité. A Kazalinsk se croisent les routes commerciales du nord, de l'est et de l'ouest.

Au sud-est, dans la province des sept fleuves, nous noterons Verny, la capitale, ville d'aspect sibérien, slave et commerçante; Kopal, dans le voisinage des eaux sulfureuses d'Arasan; Ili, ville mandchoue, dévastée et ruinée par les Tarantchis qui laissèrent 80,000 cadavres dans ses rues. Puis le territoire de Kouldja. Le Gouvernement russe le détint huit ans avec l'assentiment de l'Empire Chinois, auquel il le restitua, non sans regret, en 1879. Il détient aussi, mais en toute propriété, la partie sud de la région, les défilés qui dominent le bassin du Tarim et celui de l'Ili. Ici, nous sommes au seuil de la Chine, à l'extrémité du Turkestan.

Pays de conquête, il est administré militairement. Le gouverneur, s'il n'a pas le titre, a les pouvoirs d'un vice-roi. Il est le commandant suprême, le négociateur attitré, le chef de l'administration. Saint-Pétersbourg est trop loin et le tsar trop haut pour pouvoir intervenir utilement et à temps dans les questions à régler. Mais si les pouvoirs sont étendus, la responsabilité est grande et les fonctionnaires en ont conscience. Aussi n'appelle-t-on, comme en Angleterre, que des hommes d'élite, ayant fait leurs preuves, à gouverner ces provinces lointaines. L'exil temporaire est la route du pouvoir et des hautes distinctions.

Toute cette région de l'Asie centrale paraît appelée à un grand avenir, le jour où l'irrigation aura conquis à la culture une partie du sol arable, dont 2,500,000 hectares sur 108,000,000, sont aujourd'hui exploités. Sur ce point, les résultats déjà obtenus par les Russes ne laissent aucun doute. Lors de la guerre de Sécession, aux États-Unis, ils firent, dans le Turkestan, des essais de culture du coton qui donnèrent de bons résultats et n'ont pas été abandonnés nonobstant la baisse de prix qui suivit la pacification du Sud. Les céréales et le riz, l'élevage du bétail constituent aussi des ressources précieuses.

Ce ne sont pas les seules. Le sous-sol recèle de grands gisements de houille. Ceux des environs de Tachkent, exploités depuis peu, donnent chaque année quelques milliers de tonnes d'excellente qualité. Du Badakchan, renommé pour ses pierres précieuses, on extrait annuellement près de mille kilogrammes de turquoises, rubis et lapis-lazulis. Des montagnes du Farghana, on extrait l'argent, le cuivre et le fer. Enfin le sel abonde dans cette région et le sel manque dans l'Inde.

L'industrie est encore peu importante. La plus ancienne, celle des étoffes en poil de chameau, est aussi plus répandue, mais celle de la soie se développe rapidement. L'élevage du ver à soie s'étend et alimente en partie les fabriques italiennes; les Turcomans sont experts aussi dans l'art de préparer et de tanner les cuirs.

Les Russes ont accaparé le commerce de ces régions; ils y écoulent leurs produits, luttant avec avantage contre l'Angleterre dont les importations ont baissé de plus de 50 0/0. La construction du chemin de fer de Samarcande accentuera ce mouvement de décroissance. La Russie le sait et redouble d'efforts.

Si ces possessions sont onéreuses pour elle, si le budget des provinces conquises se solde encore en déficit chaque année par suite des dépenses des corps d'occupation que le gouvernement y maintient et qui s'élèvent à plus de 30,000 hommes, ces dépenses tendent à diminuer et les recettes à s'accroître. La sécurité amène la prospérité; les nomades se fixent, les centres de population se multiplient et, sur ce sol, tant de fois ravagé et dévasté, la domination russe imposée par la force, subie avec répugnance, commence à être considérée comme acceptable, en attendant d'être acceptée comme un bienfait.

Musiciens bouriates.

Église à Krasnoiarsck.

III. — LA SIBÉRIE

C'est la terre du nord, la terre obscure, dont la carte reste inachevée, dont l'histoire commence ; la terre des grands fleuves au débit immense, aux longues portées, aux eaux poissonneuses, aux grèves labourées par les glaces. C'est la terre des températures extrêmes, des jours sans fin et des nuits interminables ; le thermomètre y descend à 62° et monte à 38 à l'ombre. A Yakoutsk l'écart est de 90° en moyenne ; il s'est élevé à 100.

Nulle part ailleurs le mouvement de flux et de reflux qui, tour à tour entraînant vers l'Europe les hordes asiatiques, poussait vers l'Asie les peuples d'Europe, n'apparaît plus visible que dans cette immense région. Les Mongols la traversèrent au XIIIᵉ siècle, en marche sur la Russie qu'ils devaient conquérir. Trois siècles plus tard, en sens inverse mais par la même voie, un aventurier russe marchait sur la capitale du royaume Tartare, sur Sibir, et les Cosaques campaient aux rives du fleuve Amour. Ce n'était que l'avant-garde. Elle ne put se maintenir. Yermak, le brigand cosaque, qui entreprit cette audacieuse expédition, réduit à 400 hommes dut revenir en arrière et repasser l'Oural. Le traité de Nertchinsk rendit alors le fleuve Amour à la Chine, mais la route était tracée. D'autres allaient la suivre.

Si elle était longue, elle n'offrait pas d'obstacle que ne pût surmonter, même

alors, une expédition bien organisée, à la condition toutefois de se maintenir dans
la région moyenne, de ne pas descendre au sud vers les steppes kirghizes, l'Altaï et
la Mongolie, de ne pas remonter au nord vers les terres désolées des Samoyèdes et du
littoral arctique. Dans cette région moyenne le voyageur s'aidait des fleuves, traînant à
bras ses frêles embarcations d'écorce quand le fleuve se détournait de la voie qu'il
suivait, retrouvant plus loin un autre cours d'eau pour le porter. De l'Oural à Yakoutsk,
sur une longueur de 10,000 kilomètres, on ne rencontre que deux de ces portages :
quand du bassin de l'Ob on passe dans celui du Yéniséi, de celui du Yéniséi dans
celui de la Léna. Plus au nord et plus au sud on se heurtait à de terribles obstacles.
Par delà la Léna ils n'étaient pas moindres, et pour gagner le bassin de l'Amour,
Poyarkov, en 1875, perdit un tiers de son effectif mort de faim ; les survivants n'échap-
pèrent qu'en se nourrissant des cadavres de leurs compagnons et de ceux des ennemis
tués.

Plus vaste que l'Europe entière la Sibérie occupe une superficie de 13,500,000 kilomètres carrés. Sa population totale est d'environ 5,000,000 d'habitants. Au nord-
ouest, les monts Ourals la séparent de l'Europe. Les géographes attribuent la chaîne de
l'Oural à l'Europe par la même raison qui leur fait attribuer la chaîne du Caucase à
l'Asie : la séparation antérieure des eaux qui isolaient autrefois l'Oural de l'Asie et le
Caucase de l'Europe. Au nord : l'océan Arctique ; dans le sud, une frontière vague, au
long de la Chine et du Turkestan. Celle de l'est n'est pas déterminée ; les négociations
entamées avec la Chine n'ayant pas définitivement abouti.

Si les explorations scientifiques et géographiques n'ont pas encore résolu tous les
points douteux, si les diplomates n'ont pas encore délimité les frontières, par contre la
prise de possession de la Sibérie par la Russie n'est plus contestée. La conquête est
achevée et l'œuvre de colonisation commencée. Depuis le traité de Nertchinsk qui la
contraignit à reculer, la Russie a repris sa marche en avant. À la fin du xvi⁰ siècle elle
était maîtresse de Sibir, de Tobolsk et de Tumen ; les érosions de l'Irtich qui emportaient la ville de Sibir, laissaient subsister sa souveraineté ; mais à ce vaste empire
continental il fallait un accès sur une mer moins inhospitalière que l'océan Glacial
Arctique. Mouravief « l'Amourien » le lui donna en s'emparant du cours et de l'embouchure du fleuve Amour, montrant pour toute réponse aux réclamations des fonctionnaires chinois, ses vapeurs et ses canons et les contraignant à signer, à Aïgoun, le
traité qui, cédant à la Russie la rive gauche de l'Amour jusqu'à la mer, couronnait
deux siècles d'efforts opiniâtres. Au moment même où la guerre de Crimée semblait
absorber toute son attention, paralyser ses forces et ébranler son prestige, la diplomatie
vigilante et prévoyante de la Russie arrachait à la Chine, au sud de l'Amour, tout
le littoral jusqu'à la Corée.

La Sibérie aboutissait à la mer libre ; elle s'ouvrait sur l'océan Pacifique ; un tiers
de l'Asie devenait terre russe. De Saint-Pétersbourg et de Moscou à Pékin sur la mer
Jaune, à Vladivostok sur la mer du Japon, se déroulait le steppe sillonné de fleuves, à
l'est coupé par des montagnes dont le Mongol connaissait les passes, les indiquait au
Cosaque. C'était la voie courte et droite reliant l'Europe à la haute Asie, les rives de

L'ANGARA EN HIVER.

l'Atlantique à celles du Pacifique, la voie en sens inverse du mouvement de la terre, courant de l'est à l'ouest. sur près de 6,000 kilomètres déjà, de Paris à Ekatérinbourg sans interruption franchie par les chemins de fer et les bateaux à vapeur.

Cette voie directe et courte on l'avait cherchée ailleurs, plus au nord, par la mer Arctique. Sébastien Cabot l'avait indiquée; il y croyait et, après lui, Willoughby, Chancellor, Burrough s'y engagèrent, y échouant ou y mourant. Jackman ne put aller au delà de la mer de Kara, Prontchichtchev s'avança plus loin, jusqu'à la péninsule de Taïmir, mais une embarcation rapporta son cadavre à Yakoutsk.

Découragés par ces infructueuses tentatives, les navigateurs abordèrent l'obstacle par l'océan Pacifique; enhardis par de longues traversées ils n'hésitèrent pas à s'engager dans l'étroit défilé qui sépare l'Asie de l'Amérique, dans ce détroit auquel Béring laissa son nom, et dont il révéla l'existence à l'Europe. Elle le connut par lui, bien qu'avant lui le Cosaque sibérien Dejnev l'eût franchi. La gloire de Béring n'eut pas à en souffrir; le secret était bien gardé, enfoui dans les archives de Yakoutsk. Pierre le Grand l'ignorait lui-même quand il donnait l'ordre au grand explorateur de rechercher un passage dans le nord-est. Un Anglais, Cook, un Français, la Pérouse, achevèrent l'œuvre de Béring et tracèrent les contours de la Sibérie septentrionale. Ce ne fut qu'un siècle plus tard qu'un intrépide voyageur, banni de Russie, Nordenskjold, découvrit enfin l'inutile passage du nord-est vainement cherché jusqu'ici et auquel on sacrifia tant de vies humaines.

Il faut au navigateur le « cœur d'airain » dont parle Horace pour oser s'aventurer sur ces mers inhospitalières, où les montagnes flottantes, glaciers errants sur les flots, tourbillonnant sur eux-mêmes, brisent dans leur choc irrésistible le plus solide navire que l'homme puisse édifier. Géants corrodés et rongés par les vagues, çà et là creusés de longs tunnels, affectant les formes les plus étranges et les plus bizarres, dressant à plus de cinquante mètres au-dessus de l'eau, leur sommet menaçant assis sur une base de plusieurs kilomètres de circonférence, ils barrent la route, écueils mobiles plus redoutables que les rochers. Détachés du pôle, emportés par le courant, ils voguent au hasard, l'un à l'autre se heurtant avec l'épouvantable fracas de masses de plusieurs millions de tonnes. Sur la mer silencieuse et morne, le choc retentit comme une formidable décharge d'artillerie répercutée, grandie encore par l'écho des masses environnantes.

« J'ai vu un navire, dit Scoresby, qui, écrasé entre deux murs de glace, fut anéanti instantanément dans leur formidable abordage. Seule, la pointe du grand mât resta debout au-dessus de ce tombeau flottant, comme un funèbre signal. Un autre se dressa sur sa poupe comme un cheval cabré. Deux autres beaux trois-mâts ont été, sous mes yeux, percés d'outre en outre par des glaçons aigus de plus de cent pieds de long. »

Non moins terribles sont, sur l'Océan glacé, les longues nuits polaires. Le navigateur ne peut se défendre d'un involontaire effroi quand il se sent plongé dans ces sombres et mornes solitudes, espaces incréés que Milton a placés entre l'empire de la vie et celui de la mort. Être moral, doué d'intelligence et de raison, l'homme résiste à l'influence morbide, à la tristesse qui envahit la nature dans ces nuits de six mois; l'animal domestique y succombe. Les chiens de Terre-Neuve de Kane devinrent fous et moururent. Les jours interminables produisent sur les animaux des zones tempérées une impression analogue. Lord Dufferin raconte dans ses « lettres des régions polaires » qu'un coq qu'il avait à bord se montrait de plus en plus désorienté à mesure que les nuits devenaient plus courtes. Il sommeillait quelques minutes, s'éveillait dans un état d'agitation nerveuse comme s'il eût craint de laisser passer le point du jour et l'heure de son chant. Quand la nuit eut complètement cessé, le pauvre animal tomba malade. Il caquetait tout bas, puis, dans un accès de délire il s'élança par-dessus bord et se noya.

Et cependant, sur ces rives inhospitalières et ces îles glacées, les lammings et les rats pullulent, traversant par millions, en droite ligne, les fleuves, les lacs, même des bras de mer, armées de rongeurs assez nombreuses pour arrêter des heures entières les caravanes de voyageurs. Les lions de mer, les phoques, les otaries abondent, fournissant aux indigènes la chair dont ils se nourrissent, la graisse et l'huile qu'ils consomment, les peaux qu'ils vendent ou dont ils se couvrent. « Le tapage que font ces animaux pendant la saison où ils se tiennent à terre est si assourdissant qu'on n'entend plus la voix humaine à quelques mètres de distance. Les rugissements des lions marins, mêlés aux beuglements des ours marins et aux bêlements des femelles et des jeunes rassemblés sur un petit espace forment un concert des plus étranges et qui dure nuit et jour pendant tout l'été. Ce bruit n'est comparable qu'au fracas de la tempête sifflant à travers les agrès d'un navire ou les branches d'arbres d'une forêt. En mer on l'entend à plusieurs milles de distance, et, bien des fois, par des temps de brume, les navires ont été avertis du voisinage de ces îles par ce bruit bien connu qu'on n'oublie plus, quand on l'a entendu, ne fût-ce qu'une seule fois. »

Tel est leur nombre que le capitaine Bryant évalua à plus de 3,000,000 les otaries des îles Saint-Paul et Saint-Georges. Nordenskjold en rencontra un troupeau de plus de 200,000 sur le cap de l'Ile Behring. Au début, raconte-t-il, les vieux mâles paraissaient inquiets, mais ils se rassurèrent vite. Partout on voyait des jeunes qui se traînaient au milieu de leurs parents, bêlant comme des agneaux pour appeler leur mère. Souvent ils sont écrasés par les vieux lorsque, effrayés, ces derniers se précipitent dans la mer. Après une alarme on trouve alors par milliers les corps des jeunes animaux au pied des rochers. Au moment du passage de la Véga 13,000 avaient été ainsi tués, dont les cadavres répandaient une odeur fétide.

Cette mer Arctique est comparativement peu profonde. Si, dans la baie de Baffin, Kane a trouvé jusqu'à 3,500 mètres, au nord de la Sibérie le baron Wrangel a rencontré parfois à 30 mètres le plateau sous-marin.

Non par humanité, mais par crainte que les pilotes ne montrassent aux étrangers l'accès des côtes de la Sibérie, le gouvernement russe interdit longtemps la navigation de l'océan Glacial. Avec non moins de sollicitude il tenait secrets les résultats des explorations terrestres. Interrompues d'ailleurs pendant les grandes guerres qui suivirent la Révolution française, elles ne furent reprises et librement poursuivies qu'après 1815. Depuis lors les voyages d'Hansteen et d'Erman, ceux de Humboldt, d'Ehrenberg et de Gustave Rose, de Schwartz, d'Ousoltzev et de Nordenskjold firent faire de grands pas à l'œuvre géographique et scientifique. Les voyageurs et les commerçants poursuivaient depuis longtemps la leur, frayant la route aux savants, découvrant et révélant les ressources de cette vaste région que nous allons parcourir et décrire.

Inclinée du sud-est au nord-ouest, la Sibérie offre l'aspect d'une plaine indéfinie, accidentée dans sa partie orientale et sillonnée de collines élevées, fermée à l'ouest par la longue chaîne de l'Oural, au midi par l'Altaï, par le plateau montagneux de la Transbaïkalie et le Thian-Chan ; au nord elle confine à l'océan Arctique ; à travers les brèches des monts Stanovoï elle déborde sur le Kamschatka et la mer d'Okhotsk ; par les défilés des monts Khingan sur la Mandchourie. Habitable et habitée dans les vallées du sud, cette plaine, qui ne contenait au centre que quelques villes éparses, se peuple rapidement. Dans la zone nord errent quelques tribus nomades.

Trois grands fleuves : l'Ob, la Léna et le Yéniséi courent silencieux dans l'immense plaine, la traversent dans toute sa largeur et déversent dans l'océan Glacial les eaux qu'ils lui amènent des montagnes du sud. Fleuves réguliers et puissants, coulant l'hiver sous la voûte de glace qui les recouvre, se bombe et se fend, ouvrant sous les pas du voyageur des abîmes béants. A la fonte des neiges, brisant leur carapace, ils s'épanchent à droite et à gauche à l'air libre. Impatients, eux aussi, de revoir le jour, les poissons accourent se faire prendre par le pêcheur qui réussit, dans les grands froids, à percer l'épaisse couche, à creuser un trou lumineux dans le courant du fleuve. Quand la débâcle éclate on les voit apparaître par milliers à la surface de l'eau, surpris souvent par un brusque retour de gelée, masse de chair vivante emportée sur les glaçons et que dévorent les oiseaux de mer.

C'est l'hiver, par les froids les plus intenses, que la débâcle du printemps se prépare. Dans le grand silence de l'air immobile et transparent éclate tout à coup comme des décharges d'artillerie, comme le crépitement d'une incessante fusillade ; le fracas tantôt sourd et lointain, tantôt clair et retentissant de la glace contractée par le froid. Elle se désagrège, s'effondre, se brise en longues fissures, se fendille, débris que les eaux balaieront au printemps, poussant devant eux l'énorme masse qui profondément laboure leur lit, rongeant les berges, entraînant les terres et les rochers. Parfois un obstacle les arrête ; elles s'entassent en un monstrueux barrage que contourne et mine le fleuve impatient, accumulant ses eaux et sous leur poids irrésistible chassant les glaces qui s'entrechoquent, se heurtent et se brisent. Les détritus qu'elles charrient exhaussent le lit de la mer Glaciale dont nous avons noté le peu de profondeur. Lentement cette côte se soulève et l'Océan recule devant la masse d'alluvions entassées sur ces rives, devant les bois flottés que roulent les fleuves sibériens et dont on retrouve d'immenses amas à de grandes distances de l'Océan, sur des sables qu'il baignait autrefois. Les montagnes de bois flottés forment encore, tout au long de la plage, une épaisse ceinture noire qui permet, quand la glace et la neige, recouvrant les terres et les mers, les confondent, de discerner où les unes commencent, où finissent les autres.

Ces plages septentrionales, terme de l'habitat humain, sont aussi le pôle du froid.

Il oscille entre Yakoutsk et l'embouchure de la Léna, déterminant dans cette région un refroidissement plus intense qu'au pôle nord où la température moyenne parait devoir être de — 8° justifiant l'hypothèse d'une mer libre, alors qu'à Yakoutsk elle est de — 10° 9 et à Oust-Yansk de — 16° 2. Nous avons dit qu'entre la température extrême de l'été et celle de l'hiver, l'écart était de 90 degrés à Yakoutsk. Aucune autre localité ne présente pareille oscillation. Pour en relever une qui soit supérieure il faut comparer les régions les plus chaudes et les régions les plus froides de la terre : Mourzouk dans l'Afrique centrale et Yakoutsk en Sibérie ; l'écart constaté entre ces deux points extrêmes de + 56 et de — 58 est de 114 degrés centigrades !

Ce pôle du froid est aussi un foyer d'appel et un centre d'expansion, attirant l'été les vents tièdes, les nuages et les pluies, déversant l'hiver sur les régions chaudes ses froides vagues d'air.

Si dur à l'homme que soit son climat, si monotones qu'apparaissent ses steppes, si mornes que puissent être les images qu'éveille son nom, la Sibérie, dans sa saison extrême, l'hiver, offre un aspect grandiose. Aussi loin que l'œil puisse atteindre, la neige fuit, éblouissante ; rien n'arrête le regard, rien ne trouble le grand silence de la nature. Sous un ciel sans nuage nul souffle de vent ; à l'horizon nul brouillard. L'air, d'une incomparable pureté, est sans couleur, sans éclat. Les rayons obliques du soleil décrivant sa courbe étroite et basse s'allongent clairs et lumineux, et le disque, aux contours nets, semble frôler le sol, glisser silencieux sur la blanche surface. La nuit, décrivant son arc brillant d'où jaillissent des rayons de lumière, l'aurore boréale déploie dans l'air ses gerbes étincelantes, ses colonnes de flammes qui semblent relier le ciel à la terre, et qu'encadre d'une lueur douce, une gigantesque couronne blanche. Nulle part les étoiles ne brillent d'un aussi incomparable éclat, nulle part l'air n'est aussi salubre, et dans l'atmosphère immobile, l'homme supporte sans trop souffrir le rigoureux climat.

Dans ces plaines glacées, comme dans les brûlants déserts de sable nous retrouvons le décevant mirage. Kennan nous a décrit celui de la Sibérie.

« Pendant, dit-il, que le soleil, semblable à une énorme boule de feu entourée d'un brouillard glacé, éclairait la terre de ses reflets de pourpre, sans l'échauffer, nous aperçûmes au nord-ouest un mirage magnifique qui nous surprit par sa soudaineté. La baguette enchantée du magicien du nord toucha le steppe silencieux, couvert de neige, et le transforma tout à coup en lac bleu des tropiques sur les rives lointaines duquel s'élevaient les murailles, les coupoles et les minarets d'une immense ville orientale. Une vaste étendue de terre luxuriante se reflétait dans la surface bleuâtre, et sur les murailles blanches tremblotaient les premiers rayons du soleil levant. Jamais l'illusion de l'été pendant l'hiver, de la vie dans la mort ne fut plus parfaite, plus sensible. Nous détournions instinctivement nos regards d'un autre côté, afin de nous convaincre que ce n'était pas un songe ; mais quand nos yeux se reportaient sur le sud-ouest, les gigantesques contours du mirage nous fascinaient par leur beauté. Cette apparition brillante disparut, puis se montra de nouveau pour disparaître encore. A sa place nous aperçûmes deux colonnes de quartz rouge dont les chapiteaux se réunirent lentement et formèrent un arc titanique. Les débris de ce portique se transformèrent à leur tour en une immense

FEMMES ET HOMMES YAKOUTES.

forteresse avec bastions, tours, remparts, embrasures et angles saillants qui semblaient être réels. »

Qui n'a pas vu le printemps en Sibérie ignore, affirment les Sibériens et les voyageurs, ce que peut être le renouveau. Il éclate brusquement, et sous ses chauds effluves la terre s'ouvre, la verdure renaît, les fleurs s'épanouissent. En quelques jours, en quelques heures la puissante et féconde nature apparaît dans sa force et dans sa richesse, exubérante de vie, débordante de sève. Et pourtant, à deux mètres au-dessous de la surface le sol, soudé par les froids terribles, ne dégèle jamais. Sur ce fond, plus dur qu'aucun roc, la pioche s'émousse et telle est l'épaisseur de cette couche glacée qu'à Yakoutsk un forage de 116 mètres de profondeur n'a pu la traverser.

Si le printemps est merveilleux, il est court. Plus court encore l'été qui dure à peine quelques semaines. Des myriades d'oiseaux apparaissent, le sol est couvert de leurs nids. Sur les rivières et les lacs voguent, par troupes, les cygnes, les canards et les mouettes; sur les rives le poisson afflue, désertant l'océan Glacial pour frayer; des troupeaux de cerfs broutent le lichen et, derrière eux, arrivent l'ours et le loup. Mais dès juillet il gèle la nuit, en août le vent d'automne balaie les feuilles jaunies, la neige alourdit les branches et les courbe ou les brise. L'hiver a reconquis son domaine et, jusqu'en mai, règne souverain.

La configuration du sol et la nature du climat divisent la Sibérie en trois zones distinctes et parallèles : au sud, la région des steppes, au centre la région forestière, au nord la région des *toundras*, déserts marécageux, impraticables dans la saison des pluies. L'été, la surface se dessèche, sans se consolider, et le voyageur imprudent court grand risque de voir s'effondrer le sol sous les pas de sa monture et de son attelage, mais le sous-sol éternellement gelé à peu de profondeur lui permet de se dégager. C'est la frontière de combat, celle où la nature lutte en vain contre le froid glacial du pôle, celle où les fleuves s'épanchent, refoulant la mer, exhaussant la terre, où les mousses des rennes, dernière végétation, étalent leur tapis blanc, terne et fané, et où persistent encore, au long des eaux douces quelques « prairies tremblantes ».

Là s'accumule le bois flotté, le « bois d'Adam » comme le désignent les indigènes; il ne donne pas de flamme, mais, en se consumant, dégage encore une chaleur assez forte. Là aussi se trouvent en nombre énorme des ossements fossiles, débris des grands mammifères et des gigantesques pachydermes, des rhinocéros, des éléphants, des hippopotames, souvent incrustés de coquillages marins. Pallas, le naturaliste, y rencontra en 1772 le cadavre intact d'un rhinocéros conservé dans sa couche de glace. Cuvier raconte qu'en 1799 un pêcheur toungouse observa, près de l'embouchure de la Léna, un bloc de glace contenant un animal. L'été suivant, le bloc s'était en partie désagrégé; le flanc et les défenses de la bête apparaissaient. Ce ne fut qu'après cinq années, à la suite d'un été plus chaud, que la masse, entièrement dégagée, vint échouer sur un banc de sable. Le pêcheur détacha l'une des défenses qu'il vendit cinquante roubles.

Deux ans plus tard, M. Adams, envoyé avec le comte Galovkin en Chine, passant près de là, entendit parler du fait et se rendit à l'endroit où gisait encore le cadavre de l'animal. Il le trouva mutilé. Les Yakoutes avaient dépecé les chairs pour en nourrir leurs chiens, mais le squelette était complet, sauf un pied de devant. La tête était encore couverte d'une peau sèche; on distinguait la prunelle de l'œil et, dans le crâne, le cerveau desséché. Le cou portait une longue crinière; la peau était recouverte de crins noirs et d'un poil de laine rougeâtre. Ce qui en restait était d'un poids tel que dix hommes eurent peine à le remuer. On retira, en outre, plus de trente livres de poils et de crins que les ours blancs avaient piétiné et enfoncé dans le sol en rongeant la carcasse. L'animal était mâle, ses défenses mesuraient plus de neuf pieds de longueur, et le poids de sa tête, sans les défenses, dépassait quatre cents livres. Le squelette de ce mammouth existe à l'Académie de Saint-Pétersbourg.

Tout au long de la côte abondent ces dépôts d'arbres et de gigantesques ossements, seuls restes d'une faune disparue. L'île aux ossements, découverte par le Cosaque Lyakhoff, est jonchée de squelettes brisés et de défenses. On estime à 16,000 kilogrammes la quantité annuelle d'ivoire que l'on récolte ainsi sur les côtes de la Sibérie et, en 1840, Middendorff calculait que le nombre des mammouths retrouvés sur les berges des fleuves excédait 20,000. On croit qu'à une époque que l'on ne saurait préciser ces animaux habitaient au sud, dans la région forestière et moyenne; ce qui confirmerait cette opinion c'est qu'en étudiant au microscope les débris de nourriture retrouvés entre les dents du rhinocéros sibérien, on a constaté qu'il se nourrissait de feuilles de mélèze, de bouleau et de saule, identiques aux espèces qui croissent encore dans la zone forestière.

Ce littoral, inhabitable aujourd'hui, fut habité autrefois, ainsi que l'attestent les vestiges d'habitations et les grandes enceintes vides que l'on rencontre dans les *toundras*.

La zone forestière et moyenne est, de beaucoup, la plus étendue. Elle s'allonge interminablement entre la région des *toundras* au nord et celle des steppes au sud. C'est un steppe aussi, mais un steppe boisé qui court de l'Oural au Kamtchatka, coupé de régions montueuses, de marais et de tourbières, de ravins et de clairières cultivées. C'est la *Taïga*, l'épaisse forêt silencieuse, morne et triste, que n'éveille aucun chant d'oiseau, où l'on n'entend d'autre bruit que celui du vent dans la ramure. Le pin y abonde, puis le cèdre sibérien, le genévrier, l'épicea, l'érable, le bouleau, l'arbre russe par excellence. Le mélèze y domine; arbre plus résistant qu'aucun autre aux grands froids, il forme la lisière septentrionale de la forêt. Tous ces arbres sont minces de tronc; l'épaisse couche de glace du sous-sol ne leur permet pas de plonger bien avant leurs racines.

Sur ces interminables forêts passent souvent d'effroyables incendies. Pendant des semaines le feu court, attisé par le vent, sans que nul s'en occupe, jusqu'à ce qu'un fleuve, un marais, une clairière l'arrête. Si le climat s'oppose au développement de la végétation, il semble, par contre, favoriser celui des espèces animales, accroître leur taille et leur poids, comme pour les mettre mieux à même de résister aux rigueurs de l'hiver. Les cerfs, les chevreuils, les ours, les lièvres et tous les animaux sibériens dépassent d'un tiers comme taille et parfois de moitié comme poids leurs congénères d'Europe. Sur ce sol, en apparence désolé, ils trouvent une nourriture abondante;

moins traqués, ils menèrent longtemps une existence plus paisible. Aujourd'hui, il n'en est plus tout à fait de même ; les espèces à fourrures sont d'autant plus recherchées que les pelleteries de Sibérie, plus moelleuses et plus légères, sont aussi plus chaudes que les autres. A mesure que l'habitat de l'animal se rapproche de la mer Glaciale son pelage est plus lustré ; l'ours, le renard, le lièvre, l'hermine prennent l'hiver un poil blanc comme celui de la neige. Les rennes abondent dans le nord ; dans la région moyenne et peuplée on retrouve le bœuf et le cheval, compagnons de l'homme ; dans les steppes du sud apparaît le chameau. Chaque zone a sa race distincte, appropriée au sol et au climat ; chaque zone a sa race particulière d'habitants.

De la Laponie au Kamschatka, dans l'immense *toundra*, ceinture de l'océan Glacial, les rennes et les chiens sont les inséparables compagnons de l'homme. Le renne, bien traité, s'attache à son maître. Le lieutenant Palander raconte avoir vu, le matin, le troupeau de rennes, conduit par un vieux mâle à longues cornes, défiler en bon ordre devant la tente du maître ; chaque bête venant, à tour de rôle, frotter son mufle contre ses mains.

L'animal se nourrit d'herbe ou de mousse, suivant la saison, mais il est parfois difficile, en voyage, de lui procurer l'une ou l'autre. On s'en fie alors à son instinct, à son odorat subtil qui lui permet de deviner, sous l'épaisse couche de neige, son aliment préféré. Il creuse avec acharnement, parfois à six pieds de profondeur, jusqu'à ce qu'il ait mis au jour la couche de lichen qu'il dévore.

Les chiens de la Sibérie rappellent ceux du Kamschatka ; ils sont de même race, mais plus sauvages et surtout plus voraces, quand la nourriture est abondante. Par contre, en cas de privations ils sont sobres et infatigables, courant quarante-huit heures sans presque rien manger. On estime qu'un attelage de onze chiens traînant un homme et un poids de 180 kilogrammes peut franchir 60 et même 80 kilomètres en une journée. Ainsi que leurs maîtres ils se nourrissent surtout de poissons et l'on n'évalue pas à moins de 100,000 harengs par hiver la quantité nécessaire à la subsistance d'un attelage de six chiens de trait. Quand la pêche est insuffisante, les chiens meurent par milliers et la population est réduite à une épouvantable misère. Au printemps, qui est leur saison de repos, on laisse ces animaux errer en liberté et, d'eux-mêmes, sur la plage, ils trouvent leur nourriture. En octobre, on les remet à la laisse pour les faire maigrir en vue des rudes courses de l'hiver.

Au sud de la région forestière, de la *Taïga*, s'étendent les steppes dénudés. Ils longent la base des montagnes, débordant dans la Mongolie, couvrant une grande partie de la Sibérie orientale. Leurs déserts de sable ne sont pas moins à redouter que les *toundras* septentrionales et les tempêtes y sont plus fréquentes. Tempêtes de vent qui soulèvent les vagues sablonneuses à 15 et 20 pieds de hauteur, et dont nous empruntons au curieux volume de M. de Lanoye sur la Sibérie l'émouvant tableau :

« L'ouragan venait du nord, droit à nous. Les Cosaques allèrent mettre leurs chevaux à l'abri derrière les roseaux. La tempête arrivait avec une rapidité furieuse, lançant d'énormes vagues dans l'espace et abattant la végétation sur son passage. Je courus rejoindre le gros de la troupe sous les roseaux. J'arrivais à peine à l'entrée de ce rempart mouvant que l'ouragan éclata, courbant jusqu'à terre les buissons et les roseaux. Lorsqu'il entra dans les sables du steppe il se mit à tourbillonner circulairement, enlevant des monticules dans l'espace, en élevant d'autres là où il n'y en avait pas. Cette tempête fut de courte durée; en un quart d'heure elle était finie et tout était redevenu calme comme auparavant.

« Rien n'est plus dangereux que d'être surpris en plaine par cette espèce de typhon. J'en ai vu plus tard descendre des montagnes ou s'élever du fond d'une gorge profonde, sous la forme d'une masse noire, compacte, d'un diamètre de 1,000 mètres et plus, qui s'élance sur le steppe avec la rapidité d'un cheval de course. Tous les animaux domestiques ou sauvages fuient épouvantés devant cette trombe; car une fois enveloppés dans sa sphère d'action ils sont infailliblement perdus. Du reste je n'ai vu aucun de ces effrayants météores durer plus de quelques minutes.

« Un silence solennel règne sur ces vastes plaines arides également désertées par l'homme, les quadrupèdes et les oiseaux. On parle de la solitude des forêts; j'ai souvent chevauché sous leurs voûtes sombres pendant des journées entières, mais on y entendait les soupirs de la brise, le frôlement des feuilles, le craquement des branches, ce n'était pas la solitude; les feuilles et les arbres ont un langage que l'homme reconnaît de loin; mais, dans ces déserts desséchés, nul son ne s'élève pour rompre le silence de mort qui plane perpétuellement sur le sol calciné. »

Dans ces trois zones diverses que nous venons de décrire, errent, campent ou demeurent des populations bien différentes. Nous les passerons en revue, notant leurs coutumes et leurs mœurs, leurs centres nomades et leurs villes.

Au sud de la Sibérie, qu'il sépare de la Mongolie, se dresse le montagneux massif que l'on désigne du nom d'Altaï. Ce n'est pas une chaîne mais un enchevêtrement de chaînons qui se croisent sous des angles différents et se concentrent en un point culminant, en un vaste soulèvement de glaciers, le Biélouka. A l'est et au sud-est l'Altaï se relie aux chaînes centrales du continent asiatique, partout ailleurs la dépression des steppes l'enserre, frangeant son pourtour de golfes, de promontoires, de caps qui rappellent l'époque où la mer battait les falaises de l'île immense.

Massif aux changeants aspects, l'Altaï domine les steppes, plus mornes et plus tristes que la mer mobile et remuante; ses flancs portent : au nord d'épaisses forêts de cèdres que sillonnent des torrents écumants; au sud une végétation rabougrie, desséchée par le vent du désert. La faune de l'Altaï est riche en espèces variées; les animaux y abondent; le miel de l'Altaï est renommé, il constitue avec l'argali, mouton qui peut atteindre la taille d'une petite vache, et le marali ou l'élan, la principale ressource des habitants. Le marali a beaucoup diminué; on en a tué d'innombrables quantités pour extraire de ses cornes la précieuse gélatine si appréciée des Chinois. Mieux avisés aujourd'hui, les Kalmouks et les Tartares ont réussi à apprivoiser cet animal; ils l'élèvent en troupeaux et scient les cornes des mâles qui rapportent ainsi chaque année un revenu important à leurs propriétaires.

Sur les hauts plateaux, dans les vallées, sur les rives des fleuves ou dans les steppes errent des pasteurs nomades, débris des hordes innombrables de Gengis-Khan et de Tamerlan qui, de l'autre côté des monts descendaient de la Mongolie. Les Russes les désignent sous le nom de Kalmouks et de Tartares. Soit qu'ils n'aient jamais possédé, soit qu'ils aient perdu toute notion de civilisation, même primitive, leur ignorance à cet égard était telle, il y a peu d'années encore, que lorsque ceux qui accompagnaient dans une de ses explorations le voyageur moscovite Tchihatcheff aperçurent pour la première fois une cabane russe, ils restèrent stupéfaits. Cette demeure leur parut incompréhensible. Ils entraient par la fenêtre, se couchaient sur les tables, examinaient curieusement le poêle pour en deviner l'usage et quand on le leur eut expliqué se mirent en devoir de briser les chaises pour le bourrer et l'allumer. Tchihatcheff eut grand'-peine à réprimer leur curiosité.

Timides et inoffensifs les Kalmouks n'ont, en présence du danger, qu'une idée : celle de s'y soustraire par la fuite. Le courage des Européens les étonne, leur présence les déconcerte; devant eux ils s'inclinent et obéissent. Les Cosaques méprisent cette race chétive et laide qui tremble à leur aspect, ils ne se donnent même pas la peine de lui intimer leurs ordres. Tchithatcheff raconte qu'ayant besoin de chevaux, il commanda à l'un de ses Cosaques de se rendre auprès d'une tribu voisine pour s'en procurer. Celui-ci n'eut garde de se déranger. Il se borna à remettre son sabre à un Kalmouk en lui disant : « Des chevaux ». Celui-ci, sans hésiter, partit avec son talisman et le déposa devant le chef. La nouvelle qu'un sabre de Cosaque venait d'arriver se répandit en un clin d'œil dans le campement. Les animaux furent expédiés et le sabre rapporté.

Il est sans exemple qu'on l'ait gardé. Si les animaux manquent, le chef accourt avec le sabre et se confond en excuses. Le Kalmouk est hanté de l'idée que le sabre peut agir de lui-même, quand son maître est absent. Il n'est tranquille qu'après l'avoir restitué à son propriétaire et, pour se débarrasser de cet engin redoutable, parcourt d'énormes distances.

L'Altaï, « la montagne de l'or », possède des gisements aurifères, du plomb, du cuivre, du nickel et du fer, mais son importance comme région minière a beaucoup diminué; l'effort des mineurs s'est reporté vers la Sibérie orientale où l'on retire l'or du lavage des sables comme dans les placers humides de la Californie. Bamaoul, situé dans la plaine, est la ville la plus importante de ce district de l'Altaï. La population totale de la région de l'Altaï s'élève à environ 500,000 habitants, dont 200,000 pour le district de Bamaoul. C'est le centre où affluent les minerais de cuivre que l'on traite dans de vastes fonderies; c'est aussi le centre de l'industrie aurifère. Bamaoul a dépossédé Zmeiov, « la montagne des serpents », dont les mines ont produit jusqu'à 200 millions de francs.

Ziranovsk, bourgade minière, est le centre de l'apiculture ; Biisk celui du mouvement commercial, les traitants chinois y viennent vendre des fourrures, des chevaux et du bétail.

L'Irtich, né sur l'Altaï chinois, alimente l'Ob russe. C'est déjà un fleuve considérable quand il traverse le lac Zaïsan tenu longtemps par les Sibériens pour les bornes du monde.

Il fallut; pour l'explorer, promettre la liberté aux prisonniers qui s'aventureraient sur cette mer légendaire; on constata qu'elle n'était que trois fois plus grande que le lac du Léman et de peu de profondeur. Au sortir du lac, l'Irtich traverse le steppe de Baraba, parfaitement uni et si totalement dépourvu de pierres que les habitants, quand on leur en parle, font de vains efforts pour se les figurer. Au delà d'Omsk, l'Irtich reçoit l'Ichim et le Tobol près de Tobolsk; il court au nord-ouest, s'infléchit à Berezov et par le golfe d'Ob s'épanche dans la mer de Kara après un parcours de 5,600 kilomètres formant, avec ses affluents, un réseau navigable de plus de 15,000 kilomètres. Par lui la civilisation s'introduit, la vie circule dans cette vaste région qui détient à elle seule la moitié de la population totale de la Sibérie.

Par lui le Russe a remplacé le Tartare, l'Ostiak, le Samoyède, refoulés vers le nord, le Vogoule, autochtone de l'Oural, chassé dans l'est, et qui se dit Russe, esclave de qui lui commande, relançant les percepteurs pour payer ses taxes, devançant les ordres, inoffensif et timide comme les Kalmouks.

Entre les Tartares et les Russes, les Ostiaks perdent leur nationalité et leur individualité. Ils imitent et copient les Russes, gauchement, sauf dans leur costume. Réunis, ils offrent l'aspect d'un troupeau de bêtes, dans leurs peaux de rennes avec le poil en dehors, ne laissant qu'une fente pour la bouche, deux autres pour les yeux, autant pour les oreilles. Ainsi vêtus ils affrontent des froids de 50 degrés. En temps ordinaire les femmes s'habillent comme les hommes, mais leur costume de fête est plus pittoresque. Leurs longs cheveux tressés, entremêlés de perles, tombent jusqu'aux talons. Elles portent des jupes de drap rouge, un corset de nuance claire, des grelots autour de la ceinture et, sur le tout un long voile rouge à bandes bleues qui enveloppe le corps.

Chasseurs et pêcheurs, les Ostiaks vivent au jour le jour, sans souci du lendemain. A défaut de bétail, l'Ostiak s'estime heureux s'il possède des filles; il les soigne et les engraisse de son mieux, vu leur valeur qui est généralement de 200 à 300 francs en espèces, d'un cheval, d'une vache, d'un bœuf, d'objets de toilette, d'un *poud* de farine et d'un barillet d'eau-de-vie. Ceux à qui leurs moyens ne permettent pas de payer ce prix dérobent la fille qu'ils ne sauraient acheter, et émigrent pour se soustraire aux réclamations des parents lésés.

Les Ostiaks étaient braves, ils résistèrent à l'invasion des Cosaques et luttèrent pour leur indépendance. Vaincus et résignés, pauvres et ivrognes, ils disparaissent rapidement ainsi que le gibier dont ils se nourrissaient. Le typhus, né de la misère et de leur imprévoyance, les décime; les impôts les ruinent, l'usure les ronge, et leur communisme naïf paralyse toute initiative individuelle.

Moins nombreux que les Ostiaks auxquels ils ressemblent, moins intelligents et plus ivrognes encore, les Samoyèdes s'éteignent. Ils sont supérieurs en stature aux Ostiaks, leur idiome est différent. Ils habitent au long du cours inférieur de l'Ob et du Yéniséi.

La population slave occupe tout le versant de l'Oural. La voie ferrée qui relie Saint-Pétersbourg et Moscou à Ekaterinbourg traverse la chaîne de l'Oural, en moins de vingt et une heures et dans des conditions de confort que l'on ne s'attendrait pas à rencontrer au seuil de la Sibérie. Voyageur infatigable autant qu'observateur consciencieux, M. E. Cotteau, qui a parcouru la Sibérie dans toute sa longueur, donne, en quelques lignes, une notion exacte de cette longue chaîne, frontière géographique de l'Europe et de l'Asie. « D'après l'importance, écrit-il dans son volume « A travers la Sibérie », donnée sur les cartes d'Europe à la chaîne de l'Oural, qui s'étend du nord au sud en ligne presque droite, sur une longueur de plus de 2,000 kilomètres, on serait en droit de s'attendre à quelque chose de grand, mais il n'en est rien. La partie nord entre l'océan Glacial et le gouvernement de Perm est la moins connue et aussi la plus élevée. Cependant son point culminant atteint à peine 1,850 mètres et nulle part on ne rencontre de glaciers. La partie centrale s'abaisse, formant une brèche naturelle entre l'Europe et l'Asie; on ne peut guère la considérer que comme une large ondulation dont le niveau moyen, au sommet, varie entre 5 et 600 mètres. Au sud, le terrain se relève un peu; du côté d'Orenbourg, c'est une contrée pastorale dont l'altitude ne dépasse pas 1,000 mètres. »

Jusqu'à la découverte des régions aurifères de la Californie et de l'Australie, l'Oural fut l'un des principaux pays producteurs d'or; il s'y édifia de princières fortunes et les mines de l'Oural occupèrent jusqu'à 100,000 ouvriers. Elles sont encore célèbres pour leurs malachites dont on a découvert des masses pures de centaines de tonnes. L'Oural possède en outre de nombreux centres miniers, villages et bourgs qui gravitent autour d'Irbit dont la foire annuelle est aussi célèbre dans la Sibérie occidentale que celle de Nijni-Novgorod en Russie. On estime à cent millions de francs la valeur des transactions qui s'y effectuent.

Au pied des montagnes : Ekaterinbourg, que fonda Pierre le Grand et qu'acheva Catherine Iᵉ qui lui donna son nom. C'est une ville industrielle et commerçante peuplée de 35,000 habitants et s'étendant sur une superficie énorme. Partout, dans ce pays nouveau, comme dans les pays neufs de l'Amérique, on a réservé l'espace aux générations futures. Elles trouveront place dans ces vastes enceintes encore presque vides. La température moyenne d'Ekaterinbourg est de — 0,6. La ville possède de nombreux gymnases et écoles. Ici s'arrête la voie ferrée qui met Saint-Pétersbourg et Ekaterinbourg en communication directe. On projette de l'étendre jusqu'à Tiumen, à 320 kilomètres dans l'est.

Tiumen est la tête de ligne de la navigation fluviale sibérienne, de la grande route incessamment parcourue par les trafiquants et les caravanes. On construit chaque année dans ce district 50,000 chars ou traîneaux, et Tiumen compte en outre plus de cent fabriques, la plupart de tapis. Au nord, à la jonction du Tobol et de l'Irtich, se trouve Tobolsk, bien déchue de son ancienne importance depuis que la grande route passe plus au sud, par Omsk. L'Irtich coule à ses pieds, rongeant sa falaise. De sa hauteur, Tobolsk domine la jonction des fleuves et, par delà, le steppe illimité. Un obélisque de marbre s'élève sur la terrasse et porte cette simple inscription : « A Yermak, conquérant de la Sibérie, 1581-1584 ». Nous avons, plus haut, raconté son histoire. Le monument qui rappelle l'audacieuse aventure de ce bandit cosaque dont la tête était mise à prix et qui l'échangea avec le tsar contre un royaume, se dresse sur la rive où fut Sibir emportée par le fleuve et qui donna son nom à la Sibérie. Tobolsk ne compte plus que 20,000 habitants, mais son heureuse situation au confluent des deux fleuves en fait un centre commercial important.

Omsk, plus au sud, est une ville d'avenir; c'est aussi le centre intellectuel et scientifique de la Sibérie occidentale. Dans l'est : Tomsk, que le comte Henri Russell-Killough déclare être, non seulement la plus jolie ville de la Sibérie, mais encore l'une des plus séduisantes du monde, bien qu'il avoue que pendant le séjour qu'il y fit, le thermomètre se maintenait en moyenne à — 25 degrés et tomba même à —.38, mais, dit-il, « le soleil était si splendide, le ciel d'une si intense pureté, et la nature sibérienne si merveilleuse sous son étincelant manteau de neige qu'elle justifiait son assertion ».

Au bassin de l'Ob succède celui du Yéniséi; plus à l'est, le Yéniséi coule parallèlement à l'Ob et, comme lui, se déverse dans l'océan Glacial. Il naît en territoire chinois sur les pentes nord-est de l'Altaï; par une coupée profonde, il fend la chaîne des monts Sayans et leurs gigantesques parois de marbre, débouchant dans la vallée de Sayansk. Grossi par de nombreux affluents, il traverse dans son cours majestueux et lent, de 5,700 kilomètres, les steppes, les forêts profondes et les interminables *toundras* qu'habitent les Toungouses.

De même que l'Ob impose son nom à l'Irtitch, le Yéniséi donne le sien à l'Angara, qui prend naissance sur le plateau de Mongolie, non loin de Karakoroum, ville de terre entourée de tentes mobiles, caserne et camp retranché de nomades, où Gengis-Khan réunit ses hordes innombrables, d'où il partit à la tête de son immense cavalerie tartare et mongole pour conquérir et dévaster l'Asie.

Au long du bassin du Yéniséi campent les Soïotes pasteurs et navigateurs, les Ouriankhes, chasseurs et agriculteurs, et les Toungouses, de beaucoup les plus nombreux, très supérieurs en intelligence et en courage. Peuple errant, nomade par excellence, parcourant d'immenses distances, portant avec lui ses huttes légères d'écorce et ses canots plus légers encore; souple, habile aux exercices du corps, bien découplé, le Toungouse est hospitalier, d'humeur gaie, serviable et fier, dédaigneux du mensonge et de la ruse autant que de la souffrance. On trouverait chez peu de races, au même degré que dans celle-ci, les qualités qui font les peuples héroïques. Et pourtant, par le fait peut-être de ces mêmes qualités, les Toungouses, enserrés entre les Russes et les Yakoutes, diminuent en nombre et leur race menace de s'éteindre sans avoir accompli ses destinées.

A mesure que l'on avance vers l'est, les grands centres diminuent. Dans cette région du Yéniséi, à l'exception de trois ou quatre villes, l'on ne rencontre que des bourgades. Bourgades commerçantes, comme Minousinsk sur le haut Yéniséi; bourgades minières comme Novoselovo. La première cité importante, en descendant le cours du fleuve, est Krasnoiarsck, chef-lieu du gouvernement d'Yiéniséisk au confluent de la Katcha. Elle doit son nom de « falaise rouge » aux pierres brunes dont la plupart de ses maisons sont construites. Krasnoiarsck compte 15,000 habitants et passe pour l'Athènes de la Sibérie. Les déportés polonais y sont assez nombreux.

MONASTÈRE DE DAMES A EKATERINBOURG.

Plus au nord, Yéniséisk, qui porte le nom du fleuve, s'étend sur la rive gauche, en aval du confluent du Yéniseï et de la Toun-Gouska. La grande route centrale la laisse de côté, passant plus au sud, et détournant d'elle le mouvement commercial.

Au delà de Yéniséisk la solitude reprend. A Touroukansk, bourgade d'une centaine d'habitations, dominée par un fort en bois, commence le cercle polaire. Le fleuve roule ses eaux à travers la région nue et dévastée des *Toundras*, sur un sous-sol glacé jusqu'à 100 mètres de profondeur, et se déverse dans l'océan Glacial à l'est de la mer de Kara.

Entre les hauts bassins du Yéniséi et de la Léna, au-dessus de la vallée boisée de l'Angara s'étend le lac ou la mer de Baïkal. La grande route centrale de la Sibérie contourne son extrémité méridionale avant de s'engager dans la Transbaïkalie. Par delà les crêtes de montagnes de l'Ergik-Targak qui la dominent à l'ouest s'étend la Chine.

Le Baïkal est le plus vaste bassin d'eau douce du continent asiatique. Sa superficie est d'environ 35,000 kilomètres carrés, soixante fois celle du lac du Léman, et l'épaisseur moyenne de sa nappe d'eau est de 250 mètres ; la sonde y a rencontré jusqu'à 1,375 mètres, profondeur dépassant de beaucoup celle de tous les lacs connus. Dans le lac Supérieur, le plus vaste du monde, la sonde n'est pas descendue au delà de 315 mètres. Mer sainte des Mongols, des Bouriates et des Sibériens, le Baïkal aurait, dit la légende, été visité par le Christ, après sa résurrection. Plus de deux cents rivières apportent à cette mer le tribut de leurs eaux. En été, ouverte à la navigation elle l'est aussi à la pêche. De novembre à mai elle est gelée. Merveilleux alors par la limpidité de ses eaux, par son étendue et par le cadre magique que lui font les hautes montagnes et les pentes ombreuses, le Baïkal, moins visité l'hiver, offre à cette époque de l'année un aspect fantastique dont nous empruntons au voyage de M. Henri Russell quelques traits.

« Je déclare n'avoir rien vu, l'Inde exceptée, de plus majestueux et de plus grand que le lac Baïkal et son entourage. Qu'on se figure la Suisse entière et bien plus encore, changée en lac, avec la chaîne des Alpes pour cadre, mais de manière que ce lac soit sans bornes sur la moitié de l'horizon et sombre comme l'Atlantique un jour de tempête. Ajoutez à ce tableau le soleil levant venant frapper les cimes lointaines et neigeuses de ces montagnes, dont cent kilomètres de glace, brillante comme l'acier, nous séparent, et dont, à cause de la convexité du globe, vous ne voyez point les bases. Ce spectacle qu'offre le Baïkal, d'une mer gelée, est unique au monde, puisque les lacs de l'Amérique, qui ne sont guère plus vastes, ne gèlent jamais entièrement, et que leur entourage, quoique pittoresque, n'offre pas autant de grandeur.....

« Au bout d'une heure, nous perdîmes la terre de vue, de tous côtés, et si nous nous étions dirigés au nord-est, vers l'angle du lac où se décharge l'Angara supérieur, nous aurions pu faire cent lieues sans la revoir. On conviendra qu'une pareille situation en traîneau attelé de chevaux peut donner des émotions. L'horizon était d'un bleu sombre, et, généralement il n'y avait point de neige sous notre véhicule ; seulement, de loin en loin, une légère poussière blanche que chassait le vent, portait en certains endroits l'empreinte d'un pied humain ; notre direction était donc bonne ; du reste nous avions le soleil pour guide.

« Pendant toute cette traversée, nous ne cessâmes d'entendre sous nos pieds des bruits étranges, tantôt sourds, tantôt métalliques comme les vibrations d'un bourdon, quelquefois on sentait une secousse et la glace trembler, comme si les eaux captives se soulevaient du fond de leurs abîmes pour briser avec fureur les voûtes qui pesaient sur elles. Évidemment, il y avait dans le monde liquide enfermé là-dessous, guerre civile, rage des éléments et véritable tempête : nous sentions, aussi distinctement que possible, le choc de chaque lame à mesure qu'elle venait frapper sous nos pieds.... ces bruits caverneux ne sauraient s'oublier : on eût dit les plaintes des damnés sous les portes de l'enfer du Dante... »

Dans cette région où s'étend et s'accroît la race slave, nous retrouvons les Toungouses, et, près d'eux, les Bouriates, à la face ronde, aux yeux bridés, au visage rasé, dont le teint jaune et les traits rappellent que la Chine est proche. Ils se désignent eux-mêmes du nom de Hunns « les hommes ». Leurs yeux obliques fuient, comme ceux des Chinois. Le Bouriate est fourbe, d'humeur indifférente et maussade, peureux et grossier. Peu à peu, toutefois, il se russifie, de Chinois devient Slave. Originaire des steppes mongols, il est resté pasteur et tend à devenir agriculteur. Il tend surtout à s'enrichir et y réussit, parant alors sa femme de pierres précieuses, d'ornements d'or et d'argent. Leur religion est un assez confus mélange de lamaïsme et de christianisme. Ils vénèrent le « Vieillard Blanc » et saint Nicolas, les bons et les mauvais génies des bois, des rochers, des sources et des lacs.

Au seuil de la frontière on rencontre une double ville des plus curieuses : Kiakhta, ville russe et ville chinoise. La première se compose d'une centaine de maisons élégantes et commodes, quartier luxueux d'une grande cité européenne transporté dans ce coin de la Sibérie. Si le voyageur n'y trouve pas d'hôtel, il y trouve, par contre, l'hospitalité la plus large et la plus confortable, une table excellente, des bals et des concerts, une population riche et avenante. A l'extrémité de la petite ville se dresse une porte triomphale en bois surmontée de l'aigle russe. Un poste de Cosaques la garde. Au delà une zone neutre, puis un globe rouge, et une ville, ville chinoise : Maïmatchin, aux portes couvertes de sculptures, aux toits à angles recourbés. Kiakhta s'est enrichie par le commerce d'échanges, surtout par celui du thé, que les caravanes mongoles chargent à Tong-Chéou près de Pékin, transportent à dos de chameaux au travers du désert de Gobi et, par Ourga, déchargent à Kiakhta d'où les chariots l'amènent à Irkoutsk.

Capitale de la Sibérie orientale, Irkoutsk est la ville la plus populeuse de l'Asie russe. Elle compte plus de 40,000 habitants, et, bien que détruite à plusieurs reprises par l'incendie, s'est toujours relevée plus florissante de ses cendres. Située sur la rive droite de l'Angara, elle possède de belles et somptueuses résidences et ses princes-marchands, enrichis par le commerce avec la Chine, déploient un luxe que l'on ne s'attendrait guère à trouver dans une pareille région. D'immenses fortunes se sont faites à Irkoutsk qui reçoit chaque année d'importants chargements de thés.

Sur la porte de la ville, dès 1858, on avait inscrit ces mots : « Route du Grand Océan ». La prophétie s'est réalisée. Les arrière-petits-fils des nomades de Gengis-Khan remontent vers le berceau de leur race, vers la « terre des herbes », le dépassent et, comme leurs ancêtres, touchent aux rives du Pacifique. Mais la Sibérie n'est pas seulement la route du Grand Océan, du fleuve Amour, elle est aussi la route de la Chine, celle qui mène aux portes de Pékin.

Dernier fleuve de la Sibérie qui, dans l'est, verse ses eaux à l'océan Glacial, la Léna prend sa source dans la chaîne du Baïkal. Le Vitim, l'Olokma, l'Aldan, le Viloui portent à son maximum sa masse liquide, qui, après un parcours de plus de mille lieues, s'épanche en un vaste delta à l'est de la péninsule de Taïmyr, au sud des îles glacées de la Nouvelle-Sibérie.

Les Bouriates sont nombreux dans le haut bassin de la Léna, mais la population dominante est celle des Yakoutes, dont les traits, comme le langage, dénotent l'origine tartare. Ils sont pasteurs et aussi chasseurs intrépides; habitués de bonne heure à endurer tous les genres de privations, ils semblent s'être fait un corps de fer, insensible au froid. L'hiver, le Yakoute part, à cheval, sans tente, sans fourrures, quelle que soit la rigueur de la saison. Quand il bivouaque, il étend sur la neige la couverture de son cheval, pose sa selle en guise d'oreiller, et s'endort ainsi par un froid de 20 à 30 degrés. La couche de givre qui le recouvre ne trouble pas son sommeil et sa santé résiste à ces terribles épreuves. Les Sibériens les désignent sous le nom d'. « hommes de fer ».

Ils supportent la faim avec la même intrépidité que le froid. Leur vue est prodigieuse; l'amiral Wrangel cite le cas de l'un d'eux lui montrant vainement « une grande étoile bleuâtre qui en avalait de plus petites et les rejetait ensuite ». C'étaient les éclipses des satellites de Jupiter que cet homme discernait à l'œil nu. Non moins merveilleuse est leur mémoire locale. Le Yakoute reconnaît sans la moindre hésitation la route qu'il aura une fois parcourue et, dans ces steppes uniformes, d'une désespérante monotonie, distinguera un buisson, une flaque d'eau, un tertre, d'autres tout semblables.

Ne mangeant que quand il peut, le Yakoute mange tout ce qu'il peut. La graisse est son mets de prédilection; il en peut absorber d'invraisemblables quantités. L'eau-de-vie, seule, a raison de sa robuste constitution et c'est par elle que cette race périra. Bush, qui les a beaucoup pratiqués, les représente comme des gens très tranquilles, doux, laborieux et doués d'un grand tact naturel pour les affaires. On pourrait ajouter qu'ils sont les Yankees de la Sibérie. Bien qu'ils n'aient renoncé à aucune de leurs superstitions ou de leurs divinités, ils ont adopté les saints et les démons russes.

Yakoutsk, « la ville des Yakoutes », la seule cité de ce bassin, est une agglomération de maisons, contenant environ 6,000 habitants. Depuis qu'elle a cessé d'être le centre du commerce des fourrures, dont Irkoutsk l'a dépossédée, elle n'a plus fait que végéter.

Au nord-est du bassin de la Léna s'étendent la terre de Behring et la péninsule volcanique du Kamtchatka. Par delà le cap Oriental, à peu de distance, commence le continent américain.

Les Tchoukchas le relient à l'Asie. D'une rive à l'autre ils trafiquent, vendant aux tribus américaines le tabac, le fer et les verroteries russes, aux Russes les peaux de renards noirs·et bruns, d'isatis, de martres, de loutres, de castors et les défenses de morses qu'ils reçoivent en échange. La foire annuelle d'Ostrovnoyë est très fréquentée par les marchands de Yakoutsk et d'Irkoutsk. Il s'y traite d'importantes affaires.

Cette peuplade des Tchoukchas doit à son isolement, sur cette terre désolée à l'extrémité de la Sibérie, d'avoir conservé son indépendance et de n'acquitter aucun tribut. Leurs coutumes sont impitoyables, comme le sol qui les porte et comme leur climat. L'enfant né difforme est mis à mort, ainsi que le vieillard affaibli par l'âge. Intrépides marins et non moins intrépides chasseurs, ils poursuivent le morse et l'ours blanc sur les glaces de l'Océan polaire. Ils ont découvert et exploité les mines d'ivoire fossile, les îles à ossements, et poussé plus avant qu'aucune expédition scientifique leurs excursions vers le pôle.

Nordenskjold nous a décrit leur genre de vie, leurs coutumes et leurs demeures. Il nous les montre allant à la chasse sur la glace par des froids de trente et quarante degrés sans emporter avec eux aucune des maigres provisions de la famille, étanchant leur soif avec de la neige, apaisant leur faim avec le sang et la chair des animaux qu'ils capturent. Pour ne pas perdre le sang, si précieux pour eux, les Tchoukchas évitent, lorsqu'ils le peuvent, de tuer leur proie avec des instruments tranchants, et lui assènent des coups répétés sur la tête, sauf l'ours qu'ils attaquent corps à corps, avec un couteau, l'arme qu'ils estiment la plus sûre. Pour les morses et les phoques, ils font usage d'un harpon ou d'une lance.

Leur manière de préparer leurs mets est des plus simples. Après une chasse heureuse, ils se réunissent autour du phoque capturé et semblent trouver un grand plaisir à se barbouiller de sang le visage et les mains. Non seulement ils mangent le poisson cru, ainsi que les indigènes de l'Océanie, mais encore, avant de le manger, ils le font geler. Quant à la viande, ils la font cuire à la flamme des lampes.

Les Tchoukchas n'habitent point des huttes, mais des tentes composées de deux compartiments concentriques. Celui du centre où ils vivent et couchent est isolé de l'autre par d'épaisses peaux de rennes. Sur un lit de foin, ils étendent des peaux de morse. Cette pièce intérieure, que la pièce extérieure et concentrique isole encore du dehors, est chauffée par des lampes à huile qui entretiennent une chaleur si forte qu'en hiver même, ils peuvent s'y passer de vêtements. En outre, la présence dans ce réduit d'un nombre relativement considérable d'habitants contribue encore à en élever la température. L'été, ils habitent, de préférence, le compartiment extérieur où ils travaillent, cuisent leurs aliments et dorment.

Moins heureux que les Tchoukchas, les Kamtchatkales, conquis par les Cosaques, asservis par le sabre, s'éteignent misérablement sur le sol volcanique qu'ils occupent. Plus grande que la péninsule italique, cette presqu'île qui doit à ses feux souterrains un climat moins rude et une terre moins stérile que la Sibérie, nourrit tout au plus 4,000 habitants; elle en possédait 100,000 il y a un siècle.

A cette extrémité du vaste empire, sur cet océan Pacifique vers lequel, longtemps.

ont tendu ses efforts, à quinze jours de distance de San-Francisco, la reine du Pacifique,
reparaît la Russie militaire. Sur la côte du Kamtchatka se dresse un port bien armé : Petropaulowski, devant lequel a échoué, pendant la guerre de Crimée, l'escadre combinée de France et d'Angleterre. Nous avons vu, en 1854, la flotte alliée, encore meurtrie du sanglant combat qu'elle avait soutenu, quelques jours avant, avec les batteries russes, ramener à San-Francisco le corps de l'amiral anglais qui s'était tué, désespéré de son échec.

Le fleuve Amour, ou Saghalien, naît sur le plateau Daourien, dans la Mongolie, de la réunion de deux puissants cours d'eau : l'Argoun et l'Onon. L'Argoun est en grande vénération parmi les Mongols. Dans les hautes forêts qui ombragent ses sources naquit et grandit Gengis-Khan ; sur les montagnes qui les enserrent il reçut la mission divine de les conduire à la conquête du monde. Les Mongols n'approchent qu'avec un saint respect des lieux hantés par cette grande ombre, attendant l'heure de transférer leur allégeance à la Russie et de lui servir d'avant-garde pour envahir la Chine dont ils sont à contre-cœur les sujets.

Longtemps la Russie ignora l'importance de cette région que baigne la mer du Japon, de ce fleuve navigable dont l'embouchure est à quelques journées de mer de l'Empire du Soleil Levant et de la Californie. Le traité de Nertschinsk conclu avec la Chine lui en interdisait l'accès au delà de la ligne de faîte des monts Jablonoï, limite séculaire, croyait-on, de l'Empire Chinois. Le grand voyage de M. de Castren révéla les richesses minières de cette contrée ; celui de M. de Middendorf révéla que la frontière chinoise n'était pas aux monts Jablonoï, mais bien plus au sud, dans les plaines mêmes du bassin de l'Amour, ainsi que l'attestaient les bornes terminales que les Chinois y avaient élevées depuis des siècles et que l'insouciance des fonctionnaires avait négligé de reporter en arrière après le traité de Nertschinsk. La Russie mit la main sur ce vaste territoire ; elle touchait presque à la mer ; les tribus riveraines lui cédèrent leurs droits et, nantie de cette cession, elle franchit le dernier pas, fonda et fortifia Nicolaïefsk au nord ; au sud, à l'embouchure de l'Amour, elle construisit Vladivostok, « la dominatrice de l'Occident ».

Inférieur par l'étendue de son bassin aux trois autres grands fleuves de la Sibérie : l'Ob, le Yésinéi et la Léna, l'Amour a sur eux le double avantage de couler de l'ouest à l'est, dans le sens même et non pas transversalement à la voie historique et naturelle des migrations, et de se déverser non plus, comme eux, dans l'océan Glacial, mais dans l'océan Pacifique, dans une mer accessible, même par ces hautes latitudes, la plus grande partie de l'année, et dont les flots baignent les côtes des deux plus vastes continents du monde : l'Amérique et l'Asie. Par ses deux principaux affluents, le Soungari et l'Ousouri, l'Amour pénètre dans l'Empire Chinois et dans la Mandchourie, et par lui le « flot du nord » déborde sur l'île Saghalien que le général Mourawieff prit au Japon et annexa à la Russie.

Ici, comme dans toute la Sibérie, le climat est rude, l'hiver rigoureux, l'été court et chaud. Dans le bassin de l'Amour, le thermomètre descend jusqu'à 45 degrés et monte à 36. La côte gèle et pendant plus de trois mois les navires sont bloqués par les glaces dans le port de Vladivostok. Mais ce climat est presque un printemps comparé à celui des côtes de l'océan Arctique; la végétation est ici autrement dense et vigoureuse que dans les *toundras* septentrionales, et les plantes herbacées qui croissent au long du cours de l'Amour, sur les terres d'alluvion, attestent par leur taille et leur vigueur, par l'inextricable fouillis de leurs tiges enlacées, de leurs fourrés épais, la richesse du sol qui les porte. Les tigres et les panthères, l'ours et la martre, le sanglier, le cerf et le chevreuil y abondent autant et plus peut-être que dans les jungles du Bengale.

L'Amour est un fleuve Toungouse. Au long de ses rives on ne rencontre guère que des tribus toungouses, honnêtes, laborieuses, mais divisées entre elles.

Près de son embouchure apparaissent les Orotchones, les Manègres et les Daouriens. Pêcheurs et chasseurs, les Orotchones sont de petite taille, imberbes et chevelus. Ils chassent la zibeline, l'ours, l'élan, et surtout les écureuils bien fourrés dont ils vendent les peaux aux marchands russes qui fréquentent les foires de l'Argoun. Il n'est pas rare de voir des chasseurs vendre jusqu'à mille de ces peaux, produit d'une saison d'hiver.

Les Manègres habitent de préférence les forêts. Experts dans l'art de pêcher, ils capturent de grandes quantités de saumons et d'esturgeons. Habiles aussi à se servir de l'arc, qu'ils préfèrent aux mauvais fusils à mèche que les Chinois leur vendent, ils enduisent la pointe de leurs flèches de graisse putréfiée. « Ce poison, écrit M. de Sabir, pénétrant dans la plaie, se propage avec une telle rapidité que la chair de l'élan ou du cerf en exhale une odeur extrêmement nauséabonde qui se fait également sentir, même si l'on tue l'animal avant qu'il ne succombe à l'action du poison. Néanmoins, les Manègres mangent cette viande empestée sans dégoût et n'en ressentent aucun malaise. »

Plus avancés en civilisation, les Daouriens ont emprunté aux Chinois leur costume, leurs mœurs, leurs usages et leurs habitations fixes. Comme eux, ils s'occupent d'agriculture et même de jardinage. Les voyageurs qui descendent le fleuve Amour, longtemps habitués à ne voir que les yourtes des Orotchones et des Manègres nomades, se récréent à apercevoir les demeures des Daouriens pittoresquement cachées au milieu de la verdure, entourées de potagers bien cultivés ou de champs de froment. De lourds chariots se montrent sur les rives du fleuve, de nombreux canots glissent sur le fleuve, la civilisation semble renaître aux approches de l'Océan.

Les Orotchones et les Manègres vivent de la chasse et de la pêche et disparaissent à mesure que la race slave s'étend, que les centres se peuplent. Ces derniers sont rares et clairsemés encore. Sur le littoral c'est Okhotsk, village de quelques centaines d'habitants qui a donné son nom à une mer; dans les terres c'est Tchita, capitale de la Transbaïkalie, située dans une plaine fouettée par les vents; c'est Nertchinsk, centre commercial de la région, centre minier autour duquel on exploite les gisements de plomb aurifère, d'étain, de mercure, de cuivre, les placers d'or et de pierres précieuses. Les déportés les travaillent; on en compte plus de deux mille aux mines d'or de Kara. Sur les rives de l'Amour se trouve Albazin, où se heurtèrent les troupes russes et les armées chinoises, ville plusieurs fois prise et reprise, aujourd'hui russe, mais encore démantelée; Blagovechtchensk, cité russe moderne, dans une région fertile et de grand avenir; puis Khabasovka, au confluent de l'Ousouri, et, à l'embouchure fluviale : Nikolayevsk, animée l'été, sombre et morne l'hiver, pendant des mois privée de soleil, située dans une région alternativement pluvieuse ou balayée par des rafales de neige. Enfin Vladivostok dont le nom signifie « dominatrice de l'Occident ».

Au delà se déroule l'océan Pacifique, sur lequel, vers le sud, sont braqués les canons russes, et que le télégraphe du nord, « the great northern telegraph company », relie au monde entier par son réseau de 23,000 kilomètres de longueur. De là au Japon, à Nangasaki, il n'y a que trois jours de mer.

Si, dans sa partie méridionale, la Sibérie offre de vastes espaces appropriés à la culture des céréales et qu'on évalue aujourd'hui à près de 4,000,000 de kilomètres carrés, la zone septentrionale, moins accessible et défendue par son rigoureux climat, n'est pas moins riche. C'est, nous l'avons dit, un merveilleux pays de chasse et de pêche. Il exporte déjà, annuellement, pour plus de 5,000,000 de roubles de fourrures, et ses pêcheries, régulièrement exploitées, alimentent un commerce des plus importants.

Riche en métaux précieux, la Sibérie a fourni jusqu'à ce jour plus de 1,000,000 de kilogrammes d'or, soit environ un dixième de la production totale, et, chaque année, on en extrait encore plus de 30,000 kilogrammes. La malachite abonde, mais surtout la houille et le fer.

Colonie de peuplement, la Sibérie n'a encore que peu ou pas de commerce extérieur, mais les éléments de ce commerce existent et n'attendent que la main de l'homme pour surgir du sol. Le jour où les chemins de fer auront corrigé et rectifié le tracé défectueux des grands fleuves qui, à l'exception de l'Amour, coulent du sud au nord et non de l'est à l'ouest, la Sibérie entrera dans une voie de progrès rapides et son nom, longtemps synonyme de désert, prendra sa place et son rang parmi les pays producteurs de l'Asie. L'expérience déjà faite et les résultats obtenus par la route sibérienne de Perm à la frontière chinoise, par Ekatérinbourg, Omsk, Tomsk, Irkoutsk et Kiakta, montrent ce que l'on peut attendre des projets de grandes lignes transcontinentales reliant l'Europe aux rives lointaines de l'océan Pacifique.

Là finit l'Asie russe. De la mer Noire à la mer du Japon elle s'étend, gigantesque, au long de la mer polaire, côtoyant au sud la Perse, le Turkestan, la Dzoungarie, la Mongolie et la Chine, débouchant sur cet océan Pacifique où aboutissent l'Angleterre par le Canada, les États-Unis par les plaines, où l'Europe par Panama cherche à s'ouvrir une voie directe. Dans le sud, l'Asie russe se heurte à l'Asie anglaise; dans l'est, à l'Asie bouddhiste, à la Chine que nous allons visiter, à cet immense réservoir d'êtres humains dont la silencieuse invasion menace le monde, dont les avant-postes débordent sur l'archipel d'Asie, sur les côtes du continent américain, et qui, par la Mandchourie et la Mongolie pénétreront avant peu dans les régions de la Sibérie méridionale. Race patiente et persévérante, qu'aucun climat n'effraye, qu'aucun labeur ne rebute, race laborieuse, économe et sobre, étonnamment prolifique, capable de peupler un désert et de le mettre en culture. Par la large trouée que la Russie a faite dans le flanc de ce vaste empire, peut s'écouler sur la Sibérie un redoutable fleuve d'hommes : il donnerait à la colonisation de ce vaste territoire une prodigieuse impulsion, mais nul ne peut prédire les complications que pourrait amener le heurt de deux races aussi distinctes

Vue de Nankin.

IV. — L'ASIE BOUDDHISTE

I. — L'EMPIRE DE CHINE

Lorsqu'en 1841, l'Angleterre brisait à coups de canon les portes de la Chine et la contraignait à sortir de son immobilité séculaire, elle ne soupçonnait pas que ces portes enfoncées ne se refermeraient plus, et qu'elle avait ouvert les voies à un formidable exode. Au début, rien ne l'indiquait. La Chine se meut avec une majestueuse lenteur; les idées nouvelles pénètrent difficilement cette masse énorme qui comprend le tiers du genre humain. Elle s'ébranle peu à peu, sans hâte; son nombre suffit pour avoir raison des obstacles, on dirait qu'elle en a conscience.

On dirait aussi qu'au rebours de nos États européens, impatients dans le présent parce qu'ils doutent de l'avenir, la Chine, confiante dans ses soixante siècles d'existence, s'estime à peine dans sa maturité, ne prévoit pas sa décadence et, patiente parce qu'elle se croit éternelle, attend tout du temps qui a eu raison de tout, sauf d'elle. C'est en effet une chose étrange, cette civilisation asiatique déjà si vieille à l'époque où la Grèce naissante apportait à l'Europe ses premières notions d'art et de liberté, cet empire plus ancien qu'aucun de ceux dont le nom est venu jusqu'à nous, qui seul demeure debout avec ses lois, ses coutumes, ses traditions et ses annales, alors que le sable du désert recouvre les vieux empires égyptiens et que le sol de notre Europe est jonché des ruines de royaumes puissants, détruits et remplacés depuis des siècles. ..

Quel rôle la Chine est-elle appelée à jouer dans les destinées de l'humanité? Détient-elle derrière ses frontières le secret de l'avenir?. Son étonnante longévité cache-t-elle une irrémédiable décadence?. S'écroulera-t-elle sous les coups de l'Europe comme un vieux bâtiment qui s'effondre, ou bien ses masses profondes, douées d'une puissante vitalité, viendront-elles un jour, comme les barbares dans le monde romain, submerger les royaumes éphémères de l'Europe sous la conduite d'un nouveau Gengis-Khan?

Avant peu le problème chinois s'imposera à l'attention de tous comme il s'impose déjà à l'attention des hommes d'État, et on ne peut s'empêcher d'être frappé de le voir soulevé à la fois sur les frontières du Thibet, dans les conseils de l'empereur de Russie comme dans le parlement anglais, en France et aux États-Unis, au Pérou et en Australie, éveillant partout les préoccupations des diplomates en attendant qu'il éveille les appréhensions des peuples.

En 1878, lors du congrès de Berlin, le comte Schouvaloff, représentant de la Russie, signalait le danger que ces centaines de millions d'êtres humains pouvaient faire courir, non seulement à l'Inde anglaise et à l'Amérique, mais au monde entier, le jour où, s'appropriant les armes que leur fournit notre civilisation, s'autorisant des traités qu'elle leur impose, ils les tourneraient contre elle et franchiraient les frontières qu'elle-même a supprimées.

La même année, San-Francisco jetait le premier cri d'alarme. Les quatorze cents lieues de mer qui séparent la Chine de la métropole du Pacifique étaient franchies par l'émigration chinoise, et la Californie mettait en demeure le Congrès des États-Unis de prendre des mesures énergiques. L'organe le plus accrédité de l'Angleterre, le *Times*, déclarait alors que « la question chinoise pouvait être à bref délai plus menaçante pour la république américaine que ne l'avait été, dix ans auparavant, la question de l'esclavage, attendu que l'immigration des noirs n'était pas volontaire et cessait avec la suppression de la traite, tandis que les émigrants chinois affluaient avec la protection des traités et qu'il était impossible de prévoir quand ce mouvement s'arrêterait ».

L'invasion avait été lente, mais sûre. De 1855 à 1860, la moyenne des Chinois débarqués à San-Francisco s'élevait à 4,530. De 1860 à 1865, elle atteignait 6,600. De 1865 à 1870, elle était de 9,311; et, de 1870 à 1875, elle dépassait 13,000. En quinze années, la moyenne avait triplé; la population chinoise en Californie comptait plus de 150,000 âmes; aujourd'hui son nombre dépasse le chiffre total des électeurs de l'État.

Cette marée montante ne devait pas s'arrêter là. En 1875, elle gagnait le territoire de l'Utah. Le 3 septembre 1884, un soulèvement terrible éclatait à Omaha, à cinq cents lieues de San-Francisco, dans l'intérieur du continent, sur la ligne du grand chemin de fer du Pacifique. Des bandes d'ouvriers américains, irlandais, allemands envahissaient les mines de charbon de Rock-Spring, incendiaient les cabanes des tra-

vailleurs chinois employés par la compagnie, abattaient à coups de carabine ces malheureux qui cherchaient à s'enfuir, et rejetaient leurs cadavres dans les flammes. Quatre
cents Chinois échappés à ce massacre se réfugiaient dans les montagnes, sans vivres,
sans effets, et mouraient de faim et de froid dans les bois, ou bien, traqués et enfumés
dans les cavernes, s'enfuyaient éperdus pour tomber sous la balle de leurs ennemis.

Ce ne sont pas là des faits isolés, œuvre de bandits avinés; c'est le commencement
d'une guerre d'extermination, de la lutte pour le travail, partant pour l'existence, entre
ces deux races fatalement hostiles : l'une, la race Asiatique condamnant l'autre à mourir
de faim parce qu'elle peut vivre avec le quart du salaire de l'ouvrier blanc et parce que le
capitaliste blanc trouve avantage et profit à employer le travailleur chinois. Il est sobre,
docile; il n'a aucune des exigences de son rival; il est industrieux, économe, habile à
tourner les difficultés. Il se contente d'un salaire réduit, travaille aussi vite, fait aussi
bien et obéit sans murmurer. En Chine, il vivait avec quatre sous par jour; aux États-
Unis, il s'estime richement payé avec 75 ou 100 francs par mois. Sur cette somme, il
économise; avec cette somme, le travailleur blanc ne pourrait pas se nourrir. La
concurrence est impossible à ce dernier, et pourtant il lui faut vivre. Ne pouvant ni
écarter ni tourner l'obstacle, le manœuvre américain le supprime brutalement; il
brûle et il tue, c'est sa logique. A San-Francisco, en Australie, au Pérou, il en va de
même. La race blanche, menacée dans ses moyens d'existence, réclame une législation
spéciale interdisant l'entrée de ses ports à la race asiatique, l'expulsion de ces travailleurs qui la ruinent et l'affament.

Ainsi pensent, agissent et raisonnent les foules. Pour les hommes d'État, pour les
diplomates, la question est infiniment plus complexe, et ces solutions brutales, si simples
en apparence, sont impraticables. N'est-ce pas l'Angleterre qui, le 20 août 1842, imposait à la Chine un traité par lequel, au nom de la civilisation, des idées modernes,
et surtout des intérêts matériels, elle la forçait d'ouvrir ses portes aux cotonnades de
Manchester et à l'opium des Indes? En 1844, les États-Unis réclamaient et arrachaient
par la force les mêmes avantages. En 1858, l'Angleterre et la France coalisées ache-
vaient enfin de briser les dernières résistances et dictaient à Pékin même un nouveau
traité qui consacrait la liberté absolue des communications, le droit, sans contrôle
d'entrée et de sortie.

A l'est donc, comme à l'ouest, la Chine, violemment arrachée à sa torpeur
séculaire, s'ébranle et menace de déborder sur le monde. Dans l'est, nous voyons la
marée montante de l'émigration franchir l'océan Pacifique, envahir la Californie au
nord, le Pérou au sud, s'avancer à travers tout le continent américain et atteindre
Boston et Philadelphie. Elle a pour elle le droit, les traités qu'on lui a imposés par la
force, dont elle se prévaut aujourd'hui et dont elle réclame l'exécution de ceux-là
même qui les lui ont dictés. Au sud, elle gagne les îles de la Sonde et l'Australie; à
l'ouest, enfin, l'heure est proche où ses masses irrésistibles descendront une fois de
plus de ces hauts plateaux de l'Asie centrale d'où Gengis-Khan, poussant devant lui
ses hordes barbares, les lançait jusque sur l'Europe, écrasant sous le nombre les
peuples qui se trouvaient sur son passage.

On ne saurait nier l'influence que la Chine est appelée à exercer, dans un avenir prochain, sur les questions politiques de l'Asie, et plus tard, sur celles de l'Europe. En renversant les barrières qui la séparaient du reste du monde, l'Angleterre, la France et les États-Unis ont fait pénétrer dans cette immense agglomération d'hommes des idées, des besoins, des aspirations nouveaux. Ils étouffaient sur un sol trop étroit, morcelé à l'excès, insuffisant à les nourrir. D'épouvantables famines et des épidémies terribles rétablissaient, par une mortalité effrayante, l'équilibre entre une race prolifique à l'excès et une production restreinte. Leur horizon, borné à l'enceinte de la muraille impériale, s'est élargi. Au delà, ils ont entrevu la mer immense, les plaines fertiles du continent américain. Obéissant à l'instinct de la conservation, ils sont allés chercher hors de leurs frontières ce que leur sol leur refusait : la subsistance quotidienne, d'abord ; ensuite, par l'épargne, l'accumulation des capitaux. Comme toujours, les plus hardis et les plus pauvres sont partis les premiers ; puis ceux que leur position appelle aux dignités de l'État sont venus étudier en Europe cette civilisation dont la force leur avait enseigné la supériorité matérielle. Ils en pénètrent les secrets, ils en examinent les rouages multiples, sans parti pris d'admiration ou de dénigrement, très convaincus de leur supériorité intellectuelle, mais aussi tout prêts à nous emprunter ce qui peut leur servir. Ils sont partout, aujourd'hui, à New-York comme à Paris, à Berlin comme à Londres et à Vienne. Essentiellement observateurs, ils comprennent vite et retiennent bien ; ils apprennent en se jouant, et l'un d'eux nous disait : « Notre civilisation est si ancienne, nos ancêtres ont tant accumulé de faits, de découvertes, d'observations, qu'en Europe il me semble moins apprendre ce que j'ignorais que retrouver ce que j'avais oublié. »

Ils ont le nombre et l'intelligence ; avant peu ils auront la force. L'Europe leur enseigne comment on l'acquiert. Diplomates et officiers, ingénieurs et marins, négociants et industriels leur montrent la voie et dirigent leurs pas ; de pareils élèves avancent vite et seront bientôt à la hauteur de leurs maîtres. On marche vers l'inconnu, à l'encontre d'un problème économique, politique et social singulièrement compliqué, que l'abus de la force a créé et que la force seule pourra peut-être résoudre.

Entre l'Asie russe au nord et au nord-ouest et l'Inde anglaise au sud et au sud-ouest, entre l'Indo-Chine au sud-est et l'océan Pacifique à l'est, l'Empire Chinois concentre sur 1 milliard 157 millions d'hectares une population diversement estimée, qui oscille entre quatre et cinq cents millions d'habitants, plus du quart du genre humain. Sous ce rapport nul ne l'égale et la race prolifique des Fils de Han continue de s'accroître. Son étonnant essor est un incessant problème. En un siècle et demi cette population a triplé et cela dans des conditions qui eussent paralysé toute autre race et hâté sa dépopulation.

Appliqués à elle, nos axiomes, basés sur une séculaire expérience, portent à faux ; ses évolutions déroutent notre logique et confondent notre science. Ce qui serait pour un peuple européen un élément de ruine et de décadence semble sans effet sur celui-ci et les causes qui tariraient chez d'autres les sources de vie n'affectent en rien sa puissante vitalité. Révolutions sanglantes et famines meurtrières, corruption administrative et incurie gouvernementale, misère d'une population trop dense, ignorance des lois élémentaires de l'hygiène, abus de l'opium et vices de toute sorte sont impuissants à arrêter son prodigieux accroissement.

De tous les empires c'est le plus peuplé ; comme étendue il n'est inférieur qu'à l'Empire Anglais et à l'Empire Russe qui, sur huit mille kilomètres de développement lui est limitrophe, qui lui a enlevé la Sibérie, une partie du pays de Kouldja, la côte de Mandchourie, et, de son poids énorme pèse sur ses frontières. Mais si la Russie a pu s'annexer les parties comparativement inhabitées de l'Empire Chinois, de longtemps elle ne pourra pénétrer dans ces masses compactes, rempart flasque et mou qui, devant l'envahisseur céderait, mais derrière lui se refermerait et le paralyserait par son nombre bien plus que par sa résistance. La Sibérie est encore trop peu peuplée, le centre militaire et administratif de l'Empire Russe est trop éloigné ; on ne saurait songer à pousser plus avant une conquête territoriale qu'il faudra des siècles pour consolider et coloniser.

A l'exception de la péninsule de l'Indo-Chine, l'Empire Chinois occupe la totalité de l'Asie centrale et orientale. Il comprend la Chine proprement dite, la Mongolie, la Mandchourie, la Dzoungarie et la Kachgarie. Le Tibet et la Corée, dans une certaine mesure autonomes, gravitent autour de lui. Il forme un monde à part qu'enserre au nord et à l'ouest un amphithéâtre de montagnes, un vaste plateau circulaire, en pente douce vers l'océan Pacifique, rétablissant l'équilibre du continent asiatique et européen qui, au nord s'incline vers le pôle, au sud vers l'équateur et l'océan Indien, à l'ouest vers l'Atlantique. Au sud-ouest, par le Tibet, la Chine confine à l'Himalaya, à l'ouest elle s'adosse au Pamir. Le Thian-Chan, l'Altaï, le Kouen-Loun contournent ce plateau central de l'Asie, vaste renflement de plus de 60,000 lieues carrées, d'une altitude moyenne de 4,000 pieds d'où descendent les riches plaines de la Chine.

Masse compacte, d'un seul tenant, déroulant sur l'océan Pacifique ses côtes arrondies, mal échancrées et mal articulées ; peu de golfes, peu d'anses, de rares péninsules, des caps plus rares encore, des contours lourds, des courbes prolongées et sans saillies. Il semble, au premier aspect, qu'ainsi que les montagnes qui, dans l'ouest, par terre, ferment l'accès, la configuration des côtes oppose au commerce maritime et aux idées du dehors une barrière non moins efficace, qu'ils viennent inutilement se heurter à des plages dépourvues de seuils de pénétration. Il n'en est rien ; ces montagnes comme ces côtes ont des seuils d'accès, et si la nature a refusé à la Chine le relief échancré, découpé et dentelé de terres plus favorisées, qui, ainsi que la Grèce et l'Asie Mineure, ont dû à leur configuration particulière d'être plus tôt que d'autres commerçantes et civilisées, elle a compensé par les fleuves et le volume de leurs eaux ce désavantage apparent.

Cette configuration géographique explique toutefois l'isolement longtemps maintenu de la Chine vis-à-vis du reste du monde. Obéissant à la loi naturelle, à la pente physique qui, du plateau central entraînait la race vers les côtes de l'océan Pacifique, vers les plaines de « terre jaune » riches et fertiles qui se déroulaient dans l'est, son centre se déplaçait lentement. L'Empire du Milieu devenait l'Empire de l'Est, le haut plateau se dépeuplait et la population se concentrait au long des grands fleuves navigables, qu'elle reliait par un ingénieux système de canaux, créant et multipliant d'économiques moyens de transport et une irrigation artificielle qui décuplait la valeur et le rendement du sol.

Bien des siècles s'écoulèrent avant que Vasco de Gama, doublant en 1497 le cap des Tempêtes, ouvrît la route maritime qui devait amener l'Européen navigateur sur les côtes de la Chine. Bien des siècles s'écoulèrent avant que Gengis-Khan débordât sur l'Empire du Milieu, par les brèches de la Dzoungarie. Il ne fit que le traverser, le ravager, laissant à son petit-fils le soin d'achever sa conquête, et repartant, lui, pour conduire ses hordes nomades à l'assaut des royaumes de l'Occident.

Ce furent lui et elles qui confirmèrent à l'Europe l'existence de la mystérieuse *Cathay* dont faisaient mention au ve siècle les légendaires récits de ces Huns qu'Attila entraîna jusque dans les Gaules, dans Orléans, sous Paris, arrêté enfin aux Champs Catalauniens. Là où ces conquérants avaient passé d'autres passèrent. Apres au gain, curieux du nouveau, les marchands grecs, par le bassin de l'Oxus et les passes du Pamir, frayèrent la fameuse « route de la soie », que suivirent les trafiquants, que suivirent aussi les pèlerins apportant avec eux les rites du culte de Bouddha.

Si la Chine l'adopta, le fit sien et autour d'elle le propagea, il n'en fut pas de même des idées européennes. Le culte de Bouddha, venu de l'Inde, se conciliait avec le culte des ancêtres ; ses cérémonies pompeuses, ses maximes ne modifiaient en rien le fond de la vie des Chinois ; ils s'approprièrent cette doctrine asiatique. Le bouddhisme devint la religion du peuple, à tout le moins son cérémonial. Plus loin, il refusa d'aller, réfractaire à l'influence de l'Occident, contre laquelle il se débat encore, dont il tient l'habitant pour barbare. En nous tout le froisse ; en lui tout nous étonne.

Longtemps notre ignorance en fut cause ; ignorance de sa langue que nous traduisions mal, de ses idées que nous n'entendions pas. Il n'est pas jusqu'au nom qu'il donne à son Empire où nous n'ayons cru voir un orgueil démesuré ou une ridicule ignorance. Mais la désignation de « Céleste-Empire » n'est qu'une de nos erreurs et les mots de Tien Hia, dont les Malais ont fait Tchino et nous Chine ou China n'ont qu'une signification poétique : « Terre sous le ciel ». Une autre locution, « empire du Milieu », n'implique pas l'idée que la Chine occupe le centre du monde, qu'elle est l'axe autour duquel il gravite. Les Chinois admettent non quatre mais cinq points cardinaux ; à ceux que nous reconnaissons : nord, sud, est et ouest, ils en ajoutent un autre : le milieu, et de ce nom désignèrent le plateau central Asiatique, et plus tard la province de Ho-Nan située au cœur même de l'Empire, qu'ils appellent l'Empire des Tsing, parfois l'Empire fleuri, comme ils se désignent eux-mêmes du nom de Fils de Han.

Une terre aussi peuplée devait être, et fut de longue date une terre géographiquement bien connue de ses habitants. Sa topographie est vraisemblablement la plus ancienne du monde et si la coutume chinoise qui consiste à donner des appellations différentes aux chaînes de montagnes, aux fleuves, aux villes mêmes a singulièrement compliqué le travail des géographes sinologues, perdus dans une nomenclature fantaisiste, il n'en pas moins certain qu'ils ont poussé loin l'étude du relief de leur sol, et, en tout ce qui le concerne, fait preuve d'une intelligente curiosité.

Si ce sol était étendu il possédait une unité géographique remarquable. Orientées de l'ouest à l'est, dans le sens de l'inclinaison du plateau, ses montagnes intérieures dessinaient par leurs défilés largement ouverts des voies faciles vers la mer. Par des seuils abaissés les versants opposés pouvaient communiquer ; on y rencontrait peu de plateaux isolés par leur altitude et assez vastes pour rompre la cohésion. Puis trois routes maîtresses, trois fleuves parallèlement orientés eux-mêmes, parallèles à l'Équateur, n'offrant pas aux migrations l'obstacle d'une température et d'un climat changeant comme le font les grands cours d'eau qui, courant du sud au nord, passent des zones chaudes aux zones tempérées, puis froides. Le Hoang-Ho, ou fleuve Jaune au nord, le Yang-tze-Kiang ou fleuve Bleu au centre, et, au sud, le Si-Kiang ou fleuve des Perles débouchent tous trois dans le Pacifique, formant, des frontières de la Mongolie jusqu'à la mer tropicale du Tonkin, des chemins tracés par la nature. Seul, le Hoang-Ho, s'écartant de l'orientation typique, décrit vers le nord une énorme courbe et s'égare en pays barbare, dans l'Ordos, mais pour reprendre ensuite son orientation naturelle, et cette courbe elle-même est en partie supprimée par le cours de son affluent, l'Ouei-Ho, qui forme la corde de l'arc ordosien du grand fleuve avec lequel il va se confondre.

Les bassins de ces trois fleuves forment la Chine proprement dite. Entre le Hoang-Ho et le Yang-tze-Kiang se trouve le centre de l'empire ; sa véritable capitale est Nanking. Les circonstances politiques l'ont déplacée, la transportant à l'extrémité nord, à Péking, devenu par la force des choses le siège du gouvernement, obligé de concentrer sur les rives du Peï-Ho ses moyens de résistance, de barrer la route au Mongol et au Mandchou envahisseurs. Là fut longtemps le point faible et vulnérable de l'empire, celui par lequel l'agresseur pénétrait, débouchant de ses steppes, attiré par les riches plaines de « terre jaune » qui, plus au sud, se déroulaient jusqu'aux rives du Hoang-Ho et, par delà, dans les régions fertiles qu'enserrent le Hoang-Ho et le Yang-tze-Kiang.

C'était la grande voie des migrations du nord, celle qu'avaient suivie les premiers conquérants, les « Cent Familles » dont les Chinois se disent descendus, montrant le nord-ouest comme leur pays d'origine, indiquant le sud comme leur pôle d'attraction, donnant au sud la prééminence sur les autres points cardinaux, symbole transmis de génération en génération, consacrant le souvenir des premiers exodes et de la marche de leur civilisation. C'était aussi la voie suivie plus tard par les Mandchoux, maîtres politiques de la Chine et des Chinois avec lesquels se sont assimilées les tribus Toungouses, nomades campés sur les rives du fleuve Amour qui ont donné à l'Empire sa dynastie actuelle ; ils ont pénétré par cette brèche septentrionale. Péking lui fait face ; longtemps abandonnée par les empereurs dans les temps pacifiques, capitale de province dévastée par Gengis-Khan, elle est redevenue capitale impériale au xve siècle, en attendant que les circonstances, une fois de plus, déplacent le siège du gouvernement, et l'obligent à conjurer des dangers plus pressants que ceux qui menacent sa frontière du nord.

Péking fut une des merveilles de l'Orient, l'une des plus populeuses cités du monde ; c'est aujourd'hui une ville qui s'effondre, que la poussière envahit et lentement recouvre. Les inondations dévastent cette province du Petchili dont Péking était la capitale. Sa population décroît, les berges fluviales de ses rivières et de son fleuve, le Peï-Ho, s'écroulent, ses canaux ne sont plus que d'incertaines coulées vaseuses, et sa grande muraille qui la couvre au nord et n'a pu l'abriter des excursions des hordes mongoles et tartares, tombe en ruines.

Elle court sur une longueur de deux cents kilomètres, montant, descendant, serpentant au long des collines, profilant à l'horizon son énorme masse de cinquante pieds de hauteur et de dix-huit de largeur, en granit à la base, en briques à son revêtement supérieur. D'énormes contreforts, des bastions, des tours carrées, des créneaux sans fusils, des embrasures sans canons l'arc-boutent et la couronnent. Du sommet, le regard plonge à gauche sur le renflement puissant du Tibet, à droite sur les terres basses du golfe de Petcheli, au loin, sur les plaines de la Mongolie, sur les steppes septentrionaux dont les tourbillons de sable, soulevés par les sabots des chevaux, annonçaient l'ennemi, le Tartare destructeur, le Mongol conquérant.

Construction étrange au pied de laquelle pouvait, en effet, se briser l'effort d'une horde de pillards, mais qu'ils surent et purent tourner. La haute muraille est restée inachevée, elle ne couvre et n'a jamais couvert que les approches immédiates de Péking. « Sur ce point, écrit l'abbé Huc, la construction en est réellement imposante et belle, mais il ne faudrait pas croire que cette barrière élevée contre les invasions des Tartares est, dans son étendue, également large et solide. Nous avons eu occasion de traverser la grande muraille sur plus de quinze points différents ; plusieurs fois nous avons voyagé pendant des journées entières en suivant sa direction et sans jamais la perdre de vue. Souvent nous n'avons rencontré qu'une simple maçonnerie, au lieu de ces doubles murailles qui existent aux environs de Péking. Quelquefois c'est une élévation en terre ; il nous est même arrivé de voir cette fameuse barrière uniquement composée de quelques cailloux amoncelés. »

Ville comparativement moderne, Péking est double ; la ville tartare et la ville chinoise forment deux parallélogrammes. Au centre de la ville tartare se dresse la ville impériale, le Palais de l'empereur. Au-dessus de la sombre enceinte de la double ville, au-dessus de la haute muraille crénelée, sur l'horizon lointain des plaines de la Mongolie se dessinent les collines du Palais d'Été. De grands espaces vides, des kiosques, des jardins, entourent cette résidence de l'empereur. Dans la ville chinoise : un inextricable fouillis de maisons basses, un dédale de rues tortueuses et populeuses, le quartier des Coréens, assemblage de huttes de boue ; puis, dominant le tout, d'élégantes pagodes à plusieurs étages, et, recouvrant le tout, la jaune poussière de Péking qui saupoudre les arbres et les temples, les palais et les masures. De la plaine sablonneuse qui, au nord et à l'est, entoure la capitale et que fouettent les vents des steppes, les dunes mouvantes viennent battre les murailles qu'elles menacent d'escalader, qu'elles couvrent jusqu'à la moitié de leur hauteur. L'impalpable poussière flotte dans l'air, obscurcissant l'horizon, envahissant Péking, poussière des déserts et des steppes qui commencent aux portes mêmes de la ville impériale, siège du gouvernement.

D'ici partent les édits qui régissent tout l'empire : dix-huit provinces peuplées chacune autant qu'un royaume :

1° Cinq orientales ; ce sont, Tchely, le territoire impérial, dont Péking est aussi le chef-lieu, Chan-Toung, « l'orient de la montagne », Kiang-Son, Tche-Kiang et Fou-Kiang ;

2° Deux provinces méridionales : Kouang-Toun, « l'orient du Kouang », et Kouang-Si, « l'occident du Kouang » ;

3° Deux occidentales : Yun-Nan, « le midi orageux », et Ossé-Tchouan, « les quatre fleuves » ;

4° Six provinces centrales : Ho-Nan, Hou-Pé, « partie nord des lacs » ; Hou-Nan, « partie sud des lacs » ; Ngan-Houei, Kouei-Tcheou et Kiang-Si ;

5° Trois septentrionales : Chen-Si, Chan-Si et Kan-Sou. Puis la Mongolie, la Mandchourie, la Dzoungarie et la Kachgarie.

Au sommet : l'empereur, père de son peuple, chef de l'empire et de la religion, gouvernant par ses ministres, gouverné lui-même par le premier de tous, par celui que son rang appelle à défendre l'empereur et l'empire, par celui qui les représente auprès des puissances occidentales, qui traite avec elles, négociateur attitré, diplomate expérimenté, le vrai maître et le vrai chef de cet empire, qui a plus encore à redouter de la diplomatie que des armes de l'étranger.

Il y a quelques années, c'était le prince Kong ; aujourd'hui c'est dans Li-Hung-Chang, vice-roi de la province impériale, président du secrétariat de l'empire, que s'incarnent le génie, les traditions et les tendances du vaste empire des fils de Han.

« On mesure les tours par leur ombre et les hommes par le nombre de leurs envieux, » dit un proverbe chinois. La tour est haute, l'ombre épaisse et Li-Hung-Chang a beaucoup d'envieux. Modeste scribe de la province de Hanwhei, il est devenu l'homme puissant et redouté dont la volonté s'impose à quatre cent millions d'êtres humains.

Janus asiatique, un de ses visages sonde l'avenir ; l'autre, figé dans un masque hiératique, contemple le passé ; et dans ce passé plus de cinquante fois séculaire, que d'enseignements ! Aussi quel incommensurable dédain inspirent à cet homme d'État notre civilisation de parvenus nés d'hier, nos traditions de race récente, nos évanescentes institutions politiques, notre activité fiévreuse d'êtres sans lendemain, comme sans passé. Des hauteurs historiques d'où il les contemple, il ne voit dans les plus grands événements que des incidents passagers, dans les désastres qui ébranleraient la foi la plus robuste que des revers d'un jour ; il a l'impassibilité des races devant lesquelles tout passe, alors qu'elles durent.

Le passé explique le présent et les ancêtres le descendant. Dans les traits affinés du vice-roi, dans la mobilité du regard et l'impassible rigidité du masque, dans la lenteur calculée du discours et la discrète courtoisie de l'attention, le diplomate se révèle et la race se trahit. Sa physionomie hautaine, ses lèvres fines et sèches, son front plissé aux tons de vieil ivoire, ses paupières voilant le regard, ses traits creusés et rongés par

LA GRANDE MURAILLE DE LA CHINE.

l'incessant travail d'une pensée toujours en éveil et toujours contenue, disent le puissant effort de ce cerveau qui dirige les destinées de l'Empire.

Il est de la race conquérante ; sa haute stature l'indique ; le corps sec et nerveux drapé dans les longues robes de soie sombre porte sans fléchir le poids des années et le fardeau des affaires ; sa sobriété est proverbiale et, de ce que la vie peut offrir à l'homme, il n'aime que le pouvoir, dédaigneux de ce qui n'est que le plaisir. En éliminant la femme de la vie intellectuelle et morale de l'homme, en la ramenant à n'être que « son ombre et son écho », cette race asiatique a, du même coup, supprimé la vie passionnelle : l'amour et ses inquiétudes, la jalousie et ses tourments. Elle affranchissait le corps en ne lui laissant que des sens aisément satisfaits et que ne réveillait pas la factice excitation cérébrale. Ainsi que tous les nobles de l'empire, Li-Hung-Chang est chaste, et devant la plus belle femme, redit ce mot du sage : « Les beaux chemins ne mènent pas loin ».

Dès le début de sa vie politique, il fut à bonne école, à celle de Tseng-Kwo-Pan, auquel il devait succéder un jour comme vice-roi de Nanking et qui mourut sans laisser un ennemi, « les ayant, disait-il, tous supprimés de son vivant ». Ainsi fit Li-Hung Chang, mais plus discrètement. Venu à une époque de transition, il était tenu à plus de ménagements et sa destinée lui réservait de rudes épreuves. L'Europe forçait à coups de canon l'entrée du Peï-Ho, et la révolte des Taïpings menaçait d'engloutir dans une effroyable convulsion la dynastie mandchoue. Il se forma à la diplomatie en négociant avec l'Europe, il apprit la guerre à l'école de Gordon.

Esprit souple et délié, dépourvu de scrupules ainsi que de préjugés, soucieux du but, indifférent aux moyens, il traita avec l'Europe, lui empruntant les hommes et les armes pour étouffer la rébellion dans le sang, lançant sur les Taïpings le futur héros du Soudan, Gordon, aux mains duquel il remettait le commandement de l'armée « toujours victorieuse ».

S'il s'appropria ses succès et se para de ses victoires, si, dans ses rapports habilement dirigés, il se représenta comme le pacificateur de l'empire et le sauveur du trône, il ne se montra avare ni d'honneurs ni d'argent vis-à-vis de l'instrument choisi par lui et qui, justement exaspéré de son manque de foi, le cherchait pour lui brûler la cervelle.

C'était au lendemain de la victoire décisive de Soochow. Le généralissime des Taïpings, l'intrépide et vieux Moh-Wang, acculé dans la ville ainsi qu'un sanglier dans sa bauge, succombait sous les coups de ses lieutenants qu'il voulait entraîner au combat suprême et sans espoir. Lui mort, ils capitulaient devant l'assaut furieux de Gordon qui leur offrait la vie sauve. Mais Li-Hung-Chang ne se considérait pas comme lié par la parole de Gordon, bien qu'il l'eût ratifiée. La mort des chefs rebelles pouvait seule apaiser les alarmes de la cour impériale, terrifier les révoltés, ouvrir à Li-Hung-Chang la porte du pouvoir et de la fortune. Sur ses ordres, les vaincus furent égorgés et le vice-roi vainqueur, fuyant la légitime colère de son lieutenant, se hâta de quitter sa tente, sous laquelle Gordon, le revolver au poing, venait, quelques heures plus tard, lui demander raison de sa trahison.

Sans foi et sans pitié, Li-Hung-Chang fut aussi sans rancune. Il avait prévu la colère de Gordon et s'était soustrait à ses effets ; il rendit un éclatant hommage à sa bravoure et à sa capacité militaire, il récompensa largement ses officiers et ses soldats et ne comprit jamais pourquoi Gordon refusa le million qu'il avait demandé et obtenu pour lui.

Lorsque, quinze années plus tard, Gordon revint en Chine, Li-Hung-Chang l'attendait à Tien-Tsin et, le voyant, le prit dans ses bras et l'embrassa. Gordon lui-même ne revit pas sans émotion ce compagnon des jours sombres. La vie est trop courte pour des rancunes éternelles et tous deux avaient mieux à faire que de réveiller le passé. L'avenir était de nouveau menaçant, la guerre imminente entre la Chine et la Russie ; la Chine la redoutait, l'Angleterre désirait la conjurer et les deux vainqueurs des Taï-pings se concertèrent pour assurer la paix. Les avis écoutés de Gordon aidèrent Li-Hung-Chang à faire prévaloir ses vues à la cour impériale et portèrent au plus haut point la puissance et le crédit de celui qu'un jour il avait voulu tuer.

Si ce vice-roi de l'empire n'a pas, comme le maître dont il fut l'élève, supprimé tous ses ennemis, si, depuis, ceux-ci ont réussi à inspirer à la cour impériale la crainte de voir Li-Hung-Chang porter ses regards audacieux jusque sur le trône qu'il a défendu, sa constante fidélité a eu raison des accusations dirigées contre lui. Le scribe de Hanwhei est et restera dans l'histoire du Céleste-Empire au xixe siècle l'un des types caractéristiques de sa race et de son temps.

Fataliste, il s'incline devant les faits, accidents passagers ; devant la force qui n'a qu'un temps ; devant l'Europe, qui la possède. Il subit les traités qu'elle lui impose, étudie, non ses institutions dont il n'a que faire, ni ses lois qu'il méprise, mais la raison de cette force matérielle, ses instruments et ses armes. Il a le nombre, et sa race, prolifique entre toutes, ne trahit encore aucun symptôme d'épuisement. Il a le temps : la Chine défie les siècles ; ce qu'il n'aura pu faire, d'autres l'achèveront. Affable et courtois vis-à-vis des Européens, il attend, il observe, il écoute, convaincu, comme le sage, que « les vérités qu'on aime le moins à apprendre sont celles qu'on a le plus d'intérêt à savoir » et, dans son universel scepticisme, ne gardant qu'une conviction : que la Chine est immuable, que le reste passera, mais qu'elle ne passera pas.

Au sud de Péking, à l'embouchure du Peï-Ho : Tien-Tsin, port de la capitale et de toute la province du Petcheli. C'est une ville de 900,000 habitants, bâtie sur un sol plat et marécageux, centre d'un important commerce qui se chiffre par 175 millions d'échanges avec l'étranger, mais par un chiffre bien autrement élevé pour le commerce intérieur. Tristement célèbre par le massacre des missionnaires français en 1870, Tien-Tsin est la clé de Péking et les fortifications du Peï-Ho, si promptement emportées par ses troupes anglo-françaises en 1858 et en 1860, ont, depuis, été relevées et puissamment armées.

À cette extrémité septentrionale où l'empire a établi son siège, par terre comme par mer, il est vulnérable. Maître de l'entrée du Peï-Ho, on l'est de Tien-Tsin et de Péking ; maître de Nan-Koou, porte méridionale de la grande muraille, on prend la capi-

tale à revers. C'est par là que l'ennemi a longtemps pénétré ; c'est de ce seuil d'accès
que Gengis-Khan vit, sous ses pieds, Péking vaincue et l'empire conquis. Tant que cet
avant-poste restera la capitale de la Chine, la Chine sera à la merci d'un hardi coup de
main. La Russie est à ses portes et l'Europe, par le golfe de Petcheli et le Peï-Ho, est
sous ses murs.

Au nord de Péking, au long de la muraille de Chine, la plupart des villes sont à la
fois des camps et des centres de trafic. Au sud, l'élément militaire disparaît ; la population est exclusivement agricole et commerçante. Le sol, admirablement cultivé,
produit en abondance. C'est la province de Chan-Toung d'où se détache, encerclant
le golfe du Petcheli, la presqu'île de Chan-Toung. La mer y est sans profondeur ; des
plateaux sous-marins relient cette terre avancée à la péninsule de la Mandchourie qui
lui fait face au nord. Les chaînes montagneuses qui traversent la presqu'île de Chan-
Toung sont célèbres dans les annales chinoises. Le Taï-Chan, la grande montagne, la
montagne sacrée, en fait partie. L'empereur Chun y offrait, il y a plus de quarante
siècles, des sacrifices aux fleuves et au ciel. Au pied de la montagne sainte, naquit
Confucius, ce conseiller prudent d'une race sans idéal, ce philosophe-législateur que
les Chinois révèrent comme le plus grand des hommes.

Par les honneurs qu'ils rendent encore à sa mémoire, honneurs dont vingt-quatre
siècles n'ont ni diminué l'éclat, ni ralenti la ferveur, on peut juger de l'importance du
rôle qu'il a joué et de l'éclat de son enseignement. Cet enseignement fut modifié par le
temps et par ses disciples qui n'ont laissé subsister de ses doctrines qu'un panthéisme
merveilleusement adapté au degré de conceptions religieuses que pouvait accepter une
race profondément utilitaire, réfractaire aux questions spéculatives et qui se bornait à
demander aux sciences et aux lettres ce qu'il en fallait à chacun pour s'acquitter de son
emploi ; aux principes, leurs conséquences directes et pratiques ; à la morale, ce qu'elle
contient d'utile et de sage. La religion des Chinois n'est, à tout prendre, qu'une forme
de civilisation, de même que leur philosophie n'est que l'art de vivre en repos.

La Chine n'a point de religion d'État, tous les cultes y sont tolérés sous la seule
réserve de n'être pas tenus pour dangereux par le gouvernement. Les trois principaux
sont ceux de Confucius, de Lao-Tsé et de Bouddha. Le culte dont Confucius est
considéré comme le patriarche et le réformateur n'est certes pas pour inquiéter le
gouvernement le plus soupçonneux. Si l'on retrouve, à son point de départ, l'idée
vague et confuse d'un Dieu tout-puissant et rémunérateur, cette idée disparaît sous les
nombreux commentaires du maître et de ses disciples qui ne laissent subsister que les
recommandations d'observer les pratiques anciennes, la piété filiale, l'amour fraternel,
« d'avoir une conduite conforme aux lois du ciel, lesquelles doivent être toujours en
harmonie avec les actions humaines ».

Il a maintenu, et l'État a conservé, en tant qu'institution civile, le culte rendu aux
génies du ciel et de la terre, des rivières et des montagnes, aux âmes des parents morts.
A cela se borne la religion extérieure des officiers et des lettrés qui aspirent aux charges
publiques ; mais ce culte n'est pour eux qu'une institution sociale sans conséquence et
que chacun est libre d'interpréter à sa guise. La conviction n'y a que faire ; l'accoutu-

mance seule soumet les adeptes à des pratiques que volontiers, entre eux, ils tournent en ridicule, telles que la distinction des jours heureux et malheureux, la divination par les sorts, les horoscopes et une foule d'autres superstitions, plus apparentes que réelles. . .

Ce qui constitue le fond de la doctrine, c'est le culte de Confucius lui-même. Dans toutes les écoles on trouve sa tablette, devant laquelle maître et élèves se prosternent. Son nom est dans toutes les bouches, ses axiomes sur tous les livres. Ses descendants participent aux honneurs que tout un peuple lui rend ; ils jouissent de privilèges qui ne peuvent appartenir qu'à eux seuls.

Si les préceptes de Confucius sont en honneur en Chine, auprès des classes dirigeantes qui laissent aux masses le culte bouddhiste; les doctrines de Lao-Tsé sont en faveur auprès d'une élite qui les tiennent pour la religion primitive et la plus ancienne. Lao-Tsé fut contemporain de Confucius. A certains égards sa morale est plus élevée et ses doctrines, dégagées des extravagances dans lesquelles ses sectateurs les ont noyées, ont gardé grand air. Nul ne les a mieux étudiées et comprises que M. Abel Rémusat, dans ses *Mélanges asiatiques*, nul n'a mieux fait justice des commentaires ridicules dont elles ont été l'objet : « Au lieu du patriarche d'une secte de jongleurs, de magiciens et d'astrologues, cherchant le breuvage d'immortalité et les moyens de s'élever au ciel en traversant les airs, je trouvai, dans son livre, un véritable philosophe, moraliste judicieux, théologien disert et subtil métaphysicien. Son style a la majesté de celui de Platon et, il faut le dire, aussi quelque chose de son obscurité. Il expose des conceptions toutes semblables, presque dans les mêmes termes, et l'analogie n'est pas moins frappante dans les expressions que dans les idées.

« Voici, par exemple, comment il parle du souverain Être : « Avant le chaos qui a « précédé la naissance du ciel et de la terre, un seul Être existait ; immense et silencieux, « immuable et toujours agissant. J'ignore son nom, mais je le désigne par le mot *raison*... « L'homme a son modèle dans la terre, la terre dans le ciel, le ciel dans la raison, la « raison en elle-même. » La morale qu'il professe est digne de ce début. Selon lui la « perfection consiste à être sans passion pour mieux contempler l'harmonie de l'univers. « Il n'y a pas, dit-il, de plus grand péché que les désirs déréglés ni de plus grand « malheur que les tourments qui en sont la juste punition ». Il ne cherchait pas à répandre sa doctrine. « On cache avec soin, disait-il, un trésor qu'on a découvert. La « plus solide vertu du sage consiste à savoir passer pour un insensé... »

Toute sa philosophie respire d'ailleurs la douceur et la bienveillance. Toute son aversion est pour les cœurs durs et les hommes violents. Nous signalerons surtout ce passage sur les conquérants : « La paix la moins glorieuse est préférable aux plus brillants succès de la guerre. La victoire la plus éclatante n'est que la lueur d'un incendie. Qui se pare de ses lauriers aime le sang et mérite d'être effacé du nombre des hommes. Ne rendez aux vainqueurs que des honneurs funèbres, accueillez-les avec des pleurs et des cris en mémoire des homicides qu'ils ont commis et que les monuments de leurs victoires soient environnés de tombeaux ». Puis, resumant dans un mot toute sa science et toute sa philosophie, il disait à son disciple : « Ris sans bruit, souffre en silence ».

Confucius, le patriarche des lettrés, connut Lao-Tsé. Un jour il l'alla voir et long-temps conversa avec lui. De retour auprès de ses disciples, il ne dit mot de son entretien et pendant trois jours n'ouvrit pas la bouche. Tsen-Kong, son disciple favori, surpris de son mutisme, lui en demanda la cause.

« Quand je vois un homme, répondit Confucius, se servir de sa pensée pour m'échapper comme l'oiseau qui vole, je dispose la mienne comme une flèche sur l'arc bandé pour le percer ; je ne manque jamais de l'atteindre et de me rendre maître de lui. Quand je vois un homme se servir de sa pensée pour m'échapper comme un cerf agile, je dispose la mienne comme un chien courant pour le poursuivre ; je ne manque jamais de le saisir et de l'abattre. Quand je vois un homme se servir de sa pensée pour m'échapper comme le poisson de l'abîme, je dispose la mienne comme l'hameçon du pêcheur ; je ne manque jamais de le prendre et de le faire tomber en mon pouvoir. Quant au dragon qui s'élève sur les nuages et plane dans l'éther, je ne puis le pour-suivre. J'ai vu Lao-Tsé ; il est comme le dragon ! En l'écoutant, ma bouche est restée béante et je n'ai pu la refermer ; ma langue est sortie à force de stupeur et la force m'a manqué pour la rentrer ; mon âme est plongée dans le trouble et ne peut retrouver son calme. »

Le bouddhisme de la Chine diffère peu de celui de l'Inde, quant aux doctrines et aux préceptes. Dans l'application il n'en va pas de même. La race utilitaire et pratique des fils de Han n'a guère laissé subsister, dans l'application, que ce qui était conforme au génie et aux instincts de la race, rejetant ou négligeant, comme théorie abstraite, ce qu'il lui eût trop coûté d'observer.

L'enseignement est le même. On y retrouve l'esprit de douceur, d'égalité, de frater-nité qui est le fond de la doctrine et qui contraste si étrangement avec l'arrogance et la dureté du brahmanisme, dont le système religieux est cependant analogue à celui de Çakya Mouni. Les persécutions religieuses exercées par les brahmanes contre les bouddhistes venaient moins de divergences d'opinion sur le dogme que de l'esprit plus large, plus humain de la doctrine bouddhiste admettant, sans distinction de castes, tous les hommes aux fonctions civiles et sacerdotales, aux récompenses futures.

« Ma loi, répondait Çakya aux objurgations des brahmanes, est une loi de grâce pour tous. » Ils se scandalisaient, un jour, de voir une fille de la caste inférieure des Tchandala reçue comme religieuse. Il leur dit : « Il n'y a pas entre un brahmane et un homme d'une autre caste la différence qui existe entre la pierre et l'or, entre les ténèbres et la lumière. Le brahmane, en effet, n'est sorti ni de l'éther ni du vent. Il n'a pas fendu la terre pour paraître au jour comme le feu qui s'échappe du bois de l'Arani. Le brahmane est né du sein d'une femme tout comme le Tchandala. Où vois-tu donc la cause qui ferait que l'un doit être noble et l'autre vil ? Le brahmane lui-même, quand il est mort, est abandonné comme un objet vil et impur. Il en est de lui comme des autres castes. Où est alors la différence ? »

Cette province du Chan-Toung, où naquit Confucius, est favorisée entre toutes, autant par la fertilité du sol que par la richesse du sous-sol qui contient, outre d'importantes mines de houille, l'or, le fer, les pierres précieuses et le diamant. Les villes y sont populeuses et nombreuses ; mais, situées sur la route des envahisseurs, elles ont souvent été détruites, toujours rebâties ; le commerce avec la Mongolie relevait les ruines que faisaient les Mongols et les Tartares, et la ténacité des habitants réparait celles que les Taïpings révoltés et les eaux débordées laissaient sur leur passage.

Industrieux et patient, le Chinois est surtout trafiquant et négociant ; il a le génie du commerce et, partout où il va, le porte avec lui, habile à faire fructifier, comme petit débitant, les économies que lui procure son travail comme manœuvre. On s'est étonné, au début des relations commerciales avec la Chine, du peu d'empressement de ses marchands à entrer en rapports avec les étrangers. Cela tenait à deux causes. Tout d'abord le commerce intérieur est immense. Le pays est si riche, ses productions si variées, le marché si vaste qu'il suffisait à leur ambition. L'activité fiévreuse qui règne dans les villes, sur les fleuves et les canaux, sur les routes, dépasse celle de nos plus grands centres. C'est un incessant mouvement de va-et-vient, de transports de marchandises, de barques, chariots, brouettes, bêtes de somme, encombrant les voies de communication.

Puis le commerce avec l'étranger était en opposition avec leurs théories économiques, aussi bien qu'avec celles de leur gouvernement et cette double résistance ne devait céder qu'au temps et à l'expérience. Selon eux, et lui, le commerce extérieur ne pouvait être avantageux à l'empire qu'autant qu'il procurait des objets nécessaires ou utiles en échange d'objets superflus. Du moment qu'il diminuait la quantité usuelle des soies, porcelaines, thés, nécessaires à la population, en échange d'objets de luxe inutiles ou dangereux, comme l'opium, il devenait désavantageux. Aussi les lois, les règlements, les impôts l'entravaient, encourageant, par contre, le trafic avec les Tartares et les Russes qui, en échange des produits chinois, introduisaient les fourrures et les pelleteries dont la Chine est dépourvue et qu'exige le climat des provinces septentrionales. Cette dernière considération explique comment et pourquoi le commerce avec l'étranger s'est longtemps fait uniquement par le nord, comment et pourquoi les villes situées sur cette voie commerciale autant que militaire, maintes fois détruites par les envahisseurs, se sont toujours relevées plus florissantes.

Dans la province du Chan-Toung, Toung-Chan en est un exemple. Située sur la route qui relie Péking au fleuve Jaune, à peu près à égale distance de la capitale et de l'embouchure du fleuve, elle est l'une des villes les plus actives et les plus peuplées de l'empire central. Tsinan et Taïgan ont aussi une grande importance. Tsinan, avec ses quarante-deux kilomètres d'enceinte, occupe une superficie égale à celle de Paris ; on y fait un grand commerce de soie. Taïgan, située au pied de la montagne sainte du Taïchan, dont nous avons parlé plus haut, est une ville de temples et de pèlerins. A ses portes aboutit le curieux escalier qui conduit au sommet de la montagne.

Dans la plaine, entre les deux chaînes montagneuses de la province, Waï, dont l'importance et la situation font la capitale commerciale du Chan-Toung et qui n'est pourtant qu'un *Hien*, localité de troisième ordre, centralise les entrepôts de tabacs, de charbon, de salpêtre, de fer et de soies. Par les routes qui rayonnent autour de Waï, ces produits s'écoulent dans toutes les directions, surtout vers les ports de la côte méridionale.

La province du Chan-Toung, ainsi que celles du Chan-Si, de Petcheli, de Kansou, est redevable de sa fertilité au *Hoang-Tou*, terre jaune, qui recouvre une partie de sa superficie. Le *Hoang-Tou* est à la Chine ce que le *Tchernoziom*, les terres noires, sont à la Russie où, dans les bassins de l'Oural, du Dniéper, du Don et du Volga, elles s'étendent sur des centaines de milliers de kilomètres carrés. En Chine, le Hoang-Tou couvre une superficie plus étendue que celle de la France entière ; il donne son nom au Hoang-Ho, ou fleuve Jaune ; il le donne même à l'empereur, souvent désigné le Hoang-Ti, le seigneur Jaune, le maître de la terre.

Merveilleusement riche et fertile, le Hoang-Tou est, pour le Chinois, le sol par excellence. La culture incessante n'épuise pas sa fécondité ; mélangé à d'autres terres il tient lieu d'engrais ; irrégulièrement réparti, on le rencontre depuis le pied des plateaux tibétains jusqu'aux rives du Yang-Tsé-Kiang. Il abonde surtout dans le bassin du Hoang-Ho. Son épaisseur est prodigieuse. Au travers de ses couches meubles les eaux, se frayant un passage, ont parfois creusé de profonds ravins que surplombent les hautes parois du Hoang-Tou, creusées, minées, entraînées par les torrents, çà et là déversées, ailleurs debout en forme d'aiguilles, de tours, de monuments bizarres dont la forme, chaque année, se modifie. Dans certaines localités l'érosion a révélé des épaisseurs de 600 mètres.

Cette terre argileuse ne nourrit pas seulement la population qui la travaille avec ardeur ; elle lui sert d'habitation. Dans ce sol à la fois friable et, par sa masse, solide et aggloméré, le cultivateur se creuse une demeure ; il vit sous le champ qui le nourrit, l'évidant en longues galeries, lui empruntant même des motifs d'ornementation, taillant, découpant le Hoang-Tou en façades pittoresques, en balcons, en kiosques, en colonnades. La masse compacte recèle dans ses flancs des hôtelleries, des monuments, des rues : villes troglodytes peuplées et animées, économisant l'espace à la surface, ne prenant pas un pouce du sol précieux qui, sans relâche, produit d'abondantes récoltes.

C'est que, si étendue que soit la superficie de l'empire, elle suffit à peine au nombre prodigieux d'êtres humains qui attendent d'elle leur subsistance ; nombre croissant chaque année, débordant au dehors, mais dont l'interminable exode est promptement comblé par l'excédent des naissances. La terre manque à cette population laborieuse et ingénieuse qui, ici, habite dans ses flancs, là, crée des îles flottantes, des fermes artificielles, amarrées aux rives ou naviguant au cours des eaux.

Sur des radeaux énormes construits de gros bambous dont l'écorce résiste longtemps à l'action dissolvante de l'eau, sur un lit de feuilles et de paille, on entasse une épaisse couche de terre végétale ; aux angles s'élèvent les habitations également en bambous. Sur le sol préparé, ensemencé, surgissent des plantations soigneusement entretenues, dont le produit ajouté à celui de la pêche suffit à la subsistance de plusieurs familles de cultivateurs. Population aquatique et nomade qui, souvent, se déplace sans motifs apparents. De hautes nattes de joncs servent de voiles, imprimant à ces îles flottantes un mouvement lent, mais rien ne presse les habitants qui poursuivent leur labeur quotidien et vivent en paix sur un sol que nul ne leur dispute.

Pour amener à un pareil mode de vie une population aussi sociable que celle de la Chine, il ne faut rien moins qu'une absolue nécessité, que l'impossibilité de subsister autrement. Aucune race n'a un goût aussi prononcé pour la vie urbaine. L'agglomération, l'entassement des Chinois dans un espace restreint dépasse tout ce que l'on peut imaginer. Dans une pièce à peine suffisante pour deux ou trois Européens, ils vivent vingt ou trente, sans se plaindre des nauséabondes odeurs, de la saleté qui les entoure, ne faisant rien pour y remédier, indifférents aux inconvénients, exempts des maux qu'elle engendre. Cette révoltante promiscuité, ce mépris des lois de l'hygiène est l'un des griefs les plus sérieux que l'on allègue contre eux partout où ils s'établissent. On leur reproche, et non sans cause, de créer des foyers pestilentiels au cœur même des grandes villes et, dans les centres les plus peuplés, de faire ainsi le vide autour d'eux.

C'est dans la partie septentrionale de la province du Chan-Toung que le Hoang-Ho se déverse dans la mer Jaune. A cette mer le fleuve a donné son nom. Fleuve « incorrigible » et dévastateur, « fléau des fils de Han », mais aussi bienfaiteur, roulant sur son parcours de 4,220 kilomètres ses flots troubles chargés du fertilisant limon du *Hoang-Tou* dont il recouvre son bassin. Il apparaît sur le même plateau de l'Asie centrale que le Yang-Tsé-Kiang ; comme lui il naît dans les monts Koukounor dans la mystérieuse région des « lacs des étoiles », jusqu'ici vainement cherchée par les explorateurs européens. Il court au travers des hauts pâturages, ramassant les torrents de la chaîne montueuse, longeant le désert de la Mongolie, traversant la muraille et remontant au nord pour contourner le pays des Ordos. Là, disait la légende, il disparaissait dans les sables du Gobi, puis, ressortant de terre, aussi vigoureux, aussi capricieux, oscillant vers l'ouest, le sud-ouest, le nord-ouest, puis le sud, se heurtant aux monts Sin-gan-fou, il rentrait en Chine, franchissant de nouveau la haute muraille, débouchant dans la plaine riche et plate ; qu'il inondait en alternances rapides, courant droit dans l'est et se déversant par un delta de plus de vingt-cinq millions d'hectares entassés par lui et qui, chaque année, poussent plus avant dans la mer Jaune leurs masses limoneuses et boueuses qui, lentement, se consolident et s'exhaussent.

Les débordements du Hoang-Ho sont terribles. Celui de 1857 a coûté la vie à des millions d'habitants, a rejeté sur les plaines de la Mandchourie une population ruinée et a rendu innavigable le grand canal impérial, l'œuvre la plus étonnante qu'un empereur et son peuple aient peut-être entreprise.

De Hang-Tcheou, capitale du Tché-Kiang, le grand canal remontait jusqu'à Péking, traversant outre la province du Tché-Kiang celles de Kian-Sou, Chan-Toung et Tchy-Li. Les Chinois l'appelle le Yun-Ho, rivière des provisions. Il fut creusé dans le but d'amener à Péking les tributs en nature dus à l'empereur. Antérieurement on avait recours, pour ce transport, aux rivières navigables ; là où elles cessaient de l'être on partageait les cargaisons des bateaux entre un grand nombre de porteurs réquisitionnés qui les amenaient au plus prochain port où, de nouveau, on les embarquait, non sans de grandes pertes de temps et des déchets considérables. Pour y remédier, les empe-

UN ÉCRIVAIN PUBLIC CHINOIS.

reurs de la dynastie de Han firent creuser ce canal qui traverse la moitié de l'empire ;
successivement d'autres canaux perpendiculaires vinrent aboutir à ce canal impérial,
élargi et utilisé pour les besoins du commerce. Tels furent les avantages que l'on
retirait de ce mode économique de transports que peu à peu tout un réseau de canaux
se greffa sur celui-ci, mettant en communication les villes, les bourgs et les villages les
plus reculés.

La plupart de ces canaux particuliers ont été creusés aux frais des habitants des
localités qui n'ont épargné ni peines ni dépenses pour s'assurer l'avantage précieux
d'un débouché facile et de l'écoulement de leurs produits dans la plupart des provinces
de l'empire. La patience et la ténacité que les Chinois apportent à ces sortes d'entreprises ont surmonté des obstacles devant lesquels auraient peut-être reculé des peuples
plus avancés en science et possédant de plus puissants moyens d'action. Ces canaux et
nombre d'autres qui ne sont pas en rapport direct avec le Yun-Ho, mais qui, indirecte-
ment, s'y relient, le grand nombre de fleuves et de rivières que possède la Chine multiplient tellement les communications par eau que presque tous les transports empruntent
cette voie, la plus économique que l'homme connaisse, la plus nécessaire dans un pays
qui a, comme la Chine, un commerce intérieur considérable.

Malheureusement les inondations des fleuves, les révoltes et les guerres, l'incurie
administrative et le manque d'argent ont gravement entravé le développement de ces
voies navigables. En nombre de localités le grand canal envasé, bloqué par ses berges
croulantes ne peut plus rendre les mêmes services commerciaux qu'autrefois. Sur ce
point, comme sur beaucoup d'autres, des symptômes de décadence apparaissent.
En tout autre pays on en pourrait conclure à un effondrement prochain ; ici, ce
n'est peut-être qu'une évolution, qu'un temps d'arrêt avant de fournir une étape
nouvelle.

Telles qu'elles subsistent encore, ces ruines du canal impérial ont grand air. Sur son
parcours de 5,000 kilomètres de longueur il coule, exhaussé dans les terres basses,
contenu entre des murs de marbre de 4 mètres d'épaisseur, reliés par des crampons en
fer. Sa largeur varie de 60 à 300 mètres. Pour lui ouvrir un passage on a dû, ailleurs,
éventrer des montagnes, creuser des tranchées de 20 à 30 mètres. Le jour où la Chine
sortira de sa torpeur, l'une des premières choses qu'elle fera sera de rétablir cette
œuvre colossale qui, pendant des siècles, a, plus qu'aucune autre, contribué à la richesse
et à la prospérité de l'empire.

Si le Hoang-Ho inonde leurs terres, emporte leurs villes, leurs villages et les habitants qu'ils contiennent, les Chinois endiguent le Hoang-Ho, luttant contre le fleuve
« incorrigible », multipliant au long de son cours des levées parallèles, d'énormes tranchées transversales, canaux de décharge que l'on ouvre en temps de crue pour déverser
dans les lacs, dans les marécages le trop-plein du fleuve. A mesure que son lit
s'exhausse on exhausse les digues. Dans les plaines basses il coule, suspendu au-dessus
des riches campagnes qu'il menace, parfois, dans un brusque caprice brisant ces
barrières impuissantes, secouant ces liens qui l'enserrent, changeant le cours de son lit,
condamnant l'homme à de nouveaux efforts, à de nouveaux travaux, la violence de l'un

ne lassant pas la persévérance de l'autre, le « Fléau des Fils de Han » ne triomphant pas de la ténacité de la race.

Si parfois il la ruine, parfois aussi il l'a sauvée. Gengis-Khan, le rude conquérant qui ne reculait devant rien, recula devant le Hoang-Ho, dont les Chinois rompirent les digues, inondant la plaine et rejetant l'envahisseur vers le nord. Quand la révolte éclata dans le Ho-Nan, l'empereur déchaîna le Hoang-Ho sur la province rebelle. En une nuit il la pacifia, noyant 500,000 habitants, forçant les autres à se soumettre.

Tout ce bassin du Hoang-Ho n'est pas seulement riche en produits agricoles. S'il possède la terre jaune, il possède aussi de nombreux dépôts de charbon. La houille grasse y abonde, au long même du fleuve, promettant une exploitation lucrative et facile. Richtofen évalue à 53,000 kilomètres carrés, la superficie des bassins d'anthracite de la province du Honan.

Peu de régions ont été autant éprouvées par les inondations, les révoltes, les sécheresses et les famines. Fréquemment dépeuplé, le bassin du Hoang-Ho s'est constamment repeuplé, grâce à sa terre jaune et aux récoltes inépuisables qu'elle donne. On estime à près de 80 millions le chiffre de ses habitants et ce chiffre s'accroît encore. Les villes y sont nombreuses. Ce sont, sur le cours supérieur du fleuve, Gomi qu'à visitée Prjévalsky ; Sining, sur la route de la Dzoungarie et du Turkestan chinois, place forte abandonnée par le commerce qui se concentre à Donkir, point de départ des caravanes, point de rencontre des races diverses qui, par les hauts plateaux trafiquent avec la Chine. En aval : Lantcheou Fou, capitale du Kan-Sou, ville de 500,000 habitants, où déjà s'élèvent des fabriques européennes, une fonderie de canons, des manufactures de draps pour l'armée; puis Ninghia et Baotou, villes manufacturières.

Au confluent de plusieurs rivières, sur les bords du Waï-Ho, se trouve Singan, l'un des centres les plus populeux de ce populeux empire; il compte près d'un million d'habitants. Singan fut pendant un temps la capitale de la Chine, elle n'est plus que celle de la province du Chan-Si, mais elle est restée une ville commerçante de premier ordre, grâce à sa position centrale et aux terres jaunes qui l'entourent. Contre ses hautes murailles vinrent se briser les efforts des rebelles qui prirent Nanking, et dévastèrent la Chine centrale.

Moins heureuse que Singan, Hoa-Tcheou, ville voisine, autrefois riche et florissante, a disparu dans la terrible tourmente dont elle fut le foyer. Du dehors rien n'indique sa ruine. Les murs n'ont point de brèches, les voûtes des portes sont debout. A l'intérieur, là où fut la ville, rien ne subsiste. Sur le sol, fertilisé par les cendres de leurs habitations, les survivants ont semé et des moissons lèvent dans la vaste enceinte fortifiée.

Plus au nord : Taïyuan-Fou, capitale du Chan-Si; elle compte 250,000 habitants. Dévastée par la révolte des Taïpings, cette province s'est promptement repeuplée. Elle est le centre d'un important commerce de sel. On l'extrait d'un marais salant, Loutswun, sur la rive septentrionale d'un lac. Nulle part le sel ne se rencontre en pareille abondance que dans cette localité, à plus de deux cents lieues de la mer et près d'un vaste fleuve d'eau douce. La production annuelle dépasse 150,000 tonnes.

A l'est de Singan, le Hoang-Ho décrit sa courbe et court à travers la plaine vers la mer Jaune. Plaine riche et fertile, désignée par les Chinois sous le nom poétique de « Fleur du milieu ». La population devient de plus en plus dense. Sur le fleuve : Honan-Fou, point de rencontre des routes, ville appelée à un grand avenir commercial; Kaïfoung, bazar permanent, centre d'un trafic important. Au sud du Hoang-Ho, dans la plaine que sillonne un réseau de canaux et de rivières, les villes commerçantes abondent, habitées par une population industrieuse, entourées de champs cultivés comme les Chinois seuls savent cultiver, habiles à faire rendre à la terre tout ce que le travail de l'homme peut en obtenir.

Si riche et si populeux que soit ce bassin du Hoang-Ho que nous venons de parcourir, celui du Yang-Tsé-Kiang est plus riche et plus populeux encore. On n'estime pas à moins de 200,000,000 le chiffre de ses habitants, répartis sur une superficie de 1,560,000 kilomètres carrés, soit 128 habitants par kilomètre carré, densité supérieure de près du double à celle de la France qui est de 72, inférieure seulement à celle de la Belgique, 203, et des Pays-Bas, 135.

Supérieur par la longueur et la largeur de son cours, par le débit de ses eaux au Hoang-Ho, le Yang-Tsé-Kiang, dont une traduction erronée a fait « Fleuve Bleu », est plus communément désigné en Chine sous le nom de Ta-Kiang, grand fleuve, ou Kiang, le fleuve par excellence.

Il mérite ce nom, arrosant une plaine magnifique, d'une fertilité rare, où le mûrier croît en forêts et que couvrent des plantations de coton, des rizières, des champs de tabac et de cannes à sucre dont on tire plusieurs récoltes chaque année. Ces plaines produisent le coton jaune, dont on fabrique le nankin. La terre, merveilleusement drainée, fumée, désherbée, donne le thé, les épices, les fruits, le pavot. Au long du cours du fleuve, les villes par leurs faubourgs se touchent, villes populeuses de 100 à 500,000 habitants, plusieurs même d'un million. Sur le fleuve, les jonques et les embarcations se croisent, innombrables comme les habitants des villes; les îles flottantes se pressent contre ses rives. Nul fleuve au monde n'est, autant que lui, populeux, actif, commerçant, incessamment en travail, plus que lui nécessaire à l'homme.

Il prend naissance dans les monts du Yu-Nan, dans un vaste cirque de rochers où se concentrent deux énormes torrents, celui du Sable d'or et celui de l'Eau blanche. Tous deux descendent des montagnes du Kouan-Loun. Fleuve éminemment pacifique, le Yang-Tsé-Kiang n'a pas, comme le Hoang-Ho, « Fléau des fils de Han », semé au long de son parcours la ruine et la désolation. Les désastres dont il fut le théâtre sont dus aux hommes, non à lui. Les Taïpings dépeuplèrent ses rives et ses eaux, l'incendie, maintes fois, détruisit ses flottilles. En 1850, la foudre éclatant dans le port d'Outchang, mit en feu sept cents jonques et des milliers de barques; 50,000 matelots périrent consumés par les flammes, engloutis par les eaux. Fleuve civilisateur, que sillonnent aujourd'hui les bateaux à vapeur, par lequel l'influence européenne pénètre et s'étend, circulant comme un sang nouveau dans l'artère immense du fleuve, remontant ses affluents, dont le cours navigable, joint au sien, offre une longueur de développement égale à la moitié de la circonférence de notre globe.

Ainsi que le Nil égyptien, le fleuve chinois possède son lac Mœris, régulateur de ses eaux, c'est le lac Toungtin, vaste dépression marécageuse dans laquelle, au moment des crues, il déverse le surplus de ses eaux que les terres absorbent. A 1,700 kilomètres de l'Océan, commence le Kiang maritime, le fleuve dont les Chinois disent que « son lit est sans fond comme la mer est sans bornes ». Entre ses rives espacées il glisse majestueusement, ralenti à 350 kilomètres de son delta par les alternatives du flux et reflux de la mer. A son embouchure qui confine à celle du Hoang-Ho, il atteint, entre ses deux rives espacées, une largeur de sept lieues, mer d'eau douce qui se confond avec l'Océan.

Dans son cours supérieur il traverse la province de Setchouen, « des quatre vallons », la plus vaste et peut-être aussi la plus belle de l'Empire. Des frontières du Tibet, dont elle est limitrophe, aux frontières du Houpé, elle mesure trois cents lieues. Sa fertilité est telle qu'un proverbe chinois dit : « le Setchouen produit en un an plus qu'il ne saurait consommer en dix ». La température y est d'une rare égalité, le sol d'une incomparable fécondité; partout des vallons fertiles, des lacs poissonneux, des champs couverts de moissons, des collines riches en plantes médicinales et tinctoriales; des coteaux couverts de plantations d'arbres à thé.

Le thé est l'une des grandes richesses de la Chine. De toutes les boissons dont l'homme fait usage, aucune n'est aussi répandue que le thé. En Asie, des centaines de millions d'êtres humains n'en connaissent et n'en veulent pas d'autre. L'Océanie et l'Amérique du Nord l'ont adoptée; en Angleterre, en Russie, on en fait une grande consommation et, dans l'Europe entière, la mode et l'hygiène lui recrutent chaque année de nouveaux partisans. Nul breuvage n'est aussi sain, aussi merveilleusement adapté aux exigences des climats chauds et des climats froids, aussi exempt des inconvénients et des dangers qu'offrent ailleurs les vins et les spiritueux.

Celui du Setchouen est renommé. Le sol y réunit les conditions de chaleur et d'humidité qu'exige sa culture, non que l'arbuste thé redoute le froid, il supporte aussi bien les gelées de l'hiver que les chaleurs de 40 degrés, mais il ne réussit pas dans les sols compacts imprégnés d'eau ; il se plaît sur les terrains en pente, légèrement rocheux, où l'eau s'écoule vite, où la terre sèche rapidement. L'humidité est nécessaire pour activer la croissance des feuilles, mais aussi le soleil pour leur donner l'arome qui fait leur prix.

L'arbuste n'a guère plus de 1^m,50 de hauteur; il est à feuilles persistantes, assez semblable au myrte. On l'élève par boutures obtenues en semant la graine sur des lits de terreau étalés dans des corbeilles et que l'on repique en plein champ, en espaçant les pieds de 1^m,25. Ce n'est qu'au bout de la troisième année que l'on récolte les feuilles ; à la neuvième année l'arbuste épuisé doit être remplacé.

Peu de cultures offrent un aspect aussi soigné, aussi élégant que celui d'une plantation de thé détachant sur un sol soigneusement nettoyé son verdoyant feuillage, ses fleurs blanches. La cueillette des feuilles se fait en avril, en mai et en juillet. La première donne les produits les plus estimés, le *Pékoe*, « chevelure blanche », ainsi désigné à cause du léger duvet qui recouvre la feuille tendre et encore incomplètement développée. La cueillette est faite par des jeunes filles, les feuilles devant être manipulées très délicatement pour ne rien perdre de leur parfum. Une bonne ouvrière ne peut pas en récolter plus de dix livres dans une journée de travail. On soumet ces feuilles à un grillage très léger après les avoir laissées à l'humidité de la nuit pour leur faire subir un commencement de fermentation analogue à celle des foins coupés. La manipulation varie suivant les différentes qualités de thé. Le thé noir doit sa couleur à la fermentation nocturne ; le thé vert se prépare en soumettant les feuilles, aussitôt cueillies, à la chaleur d'un feu de charbon, pendant quelques minutes ; on les froisse alors dans les mains, on les remet dans des bassines de fer sur le feu, en les agitant constamment et en les rafraîchissant même avec un éventail.

On estime que la Chine consomme environ les deux tiers de sa récolte annuelle de thé. L'exportation s'élevant à environ 140,000,000 de kilogrammes, la récolte totale serait de 400,000,000. Par suite des frais de toute sorte qu'acquitte ce produit et des bénéfices énormes prélevés par les intermédiaires, le consommateur européen paie trois et quatre francs la livre de thé que le producteur chinois vend, en gros, dix centimes, sur place. La culture du thé a fait, dans ces dernières années, de notables progrès au Japon et dans l'Inde. En Europe, de rares essais d'acclimatation ont été tentés, non sans succès au Portugal. Celui du Setchouen est rarement exporté hors d'Asie ; les feuilles les plus délicates sont achetées par les gourmets, les qualités plus ordinaires s'écoulent dans le Tibet et le Turkestan.

La richesse et la beauté de cette province ont exercé leur influence salutaire. Les villes et les villages sont plus propres et mieux tenus dans le Setchouen que partout ailleurs en Chine. Les habitants, plus robustes, sont de mœurs moins rudes que dans le nord. Ils ont la réputation de fournir à l'armée chinoise ses meilleurs soldats et ses officiers les plus habiles. Kouang-Ti, le plus grand général que l'empire ait possédé, était originaire du Setchouen. Le Setchouen vit naître aussi le plus étonnant réformateur que le monde ait connu.

On s'est parfois étonné, en présence des immenses agglomérations humaines qui peuplent la Chine, de l'indifférence qu'elles professent à l'endroit des théories socialistes et du peu de cas qu'elles en font. Sur ce terrain cependant, comme sur beaucoup d'autres, la Chine a devancé l'Europe. Les nihilistes russes et les socialistes allemands ont eu, chez elle, des précurseurs et des maîtres. Entre les théories de Wang-Ngan-Ché, le grand réformateur asiatique au xiᵉ siècle de notre ère, et celle des niveleurs européens du xixᵉ siècle, l'analogie est frappante, mais le réformateur chinois a eu pour lui l'avantage d'être plus clair, plus logique, et d'avoir su passer, légalement et par la seule force de son génie, du domaine de la théorie à celui de la pratique.

Ses imitateurs n'iront certainement pas plus loin et n'arriveront pas à un résultat plus satisfaisant. Les mêmes causes produiront les mêmes effets. Des mœurs et des coutumes différentes peuvent modifier l'apparence d'une fraction de l'humanité, mais ne changent absolument rien à son fond même. Elle est en Europe ce qu'elle était en Asie, assujettie aux mêmes exigences, en proie aux mêmes besoins, mue par des passions identiques. Aujourd'hui, comme alors, il faut à l'homme la nourriture du corps et celle de l'âme; il y a des riches et des pauvres, des forts et des faibles, des aspirations déçues, des ambitions inquiètes, des vertus et des vices. Cela est, nul ne le nie, mais le jour où nous serons les maîtres cela ne sera plus, disent les socialistes. Wang-Ngan-Ché l'affirmait aussi et, pour réaliser ce millénium, il ne recula devant rien. Il eut tout pour lui : le pouvoir absolu au service d'une indomptable conviction; jamais essai ne fut tenté dans des conditions plus favorables, salué de plus d'acclamations. On pourra recommencer, on ne fera pas mieux et le résultat n'est pas encourageant. La Chine s'en est tenue là.

Tout Chinois qu'il fût, Wang-Ngan-Ché était cependant un homme de génie, mais il tenta l'impossible. Il crut qu'on pouvait changer la nature humaine, substituer des abstractions à des passions et décréter le bonheur d'un peuple. Il construisit de toutes pièces une machine savante, admirablement combinée, mais elle eut un défaut : elle ne marcha pas; l'inventeur avait négligé de tenir compte des lois du frottement.

Lettré distingué, apôtre convaincu, il convainquit l'empereur Chen-Tsoung. Maître du pouvoir, il en ouvrit les portes à ses disciples, leur confia la direction des provinces, la magistrature, l'enseignement, l'armée et commença l'exécution de ses plans. S'il pouvait, comme il l'affirmait, rendre à la Chine l'abondance et la prospérité, il n'était que temps. On était en 1069. Des maladies épidémiques, la sécheresse, la famine sévissaient dans les provinces les plus populeuses; la misère menaçait. Loin de diminuer son prestige, les calamités publiques l'augmentaient; plein de confiance en lui-même, il annonçait le remède prochain.

Proclamant l'État souverain, seul propriétaire et universel exploitant, il décréta l'établissement de tribunaux d'agriculture chargés de répartir entre les cultivateurs les terres labourables, de décider du genre de culture qui convenait à chacune et de distribuer les outils et les grains pour les ensemencer. Le produit appartenait à l'État qui devait en régler le partage proportionnellement aux besoins et au chiffre de la population. L'État avait seul qualité pour fixer le prix des denrées. En cas de disette ou de mauvaise récolte, le grand tribunal agricole siégeant à Pékin était investi des pouvoirs nécessaires pour faire affluer dans les districts éprouvés le surplus des grains des provinces plus favorisées. De cette façon, disait l'édit, il n'y a plus de famine à redouter et les subsistances se maintiendront toujours à un prix modique.

Après avoir ainsi réglé cette question, la première de toutes pour un empire de 300,000,000 d'habitants, Wang-Ngan-Ché proclamait que « le plus essentiel des devoirs d'un gouvernement c'est d'aimer le peuple et de lui procurer les avantages de la vie qui sont l'abondance et la joie ». Suivant lui, l'amour du gain, du luxe, des jouissances matérielles sont le principal obstacle. En supprimant la cause, on supprimerait l'effet. La cause c'était la richesse. Les taxes sur les riches en auraient promptement raison, en cinq années elles absorbaient leur capital; mais il ne suffisait pas d'abolir la richesse, il fallait l'empêcher de se reconstituer. Or le négoce, la banque, l'industrie, l'usure créaient la richesse. Wang-Ngan-Ché supprima le négoce, la banque, l'usure et l'industrie. L'État en aurait le monopole, et, grâce à ce monopole, réaliserait seul les bénéfices répartis en des millions de mains. Or l'État représentant tous les habitants, tous auraient leur part de cette prospérité collective. Nul ne serait riche, mais personne ne serait pauvre; tous étant égaux, l'envie, la haine, les mauvaises passions disparaîtraient comme par enchantement.

Et ce n'étaient pas là de pures spéculations écloses dans un cerveau d'idéologue, mais bien des réalités immédiatement appliquées et maintenues avec une invincible opiniâtreté. L'empereur en était devenu l'adepte le plus fervent. D'une extrémité de la Chine à l'autre ce fut un concert de louanges et d'admiration, une passive obéissance. Dans ce curieux et paradoxal empire Wang-Ngan-Ché put, pendant quinze années, poursuivre son œuvre de réorganisation, modifier et changer tout à sa guise, bouleverser tout un ordre matériel et social et ne s'arrêta que vaincu par les lois économiques, plus fortes que sa volonté. Le temps ne lui a pas plus fait défaut que l'audace, le pouvoir et l'énergie. Quel conquérant, quel chef d'école pourrait rêver un pareil concours de circonstances, opérer sur un aussi vaste théâtre et disposer en maître des destinées de 300,000,000 d'êtres humains ?

Sur le cours supérieur du Yang-Tsé-Kiang, les premières villes qui apparaissent sont Batang et Litang, à peu de distance de la frontière tibétaine, tout au long de laquelle s'exerce une contrebande active, celle de l'opium dont l'usage s'est propagé en Chine d'une manière incroyable, causant plus de maux et accumulant plus de ruines que les famines, les guerres et les épidémies réunies. Il n'est pas de commerce dont les progrès aient été aussi rapides. C'est à deux Anglais : le colonel Watson et le vice-résident Wheeler que la Chine est redevable de ce fléau, dont il nous a été donné de voir et de constater jusqu'en Océanie les désastreuses conséquences.

L'opium est une pâte noirâtre et visqueuse, produit du pavot. La pipe dont on se sert pour le fumer est composée d'un tube en bois auquel s'adapte une boule en terre cuite, ou en matière précieuse, percée d'un trou qui la met en communication avec le tube. On prend, avec une longue aiguille, une parcelle d'opium de la grosseur d'un pois; on la chauffe à une petite lampe jusqu'à ce qu'elle se gonfle et atteigne le degré de cuisson et de consistance voulues. Ainsi préparée on la pose au-dessus du trou de la boule, la pétrissant et lui donnant la forme en cône affectée par les pastilles du sérail. On la perce légèrement afin d'établir la communication avec le trou de la boule et la cavité du tube. Ces préparations minutieuses sont d'ordinaire confiées à des serviteurs qui remettent au fumeur la pipe toute préparée. Dans les bouges où les gens du peuple se réunissent, ce sont généralement des femmes adonnées au même vice qui préparent successivement les pipes, moyennant un peu d'opium qu'on leur donne. L'atonie, la prostration, la misère et la mort sont les résultats invariables de cette irrésistible passion.

Les aspirations du fumeur d'opium sont profondes, calculées de manière à faire pénétrer dans les organes la fumée qu'il ne rejette que quelques instants après. Il est rare qu'une seule pipe le satisfasse; il en fume, suivant son degré d'habitude et son tempérament jusqu'à quatre ou cinq, quelquefois plus, avant d'obtenir le résultat désiré. « Chez le fumeur invétéré, écrit M. Roussel, l'effet tonique n'est pas immédiat; l'ébranlement nerveux ne se propage plus que lentement et, au lieu de ce sommeil morbide qui a, paraît-il, tant de charme pour ces malheureux, il n'y a plus qu'une sorte d'hébétement permanent dont le spectacle inspire, pour ceux qui en sont atteints, une profonde compassion. Quant à ceux qui succombent au sommeil opiacé, ils tombent dans une espèce de torpeur léthargique qui en fait, temporairement, de véritables cadavres. Je ne connais rien de plus affreux que cet état d'insensibilité cataleptique dans lequel les yeux retournés ne montrent plus que des globes blancs sans expression, où la physionomie perd toute animation et où les membres gisent inertes.

« Ce qu'il y a de plus terrible encore, c'est la passion poussée presque jusqu'à la frénésie qu'inspire ce vice; une fois l'habitude de l'opium prise, le fumeur perd le goût et la faculté du travail; en même temps que ses ressources diminuent, sa passion augmente et, pour la satisfaire, il se dépouille successivement de tout ce qu'il possède. Réduit à la misère il ne craint pas d'aller demander à la mendicité les moyens de prolonger de quelques jours cette existence dégradée, dont le terme arrivera fatalement lorsqu'il ne pourra plus se procurer le poison qui le tue, et sans lequel, pourtant, il ne peut plus vivre. »

Ce meurtrier poison, imposé par l'Angleterre à la Chine en 1841, est devenu l'objet d'un commerce énorme. De 56 millions de francs, il s'est élevé en 1845 à 100,000,000, il dépasse aujourd'hui 300,000,000, sur lesquels la Chine n'est autorisée, par les traités, à prélever que 6 0/0 à l'importation, alors que le profit de l'Angleterre atteint près de 300 0/0 de la valeur.

Capitale de la province du Setchouen, Tching-Tou-Fou est une des belles villes de la Chine. Située au milieu d'une plaine admirablement fertile, bien arrosée et bornée à l'horizon par de gracieuses collines, Tching-Tou-Fou compte environ 800,000 habitants. Ses rues larges et propres, le nombre et la beauté des pagodes, des tribunaux, des monuments et des magasins en font une ville exceptionnelle. L'aisance y est générale et la population, courtoise et affable envers les étrangers, passe pour l'une des plus lettrées de la Chine.

Elle passe aussi pour l'une des plus sensées et l'anecdote suivante empruntée aux souvenirs du Père Huc, montre ce que les Chinois entendent par le bon sens et à quel point leurs conceptions diffèrent des conceptions européennes. Dans une entrevue avec plusieurs notables de la ville, le Père Huc s'efforçait de les amener par ses questions à exprimer leur opinion sur un événement politique récent. A toutes ses insinuations ils se bornaient à hocher la tête, à boire du thé ou à fumer leurs pipes. Cette indifférence commençait à l'agacer ; ce que voyant, l'un de ses interlocuteurs se leva, lui posa la main sur l'épaule d'une façon toute paternelle et lui dit, souriant avec malice : « Écoute-moi, mon ami, pourquoi troubler ton cœur et fatiguer ta tête par de vaines préoccupations? Écoute-moi ; les mandarins sont chargés de s'occuper des affaires de l'État ; ils sont payés pour cela, laissons-les donc gagner leur argent. N'allons pas, nous autres, nous tourmenter de ce qui les regarde ; nous serions bien fous de faire de la politique

FORT DE LA PASSE MINGAN.

gratis. — Voilà qui est conforme à la raison », ajoutèrent les autres. Et en même temps ils lui firent observer que son thé refroidissait et que sa pipe était éteinte.

Au sud-ouest de Tching-Tou-Fou se trouve Kioung-Tcheou, célèbre par ses papeteries, puis Sutcheou où s'entreposent les produits du Yunnan. Plus bas, Loutcheou, riche en puits d'eau saline et de pétrole qu'exploitent les banquiers de Tchoung-Tchang, principal centre commerçant de la province du Setchouen.

Ces banquiers, grands commerçants, disposent de capitaux considérables patiemment accumulés ou hardiment conquis. Nulle race ne s'entend mieux que celle-ci à combiner, calculer les chances d'une opération commerciale. Le Chinois apporte, en naissant, le goût du commerce et du trafic qui grandit et se développe avec lui. Tout jeune, il sait déjà vendre et acheter. Si, dans le petit négoce, le Chinois se montre artificieux, rusé, habile à tromper, il n'en est pas de même pour les grandes maisons de commerce dont beaucoup ont une réputation universelle de loyauté et de probité. En Chine, comme ailleurs, on peut citer des millionnaires partis de rien et dont la première mise de fonds dans les affaires est due à l'une de ces nombreuses sociétés financières qu'a su créer leur génie commercial.

Les membres de ces sociétés conviennent entre eux d'une certaine somme que chacun versera le premier jour de chaque mois. Ce jour-là même la totalité est tirée au sort et on continue ainsi chaque mois jusqu'à ce que chacun ait eu le lot. Pour éviter que les derniers soient trop mal partagés, chaque mois le lot s'accroît d'un petit intérêt payé par les premiers favorisés.

Cette combinaison a pour objet de mettre à la disposition du gagnant une somme relativement considérable qui lui permette d'entreprendre une spéculation ou d'ouvrir une boutique et, si l'on tient compte du bon marché extraordinaire de la vie en Chine, de ce fait qu'avec quelques centaines de sapèques un Chinois n'hésite pas à se lancer dans les affaires, à commencer un petit commerce, on comprendra l'extension qu'ont dû prendre ces sociétés mutuelles.

Tchoung-Tchang est le marché du Setchouen. Les cours de sa Bourse règlent ceux des différentes denrées. Elle possède aussi une usine pour l'affinage des lingots d'or et d'argent. Avec ses faubourgs, la ville renferme 700,000 habitants. A Kaitcheou-Fou commence la culture en grand du pavot ; l'opium qu'il produit est très recherché. Au-dessous, à Tchangta-Fou, le fleuve devient navigable pour les barques d'un fort tirant d'eau. Au centre du Hounan oriental, sur l'un des rapides de la rivière Siang : Siangtan, étape obligée des voyageurs et du trafic entre les provinces centrales et les provinces méridionales.

Capitale du Hounan, Tchangcha n'a ni le commerce ni la population de Siangtan qui compte près d'un million d'habitants. Elle n'est remarquable que par son collège, en possession, depuis des siècles, du privilège de fournir le plus grand nombre de mandarins à l'Empire, ce qui s'explique par le fait que le Hounan, pays riche, contient plus de jeunes gens à même de pousser loin leurs études.

On sait l'importance que possède, en Chine, la corporation des lettrés. Son organisation remonte au xie siècle avant notre ère, mais le système des examens servant de base au choix des mandarins ne remonte qu'au viiie. Jusque-là les magistrats étaient nommés par le suffrage universel qui n'a été maintenu que pour l'élection des maires. Il en est, aujourd'hui, des examens littéraires, comme de bien d'autres institutions en Chine : l'apparence subsiste, la réalité fait défaut. Les règlements sont sévères mais facilement éludés. Un candidat riche, peut, en payant, connaître d'avance les sujets désignés pour les compositions; il peut même acheter les suffrages des juges.

Nombre de bacheliers, empêchés par le manque d'argent, de poursuivre leurs études, vivent en mettant leurs connaissances à la solde des candidats arriérés, des mandarins incapables, des juges ignorants. Cette catégorie, chaque année plus nombreuse, de déclassés intelligents, réfractaires au travail manuel, constitue un péril social. Ils fomentent les procès pour en tirer profit, publient des pamphlets contre les fonctionnaires; les plus honnêtes écrivent des nouvelles, des romans, des pièces de théâtre dont ils vivent à grand'peine, ne pouvant croire qu'en Europe un livre bien fait puisse procurer à son auteur fortune et réputation.

Et, de fait, l'opinion publique ne les encourage guère; pour les Chinois, la littérature n'est qu'un jeu, une récréation. On lit, de même que pour se distraire on se promène dans un agréable jardin, sans plus s'enquérir du nom de l'auteur, qui, souvent, ne signe pas son œuvre, qu'on ne le fait de celui du jardinier habile qui a dessiné les massifs, les pelouses et les corbeilles de fleurs.

Même indifférence en ce qui concerne notre littérature. « C'est un contraste piquant et singulier, écrivait M. Abel Rémusat, que celui de la vive curiosité avec laquelle nous recherchons tout ce qui tient aux mœurs, aux croyances et au caractère des peuples orientaux, et de la profonde indifférence qui accueille, en Asie, nos lumières, nos institutions et jusqu'aux chefs-d'œuvre de notre industrie. Il semble que nous ayons toujours besoin des autres et que les Asiatiques seuls sachent se suffire à eux-mêmes. Ces Européens, si enorgueillis des progrès qu'ils ont faits dans les arts et dans les sciences depuis trois cents ans, sont continuellement à s'informer comment pensent, raisonnent et sentent des hommes qu'ils regardent comme leur étant inférieurs sous tous les rapports, et ceux-ci ne s'inquiètent pas si les Européens raisonnent, ou même s'ils existent. On s'adonne à la littérature orientale à Paris et à Londres, et l'on ne sait, à Téhéran ou à Péking, s'il y a au monde une littérature occidentale. Les Asiatiques ne songent pas à nous contester notre supériorité intellectuelle; ils l'ignorent et ne s'en embarrassent pas, ce qui est incomparablement plus mortifiant pour des hommes occupés à s'en targuer et disposés à s'en prévaloir. »

Au confluent du Yang-Tsé-Kiang et du Han se trouve l'une des plus formidables agglomérations humaines qui fut jamais : les trois villes de Outchang, de Hankoou et de Hanyang. « Quand on n'a pas vu ces trois grandes villes placées en face l'une de l'autre, écrivait M. Huc, il est impossible de se former une idée exacte de l'activité et de l'immensité du commerce intérieur de la Chine. C'est surtout Hankoou « la bouche des « entrepôts » qu'il faut visiter; tout y est boutique et magasin ; chaque produit a sa rue ou son quartier qui lui est spécialement affecté. De toutes parts on rencontre toujours une si grande affluence de piétons, les masses sont tellement compactes et pressées qu'on a toutes les peines du monde à se frayer un passage. Presque toutes les rues sont continuellement sillonnées par de longues files de portefaix qui s'en vont au pas gymnastique en poussant un cri monotone et cadencé dont le son aigu domine les sourdes rumeurs de la multitude...

« En voyant les rues sans cesse encombrées de monde on serait porté à croire que tous les habitants de la ville sont en course et que les maisons sont vides. Mais qu'on jette un coup d'œil dans les magasins, ils sont toujours remplis de vendeurs et d'acheteurs. Les fabriques et les manufactures renferment, en outre, un nombre considérable d'ouvriers et d'artisans et si l'on ajoute à ces multitudes les femmes, les vieillards et les enfants, on ne sera nullement surpris qu'on élève à huit millions la population de Hankoou, Outchang et Hanyang. Nous ne savons pas si l'on comprend dans ce chiffre les habitants des barques. Le grand port de Hankoou est bien littéralement une immense forêt de mâts de navires; on est saisi d'étonnement en voyant, au milieu de la Chine, des bâtiments en si grand nombre et d'une telle dimension. »

Ici, la Russie occupe le premier rang. Elle importe ses draps à Hankoou et en exporte d'énormes quantités de thé. Les négociants moscovites furent les premiers à s'établir dans ce centre populeux, quand les traités leur en ouvrirent les portes. Abandonnant les errements européens et plus soucieux de réussir que d'affirmer leur supériorité, ils se familiarisèrent avec la langue, les usages et les coutumes des Chinois, se mirent en rapports directs avec les producteurs, écartant les intermédiaires, les *compradores* aux services desquels les Européens ont recours d'ordinaire. Peu à peu, par la force des choses, ils ont accaparé le commerce d'exportation et acquis une importance politique considérable.

La plupart des membres de cette colonie russe sont originaires de Kiachta et d'Irkoutsk; plusieurs ont suivi les cours de l'école russo-chinoise de Kiachta et sont, de longue date, familiarisés avec les produits et les usages commerciaux des deux pays. Leur bonhomie et leur connaissance de la langue leur ont concilié les sympathies des Chinois et ni les Anglais ni les Américains ne sauraient leur faire une concurrence sérieuse. Hankoou n'est pas, d'ailleurs, le seul point où la Russie ait solidement pris pied en Chine. En maintes localités il en est de même et son influence s'accroît dans le Céleste-Empire.

Au sud de Hankoou : Nantchang, célèbre par ses porcelaines, industrie dans laquelle Nantchang fut longtemps sans rivale. Son importance a décru; au siècle dernier, on ne comptait pas moins de cinq cents fabriques autour de la ville peuplée d'un million d'habitants. La fabrication de la porcelaine remonte, en Chine, à une très haute antiquité. Les pièces les plus estimées datent de notre ère chrétienne et les riches amateurs, nombreux dans l'Empire, conservent avec soin des porcelaines de cette époque dont on a perdu, depuis, les procédés de fabrication, telles que les coupes doubles dont la partie extérieure ciselée et découpée à jour comme une dentelle, recouvre une coupe intérieure unie et d'une éblouissante blancheur. D'autres ont des dessins qui n'apparaissent que lorsqu'on remplit le vase; ces dessins sont placés sur la partie intérieure, les couleurs ont subi une préparation particulière qui les rend invisibles tant qu'elles ne sont pas humectées. Il semble, à lire les nombreux documents chinois sur l'histoire de la porcelaine, qu'à quatre ou cinq reprises différentes, à la suite de guerres civiles ou de bouleversements intérieurs comme ce vaste empire en a seul connus, les secrets de cette fabrication aient été perdus, puis retrouvés ou à nouveau inventés.

La porcelaine a son dieu, ou pour mieux dire son héros : un ouvrier auquel l'empereur commanda des vases sur des modèles qu'il lui donna. Vainement celui-ci lui représenta l'impossibilité d'exécuter ce qu'il désirait; l'empereur ordonnait, à lui d'obéir. Après maints essais infructueux, désespérant de réussir, le malheureux se jeta dans son four et fut immédiatement consumé. La porcelaine qui y cuisait en sortit, non telle que l'empereur la désirait, mais si merveilleusement belle qu'il se déclara satisfait.

Dans cette province du Kiang-Si, les étangs abondent et aussi les prairies artificielles. Industrieux et ingénieux, les Chinois en tirent parti et grand profit. Chaque année, au commencement du printemps, un grand nombre de marchands de frai de poisson parcourent les campagnes, poussant devant eux, sur une brouette, des tonneaux remplis d'une sorte de vase épaisse et jaunâtre. Moyennant quelques sapèques (un demi-centime), les cultivateurs achètent une écuelle de cette eau bourbeuse; cette quantité suffit pour ensemencer un étang. Les poissons éclosent en quelques jours. Quand ils sont un peu plus grands, on les nourrit de poignées d'herbe tendre, hachée menue, et en augmentant quotidiennement la ration. Au bout d'un mois ils sont pleins de force et de voracité. Du matin au soir, on fauche pour eux et c'est par charretées qu'on déverse dans l'étang leur pâture qu'ils dévorent avec un bruit de mâchoires de lapins aquatiques. Quinze jours ou trois semaines de ce régime suffisent pour les amener au poids de deux ou trois livres. On les pêche et on les vend dans les grands centres où leur chair estimée et leur bon marché les rendent d'une défaite facile.

Au cours du fleuve : Anking, capitale de la province de Nganhoï, ou des « bourgs pacifiques », grande et belle ville; puis Tatoung, centre d'un grand commerce de sel, et Wouhou, ville industrielle et manufacturière. Tout ce district est riche en végétaux utiles, en bambous dont on compte soixante-trois variétés et dont la valeur l'emporte sur celle des mines de l'empire. L'exploitation de ce végétal amphibie dont la Chine ne saurait se passer, qu'elle emploie à tant d'usages différents, donne des revenus considérables aux propriétaires qui en règlent la coupe d'après un précepte séculaire : « Les petits-fils des bambous, dit le proverbe, ne voient pas leur grand'mère, et la mère n'est jamais séparée de ses enfants. »

Puis, l'arbre à cire, l'arbre à suif, le mûrier, dont on fabrique le papier; le camphrier, l'arbre au vernis, le li-tchi, le jujubier, l'anis étoilé, le cannelier de Chine à l'écorce épaisse, le bibacier, la pivoine, la rhubarbe, le nénuphar ou lien-hoa que les poètes ont chanté et que les économistes ont préconisé.

Plante utile et cultivée avec soin; le Chinois mange les graines du lien-hoa comme des noisettes; cuites au sucre, elles font les délices des gourmets. Sa racine est saine et d'un goût excellent. Réduite en fécule, on en fait des bouillies au lait; on la sèche ou on la conserve dans le vinaigre. Crue, on la mange comme un fruit.

C'est surtout dans la région montagneuse qui côtoie la grande muraille et s'étend au nord de Hoang-Ho, que se récolte la rhubarbe dont les Chinois font, avec la ville russe de Kiachta, un commerce lucratif. La rhubarbe croît à l'état sauvage dans les montagnes, sur les plateaux, dans les terres humides; nulle part il n'en existe de plantations régulières. La plante, qui atteint une hauteur de plus de 4 mètres, porte des fleurs blanches. Ses racines pénètrent profondément dans le sol. On les arrache au mois d'août et de septembre, alors que les feuilles commencent à se faner. Les Chinois, dit M. Piassetsky, distinguent les racines mâles des racines femelles et préfèrent les premières qui sont plus lourdes et plus nourrissantes. On recherche principalement celles qui ont plusieurs années, car fraîchement enlevées de terre, elles sont tendres, succulentes et de couleur jaune.

On enlève l'écorce qui est noire et fine; on coupe la racine par morceaux et on la fait sécher à l'intérieur des maisons. Tout le monde a le droit de récolter la rhubarbe; le gouvernement se réserve de prélever un impôt sur les marchandises importées en échange du produit de la vente. La rhubarbe la plus estimée est celle de Si-Nine-Fou et de Lian-Tchéou. Les médecins chinois en font usage comme médicament, et l'importation en Russie s'en effectue par caravanes de plusieurs centaines de chameaux.

En aval de Wouhou, le fleuve s'élargit, près d'atteindre son embouchure. Il longe Nankin, autrefois capitale de l'empire et l'une des plus populeuses cités du monde; longtemps en ruines derrière ses murailles de vingt mètres de hauteur et de douze d'épaisseur sur quarante-huit de développement qui ont résisté à l'effroyable dévastation des Taïpings et à la répression des troupes impériales. De sa fameuse tour de porcelaine, il ne subsiste rien; on a peine à en retrouver l'emplacement. Nankin a payé cher l'honneur d'avoir été pendant onze années, de 1853 à 1864, la résidence du « Roi Céleste », du souverain des Taïpings. Lentement elle se relève de ses ruines et les paysans de la province du Houpé, campés dans ses murs, remettent en culture ses plaines dévastées et dépeuplées.

On a souvent et beaucoup parlé de l'immobilité de la Chine. On a représenté ce vaste empire comme hostile au mouvement, réfractaire au changement, vivant sur un fonds de traditions immuables, donnant au monde le spectacle d'un tiers du genre humain piétinant sur place dans le domaine des idées et n'osant ni avancer ni reculer. Rien n'est plus faux. Si nous comparons une période de notre histoire à celle de l'Empire du Milieu, nous constatons ceci : de 420, entrée des Francs dans les Gaules, à 1648, date du traité de Westphalie, nous relevons, en Chine, quinze changements de dynastie, quinze guerres civiles épouvantables et l'extermination de tous les membres de douze de ces dynasties. Chacun de ces changements a bouleversé l'empire de fond en comble, fait verser des flots de sang et déterminé l'avènement d'idées nouvelles bientôt remplacées par d'autres. Ainsi donc, en 1,228 ans, quinze grandes révolutions, plus d'une par siècle, voilà pour l'immobilité matérielle. Quant aux maximes, aux combinaisons politiques, aux théories socialistes et autres, il n'en est pas que les Chinois n'aient essayées, et nous avons montré plus haut que l'Europe a souvent copié ceux qu'elle raille.

Aussi éprouvée que Nankin, la ville de Tching-Kiang, située, comme elle, sur le

Yang-Tsé-Kiang, s'est relevée plus vite et a reconquis son importance commerciale qui
fait d'elle le deuxième port de la Chine pour l'importation des marchandises étrangères.
Au nord : Yang-Tcheou; Marco Polo y résida trois années et la gouverna. A l'embouchure du grand fleuve, au confluent du Rouang : la ville de Changhaï, le port le plus
commerçant de l'empire.

Ce n'était, en 1850, qu'une sous-préfecture sans importance; sa situation au centre
d'un district riche en soies attira l'attention de l'Angleterre. Comprise, par le traité de
Nankin, parmi les ports ouverts aux étrangers, Changhaï se développa lentement.
Entourée de rizières, la ville était malsaine; on combla les rizières. Sur la concession
anglaise on édifia de vastes entrepôts. Cette concession devint la ville aristocratique,
la ville des banques et du haut commerce. Par contre, la concession française est restée
le bas quartier, un faubourg assez mal habité qui ne se releva que par l'afflux de
fugitifs que la rébellion des Taïpings rejeta dans Changhaï.

Cette rébellion qui dura douze années fit la fortune de la ville. On vit alors à Changhaï s'édifier en quelques années des fortunes colossales. La fermeture du fleuve par
les rebelles paralysait toutes les transactions avec l'intérieur de l'empire où les objets
usuels atteignaient des prix exorbitants, le sel entre autres. Les armateurs et les
négociants de Changhaï en expédièrent des jonques qu'escortaient des bâtiments à
vapeur et que les rebelles, anxieux d'éviter tout conflit avec les étrangers, laissaient
passer. Le commerce étranger de Changhaï réalisa ainsi d'énormes bénéfices; le prix
des terrains décupla, une spéculation effrénée s'ensuivit. Mais la fin de la rébellion
fut aussi la fin de cette période de prospérité fiévreuse.

La ville n'en est pas moins restée riche et commerçante, la vie large et facile.
Changhaï est, avec Hong-Kong, la ville où l'étranger peut le mieux se rendre compte
du mode d'existence que mènent les Européens dans ces régions lointaines. Hong-Kong
est plus indo-chinoise; le voisinage et l'influence de l'Inde anglaise s'y font plus sentir;
Changhaï est surtout anglo-chinoise. Les Anglais y ont apporté leurs coutumes, mais
aussi toutes leurs qualités, leur esprit d'ordre et de méthode, leur confort et leur
régularité. Ils ont fait de Changhaï un centre européen, bien approvisionné, pourvu
de lieux de réunion, de cercles, de salles de concert, de jeux de paume et de champs
de course, de théâtres et de bibliothèques.

Maisons et villas ont un aspect original, pittoresque, et réunissent toutes les conditions qu'exige un climat chaud. De larges vérandas protègent des ardeurs du soleil les
appartements intérieurs, vastes et spacieux. Des *boys* cantonais, intelligents et bien
dressés, les Anglais ont fait les meilleurs domestiques qui existent, prompts à saisir et
exécuter un ordre, silencieux et muets. Nul service n'est comparable au leur, et ce que
nous en avons vu et expérimenté nous a laissé d'eux une impression que tous les voyageurs ont partagée.

« Les *boys* cantonais, écrit M. Rousset dans son *Voyage à travers la Chine*, sont
grands, bien faits, de belle race, d'une propreté méticuleuse; ils se rompent plus facilement que les indigènes des autres provinces aux exigences des habitudes anglaises.
Ils ont des qualités précieuses : l'activité et la promptitude dans le service, l'exacti-

tude, la régularité et la propreté. Les attentions que le *boy* a pour son maître dont l'habitude lui a révélé assez le caractère pour lui permettre de prévenir ses désirs, rendent ses services inestimables pour l'Européen qui l'emploie. »

Changhaï exporte en Europe plus de 25 millions de kilogrammes de thés, plus de 45,000 balles de soies. Son port est fréquenté annuellement par 4,500 navires, dont plus de 3,000 à vapeur, jaugeant plus de 3 millions de tonnes. Dans la plaine à demi lacustre s'étendent de grandes et belles villes : Kiating, Taïtsang, Loutian, Kiahing, Houtchéou. Dans le Kiangsou méridional : Soutchéou, « la noble Suju », dont Marco Polo décrit avec admiration les « six mille ponts de pierre jetés sur ses canaux et assez élevés pour livrer passage à des galères ». C'est la Venise chinoise, que les Taïpings ont ravagée et qui, dans la terrible tourmente, faillit disparaître. Ville renommée pour ses beaux livres, ses belles soieries et ses belles filles; ville, comme Venise, voluptueuse et élégante, chantée par les poètes, habitée par une population riche et raffinée. « Le comble de la félicité en ce monde, dit un proverbe chinois, est de passer sa jeunesse à Soutchéou, son âge mûr à Canton et de mourir à Liaotchéou. » Les plaisirs de Soutchéou, les magnificences de Canton et les beaux cercueils de Liaotchéou devaient combler tous les désirs d'un fils de Han.

A peu de distance et près du lac Si-hou se trouve Hangtchéou, qui fut la capitale de l'Empire méridional sous le nom de Kingtzé, « la nobilissime cité, sans faille, la plus noble et la meilleure qui soit au monde », écrivait Marco Polo. Elle possédait, nous dit-il, « 1,600,000 maisons, 12,000 ponts de pierre, 3,000 bains et une population assez nombreuse pour conquérir le monde ». Il ne fut pas seul à l'exalter ainsi; Ibn-Batouta affirmait qu'il fallait « trois journées de marche pour traverser la ville », et Martinus Martini lui donnait cent milles de circonférence. « Le ciel là-haut, Soutchéou et Hangtchéou sur cette terre », est encore un dicton qui fait de ces deux villes les lieux de plaisir les plus renommés de l'empire, ceux au seuil desquels les mandarins les plus graves, les lettrés les plus austères ont, semble-t-il, le privilège de déposer leur gravité et leur austérité pour ne les reprendre qu'au départ.

Au sud de l'embouchure s'élève Ningpo, la ville industrieuse et savante que Changhaï a dépossédée de son commerce, mais non de ses souvenirs historiques, de ses traditions militaires et de sa culture intellectuelle. Ningpo compte encore 160,000 habitants; Changhaï plus de 600,000.

Au-dessous de Ningpo, la côte, mieux articulée qu'au nord du Yang-Tsé-Kiang, offre quelques ports et des anses plus nombreuses. Ce sont Taïtchéou, célèbre pour ses huîtres dont quelques-unes ont cinquante centimètres de longueur; Wentchéou, ouvert au commerce étranger, à l'opium surtout dont nulle part on ne fait plus abus. Est-ce à cet abus que sont dues les mœurs décriées de la population de cette ville dont le préfet, exaspéré de l'inconduite des religieux et religieuses, fit fermer leurs temples et vendre ces dernières aux enchères, au prix moyen de 80 francs par tête?

Au fond d'une baie largement ouverte et profonde, Founing-Sou est appelée, par sa situation, à devenir une station navale importante. Plus au sud : Fou-Tchéou, capitale de la province du Fokian, « la région prospère ». C'est le port principal de la côte entre Changhaï et Canton. Située à 50 kilomètres de la mer, sur la rivière Min, elle renferme un arsenal important, création de deux Français, MM. Giquel et d'Aiguebelle. Sa population, de 600,000 âmes, s'accroît chaque année. Il se fait à Fou-Tchéou un commerce de bois considérable ; on l'expédie à Changhaï et dans toute la vallée du Yang-Tsé-Kiang où les bois de construction font absolument défaut.

Peu de villes, dans ce populeux empire, offrent un aspect aussi animé que la ville flottante de Fou-Tchéou ; de véritables rues la divisent en quartiers et dans ces rues circulent d'innombrables embarcations. Tout aquatique qu'elle soit, la population de cette ville flottante est sédentaire. Elle naît, vit et meurt sur ses grands *sampans* que recouvrent, ainsi qu'une voûte, des nattes de joncs. Ancrés au milieu du fleuve, réunis en groupes que constituent les affinités de goûts, ces *sampans* forment des quartiers distincts. Quelquefois ces pauvres gens s'y donnent la jouissance d'un petit jardin sur le plat-bord. Dans les espaces vides, formant rues, passent en bateau les restaurateurs ambulants, vantant le plat du jour, les marchands de légumes, de fruits et de poissons, hélant les ménagères et les consommateurs, pendant que, sur leurs sampans, artisans, forgerons, tisseurs, gens de tout métier, se livrent à leurs occupations quotidiennes.

Au sud de Fou-Tchéou se trouve Amoy, l'un des beaux ports du monde, centre du trafic de l'opium et de l'exportation des *coolies* ou émigrants chinois. Amoy entretient avec l'étranger un commerce qui se chiffre par près de 125,000,000 à l'année, importations et exportations réunies.

En face d'Amoy, à 150 kilomètres au large, l'île de Formose, Taï-Wan, déroule du nord-est au sud-ouest sa longue crête montagneuse d'où surgissent quelques pics élevés, le mont Morrison, entre autres, d'une altitude de 3,600 mètres. Le Kouro-Siwo, le grand courant japonais, l'enserre, rendant difficiles les approches de l'île dont il ensable les anses.

Formose, ainsi nommée par les Portugais qui, les premiers, la visitèrent et l'admirèrent, a conservé cette appellation gracieuse empruntée à la langue latine. Fragment détaché du continent, l'île se relie à lui par un plateau sous-marin. Entre Amoy et Formose, la mer n'a que 60 mètres de profondeur moyenne ; la sonde atteint rarement 100 mètres. Au delà, du côté du large, l'océan se creuse et, sur le versant oriental de l'île, les falaises se dressent abruptes et grandioses.

Formose a environ 400 kilomètres de longueur, et renferme une population de 3,600,000 habitants. Sa face, relativement accessible et riante, est tournée vers la Chine ; du côté du large, elle apparaît menaçante et rude. Une longue arête montagneuse, dont le plus haut sommet atteint près de 4,000 mètres, court du nord au sud et partage l'île en deux versants distincts. Sur la côte ouest elle s'incline en pente douce vers la mer ; sur la côte orientale, elle profile ses roches déchiquetées par les convulsions volcaniques, ses pics envahis par une végétation tropicale d'une beauté grandiose et sauvage.

« Quand, écrit M. E. Raoul, le soleil, encore au-dessous de l'horizon pour nous, illumina soudainement de reflets de cuivre rouge, les cimes des montagnes, en lais-

PORTE DE L'OUEST, A PÉKIN.

sant les hautes assises de ces pics plongées dans une obscurité complète, puis légèrement teintées de blanc ardoisé sombre, un cri d'étonnement et d'admiration s'échappa en même temps de toutes les poitrines. Nous venions de quitter, la veille, les côtes de Chine d'aspect triste et stérile; ce fut un merveilleux contraste. L'île à laquelle appartenaient ces montagnes, dont trois heures après l'apparition de ce décor féerique nous distinguions nettement les terres recouvertes d'un manteau de verdure et s'étageant majestueusement en amphithéâtre, c'était Formose « la Belle ».

Administrativement l'île faisait partie de la province du Fo-Kien. Depuis le dernier traité avec la France elle a été érigée en province séparée; un Tao-Taï, ou préfet, la gouverne, muni, vu la distance qui le sépare de Péking, des pouvoirs les plus étendus.

Ils sont nécessaires, étant donné la variété des races et leur degré divers de civilisation. On trouve, en effet, à Formose, des tribus encore sauvages, cantonnées dans la partie inexplorée de l'île, dans les massifs montagneux et même sur quelques points du littoral. Ce sont les Boutans, les Kowarts, les Kanagou, les Kalapaïs. Les Chinois les englobent sous la désignation de Tche-Wham, « peuplades entièrement sauvages ».

A côté d'eux, mais au-dessus d'eux, les Pépohoans, numériquement plus nombreux et intellectuellement plus avancés, appartiennent à la race malaise. Leur physionomie est franche et ouverte, leurs mœurs sont relativement douces; comme traits caractéristiques ils ont l'amour de leurs enfants, la haine des Chinois et le goût de l'eau-de-vie. C'est la population la plus sympathique de Formose, la moins réfractaire à la civilisation; elle paraît avoir gardé un bon souvenir de l'occupation hollandaise en 1650.

Entre les Papohoans et les Chinois, se trouve une race intermédiaire, celle des Hakkas, que l'on a parfois confondue avec les Chinois qu'ils haïssent, mais avec lesquels ils trafiquent. Originaires, croit-on, de la Mongolie, longtemps persécutés, ils ont dû à l'aversion que les Chinois leur inspirent et aussi à leur incontestable bravoure, d'être tolérés par les Papohoans. Encore très nombreux en Chine, les Hakkas y ont joué un rôle important lors de la révolte des Taïpings; ils constituèrent alors l'élément le plus sérieux de l'armée rebelle; vaincus, ils ont émigré à Formose. C'est en partie aux Hakkas qui ne professent pas pour « les diables étrangers » l'antipathie des Chinois, que les Européens ont dû de pouvoir s'établir à Formose dans de meilleures conditions que sur le continent. C'est à eux aussi que l'on est redevable des progrès de la civilisation dans l'île.

Abondamment arrosée, Formose est merveilleusement fertile. Le climat en est doux, la température moyenne se maintenant à 17 degrés. Si la partie méridionale de l'île est salubre, il n'en est pas de même de la côte septentrionale où sévit la « fièvre des bois ».

La flore est riche. Le camphrier abonde et, longtemps a constitué la principale richesse de Formose. L'exploitation à outrance des Chinois a déboisé la partie ouest. Une autre essence de camphrier, donnant peu de camphre, mais très recherchée également, était exploitée pour être vendue en madriers aux ébénistes chinois qui les débitaient en planches et en confectionnaient ces fameuses malles à poignées de cuivre dont la Chine a inondé le monde entier et auxquelles les insectes ne s'attaquent pas. Bien que cette essence elle-même ait presque entièrement disparu, les Chinois n'en continuent pas moins à produire en même quantité et à vendre au même prix leurs malles de camphrier. Ils ont substitué, au bois qui leur manquait, le tcha-koù, de même couleur et de même aspect, qu'ils imbibent d'huile essentielle. La fraude ne se révèle qu'au bout d'un an, le bois perdant son odeur.

On cultive à Formose la canne à sucre, les arachides, le curcuma, le riz, le bambou, le caféier, le thé. Le sous-sol est également riche. Près de Kelung on exploite des gisements de houille dont on extrait déjà environ 100,000 tonnes par an, qui alimentent l'arsenal de Fou-Tchéou. Les essais faits à bord des bâtiments à vapeur, notamment à bord de l'*Inflexible*, ont donné de bons résultats. Le pétrole, le fer, le cuivre et le soufre existent dans l'île.

On y trouve aussi l'or, et l'or fut la cause des premières hostilités entre les Chinois et les indigènes. Des Chinois ayant appris, il y a plus d'un siècle, l'existence de l'or dans la partie orientale, y débarquèrent avec des apparences amicales. Ayant constaté dans des cases, la présence de gros lingots, et les Formosans n'ayant pas voulu leur indiquer l'endroit d'où ils les retiraient, les Chinois eurent recours au procédé suivant. Ils offrirent aux habitants un grand banquet et eurent soin de leur faire boire du sham-shou jusqu'à ivresse complète. Ils égorgèrent alors pendant la nuit les habitants, hommes, femmes et enfants, de toutes les huttes où se trouvaient des lingots, qu'ils transportèrent sur leurs jonques, puis levèrent l'ancre.

Les ports sont rares sur les côtes de Formose. Les plus importants sont : Kélong au nord-ouest, Tamsoui à l'ouest, Takow au sud-ouest; entre eux Taïwan, capitale de l'île.

Ouvert au commerce étranger depuis 1863, le port de Tamsoui est situé à l'embouchure de la rivière de ce nom, formée elle-même par les rivières de Kelung, de Tokohan et de Sintian. On en exporte du thé, du sucre, du chanvre, du papier de riz, ainsi nommé, bien qu'il soit fabriqué de la moelle de l'*Arabia papyrifora*. La valeur totale des échanges qui s'effectuent par le port de Tamsoui dépasse 25 millions à l'année. La ville elle-même contient une population évaluée à 66,000 habitants.

Takow, ouvert le 25 octobre 1880, entretient, avec le Japon surtout, puis avec l'Australie, un commerce d'exportation assez important. Le curcuma et le riz figurent pour un chiffre croissant dans le mouvement de ce port qui oscille entre 25 et 30 millions de francs à l'année.

Au nord-est, dans un site admirable de grandeur et de végétation, Kélung, au fond d'une baie ouverte sur le large, occupe le centre d'un bassin houiller important qu'exploitent des ingénieurs et des capitalistes anglais. Toute cette partie de la côte abonde en richesses minérales, et le jour est prochain où Formose, mieux connue, deviendra un champ d'opérations fructueuses.

Les Chinois ne l'occupèrent qu'au xvii° siècle, et Formose ne fut longtemps qu'un nid de pirates. La Hollande s'en empara pendant la terrible convulsion dans laquelle le trône de la dynastie des Ming s'écroula sous le redoutable assaut de l'invasion tartare-mandchoue. Chassés du continent, les vaincus débordèrent sur Formose en 1661, dépossédant les Hollandais, mais suivis de près, eux aussi, par les Tartares qui déclarèrent l'île possession de l'empire. Refoulée par ces invasions successives, la population indigène se réfugia dans le massif montagneux qu'elle occupe encore et aont sa bravoure lui a conservé la possession. Les Japonais, alléguant les mauvais traitements infligés aux matelots d'une de leurs jonques naufragées par la tribu des Song-Fan et l'impuissance de la Chine à les châtier, tentèrent de s'emparer de l'île en 1874; mais force leur fut, après quelques succès remportés sur ceux dont ils avaient à se plaindre, de rénoncer à pousser plus loin l'aventure.

Taïwan, capitale de l'île, est une cité chinoise d'environ 70,000 habitants. Son commerce atteint 30 millions de francs à l'année. Au sud et dans les terres se trouve Tchanghoa; puis à l'ouest, dans le détroit de Fakim, un groupe d'îles, les Panghou, ou Pescadores, peuplées d'environ 200,000 habitants.

Revenons à Amoy et continuons à descendre la côte. Au sud d'Amoy, commence le bassin du Si-Kiang ou du « fleuve de l'occident ». Il naît sur le versant méridional du Nan-Chan. Alimenté par les eaux du Yunnan, grossi par le Yu-Kiang sorti du Tonkin, il contourne la province de Kouang-Si, arrose celle de Kouang-Toung, et, uni au Pékiang « fleuve du nord », débouche, après un parcours de 1,500 kilomètres, dans la mer de Chine. A l'entrée du double estuaire, au centre d'un réseau de canaux navigables, Canton, « la cité orientale », qui longtemps fit contrepoids à Péking, déroule sur les deux rives de son « fleuve des Perles » et sur l'île de Honan ses interminables constructions.

Le fleuve est aussi peuplé que ses rives; on y compte jusqu'à 80,000 barques, demeures et gagne-pain d'une population amphibie qui vit du fleuve et sur lui : hôtels et restaurants flottants, bateaux de fleurs et bateaux de thé, bateaux meublés où, pour quelques heures, le voyageur trouve un abri quand les portes de la ville sont closes au coucher du soleil.

Canton eut des fortunes diverses. Ses annales authentiques remontent à vingt-trois siècles, ses légendes beaucoup plus haut. La « cité guerrière du sud », comme on l'appelait alors, oscilla longtemps entre le sud, l'Indo-Chine, qui l'attirait, avec laquelle elle était en échange de commerce et d'idées, et le nord, la Chine, qui la tenait et la voulait. Inquiète et turbulente, distincte par son climat, son sol et ses productions du reste de l'empire, elle rêvait son indépendance et la conquit pendant la seconde moitié du IIIe siècle. Au Xe, capitale d'un État neutre, elle ne se rattachait plus à l'empire que par le lien nominal d'un tribut annuel. Lors de l'invasion mandchoue, elle prit parti pour la dynastie des Ming, dont la faiblesse garantissait le maintien de ses privilèges. Les Mandchoux la prirent, lui tuèrent 700,000 habitants et l'incendièrent en 1649.

Industrielle et commerçante, elle s'est relevée de cette rude épreuve. Sa population excelle dans la manufacture de la soie, dans le travail de l'ivoire et du bois, des laques et du papier, dans la fonte des métaux et la cuisson de la porcelaine. Son commerce dépasse 200 millions à l'année, sa population 1,600,000. Whampoa, son port, est une grande ville d'une lieue de longueur sur le fleuve.

Au débouché de ce fleuve, à l'issue du « Bocca Tigris », nous retrouvons l'Angleterre. Sur son rocher de Hong-Kong, Gibraltar asiatique, la ville de Victoria surveille les passes qui, vers l'ouest, conduisent à Canton et à Macao. Elle est bien défendue et solidement assise, cette ville anglaise, coquette et riante, où le confort britannique s'allie au luxe de l'Inde, où l'on retrouve, comme à Bombay, Madras et Calcutta, les noirs Cipayes, les élégants cottages aux larges vérandas, les Parsis, les Hindous, les Malais, et jusqu'au ciel de l'Inde, sa fine poussière d'or, ses harmonieux effets de lumière.

C'est la sentinelle avancée de l'Angleterre et de l'Inde dans le monde chinois, le centre commerçant et militaire où s'entassent les capitaux des banques qui, dans l'intérieur, opèrent avec les grandes maisons chinoises et, pour plus de sécurité, déposent leurs fonds sous la garde du pavillon britannique, payant leurs achats en chèques que Victoria acquitte. Dans le port, cuirassés et canonnières, avisos, chantiers et bassins de carénage, toute une installation durable, tout un outillage perfectionné attestent une occupation permanente.

C'est l'un des plus beaux ports du monde; les montagnes l'encerclent et atteignent 3 à 4,000 pieds d'altitude; leurs formes pittoresques donnent à Hong-Kong l'aspect sauvage des paysages écossais, uni à la classique beauté de l'Italie que rehausserait encore la splendeur d'une nature tropicale. « Victoria, écrit M. Élisée Reclus, s'élève vers la rive septentrionale de l'île, au bord de la rade formée par le détroit; des villages populeux ont surgi à l'issue de toutes les vallées; des maisons de campagne et des édifices somptueux occupent tous les promontoires, au milieu de la verdure épaisse des pins, des figuiers banians, des bambous. Une belle route s'élève en serpentant jusqu'au point culminant de l'île d'où l'on voit, à 539 mètres au-dessous de soi, les quais de Victoria et la nappe éclatante de la rade, avec ses navires de guerre et de commerce entrecroisant leurs sillages. Par la propreté de ses rues, la solidité de ses constructions, la richesse de ses palais, la ville anglaise ressemble à une cité de la mère patrie, mais elle a en plus la beauté que donnent les vérandas ornées de fleurs, les jardins remplis d'arbustes et le ciel lumineux du midi. »

Victoria est un port libre; elle doit à ce fait son étonnante prospérité. Sur les 900 millions de francs qui représentent la part de l'Angleterre et de ses colonies dans le commerce de la Chine, Victoria figure pour 550 millions, plus de la moitié. Le tonnage, à l'entrée et à la sortie, dépasse 2 millions de tonnes, sans tenir compte des 50,000 jonques chinoises et des milliers de petits bateaux qui fréquentent chaque année le port de l'île de Hong-Kong.

De l'autre côté de l'estuaire de la rivière des Perles : Macao, la ville portugaise, sur laquelle plane encore le nom et le souvenir de Luis de Camoëns, l'auteur des *Lusiades*, que son amour pour Catherine d'Ataïde fit exiler de Lisbonne, que ses satires firent exiler de Goa, et qui, échappé au naufrage, pauvre et découragé, revint à Lisbonne pour y mourir, dit-on, sur un lit d'hôpital.

Presqu'île qu'un isthme étroit relie au continent, Macao, par sa configuration, rappelle Cadix. C'est une ville morte, ville d'églises et de couvents, de casernes sans soldats, de musées sans tableaux, d'employés sans occupation, qu'enserre la ville chinoise, envahissante et bruyante, avec ses tripots de jeu, ses fumeries d'opium, ses innombrables coolies, dont la traite fait vivre Macao. C'est d'ici qu'ils partent pour l'Inde, l'Amérique, l'Océanie qu'ils envahissent et peuplent. Marée montante de travailleurs à bon marché qui dépossèdent le blanc, hors d'état de lutter avec eux. N'étaient l'exode des coolies et le commerce de l'opium, l'herbe pousserait dans les rues de Macao abandonnée.

Au long de la côte : quelques ports, dont un seul, Pakhoï, est ouvert au commerce étranger. La péninsule de Lietcheou s'avance en pointe vers le sud ; le « canal des Jonques » la sépare de l'île de Haïnan, massif détaché du continent, terre peu visitée et peu connue. On la sait riche en minerais d'or, d'argent, de fer et de cuivre, riche aussi en sources thermales. On la sait abondante en forêts, en arbres fruitiers et en plantes utiles. Sur ses côtes : des pêcheries de perles, sur ses plages une population chinoise ; dans l'intérieur, des tribus à demi sauvages.

Kioungtchéou, capitale de l'île, fait face à la terre ferme et contient 200,000 habitants ; Hoï-Hoou, principal port de l'île, entretient avec le continent un commerce qui se chiffre par un peu plus de 10 millions. Lohoui et Tingan comptent 60,000 à 80,000 habitants. A l'ouest de l'île de Haïnan, pointe méridionale extrême de la Chine, s'ouvre la mer du Tonkin et commence l'Indo-Chine.

PAYS TRIBUTAIRES DE LA CHINE

I. — LE THIBET

Cet immense territoire que nous venons de parcourir et de décrire ne constitue que la Chine proprement dite. Le Thibet et le Turkestan chinois à l'ouest, la Mongolie au nord, la Mandchourie et la Corée au nord-est en dépendent ; rameaux détachés du tronc central ils l'entourent, dans des directions différentes, de vastes espaces peu peuplés qui l'isolent du reste du monde.

Adossé aux plus hautes cimes de notre sphère, à celles de l'Himalaya, le Thibet, le plateau le plus étendu de la terre, déroule entre la chaîne du Kouenlun et les frontières de la Chine proprement dite, son énorme protubérance d'une altitude moyenne de 4,000 à 5,000 mètres au-dessus des plaines environnantes. Une grande partie de ce plateau est encore inexplorée. On le sait peu peuplé, de cinq à six millions d'habitants environ, quatre par kilomètre carré tout au plus.

Moins élevé que l'Himalaya quant à ses cimes maîtresses, le Kouenlun lui est supérieur comme altitude moyenne. Sa longueur, évaluée à 4,000 kilomètres, en fait l'une des arêtes saillantes de l'ossature terrestre. S'il ne possède ni les sommets étincelants de l'Himalaya, ni ses glaciers, ni ses torrentueux cours d'eau, il est géologiquement plus ancien et son massif moins déchiqueté offre des pentes plus accessibles.

Le climat est rude sur ce haut plateau, dans ce Thibet que ses voisins appellent le

Royaume des neiges. De·quelque côté qu'ils l'abordent, des crêtes neigeuses se dessinent, en effet, à l'horizon, et cependant le Thibet est rarement sous la neige. Plus redoutable qu'elle sont la sécheresse et le vent, les froids terribles et le manque d'oxygène, « le mal de la montagne ». Telle y est la siccité de l'atmosphère que les portes, les supports extérieurs en bois des maisons éclatent et se fendent si on ne les protège par des étoffes grossières, que les voyageurs se couvrent le visage d'un enduit pour éviter les gerçements de la peau, que la chair des animaux abattus ne se corrompt pas.

L'abbé Huc raconte que, faisant route avec l'ambassade thibétaine, on dut traverser à gué une rivière. « Quand la caravane en sortit, dit-il, elle présentait un aspect vraiment risible. Les hommes et les animaux étaient plus ou moins chargés de glaçons. Les chevaux s'en allaient tristement et paraissant fort embarrassés de leur queue qui pendait tout d'une pièce, raide et immobile comme si on l'eût faite de plomb et non de crins. Les chameaux avaient la longue bourre de leurs jambes chargée de magnifiques glaçons qui se choquaient les uns les autres avec un bruit harmonieux. Cependant il était visible que ces ornements étaient peu de leur goût, car ils cherchaient de temps en temps à les faire tomber en frappant rudement la terre de leurs pieds. Les bœufs à longs poils étaient de véritables caricatures; impossible de se figurer rien de plus drôle; ils marchaient les jambes écartées et portaient péniblement un énorme système de stalactites qui leur pendait sous le ventre jusqu'à terre. Ces pauvres bêtes étaient si informes et tellement recouvertes de glaçons qu'il semblait qu'on les eût mis confire dans du sucre candi. »

Dans les défilés des montagnes, comme dans les passes profondes de l'Himalaya, l'air est à peine respirable. Un gaz subtil et léger flotte à la surface du sol. Avant de se hasarder dans ces passes les voyageurs mangent de l'ail, seul remède connu mais non infaillible. Les animaux accablés ne peuvent porter le poids de leurs cavaliers. Il faut passer et passer vite pour ne pas succomber dans cette atmosphère redoutée.

Quand la caravane dont faisait partie l'abbé Huc franchit sur la glace le Mourou-Oussou, l'une des branches du Yang-Tsé-Kiang supérieur, un spectacle bizarre s'offrit à ses yeux. « Déjà nous avions remarqué de loin, dit-il, pendant que nous étions au campement, des objets informes et noirâtres, rangés en file en travers de ce grand fleuve. Nous avions beau nous rapprocher de ces îlots fantastiques, leur forme ne se dessinait pas d'une manière plus claire et plus nette. Ce fut seulement quand nous fûmes tout près que nous pûmes reconnaître plus de cinquante bœufs sauvages incrustés dans la glace. Ils avaient voulu, sans doute, traverser le fleuve à la nage, au moment de la concrétion des eaux, et ils s'étaient trouvés pris par les glaçons, sans avoir la force de s'en débarrasser et de continuer leur route. Leurs belles têtes surmontées de grandes cornes étaient encore à découvert; mais le reste du corps était pris dans la glace qui était si transparente qu'on pouvait facilement distinguer la position des bêtes; ont eût dit qu'elles nageaient. Les aigles et les corbeaux leur avaient arraché les yeux.»

Pour lutter contre ces froids terribles et soudains, le combustible manque. Sur ces plateaux élevés nul arbre; à peine quelques rares broussailles. On se chauffe, on cuit les aliments avec la bouse de yak desséchée. Puis des vents terribles balaient ces grands espaces dénudés, soulevant des tourbillons de poussière, aveuglant et dispersant les caravanes éperdues au milieu de la tourmente.

C'est la terre des steppes, la région des herbes. Au printemps elle se couvre de graminées, d'un fin gazon « velouté comme celui des prairies anglaises ». Les animaux y abondent : les brebis, les yaks, bœufs à longs poils, les hémiones, gazelles, chevreuils, ânes sauvages. Les antilopes errent en troupes, défilant par milliers ; les buffles, les daims musqués parcourent l'immense plaine, sachant où trouver l'eau et le pâturage. Les maigres rivières ne sont pas moins peuplées ; les truites et les saumons, les poissons d'eau douce pullulent et le nomade, chasseur et pêcheur, pourvoit sans trop de peine à sa subsistance.

Ce qui différencie le Thibet de tout autre pays, dit l'abbé Desgodins dans une lettre à son frère, c'est la hauteur prodigieuse des montagnes, l'encaissement non moins prodigieux des fleuves, l'abrupt des pentes dénudées, le zigzag continuel des vallées et des vallons, le tout couronné de roches à aiguilles ou d'immenses pâturages. Au Thibet le point de vue est toujours à la fois trop grandiose ou trop restreint. Dans les vallées, disent les Chinois, on ne voit que le ciel, grand comme une *poki*, corbeille plate. Au passage des montagnes on ne voit de tous côtés que sommets rocheux, pics de neige ou mamelons qui se succèdent et semblent vouloir se dépasser l'un l'autre jusque dans un lointain qui semble infini.

Plus étendu autrefois qu'il ne l'est aujourd'hui, le Thibet, il y a deux siècles à peine, était borné à l'ouest par la grande Boukharia, au sud par le Cachemir et la chaîne de l'Himalaya, y compris les petits royaumes tributaires de Sikim et de Boutan. Au sud-est il empiétait vers le nord-ouest de la province de Yunnan ; au nord, enfin, il confinait à la petite Boukharie et au Koukounor. La Chine lui enleva, en 1720, les territoires de Bathang, de Lytang et dix-huit principautés orientales réunies au Setchouan. Elle fit mieux, et pour paralyser toute velléité d'indépendance, elle reconnut comme indépendantes du gouvernement de Lassa et vassales de la Chine plusieurs principautés enclavées dans le Thibet, brisant ainsi une cohésion qu'elle tenait pour redoutable.

Les Thibétains appartiennent à la race mongole. Ils en ont les cheveux noirs, la barbe rare, les pommettes des joues saillantes, les yeux petits et bridés, le nez court, le teint basané et sous la bouche largement fendue les lèvres amincies. Souples comme les Chinois ils ont l'endurance et la force des Tartares. Leur caractère est généreux et franc ; ils sont braves et affrontent le danger sans hésitation. Leur costume est simple : une large robe agrafée sur le côté droit, des bottes en drap rouge ou violet. Les femmes portent par-dessus leur robe une tunique courte et bigarrée de diverses couleurs ; sur la tête une élégante couronne de perles pour les femmes riches, d'ornements plus simples pour les femmes du peuple.

Cette race est religieuse d'instinct. C'est d'elle que naquit Tsong-Kaba, réformateur du bouddhisme, dont la doctrine, adoptée dans tout le Thibet, conquit la Tartarie et les provinces septentrionales de la Chine.

Peuple nomade, les Thibétains font peu de commerce ; leur industrie se borne à la fabrication de quelques articles qu'ils exportent en Chine où ils sont très recherchés, entre autres une étoffe de laine, Pou-lou, qui se vend à des prix très élevés; puis les bâtons d'odeur, si renommés en Chine sous le nom de Tsan-Hiang, parfum du Thibet. Ils les fabriquent avec l'écorce de divers arbres aromatiques réduite en poudre, mélangée de musc et de poussière d'or. De ces ingrédients divers ils font une pâte qu'ils moulent en petits bâtons cylindriques, de deux à trois pieds de longueur. Ces bâtons brûlent lentement, répandant un parfum exquis, et se vendent à des prix exorbitants bien faits pour tenter la cupidité des Chinois. Ces derniers sont parvenus à les imiter merveilleusement, mais le parfum moins délicat trahit de suite la contrefaçon. Chaque année les caravanes qui accompagnent l'ambassade thibétaine apportent à Pékin ces bâtons odoriférants.

Enfin les Thibétains fabriquent, avec certains bois précieux qui croissent dans les vallées des montagnes, des écuelles en bois veinées d'une forme particulière et d'un prix très élevé à cause de leur rareté. Les riches Chinois n'hésitent pas à les payer jusqu'à 500 francs et plus. Elles ont, croient-ils, des vertus particulières, celle, entre autres, de neutraliser les poisons.

Si les montagnes du Kouenlun sont pauvres en eaux courantes, ainsi que nous l'avons indiqué plus haut, il n'en est pas de même du versant septentrional de l'Himalaya dont la longue muraille forme la frontière méridionale du Thibet. De ses hautes cimes, de ses vastes glaciers, les eaux s'épanchent, formant à ses pieds des bassins lacustres, tels que le Tchargut, le Tingri-Nor, ou « lac Céleste » aux eaux bleues reflétant un ciel pur.

Dans l'angle occidental du Thibet, le Kaïlas, massif détaché de l'Himalaya, dresse en face de lui sa crête pyramidale. Du plus loin qu'il entrevoit le Kaïlas, l'Hindou se prosterne et l'adore. C'est le « pistil de la fleur mystérieuse du symbolique Lotus », c'est là montagne aux quatre flancs « d'or, d'argent, de rubis et de lapis-lazuli ». De ses quatre flancs s'élancent les quatre animaux divins : le lion, le cheval, l'éléphant et la vache, qui personnifient les quatre grands fleuves : l'Indus, le Tsangbo, le Satledj et le Gange. De ce massif central, vers le sud-est et vers le sud-ouest, ils courent en sens contraires, l'Indus, le Satledj et le Gange vers le golfe d'Oman et la mer de Bengale. Leur cours est connu et nous l'avons décrit.

Plus mystérieux, le Tsangbo, le fleuve thibétain par excellence, longe la muraille de l'Himalaya, alimenté par les eaux glaciaires de son versant, déjà navigable par une altitude de 4,000 mètres, à ce titre le fleuve le plus élevé du monde. Il coule de l'ouest à l'est, puis décrit une brusque courbe vers le sud, où longtemps on le perdit de vue, le désignant tantôt comme un affluent du Brahmapoutra, tantôt affirmant qu'il se déversait dans l'Irraouaddi. La première hypothèse est aujourd'hui la plus généralement admise. Cette région du Thibet pourrait se comparer à un éventail dont les branches, partant de la poignée représenteraient les cours d'eaux. Ils coulent côte à côte, dans des vallées latérales si rapprochées qu'on les prendrait pour des bras détachés de la même source; à mesure qu'ils s'en éloignent, l'écartement s'accentue et ils fuient dans des directions inverses.

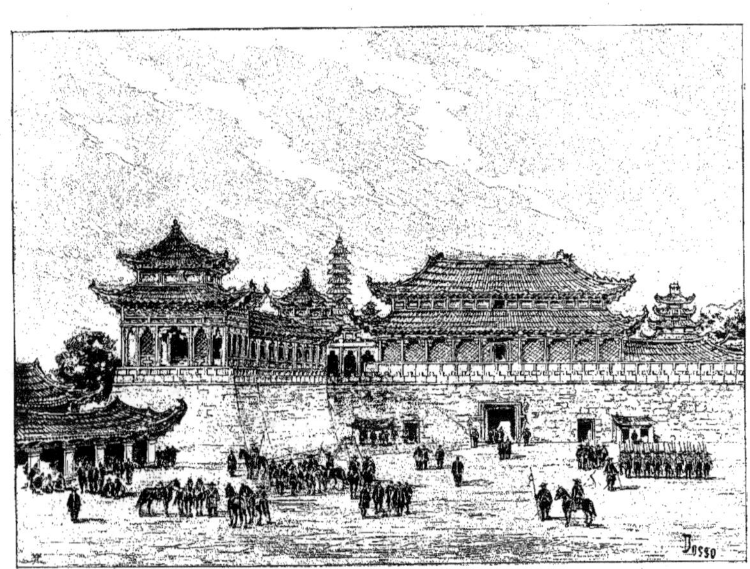

LE PALAIS DE L'EMPEREUR A PÉKIN.

Ces hautes vallées qu'ils arrosent sont habitées par les chercheurs d'or. Longtemps abandonnée, l'exploitation en a été reprise par le gouvernement thibétain; mais le Sarthol, ou pays de l'or, comme on le désignait autrefois, produit peu par suite des rigueurs excessives du climat. Le plus important.gisement de graviers aurifères se trouve à Tok-Yaloung. Les mineurs qui l'exploitent campent et travaillent à une altitude supérieure à celle de la cime du Mont-Blanc.

Les villes sont rares dans cette région, le froid y est trop intense. On y rencontre pourtant quelques bourgs: Tadoum, par 4,300 mètres; Dingri, poste militaire; Digartchi, Namling, Chigatzé. Il faut descendre dans la plaine pour rencontrer de grands centres : Lassa, la capitale du Thibet, la métropole religieuse de tous les bouddhistes de l'Empire du Milieu, « le Siège de Dieu ».

Ici réside le Talé-Lama, chef politique et religieux de toutes les contrées du Thibet. Quand il meurt, ou transmigre, comme disent les bouddhistes, on élit un enfant qui continue l'indestructible personnification du Bouddha vivant, dieu visible, qui règne et gouverne peu, abandonnant au Nomekhan le soin d'administrer et ne se réservant que les affaires importantes. Le Nomekhan, roi du Thibet, est subordonné au Talé-Lama, dont il reçoit ou est censé recevoir les ordres. Auprès de ce double gouvernement théocratique et séculier, le gouvernement chinois entretient deux grands mandarins ou Kin Tchaï, ambassadeurs chargés de lui rendre compte, de protéger et surtout de surveiller le Talé-Lama.

Au nord de la ville, sur une montagne rocheuse et de forme conique, îlot isolé dans la vaste plaine, se dresse le palais du Talé-Lama. C'est une réunion de temples, satellites d'un temple plus vaste et plus riche dont la coupole lamée d'or et les colonnes dorées étincellent au loin dans le steppe qu'elles dominent. Du haut de ce sanctuaire, le dieu vivant voit, aux jours de grandes solennités, ses nombreux adorateurs prosternés au pied de la Montagne sainte, et les longues caravanes de pèlerins qui, du fond de la Chine, défilant dans la plaine, viennent lui apporter leurs offrandes.

Lassa offre un aspect étrange. Les maisons y sont blanchies à la chaux chaque année, les portes et les fenêtres encadrées des couleurs lamaïques, de rouge ou de jaune. Ces maisons sont grandes et à plusieurs étages. Dans les faubourgs, elles sont basses, construites de cornes de bœufs, lisses et blanches, enchevêtrées de cornes de moutons, noires et rugueuses; les interstices sont remplis avec du mortier. Du contraste de ces cornes, que l'on a soin de laisser apparentes, les constructeurs de Lissa tirent une ornementation originale et fantastique. Sauf autour du bazar, centre du commerce, la ville est calme et silencieuse. Les lamas de la cour, superbement vêtus, montés sur des chevaux richement harnachés, passent hautains à travers la foule des pèlerins, graves, recueillis, absorbés dans leurs pensées religieuses.

C'est le rendez-vous de tous les peuples asiatiques, des Thibétains, des Pébouns, des Katchis, des Chinois, des Hindous. Les trésors de l'Asie affluent à Lassa, entassés dans le palais du Talé-Lama, vers lequel, à l'heure où le soleil couchant, dardant ses rayons obliques fait luire au loin, comme un monstrueux joyau, ses éblouissantes lames d'or, monte, de toutes les places, des terrasses, des temples et des rues, un murmure d'adoration et de prière.

Les Pébouns sont nombreux à Lassa. Indiens, ils sont originaires du Boutan, par delà l'Himalaya. Petits, vigoureux, ils ont le teint très foncé, les yeux noirs et portent sur le front une tache de rouge ponceau qu'ils ravivent tous les matins. Métallurgistes habiles, ils excellent dans la fabrication des vases en or et en argent, en usage pour les lamaseries. Ils excellent aussi dans l'art de fabriquer ces belles toitures en lames dorées qui résistent aux intempéries des saisons et conservent toujours leur merveilleux éclat. Telle est leur réputation que, du fond de la Tartarie, on vient les demander pour ce genre de travail.

Les Pébouns sont aussi des teinturiers émérites, et les étoffes teintes par eux peuvent s'user, mais sans jamais se décolorer. Toutefois, il ne leur est permis de teindre que les étoffes de Pou-Lou, fabriquées dans le pays même, et non des étoffes importées de l'étranger. Cette restriction suffit pour mettre les tissus nationaux à l'abri d'une concurrence dangereuse.

Les Katchis sont des Musulmans originaires du Cachemir. En tout ils se distinguent des Pébouns et des autres races qui habitent le Thibet. Leur turban, leur longue barbe, leur démarche solennelle et grave, leur dignité naturelle, la richesse et la propreté de leurs vêtements leur donnent l'aspect d'une race supérieure, faite pour commander. Depuis des siècles ils sont établis à Lassa, leurs ancêtres ayant quitté le Cachemir pour se soustraire au despotisme d'un de leurs chefs, et leurs descendants ayant préféré leur patrie d'adoption à leur patrie d'origine. Les Katchis sont les plus riches marchands de Lassa; ils trafiquent des objets de luxe et aussi de l'or et de l'argent. Chaque année, quelques-uns d'entre eux, munis d'un passeport du Talé-Lama, sont autorisés à se rendre à Calcutta pour les besoins de leur négoce.

Autour de Lassa, les lamaseries, monastères bouddhistes, se pressent, envahis, à certaines époques de l'année, par les lamas accourus de loin. Quelques-unes de ces lamaseries, comme celle de Debang, peuvent abriter sept à huit mille prêtres; trois mille résident à Galdan. La plus importante paraît être celle de Samayé, près de Tchétang; on en attribue la fondation au fondateur du bouddhisme, à Çakya Mouni.

La singulière formule, incessamment répétée par les lamas et les fidèles égrenant leur chapelet, a longtemps eu le don de piquer la curiosité. On l'appelle le « mani »; elle se compose de six syllabes, invariablement les mêmes : *Om, mani padmé houm*. On l'entend sortir de toutes les bouches, on la lit partout : inscrite sur les murs et les banderoles, peinte sur les façades des maisons et gravée sur les rochers. Il existe une confrérie de lamas dont l'unique occupation est de parcourir les montagnes, les ravins et les plaines, un marteau et un ciseau à la main, burinant partout, sur les rocs les plus inaccessibles, dans les défilés les plus sauvages comme sur les rochers les plus en vue, le sacro-saint « mani ». La traduction littérale, en langue thibétaine, est : « O! le joyau dans le lotus. Amen! » Suivant le célèbre orientaliste Klaproth, le « mani » ne serait que la transcription thibétaine d'une formule sanscrite apportée de l'Inde dans le Thibet. Les lamas affirment que la doctrine renfermée dans ces paroles mystérieuses est telle que la vie d'un homme ne suffirait pas pour en approfondir le sens mystérieux. Des explications données à M. Huc par le régent du Thibet, il résulterait que la symbolique formule pourrait se paraphraser ainsi : « Oh ! que j'obtienne la perfection et que je sois absorbé dans Bouddha. »

Au nord du Tibet, par delà les monts Kouen Lun, s'ouvre le bassin du Tarim, le Turkestan chinois.

II. — LE TURKESTAN CHINOIS

Sur une superficie de 1,200,000 kilomètres carrés, deux fois celle de la France, le Turkestan chinois renferme une population que l'on évalue au maximum à un million, au minimum à 580,000 habitants, et que les calculs les plus récents portent à 750,000. Une région de déserts semés d'oasis; un fleuve, abondant à sa source, le Tarim, et qui se perd dans une mer desséchée, tel apparaît le Turkestan chinois.

Ce fut la Kachgarie, aussi longtemps que subsista l'État indépendant fondé par Yakoub. Ce fut le royaume de Khotan, la Petite-Boukharie, aussi longtemps que Khotan et Bokhara gardèrent leur primauté politique ou religieuse. C'est aujourd'hui le bassin du Tarim, le Turkestan oriental ou chinois.

Au temps où les marchands grecs, les trafiquants arabes, les missionnaires bouddhistes, Marco Polo et les marchands européens suivaient la « route de la soie », pour gagner la Chine, les oasis du Turkestan oriental les virent passer et séjourner. Ils s'y arrêtaient pour se reposer des longues marches dans les passes des montagnes et dans les steppes monotones, pour se préparer à affronter le désert sablonneux du Gobi. C'était moins un pays qu'une grande voie de passage; de là le nom de « *Thian Chan Nan Lou* » que lui donnaient les Chinois, « route méridionale du Thian Chan ». La route septentrionale, le *Thian Chan Pe Lou*, passait plus au nord, de l'autre côté des monts Célestes.

Le Turkestan comprend dix grandes divisions, toutes peu peuplées, puisque la population totale ne dépasse guère celle d'une cité chinoise de second ordre ; il compte sept villes, de là son surnom de Djiti-Char ou Haptapole. La plus considérable possède 60,000 habitants. Ces chiffres restreints s'expliquent par le manque d'eaux courantes. Le Kouenlun est, avons-nous dit, déshérité sous ce rapport. Sa masse énorme et compacte n'a ni les hautes cimes ni les glaciers de l'Himalaya. Le sol altéré boit les torrents à leur débouché dans la plaine. Le Tarim n'échappe pendant un temps au sort commun que parce que ses branches maîtresses vont puiser dans le Cachemir, aux pentes du Karakoroum, les eaux qui l'alimentent. Ce sont les « torrents de jade » : celui du jade vert, du jade blanc et du jade noir, ce dernier, le Kara Kach, le plus important des trois. Réunis, ils forment le Tarim que vient grossir encore le Yarkand-Daria, l'Aurifère, qui naît, lui aussi, dans le Karakoroum et, sur son passage, arrose et fertilise les terres du Yarkand.

La pente naturelle entraîne le fleuve vers la vaste dépression du Si-Haï, *la mer occidentale*, aujourd'hui devenue la Han-Haï, *la mer desséchée*. Elle mesurait autrefois plus de deux millions de kilomètres carrés ; le Lob Nor, l'unique cavité qui subsiste, n'est qu'un marais de 2,000 kilomètres carrés envahi par des forêts de roseaux et d'une profondeur maximum de 4 mètres. Il semble qu'en approchant de ce bassin vaseux où il doit s'engloutir, le fleuve ait conscience du sort qui l'attend. Son courant se ralentit ; saigné par les riverains, il n'a plus qu'un faible débit et paresseusement s'épanche dans le Lob Nor.

Au long des rives du Tarim et de ses affluents courent des bandes étroites de végétation et de culture ; elles ont l'épaisseur que leur donnent les saignées pratiquées, les canaux d'irrigation creusés perpendiculairement aux berges. Au delà : le Takla Makan, la région des sables, ici se dressant en dunes formidables de plus de cent mètres de hauteur, là, voyageant en vagues mobiles et séparées, de quatre à six mètres de hauteur. Quand le vent souffle, la poussière épandue dans l'air obscurcit le soleil ; parfois, au milieu de la journée, force est d'allumer dans les maisons pour y voir. Les habitants s'y résignent. Cette poussière impalpable féconde les champs sur lesquels elle retombe, engrais naturel que le désert leur fournit.

Désert redoutable, dont les sables chantent au soleil comme ceux de l'Afghanistan et du Pérou, et qui ont enseveli, disent les légendes, la ville d'Holaolokia ; ailleurs, raconte la tradition, trois cents cités. De leurs ruines poussiéreuses on extrait encore de temps à autre, du thé en briques, puis des monnaies byzantines, des parures d'or, des effigies de Bouddha et des figurines d'argile.

Les oasis du Tarim ne sont pas seulement l'étape de repos du voyageur, mais aussi des oiseaux migrateurs. Préjvalsky a noté leur passage de l'Inde à la Sibérie. Ils se suivent par bandes de centaines de mille et ne s'arrêtent qu'épuisés par leur long parcours, sans voix et sans chant. Ils évitent les plateaux du Thibet, leur préférant les échancrures de l'Himalaya et du Karakoroum et suivant toujours, à l'aller comme au retour, la même route traditionnelle et séculaire.

La faune et la flore sont pauvres. Aux environs du Lob Nor, Préjvalsky a vu le chameau sauvage dont l'existence était mise en doute. Il est d'ailleurs en petit nombre ; par contre, le daim musqué abonde. Il a la taille d'un chevrotain, la tête petite, le museau pointu. Ses jambes sont fines, sa croupe large et épaisse ; deux dents longues et recourbées sortent de sa mâchoire supérieure et lui servent à arracher du sol les racines parfumées dont il se nourrit. Son poil est long, rude et hérissé. Une vessie suspendue sous le ventre, du côté du nombril, renferme le musc, dont les habitants du Turkestan font avec la Chine un commerce très lucratif.

Le musc entre pour une part importante dans les médicaments chinois, surtout dans la composition du Lingpao-youytan, « trésor surnaturel pour tous les désirs », pilules rouges, célèbres dans tout l'Empire. Une seule famille de Pékin est en possession de la recette qui se transmet fidèlement de génération en génération et joue un très grand rôle dans la thérapeutique. Le prix en est invariable, elles se vendent au poids de l'argent pur ; leur effet est surtout sudorifique, elles déterminent la transpiration à la suite d'éternuments violents. Ce remède est très usité mais, vu son prix, les Chinois hésitent parfois à l'employer, quelque confiance qu'il leur inspire. M. Huc raconte que lorsque le médecin, appelé au chevet d'un malade, a déclaré que, pour obtenir la guérison, il fallait, pendant un certain nombre de jours, recourir à ce remède dispendieux, le conseil de famille entrait en délibération. En présence du malade on discute pour savoir si, en raison de son âge trop avancé ou d'une maladie trop prolongée, il ne vaudrait pas mieux s'abstenir de faire des dépenses et laisser les choses suivre leur cours naturel. Après avoir calculé ce qu'il en coûtera pour les remèdes, le malade tranche le plus souvent la question en faveur d'un cercueil plus orné. On congédie le médecin et on achète le cercueil que le malade a la consolation de voir à ses côtés.

Khotan entretient avec la Chine un commerce assez important de musc et aussi de jade, sorte de néphrite à laquelle les Chinois attribuent des propriétés magiques et qu'ils désignent du nom de « profonde vérité ». Cette pierre se trouve dans le lit du Kara Kach, surtout à la suite des grandes crues. Le plus précieux et le plus estimé est le jade blanc.

Khotan fut autrefois une ville importante et populeuse ; elle ne compte plus aujourd'hui que 40,000 habitants. Dans le même district se trouve Iltchi, ville manufacturière, dont les habitants fabriquent des étoffes de soie, de coton, des brocarts d'or et d'argent. Elle communique avec le Thibet et le Cachemir par le col de Sanju, avec Yarkand par la route de Guma.

Kachgar, capitale de la région à laquelle elle donne son nom, occupe une position importante ; c'est un centre administratif, militaire et commercial. Yarkand, ville de 70,000 habitants, est plus ancienne et plus peuplée. Les Chinois ont construit à peu de distance, Yangi-Chahr, « la nouvelle cité », qui se trouve aujourd'hui incorporée à la ville ancienne. Placée au débouché du Sarikal, c'est une place de commerce très fréquentée par les Afghans, les Chinois et les Hindous. La population, en grande partie tartare et chinoise, est bien disposée pour les étrangers.

Ak-Sou, autrefois Arpadil, est un poste militaire important. On y fabrique des poteries, la sellerie et les harnais. Le tabac d'Ak-Sou est estimé le meilleur de cette partie de l'Asie et alimente un commerce assez considérable avec la Mongolie, la Dzoungarie et le Khokand. Turfan, quoique par une altitude assez élevée, cultive avec succès la vigne et le coton. C'est une des régions les plus fertiles du Thian-Chan. Le district de Sarikal se compose d'une longue vallée qui, du Pamir, descend dans la Tartarie. Ce fut probablement la route autrefois suivie par les trafiquants européens, et la ville actuelle de Tach-Kurgan fut peut-être la *statio mercatorum* dont Ptolémée fait mention.

Les voyageurs anglais insistent sur les mœurs douces, les manières affables de la population et sur son goût pour les réjouissances. Le docteur H. W. Bellew et le colonel Gordon font une peinture agréable de leur séjour à Yarkand et à Kachgar, de l'aisance et du bien-être qui régnaient dans ces localités, et qu'ils notèrent même à Karachar, situé sur le seuil du désert par lequel on pénètre dans la Mongolie.

III. — LA MONGOLIE

Entre la Sibérie au nord et la Chine proprement dite au sud, entre la chaîne de l'Altaï à l'ouest et les monts Kinghan à l'est, se déroulent les plaines de la Mongolie. Elles couvrent une superficie de 3,370,000 kilomètres carrés, peuplée par environ 4,000,000 d'habitants, soit 1,2 par kilomètre carré.

Pays d'aspect triste et sauvage ; le steppe monotone fuit à l'horizon, çà et là raviné par de longues ondulations, par de grandes déchirures de terrain, coupé par des collines pierreuses et stériles. Si, dans le nord, dans le pays des Khalkas, des forêts couronnent les sommets des montagnes, si, dans les plaines arrosées, la verdure apparaît quelques semaines, ce n'est que pour disparaître sous l'épais manteau de neige d'un interminable hiver. Au sud-est, au long de l'inutile muraille de Chine, le climat, plus clément, seconde les efforts de l'agriculteur. C'est la « terre des herbes », que le Chinois sédentaire et laborieux envahit et défriche, refoulant vers le nord inhospitalier le pasteur nomade dépossédé.

Les plaines sablonneuses occupent la plus grande partie de la Mongolie. Dans ces plaines, pas d'arbres, quelques herbes courtes, sèches et cassantes, quelques plantes rampantes, quelques buissons épineux et de maigres bruyères ; les puits y sont rares, espacés, profonds. Deux saisons distinctes : un hiver de neuf mois avec des froids terribles, un été de trois mois avec quelques journées d'étouffantes chaleurs, mais des nuits toujours fraîches. Dans ce court espace de trois mois, le cultivateur laboure, sème et récolte ; les moissons lèvent avec une étonnante rapidité. A peine sont-elles rentrées, l'hiver commence ; et pourtant cette région s'étend sous la latitude de Venise et de Bordeaux.

A cela trois causes : l'altitude du plateau soulevé à 3,000 mètres ; les substances nitreuses dont le sol est imprégné ; le manque de culture. Là où cette dernière se propage, la température s'élève et l'on a noté, dans la zone défrichée par les Chinois, que certaines céréales mûrissent aujourd'hui qui ne donnaient pas de récoltes au début à cause du froid plus intense.

Dans ces vastes solitudes, les animaux sauvages abondent : lièvres et faisans, aigles et écureuils, chèvres jaunes, cerfs, hémionès, yaks ou bœufs à longs poils, ours, renards et loups. Ces derniers s'attaquent de préférence à l'homme, négligeant le troupeau pour le berger, pénétrant jusque dans les villages pour se ruer sur les habitants.

Le Mongol a conservé ses tendances héréditaires : l'aversion du travail et de la vie sédentaire, l'amour du pillage et de la rapine. Il a gardé aussi ses traits caractéristiques : la taille courte, le visage aplati, les pommettes des joues saillantes, le front fuyant, le menton en retrait, les yeux obliques et petits, les cheveux rudes et noirs, la barbe rare, la peau brune. Sa démarche est lourde et pesante ; timide à l'excès, il passe sans transition, quand le fanatisme l'emporte ou qu'en lui s'éveille la passion de la vengeance, à une impétuosité que rien n'arrête. Chez lui, comme chez la plupart des peuples nomades, les sens de la vue, de l'ouïe et de l'odorat sont prodigieusement développés. A de grandes distances, il entend le trot d'un cheval, il perçoit l'odeur des troupeaux, il distingue de la brume la fumée d'un campement.

Isolément brave, il n'est pas d'obstacle, pas de danger qu'il n'affronte en horde, sous la conduite d'un chef audacieux. Les Chinois n'eurent jamais raison des Mongols que par la ruse, en fomentant leurs divisions et en abusant de leur excessive crédulité. Dépossédés en l'an 376, ils se ruèrent vers l'ouest, chassant devant eux les Suèves, les Goths, les Gépides, les Vandales, flots de barbares débordant sur l'empire romain dont les barrières trop étendues cédèrent sous l'effroyable poussée. Plus tard, au commencement du xiii° siècle, Gengis-Khan les entraîna à la conquête du monde, de la Chine et de la Tartarie, de l'Inde, de la Perse et de la Syrie, de la Moscovie, de la Pologne, de la Hongrie et de l'Autriche. Au xiv° siècle, ils suivirent Tamerlan comme ils avaient suivi Gengis-Khan, toujours prêts à quitter leurs steppes pauvres et nus, à descendre vers les terres fertiles, à piller les riches cités, durs à la fatigue, insensibles aux changements de climats, passant comme un vent de colère et de tempête sur les empires qui croulaient devant eux.

Tels ils étaient, tels ils sont longtemps restés. L'action dissolvante et lente de la civilisation chinoise les modifie. Les vaincus conquièrent leurs vainqueurs. A ce contact, leurs mœurs changent ; on peut déjà noter de significatifs symptômes : une plus grande recherche dans leur costume, plus de prétentions aux raffinements de la politesse chinoise dans leurs manières, plus d'astuce et de ruse dans leurs transactions. Cette évolution est surtout sensible parmi les populations limitrophes à la grande muraille de Chine. Dans l'est, elle se propage, le nomade recule et décroît en nombre devant les fils de Han qui silencieusement envahissent la terre des herbes.

L'unité géographique arbitraire que l'on désigne du nom de Mongolie comprend plusieurs régions distinctes : celle de la Dzoungarie, du Kansou mongol, du Koukou-Nor ou lac Bleu, du Gobi et, de l'autre côté des monts Kinghan, la Mandchourie chinoise.

A travers le haut plateau du Thibet, à travers le bassin du Tarim passé, avons-nous dit, la route méridionale du Thian Chan, le Thian Chan Nan Lou. Au travers de la Mongolie passe le Thian Chan Pé Lou, la route septentrionale qui, par la Dzoungarie et la province de l'Ili, relie la Chine au monde occidental, brèche large ouverte par laquelle débordèrent les invasions mongoles, par laquelle pénètrent les Russes ; ils convoitent le territoire de Kouldja qui, ainsi que l'éperon d'un navire, enfonce en pointe son massif montueux dans la région des plaines qu'il domine et divise en deux parties.

La Russie l'occupa pendant huit années : la Chine lui en avait confié la garde en 1871, pour le mettre à l'abri des invasions des Dounganes, descendants des compagnons de Tamerlan ; elle le réclama et en reprit possession en 1879, mais en concédant à la Russie, en échange du service rendu, un droit de passage pour ses caravanes. Ce ne fut pas sans regret ni sans hésitation que les Russes restituèrent cette région des Monts Célestes, vaste camp retranché que dominent des pics de 6,000 et de 7,000 mètres de hauteur, régions de forêts et de glaciers d'où s'épanchent d'abondantes eaux courantes, arrosant des pentes toujours vertes et des plaines aux riches moissons.

Aux pieds des monts, des lacs nombreux : le Sairam Nor, l'Ebi Nor, l'Ayar Nor, l'Oloungour, vaste cratère aux eaux pures et calmes que les Chinois désignent du nom de « Lac de la souveraine tranquillité » ; puis des forêts, des prés, des coteaux fleuris qui, des chaînes bordières, s'inclinent vers la plaine.

De la race primitive, des Dzoungares, il ne reste qu'un nom que portent, sans droit, les tribus kalmoukes et mongoles qui peuplent cette région. Les Dzoungares eurent leur histoire. Indépendants et braves, ils fondèrent, au xviie siècle, un royaume florissant. Ils convoitaient le Thibet et surtout Lassa, la ville sainte. Ils s'en emparèrent et anéantirent deux armées chinoises qui tentèrent de leur reprendre leur conquête. Mais le nombre eut raison de leur bravoure. Vaincus en 1757, impitoyablement massacrés, il ne subsista d'eux que quelques familles éparses, réfugiées chez les Kalmouks Tourgout des steppes de la Volga, qui leur firent bon accueil. Ils s'établirent près d'eux et leur donnèrent leurs filles en mariage. A leurs hôtes, ainsi que tous les bannis, ils parlèrent longuement de la patrie abandonnée, décrivant ses beaux sites, exaltant sa fertilité. Lorsque, refoulés par les Russes, les Kalmouks durent émigrer, ils se souvinrent des récits des fugitifs, récits pieusement conservés par leurs descendants et, dans leur exode à travers les plaines de l'Oural et les déserts du Turkestan, entraînant avec eux les Mongols que la Chine avait rejetés hors de l'empire, ils se dirigèrent vers la Dzoungarie et les plaines de l'Ili qu'ils repeuplèrent.

La Dzoungarie et la province de l'Ili occupent une superficie de 365,000 kilomètres carrés peuplée par près de 500,000 habitants. Pays essentiellement agricole, les villages y sont nombreux, les villes rares. Boutoun Tokhoi est un poste militaire chinois, Toulton est un entrepôt russe. Le centre le plus commerçant, Tchougoutchak, ne compte que 4,000 âmes; Kouldja, la ville la plus populeuse : 15,000. Dévastée par l'insurrection des Dounganes, Tchougoutchak se relève et se repeuple. Ili est en ruines et Kouldja, que l'occupation russe a protégée, reste la ville neutre, indécise, dont la Chine ne s'est pas encore assimilé la population bien qu'elle en ait élevé les murailles.

Plus à l'ouest, Bayandaï, autrefois peuplée, dit-on, de 150,000 habitants, n'en abrite plus que quelques centaines. Korgos, Akkent ne sont plus que décombres. Mais ce pays est riche, riche en or et en argent, en fer et en cuivre, en houillères et en plomb aussi bien qu'en produits de culture. Son relèvement n'est qu'une question de temps et sa grandeur passée fait bien augurer de son avenir.

Plus vaste que la Dzoungarie, le Kansou Mongol est aussi plus peuplé. Ses 400,000 kilomètres carrés contiennent un million d'habitants. La Chine le conquit il y a près de 20 siècles, et pour se le mieux rattacher en fit le prolongement de sa province du Kansou, dont l'inutile barrière de la grande muraille le sépare.

Par le sud-est, il confine au Koukou-Nor, ou lac Bleu; par le nord-est au désert de Gobi, dont il reflète quelques-uns des aspects.

Sur ce segment de la grande voie septentrionale du Thian Chan, les villes et les

LE PONT DE PA-LI-KAO.

bourgades se succèdent de l'est à l'ouest. A gauche : le désert, des collines dénudées ; à droite, des hameaux ombragés d'ifs et de tilleuls. Puis des villages en ruines, des temples en débris jonchant le sol de leurs briques rouges. Plus loin le désert et ses mirages, des colonnes de sable tourbillonnant dans l'air.

La région la plus rapprochée de la Chine proprement dite a été dévastée en 1872, lors de l'insurrection musulmane. La Chine et l'Islam procédaient de même, passant les vaincus au fil de l'épée, n'estimant pacifiées que les villes dépeuplées. Ainsi en advint-il à Liangtcheou, Soutchéou et Kantcheou, vieilles de vingt siècles, prises et reprises, détruites et relevées de leurs ruines. Plus loin, Chatcheou lutte contre un autre genre d'ennemis, contre les dunes de sable qui l'assiègent, montant à l'assaut de son enceinte dont parfois elles atteignent le faîte, de là s'épanchant sur la ville comme un fleuve débordant.

Sur la route d'Hami se trouve la ville centrale du Kansou, Youminsian, plus exposée encore que Chatcheou, appelée plus tôt à disparaître sous cette mer jaune que ses maigres plantations sont impuissantes à arrêter. Devant elle, à perte de vue, s'étend le désert.

Située à quarante verstes de la branche sud de la chaîne du Thian-Chan, l'oasis de Hami est abritée des vents du nord, bien arrosée par deux ruisseaux et cultivée sur toute son étroite surface de quelques verstes carrées. L'emplacement qu'elle occupe est tel que, détruite elle sera toujours reconstruite. C'est la clef de la région, l'étape obligée des marchands et des armées, le point de bifurcation des deux grandes voies du nord et du sud, le centre où tout converge, d'où tout rayonne et qui donne, à qui l'occupe en maître, la possession du Kansou mongol. Hami n'est pas une ville, mais une réunion de villes : la ville musulmane, la vieille ville et la ville neuve. Autrefois, dit la tradition, les habitants de Hami « vivaient en rois ». Rois bien déchus, que les révoltes et les répressions sanglantes ont décimés, que le pillage a ruinés, mais qui, confiants dans leurs destinées, relèvent leurs murs et cultivent leurs champs.

A peu de distance de l'oasis d'Hami, celles de Pidjan et de Tourfan produisent des fruits abondants, du froment et du coton, surtout des raisins renommés. Le Thian-Chan les abrite des vents du nord. Près de Tourfan se dresse une montagne sainte, étincelante d'agates. Dans ce coin perdu de l'Asie se livrèrent d'incessants combats. Ce ne fut pas sans une terrible effusion de sang que les Chinois arrachèrent aux musulmans révoltés cette ville de Tourfan où, acculés, ils s'étaient réfugiés pour tenter une résistance suprême. En 1877 les Chinois l'emportèrent enfin.

Par delà les monts Célestes, dans la dépression qu'ils forment, s'élève Barkoul où convergent les routes du nord, comme celles du sud se concentrent à Hami. De l'oasis d'Hami on peut, ou longer le versant méridional des monts Célestes ou, contournant ces monts par une dépression, gagner Barkoul, qui emprunte son nom au lac avoisinant.

Barkoul, située par une altitude de 2,300 mètres, est une grande ville embastionnée, avec quatre tours aux angles. La ville mandchoue est en ruines ; la ville chinoise renferme quelques beaux temples. Dans la courbe que décrit le Thian-Chan se trouve

Ousoumtsi, ancienne capitale de la Pentapole. Elle eut, dit-on, jusqu'à 200,000 habitants. Les Dounganes y ont fait le vide.

La Mongolie du nord ou l'Altaï mongol s'étend à l'est du Kansou mongol, entre les monts Khingan, le territoire des Ordos et le bassin du haut Yéniséi. Elle comprend : au nord, le pays des Khalkas; au sud, le désert de Gobi, ou Chamo. Tributaire de l'Empire du Milieu, la Mongolie est administrée par ses chefs, subventionnés eux-mêmes par le Trésor chinois dont les recettes sont loin, en cette occurrence, d'égaler les dépenses. Outre que le tribut, payé en chameaux et en chevaux, est généralement abandonné par l'empereur aux lamas et aux imans, les cadeaux à eux faits, à certaines époques solennelles dépassent de beaucoup en valeur ceux que les ambassades portent à Péking. Il est vrai que les Mongols doivent à la Chine le service militaire, mais celle-ci l'exige rarement, plus soucieuse d'apaiser que d'aviver les instincts belliqueux d'une race guerrière. Grâce à cette politique habile de la Chine, le nomade et turbulent Mongol se pacifie et se fixe. On le vit bien lors de la révolte musulmane ; en dépit des passions religieuses surexcitées, de l'appel des lamas et des chefs, des ordres de l'empereur, on eut peine à réunir sous les armes la dixième partie de l'effectif nominal.

Le désert de Gobi s'étend de l'ouest à l'est, du plateau du Pamir aux monts Kingan, sur une longueur de 3,000 kilomètres et de 850 des frontières de la Sibérie à celles du Thibet, soit sur une superficie totale de près de 2,000,000 de kilomètres carrés. A lui seul il forme la plus grande partie de la Mongolie. Les Chinois donnent à sa partie orientale, la plus redoutée des voyageurs, le nom de *Chamo*, océan de sable. C'est un océan en effet, semé de dunes mouvantes, qui, plus et mieux encore que la haute muraille de l'Himalaya, que la masse compacte du Kouenlun ou du Karakoroum, que les défilés du Pamir, isola l'Asie méridionale de l'Asie septentrionale, la civilisation de l'Inde de la barbarie des nomades.

Dans un intéressant article sur le désert de Gobi, publié par M. P. de Tchihatchef dans la *Revue des Deux-Mondes* du 15 janvier 1890, l'éminent explorateur constate que l'on ne connaît pas encore d'une manière précise l'altitude moyenne du Gobi. Les estimations varient entre 1,100 et 1,600 mètres. Ses parties les plus déprimées se trouveraient dans le bassin du Tarim. Partout l'irrigation est pauvre, le Gobi ne possédant qu'un cours d'eau important, le Tarim, qui débouche dans le lac Lob. Quant au grand fleuve chinois, le Hoang-Ho, il ne fait que des apparitions locales dans le sud-est. Les autres cours d'eau qu'alimentent les hauteurs disparaissent aussitôt qu'ils affleurent le désert.

Les sources ne sont pas moins rares ; là où elles existent, leur eau est souvent salée et presque toujours imprégnée de substances minérales. Les puits sont peu profonds. Entre Alaschan et Ourga, ils ne mesurent guère que quatre mètres. M. de Tchihatchef en conclut que si les eaux souterraines sont moins abondantes dans le Gobi que dans le Sahara, elle ne font cependant pas entièrement défaut.

Dans cette région désolée, les écarts de la température sont terribles, et cela sous une latitude correspondante à celle de Naples. A des chaleurs de 36 et 38 degrés à l'ombre succèdent des nuits de — 32°. A Ourga le thermomètre oscille entre les extrèmes de + 34 et — 48, et l'intensité du froid est rendue plus cruelle encore par la violence du vent du nord-ouest. La flore n'existe pour ainsi dire pas sur ce sol aux contrastes thermiques extrêmes. Sur un parcours de 700 kilomètres, Pumpelly vit deux arbres rabougris, Russell Killough en nota cinq. Quelques buissons à branches dures poussent dans les fonds; les chevaux affamés ont peine à les broyer entre leurs dents et leurs gencives qu'elles ensanglantent. Les chameaux lèchent les cristaux de salpêtre pour tromper leur soif.

La faune est aussi pauvre. Le lièvre nain, les loups, les renards, les antilopes et les chevaux sauvages errent dans ces vastes espaces au-dessus desquels planent les oiseaux de proie et le corbeau affamé qui déchiquète les chairs du chameau sur lequel il s'abat et se laisse tuer plutôt que de lâcher prise. Piassetsky a tracé un émouvant tableau des souffrances qu'endurent les voyageurs égarés dans ces solitudes meurtrières...

« Pas d'eau. De terribles pensées m'assiègent. Que ferai-je quand je me sentirai défaillir? Vaut-il mieux attendre la mort jusqu'à la perte de la connaissance, ou me suicider pour en finir avec mes souffrances? Je cherchais les poisons que je portais sur moi et je regrettais que le chloroforme fût évaporé. Si l'un des mourants me prie de l'achever, aurai-je le courage de le faire; en aurai-je le droit? Je pensais à mes cartes, à mes notes; je plaignais surtout les pauvres Chinois, envoyés contre leur gré et obligés de mourir par la faute d'autrui...

« Les chevaux restaient la tête penchée, demandant à boire par leurs hennissements plaintifs; ils léchaient les objets froids qui étaient à leur portée. Plusieurs chameaux se roulaient par terre dans les convulsions de l'agonie, hurlant de souffrance, et leurs gémissements, leurs soupirs ressemblaient d'une manière frappante à ceux de l'homme et me remplissaient de tristesse. »

L'existence du cheval sauvage dans ces régions était, avant l'exploration de Préjvalski, un fait inconnu. Cette exploration a également confirmé celle du chameau sauvage, que l'on admettait, mais qu'aucun des auteurs qui en avaient parlé, sur la foi des Chinois, n'avait jamais vu. L'éminent voyageur russe le découvrit dans les environs du lac Lob et dans le désert de la Dzoungarie. Son aire d'expansion est beaucoup plus étendue que celle du cheval sauvage, car tandis que ce dernier paraît cantonné dans une seule localité de la Dzoungarie, le chameau sauvage habite le bassin du Tarim inférieur, les bords du lac Lob, le Khami et le désert thibétain. Dans les grandes chaleurs, il gravit l'Altyn-Tan jusqu'à 3,500 mètres d'altitude. Contrairement au chameau domestique, craintif, stupide et indolent, le chameau sauvage est remarquable par sa vigilance, par l'extraordinaire développement de sa vue, de son ouïe et de son odorat, qui lui permet de découvrir, à de grandes distances, la présence du chasseur; quand il se croit en danger, il parcourt avec rapidité et sans temps d'arrêt des distances de 100 kilomètres. Son agilité à gravir les montagnes égale celle du chamois. Il est rare qu'il fasse entendre sa voix, laquelle, d'ailleurs, ne rappelle pas la voix du chameau domestique, mais bien plutôt celle du taureau.

Dans le sud-est, une double barrière sépare le Gobi du pays des Ortos : d'abord une longue chaîne basse courant de l'est à l'ouest, puis le cours supérieur du Hoang-Ho qui, décrivant une large courbe, enserre à l'est, à l'ouest, et au nord le plateau des Ortos que la grande muraille ferme au midi.

Depuis deux siècles et demi ce plateau appartient à la Chine. L'empereur Kang-Hi, dans le cours de son expédition contre les Eleuts en 1696, s'arrêta chez les Ortos. Voici ce qu'il disait d'eux dans une missive adressée à son fils, resté à Péking : « Jusqu'ici je n'avais point une idée juste des Ortos ; c'est une nation très policée et qui n'a rien perdu des anciennes coutumes des vrais Mongols... Il est inouï de trouver un voleur parmi eux, et ils ne prennent aucune précaution pour la garde de leurs chameaux et de leurs chevaux. Si l'un de ces animaux s'égare, celui qui le trouve en prend soin jusqu'à ce qu'il en ait découvert le propriétaire et il le lui rend alors sans le moindre intérêt... Les Ortos sont principalement intelligents dans la manière d'élever les bestiaux ; la plupart de leurs chevaux sont doux et traitables. Malgré cela ils ne sont pas à beaucoup près aussi riches que les autres Mongols. »

Ils sont encore aujourd'hui ce qu'ils étaient alors. Leur terre est pauvre ; le chanvre seul y prospère. Sauf au long du Hoang-Ho on ne rencontre qu'un sol désolé et sans verdure, des ravins rocailleux, des collines marneuses et des plaines d'un sable fin et mobile que le vent déplace ; on ne voit qu'arbustes épineux, fougères maigres et poudreuses d'une odeur nauséabonde. De loin en loin quelques herbes clairsemées, cassantes et tellement incrustées dans le sol que les animaux ne peuvent les brouter sans labourer le sable avec leurs museaux. Les ruisseaux et les sources font défaut et, pour apaiser sa soif et désaltérer ses bêtes, le voyageur n'a que des puits remplis d'une eau vaseuse et puante.

Sur cette terre que le sable dispute à l'homme, le sable l'emporte et recouvre ce que l'homme a édifié. Des débris de cités attestent sa victoire, une entre autres que ses remparts de deux lieues de circonférence et de huit mètres d'épaisseur n'ont pu défendre. Les dunes entassées ont franchi les remparts et comblé la vaste enceinte d'où surgissent au-dessus des dunes moutonnantes quelques faîtes de temples et quelques pans de murs.

Le désert du Trans-Ortos ne le cède en rien qu'en étendue à celui du Gobi. Sur 500 kilomètres de largeur, il déroule ses graviers et ses sables, coupé par un lac salé dont le désert recouvre et découvre tour à tour la surface cristalline qui miroite au soleil. Trompés par ce mirage, les oiseaux s'abattent sur ses rivages pour se désaltérer et, déçus, s'éloignent avec des cris de détresse.

Au nord-est : la terre des Khalkhas. Mieux que les autres tribus mongoles, ils ont conservé la pureté du type primitif. Ils en sont fiers et s'estiment de race supérieure, mais non plus que les habitants de la terre des Herbes, bien que plus riches en troupeaux et plus nombreux qu'eux, ils n'arrêteront la marche de l'invasion chinoise. Chaque année le nombre des Fils de Han s'accroît. Pas de terre si rebelle qu'ils ne domptent ; pas de climats si rigoureux qu'ils n'affrontent ; pas de pays si pauvres qu'ils n'y trouvent à vivre, souvent même à s'enrichir.

On rencontre peu de villes dans ces régions, et celles qui existent sont des villes chinoises. Ourga, capitale de la Mongolie du nord, compte 30,000 habitants. Elle est située dans une plaine entourée de montagnes et renferme un camp militaire chinois ainsi qu'un monastère bouddhiste. Ici l'on retrouve la Russie; quelques négociants russes sont établis à Ourga et y font le commerce du thé, des farines, des fourrures. L'un d'eux racontait à M. Piassetsky que, depuis neuf ans, il faisait dans son commerce des cuirs des bénéfices de 50 à 75 0/0, mais, ajoutait-il, « la vie est insupportable ». Réflexion russe qu'un Chinois ne fera jamais, comptant pour rien ses misères, quand il a un gain en perspective.

Dans le pays des Khalkhas fut Karakoroum, campement de Gengis-Khan, capitale de l'Empire mongol en 1235. Ses ruines mêmes ont péri et on en est à chercher au cœur du désert la résidence de ce grand conquérant qui n'eut que l'embarras du choix parmi les sites les plus riches et les plus pittoresques de l'Asie. Son souvenir survit toutefois dans la mémoire des descendants de ceux qu'il entraîna à la conquête du monde. Préjvalsky rapporte à ce sujet de curieuses légendes, une entre autres d'après laquelle le tombeau de Gengis-Khan se trouverait dans la région méridionale de l'Ordos. Au moment de sa mort, il aurait annoncé à ses compagnons qu'il ressusciterait dans 800 ou 1,000 années (sur ce point la tradition varie), qu'il triompherait des Chinois et ramènerait les Mongols victorieux dans le pays des Khalkas, leur ancienne patrie. Les Mongols s'attendent donc à le voir reparaître dans 140 ou 340 années.

Au sud de Karakoroum se trouve Koukou Khoto, ou « ville bleue » dépossédée par Ourga, devenue la résidence du grand Lama de la Mongolie; Dolon-Nor, ville manufacturière, Djéhol, célèbre par son palais et les objets d'art qu'il contenait. L'empereur et sa cour s'y réfugièrent quand les troupes alliées attaquèrent et prirent Péking.

La Koukou-Nor, région du lac Bleu, est loin d'avoir l'importance que lui ont longtemps donnée les géographes et les cartes géographiques. Elle est bornée, au nord, par le Khilian-Chan, au sud, par le Hoang-Ho, à l'est, par la province de Kansou, à l'ouest, par la rivière Tchaidam.

Le lac Bleu est un vaste bassin mesurant environ 400 kilomètres de circonférence. Ses eaux, comme celles de l'Océan, sont amères et salées, soumises au régime périodique de flux et de reflux; elles exhalent une odeur marine très prononcée, qui se fait sentir assez loin dans le désert. Sur un rocher aride, dans cette mer solitaire, les lamas ont édifié une retraite. Ils y vivent toute l'année sans communications avec le reste du monde, aucune barque n'existant sur ces rives. L'hiver, quand la surface des eaux est gelée, les pèlerins leur apportent des offrandes de beurre, de thé et de millet, dont ils vivent.

Les plaines qui entourent le lac Bleu, bien qu'entièrement dépouillées d'arbres, constituent les plus riches pâturages de la Mongolie. Le sol, fertilisé par de nombreuses eaux courantes, se couvre d'herbes d'une hauteur prodigieuse. Au printemps les Mongols y amènent leurs troupeaux, constamment harcelés par les Si-Fan ou Kolos, hordes pillardes campées dans les montagnes d'où elles fondent sur la plaine. Constamment à cheval, armés jusqu'aux dents, les bergers mongols soutiennent le choc et leur intrépidité a presque toujours raison de leurs adversaires, mais souvent aussi, par ruse, ces derniers réussissent à s'emparer d'une partie de leurs animaux.

Le lac Bleu n'est pas le seul lac de cette région; il est le plus étendu et lui a donné son nom. Ainsi que lui, les autres bassins sont très poissonneux. Leurs rives, comme les siennes, défrichées et ensemencées pourraient nourrir une population nombreuse, mais les nuées de cousins qui tourbillonnent dans l'air en ont jusqu'à ce jour éloigné les cultivateurs.

IV. — LA MANDCHOURIE

La Chine proprement dite comprend, avons-nous dit, dix-huit provinces, dix-neuf si l'on y joint la Mandchourie qui, en 1644, conquit la Chine et pour empereur lui donna son chef, Chóun-Tchi, fondateur de la dynastie des Tsin. La race conquérante est devenue la race sinon conquise, du moins submergée par ces masses compactes, dont elle a adopté les mœurs, les coutumes, la religion et, en partie, la langue. Belliqueux et nomades, les Mongols, les Tartares, les Mandchoux ont su conquérir des empires et des royaumes ; sur l'Europe et sur l'Asie ils ont passé comme un ouragan destructeur au galop de leurs chevaux rapides, mais de leurs prodigieuses conquêtes ils n'ont rien gardé. Le civilisé a absorbé le nomade, l'intelligence a eu raison de la force et les vainqueurs d'un jour sont devenus les sujets ou les tributaires de ceux qu'ils avaient vaincus.

Sur sa superficie de près d'un million de kilomètres carrés, la Mandchourie renferme environ 12,000,000 d'habitants, en grande majorité Chinois, ou fortement mélangés de sang chinois. L'exubérante population des provinces septentrionales de la Chine a débordé sur la Mandchourie peu peuplée, refoulant pacifiquement devant elle l'élément réfractaire à la vie sédentaire de l'agriculteur, s'assimilant l'autre par une lente fusion et oblitérant les traits distinctifs par les croisements de race.

La Mandchourie a pour bornes au nord, le fleuve Amour ; au sud, le golfe de Petchéli et les hautes terres de la Corée; à l'est, l'Ousouri, affluent de l'Amour, et la Sibérie; à l'ouest, la Nouni, la Soungari et les palissades du sud-ouest, prolongement de la grande muraille. Elle se divise en trois provinces : Liaotoung, ou du sud, Girin, du centre, Tsitsikhar, du nord. La Mandchourie méridionale comprend deux régions distinctes : une plaine d'alluvions, très fertile, sauf sur la côte, puis une succession de massifs montueux orientés du nord au sud, et coupés par de larges et riches vallées. Dans la plaine, monotone d'aspect : de nombreux villages et des champs cultivés, une population active et laborieuse, dans la région montueuse : des eaux courantes, de beaux pâturages, de nombreux troupeaux.

Le climat est extrême, très chaud l'été, très froid l'hiver. De novembre à mars les fleuves gèlent, mais les tempêtes de neige sont rares. Dans un ciel pur le soleil brille sur un sol durci; c'est la saison active et vivante des transports qu'entravent au printemps et en été des pluies abondantes et de nombreux marécages dans les plaines.

C'est aussi la saison des voyages rendus faciles et rapides par la congélation et l'absence de vent.

Les principales cultures de la Mandchourie sont les céréales, le coton, la soie, l'indigo très abondant et d'excellente qualité, le tabac. Les Chinois exploitent d'importantes houillères, des tourbières, les minerais de fer, de cuivre et de plomb, l'or et l'argent; ils cultivent aussi le pavot dont le rendement est double de celui des céréales; les lois l'interdisent, mais le bénéfice qu'on en retire permet au contrevenant d'acheter la connivence des magistrats et des préfets impériaux.

La flore de la Mandchourie rappelle celle de l'Europe : les forêts, les fleurs des champs et les plantes cultivées, les buissons et les arbustes offrent avec ceux de nos régions une analogie frappante. Il n'en est pas de même de la faune. Si l'on retrouve le lièvre et le renard, on rencontre aussi le tigre royal, très abondant et de grande taille, mesurant jusqu'à 3 mètres de la tête à la racine de la queue, pénétrant dans les villages pour s'attaquer à l'homme, puis la panthère non moins redoutable, le loup et le sanglier. Ainsi que ceux de la Mongolie, les loups de la Mandchourie négligent le troupeau pour le berger et se ruent en bandes nombreuses, sur les voyageurs isolés.

Plus à craindre encore que les grands félins et les carnivores, sont les bandits qui prélèvent leur subsistance sur les pacifiques cultivateurs, pillent et tuent ceux qui ne peuvent faire droit à leurs exigences. Par bandes de cinquante à cent, ils parcourent les régions qu'ils savent dégarnies de troupes. Huit débarquèrent un matin à Ta-Chang, petit port de mer, et signifièrent aux habitants qu'ils incendieraient le village si on ne leur remettait mille taëls à chacun. La somme fut promptement payée. Deux cents autres envahirent la ville de Takou-San, l'occupèrent plusieurs jours et ne partirent qu'après avoir prélevé sur elle un impôt considérable. Ils n'hésitent pas à opérer de même dans les provinces limitrophes de l'Empire. Un de nos amis, le général Burlingame, ambassadeur des États-Unis en Chine, fut attaqué aux portes mêmes de Péking, entre cette ville et Tientsin, par des brigands de la Mandchourie.

Les deux fleuves principaux de la Mandchourie sont la Soungari, « fleur de lait », ainsi nommée à cause de ses eaux blanches, et le Liao-Ho. La Soungari naît sur les pentes du Chan-Alin. Elle court dans le nord-ouest, fleuve majestueux à partir de Kirin, pénétrant dans la Mongolie, où, au-dessus de Pétuna elle reçoit les eaux de la Nouni. Décrivant une courbe au nord-est, elle s'unit au fleuve Amour. Dans la partie moyenne de son cours la Soungari rappelle, par l'animation de ses rives et son incessant trafic, les grands fleuves populeux de la Chine. Navigable pour les embarcations d'un faible tirant d'eau sur un parcours de 1,500 kilomètres, la Soungari est l'une des principales artères de la Mandchourie; n'était la courbe énorme qu'elle décrit dans le nord elle serait la grande voie commerciale du pays.

Le Lia-Ho apparaît d'abord, sous le nom de Chara-Mouren, sur les plateaux de la Mongolie. Il court dans l'est, puis obliquant au sud il arrose la province de Liaotoung et se déverse au fond du golfe de ce nom, par l'unique seuil que la Mandchourie possède sur la mer.

Dans le nord les grands centres sont peu nombreux. Aigoun, sur les rives de l'Amour, ne compte que 10,000 habitants, bien qu'elle soit la capitale du district mandchourien de l'Amour. C'est un avant-poste isolé et détaché en face de la Russie qui, de l'autre côté des eaux sombres du grand fleuve, surveille cette porte de la Chine. Par Mergen, Aigoun se relie à l'empire du milieu; l'immigration chinoise qui, lentement, remonte vers le nord, atteint déjà Mergen et peuple ses campagnes fertiles. Plus au sud : Girin, chef-lieu de la vallée de la haute Soungari. Située dans un site merveilleux, Girin est une grande ville de 120,000 habitants, entourée de beaux jardins, coupée de rues larges et planchéiées. Une partie de la ville, au long du fleuve, est bâtie sur pilotis ; les Chinois l'ont surnommée « la ville des constructions navales »; la plupart des embarcations de la Mandchourie sortant de ses nombreux chantiers.

Au nord, sur la Soungari : Pétuna, ville commerçante de 30,000 habitants; puis Sansing, dans l'est, dernière ville de l'empire, au confluent de la Soungari, de l'Hurka et du Hung-Ho ; elle renferme 15,000 âmes et entretient un commerce d'échanges assez actif avec les tribus tartares. Lalin et Ningouta n'ont qu'un trafic local; celui de Ningouta tend à s'accroître.

Capitale de la Mandchourie, Moukden est la cité la plus populeuse des trois provinces, environ 180,000 habitants. Située sur le Shinorn, affluent du Lia-Ho, elle est à la fois un centre commercial actif, un vaste entrepôt de marchandises et le siège de l'administration. La dynastie impériale des Tsin est originaire de Moukden qui doit à cette circonstance d'importants privilèges. Le marché de Moukden est très actif et bien approvisionné en produits européens. Au-dessus de Moukden, une route des plus fréquentées se dirige vers le golfe de Liao-Toung, traversant de nombreuses agglomérations urbaines : Liaoyang renommée pour ses fabriques de cercueils, Haichung qu'entoure des sources thermales; plus au sud Kaichan ; près du bord de la mer, Foo-Chan, Kinchan, villes essentiellement chinoises, points de départ de l'émigration qui remonte vers le nord.

Yinkoa, sur le Liao-Ho, est le port principal de la Mandchourie; son commerce est important. Yinkoa renferme de vastes entrepôts; les navires étrangers le visitent et le port regorge de jonques. L'exportation consiste surtout en soies grèges, coton, houille, chanvre et atteint 50 millions de francs à l'année. Sur la mer Jaune : quelques ports, Takouchan et Tayang-Ho près de la frontière de la Corée.

V. — LA CORÉE.

Longtemps ignorée des navigateurs qui, par la mer Jaune et la mer du Japon, contournaient la montueuse presqu'île qu'ils prenaient pour une île et au nord de laquelle ils cherchaient vainement un passage; longtemps négligée par eux, la Corée, révélée par les missionnaires, visitée par la Pérouse, Broughton et Krusenstern, étudiée par le Japon qui la convoite, par la Chine qui est en suzeraine nominale, est encore imparfaitement connue. Si l'hydrographie des côtes est mieux établie, l'orographie reste

TYPE JAPONAIS.

incomplète. On suppose qu'une crête montagneuse court du nord au sud à travers la presqu'île, parallèlement à la côte orientale et plus rapprochée d'elle, qu'elle s'y termine par des roches abruptes, et s'incline vers l'ouest en pentes douces.

On explique ainsi comment la côte occidentale, mieux articulée, décrit une courbe légèrement infléchie, frangée de baies et de golfes, comment la côte orientale, au relief plus accusé, se déroule compacte et massive, offrant peu de ports d'accès. On sait toutefois que la Corée, sur une superficie d'environ 250,000 kilomètres carrés, moitié de celle de la France, compte de 12 à 15 millions d'habitants.

Dans un très intéressant article publié par la *Revue des Deux-Mondes*, dans son numéro du 15 février 1884, M. Éd. Plauchut décrit ainsi la Corée : « Le navigateur qui arrive sans transition en vue des côtes méridionales de la Corée est tout surpris de l'aridité des terres élevées qui s'offrent de loin à ses regards. Son étonnement n'est pas moindre au froid excessif et à la chaleur torride qu'il ressent sous une latitude qui n'est autre pourtant que celle de Malte et de l'Italie du sud. En décembre, c'est le climat de la Sibérie ; en juillet, celui de Tombouctou. La Pérouse raconte qu'il fut stupéfait de voir encore au mois de mai de la neige dans les ravins voisins des côtes. Cette basse température, qui semble régner avec sévérité l'hiver, est due sans doute à la nature montagneuse de la Corée et aux vents qui se précipitent sur elle des steppes glacés de la Mongolie. C'est qu'en effet la Corée n'est qu'un pays de montagnes. Une grande chaîne, partant de la Mandchourie, se dirige du nord au sud en suivant la côte de l'est, dont elle détermine les contours, et les ramifications de cette chaîne couvrent le pays presque tout entier. En quelque lieu que vous posiez le pied, nous a dit un missionnaire français qui était venu se réfugier à Manille à l'époque des dernières persécutions, vous ne voyez que des hauteurs. Presque partout vous semblez être emprisonné entre les rochers, resserré entre les flancs des collines, tantôt nues, tantôt couvertes de pins sauvages, tantôt hérissées de broussailles ou couronnées de forêts. Tout d'abord, vous n'apercevez aucune issue, mais cherchez bien et vous finirez par découvrir les traces de quelque étroit sentier qui, après une marche plus ou moins longue, vous conduira sur un sommet d'où vous verrez se développer un horizon accidenté. Vous avez quelquefois du haut d'un navire contemplé la mer, alors qu'une brise carabinée soulève les flots en une infinité de petits monticules aux formes variées. C'est en petit le spectacle qui s'offre à vos regards. Vous voyez dans toutes les directions des milliers de pics aux pointes aiguës, d'énormes cônes arrondis, des rochers inaccessibles, et plus loin, à perte de vue, d'autres montagnes plus hautes encore, et c'est ainsi dans presque tout le pays. La seule exception est un district qui s'avance dans la mer de l'ouest et qui se nomme la plaine de Maï-Po. Mais, par ce mot de plaine, n'allez pas entendre une surface unie comme la Beauce, c'est simplement une partie de la région où les montagnes sont beaucoup moins hautes et beaucoup plus espacées que dans le reste du royaume. On y cultive le riz, et c'est ce qui fait appeler le Maï-Po « le grenier de la capitale. »

Indépendamment de la péninsule qui porte le nom de Corée, il y a aussi, à l'ouest et au sud, au milieu d'une mer pleine de bas-fonds, un grand nombre d'îles dont la plus étendue est celle de Quelpaert. Par un temps clair, des îles japonaises de Tsou-Sima, dont la terre ferme est séparée par un détroit de 40 kilomètres de longueur, on voit fort bien la côte coréenne.

La Corée est située entre la Chine, le Japon et la Russie, voisinage inquiétant. Par le nord, elle confine à la province maritime russe, à la barrière de Pierre le Grand, au fleuve Tumen, frontière provisoire et discutée; par Liao-Toung, province mandchoue devenue chinoise, elle prend contact immédiat avec la Chine toujours débordante de vie et dont l'émigration a déjà envahi la zone neutralisée d'un commun accord et large de cent li, 50 kilomètres, dans laquelle ni Chinois ni Coréen ne devait s'établir, ni séjourner au delà de vingt-quatre heures sous peine de mort. Les tigres y pullulaient; les Chinois y entrèrent sous prétexte de déposséder les tigres; ils y restèrent, et leurs *fanzas*, ou fermes, occupent cette zone que la Corée ne peut, et que la Chine ne veut faire respecter.

A l'est, de l'autre côté du détroit de Corée : le Japon. Deux fois déjà, au iiie et au xiiie siècle, il a prétendu s'annexer la Corée, prendre pied sur le continent, s'emparer de cette région qui lui fait face. Deux fois il a réussi et ce n'est que depuis peu que la Corée a cessé de lui payer tribut. Par contre, elle a dù, en 1877, lui concéder l'entrée de trois de ses ports et, en 1882, accorder le même privilège aux navires de l'Angleterre, de la France, des États-Unis et de l'Allemagne. Depuis le xive siècle enfin, elle paye annuellement à la Chine un tribut de 100 onces d'or, 1,000 onces d'argent et un autre, en nature, de 10,000 sacs de riz, 2,000 pièces de soie, 10,000 pièces de toile ordinaire, 400 pièces de toile de chanvre, 1,000 rouleaux de grand papier, 2,000 couteaux, 100 peaux de tigres, autant de cerfs, 400 de castors et 200 de rats bleus.

La presqu'île est trop étroite pour comporter de grands fleuves. Les cours d'eau les plus considérables sont le Ya-Lou et le Tumen, issus tous deux des montagnes Blanches qui séparent la Corée de la Mandchourie. Le plus connu est le Han, sur les rives duquel se trouve Séoul, capitale du royaume.

Bien que la Corée soit située sous la même latitude que le centre de l'Espagne, le climat y est rigoureux, le froid atteint souvent 25 à 30 degrés au-dessous de zéro; dans la partie sud la température s'élève et se rapproche de celle de la France; on y cultive avec succès le riz, le froment, le millet, le maïs et aussi le cotonnier, l'arbuste à thé, le tabac et le gen-seng (*Panax quinquefolium*), « dont la racine, nous dit M. Ed. Plauchut, est tellement appréciée par les Chinois, toujours en quête d'excitants, qu'elle se vend au prix incroyable de 50,000 francs la livre ». Le gen-seng qui croît à l'état sauvage est le plus apprécié et ce serait, selon les missionnaires, le premier tonique du monde. La racine de la plante est seule utilisée; on la coupe en morceaux que l'on fait infuser dans du vin blanc pendant un mois au moins; on prend ce vin à très petite doses et il peut prolonger la vie des mourants de quelques jours. La région méridionale, dans laquelle on la récolte, est dépourvue de forêts; par contre elles abondent dans le nord où elles abritent les grands félins, tigres et panthères, les ours, loups et renards.

Quant aux productions minérales, on sait seulement que la Corée possède des gisements d'or dont l'exploitation est interdite sous les peines les plus rigoureuses, le gouvernement redoutant des agglomérations de mineurs difficiles à contenir et à surveiller. On sait aussi que le fer est en telle abondance que les quartiers de rocs détachés par les pluies suffisent, par la quantité qu'ils en contiennent, à alimenter la consommation locale.

On remarque parmi les habitants de la Corée deux types distincts; ceux du nord, grands et forts, rappellent les Toungouses que nous avons décrits dans l'étude de l'Asie russe; ceux du sud, plus petits, plus fins, au visage plus allongé, se rapprochent des Japonais et des Polynésiens. S'il faut en croire leurs légendes, ils descendraient de la tribu des Sien-Pi, originaire de la Mandchourie. A cette première couche d'émigrants se seraient superposés plus tard les Toungouses et enfin les éléments polynésiens qui ont formé le fond de la population japonaise. Les deux types notés s'expliqueraient par la prépondérance de l'immigration toungouse et chinoise dans le nord, japonaise et polynésienne dans le sud.

De ces facteurs divers celui qui l'emporte et prédomine est le chinois. C'est le facteur inépuisable, incessamment renouvelé, qui peu à peu élimine les autres, s'assimilant par des croisements répétés la race primitive. Imitateur, le Coréen imite le Chinois; servilement il copie ses mœurs, ses coutumes, ses rites, moyen puissant de conquête pacifique, sa hiérarchie et ses institutions. Intellectuellement, la Corée est tributaire de la Chine; elle ne s'en affranchit guère qu'au point de vue religieux, et encore doit-on noter les progrès du rationalisme de Confucius, et aussi au point de vue de la division des classes en nobles, guerriers, bourgeois, artisans, laboureurs et les « gens hors castes », corroyeurs, forgerons, tanneurs, bouchers, bonzes et esclaves.

Séoul, capitale de la Corée, contient de 100 à 150,000 habitants. Abritée par le Kouan-Ling contre les vents froids du nord-est, elle communique par le Han-Kang avec la mer. Gen-San, Fou-San et In-Tsien, ports ouverts aux navires étrangers, alimentent un commerce encore peu important mais dont la marche ascendante n'est pas sans intérêt. De 3,600,000 francs en 1879, il s'est élevé à près de 12 millions, importations et exportations réunies.

Ici finit la Chine; par delà le détroit de Corée nous abordons le Japon, l'Empire du Soleil Levant.

Autant qu'on peut l'établir d'après les documents officiels, le commerce de la Chine avec l'étranger dépasserait 1,200 millions, mais ce chiffre est au-dessous de la vérité par suite des opérations de contrebande et d'entrées non déclarées. Au premier rang des importations figure l'opium, avec un total d'environ 300 millions, puis les tissus de coton, de laine, les métaux, le bois. L'opium est, de tous les articles d'importation, celui sur lequel la contrebande s'exerce le plus. « Les Anglais, écrit M. Ch. Lavallée, ont redouté un certain ralentissement dans la vente de l'opium de l'Inde; ce serait pour leur commerce et pour le budget indien un sérieux mécompte. Aujourd'hui la culture du pavot s'est introduite dans plusieurs provinces de Chine; elle se propage rapidement à cause des bénéfices qu'elle procure; elle est appelée à prendre, comme celle du tabac, une extension très considérable. L'opium chinois fait ainsi concurrence à l'opium de l'Inde, et il commence à paraître en abondance sur les marchés ; c'est ce qui explique les appréhensions du commerce anglais. Toutefois cette concurrence ne paraît pas devoir diminuer les ventes de l'Inde. L'opium de Patna, de Malwa et de Bénarès, supérieur en qualité à l'opium indigène, conservera la clientèle des classes riches. En outre l'usage de l'opium s'est tellement répandu dans toutes les classes de la population que les produits des diverses provenances trouveront toujours un placement facile. »

Les statistiques officielles n'indiquent pas non plus avec précision la provenance et la destination des articles importés. Le pavillon anglais figure pour les trois quarts dans ce mouvement total. La France, le Japon, l'Allemagne viennent ensuite. Depuis que nos relations avec la Chine sont devenues directes par l'organisation des Messageries maritimes, le pavillon français a rapidement conquis le second rang. Il figure pour un chiffre d'échanges de plus de 120 millions, alors que le Japon et l'Allemagne n'atteignent pas 50 millions.

Les documents font défaut quant au commerce intérieur de la Chine. Étant donné la population de l'empire, la superficie qu'il occupe et les immenses ressources dont il dispose, ce mouvement commercial est énorme. L'agriculture, le trafic et l'industrie absorbent l'activité de ces centaines de millions d'êtres humains laborieux, économes et âpres au gain. On sait en quel honneur ils tiennent la culture du sol et avec quel cérémonial l'Empereur donne l'exemple à son peuple, labourant chaque année, de sa propre main, trois sillons.

Partout ce ne sont que champs cultivés, rizières, vergers et potagers. La grande culture est inconnue, vu l'extrême division de la terre qui fait du possesseur de cinq hectares un riche propriétaire. Par contre, la culture intensive y est poussée plus loin que nulle part ailleurs et aujourd'hui, comme il y a des siècles, la Chine est, par excellence, la terre riche en thé, en soie, en cannes à sucre, en riz et en bambous.

Nous avons dit que sa production de thé atteignait, si elle ne le dépassait, le chiffre énorme de 400 millions de kilogrammes, dont les deux tiers sont consommés dans le pays même. Pour les Grecs et les Romains la Chine était la « région de la soie ». Elle l'est encore et demande, non seulement aux vers du mûrier, mais à ceux du frêne, du ricin, du chêne, les cocons qu'elle utilise. Si ces derniers donnent une soie moins fine, leurs fils, plus solides, fournissent un tissu plus résistant très apprécié des classes inférieures. Nulle part, en Chine, la production de la soie n'est concentrée en de vastes établissements ; partout elle est répartie entre les mains des paysans qui, à leurs autres cultures, ajoutent celle du mûrier, du frêne et du chêne, éliminant avec un soin jaloux les essences forestières improductives pour ne laisser subsister que les arbres dont ils tirent un revenu.

L'exportation de la soie s'effectue surtout par le port de Changhaï et se chiffre par un total de 4 millions de kilogrammes. La consommation locale peut être à peu près égale, ce qui donnerait, pour la production annuelle, un total de 8 millions de kilogrammes, double de celui de l'Europe.

La Chine produit, et bien au delà, la quantité de sucre qu'elle consomme. Elle en exporte annuellement près de 2 millions de quintaux, et si les sucres de l'archipel Havaïen, supérieurs en qualité et admis en franchise à San-Francisco, lui ferment en partie le marché de l'Amérique du Nord, elle n'en écoule pas moins, à des prix assez rémunérateurs, vu le bon marché de la main-d'œuvre, l'excédent de sa production. Quant au riz, telle est la consommation qu'en fait la Chine, qu'elle ne pourra, de longtemps, en produire au delà de ses besoins, et devra demander à l'Indo-Chine de suppléer à l'insuffisance de ses récoltes.

L'Empire Chinois est le pays le plus riche en houille qui existe. C'est aussi celui, semble-t-il, qui le premier en ait fait usage. Marco Polo le relate : « C'est, écrit-il, une manière de pierres noires; elles se cavent des montagnes et se trouvent dans toutes les provinces de Cathay. On les préfère au bois parce qu'elles ardent mieux et coûtent moins. » Des explorations du professeur von Richthofen, il résulte que les gisements du Petchéli, du Chan-Toung et du Chan-Si couvrent une superficie d'un million de kilomètres carrés, deux fois celle de la France, sur une épaisseur moyenne de 40 à 50 mètres. Il y aurait, là seulement, assez d'anthracite de bonne qualité pour défrayer le monde pendant des milliers d'années. Jusqu'ici l'exploitation, très primitive, ne produit pas plus de 4 millions de tonnes à l'année, mais la construction d'un chemin de fer dans le Chan-Si ferait promptement de cette province le plus important marché houiller du monde.

La Chine possède aussi le fer, le cuivre, le plomb, l'étain, et c'est encore dans le Chan-Si, dans le voisinage des mines de houille que se trouvent les plus riches gisements de fer. Mais surtout ce que la Chine possède, c'est la main-d'œuvre à bas prix qui lui assure, dans le domaine de la fabrication, une incontestable supériorité, qui lui permet de produire et de vendre à des prix défiant toute concurrence, et de pouvoir, même hors de chez elle, en Amérique et en Océanie, lutter avec avantage contre la race blanche.

De cette étude de la Chine, rapprochée de celle de l'Asie anglaise, certaines conclusions se dégagent. Nous avons vu comment, aux Indes, l'Angleterre, s'inspirant des traditions de Rome, offrant moins son alliance que sa protection, gardant pleine et entière sa liberté d'action et de décision, prenait à sa solde ou enrôlait sous ses drapeaux les contingents des princes et des rajahs auxquels elle allouait des compensations territoriales ou garantissait le maintien de ce qu'ils possédaient. Vis-à-vis de la Chine sa tactique est la même. Dans l'éventualité d'une guerre avec la Russie la Chine peut lui être d'un grand secours, et tous les efforts de sa diplomatie persévérante et habile n'ont d'autre but que de s'assurer le concours de l'Empire du Milieu. Par le Thibet, la Chine confine aux monts Himalaya et à l'Afghanistan ; sur 1,400 lieues sa frontière se déroule au long de la Russie, depuis le Kouldja jusqu'au fleuve Amour. Dans cet immense réservoir d'hommes qui s'appelle l'Empire Chinois il est facile de puiser des soldats, d'armer d'innombrables bataillons et d'opposer aux contingents asiatiques de la Russie les populations belliqueuses du Thibet, de la Mongolie et de la Mandchourie.

Le point faible de l'Angleterre est dans l'effrayante disproportion des territoires qu'elle occupe ou détient, et du nombre limité d'hommes que sa population lui permet de mettre en ligne. En cas de guerre défensive, opérant sur son propre sol, cette cause d'infériorité disparaît; la mer la protège et ses forces navales rétablissent l'équilibre; mais quand il s'agit d'opérer au loin, il en est autrement. Le soldat anglais possède des qualités remarquables de bravoure et de solidité; mais de tous il est le plus dispendieux, et le nombre de ceux que peut lever l'Angleterre est forcément restreint; en outre la défense de ses ports, des nombreuses places fortes qu'elle possède dans toutes les mers et sur toutes les côtes immobilise d'importants contingents; aussi est-elle plus avare encore du sang de ses soldats que de son or. Il lui en coûterait moins pour faire entrer en ligne contre la Russie cent mille Chinois que cinq mille Anglais, et, quelle que soit la supériorité militaire et morale de ces derniers, cette supériorité ne saurait suppléer au nombre qui lui fait défaut.

La Chine le possède. On a beaucoup raillé l'inefficacité des troupes chinoises, on s'est plu à faire une peinture grotesque de leurs clameurs assourdissantes, de leurs contorsions et de leurs grimaces pour effrayer leurs adversaires, et de leur promptitude à fuir devant la moindre résistance. Un juge compétent, un homme qui pendant des années les a commandées, Charles Gordon, le héros de la Chine et du Soudan, a pleinement réfuté ces assertions :

« Il est temps d'en finir, écrit-il dans une de ses lettres, avec cette vieille légende de la lâcheté du soldat chinois. Ce qu'il lui faut, c'est d'être bien commandé. La régularité de ses habitudes, si frappante en temps de paix, fait place en campagne à une audace parfois imprudente. Il est intelligent; sa mémoire docile fait de lui un excellent sous-officier. Son tempérament froid, son calme imperturbable ne sont pas des qualités moins précieuses. Physiquement, il n'est peut-être pas aussi robuste que l'Européen, mais il l'est plus que les autres races asiatiques. Un peu de riz, de légumes, de poisson salé ou de porc lui permet de supporter les plus grandes fatigues, aussi bien dans les climats tempérés que dans les régions tropicales qui ont promptement raison de l'énergie européenne. Il a peu de besoins, pas de préjugés de caste, et il n'est pas enclin aux boissons spiritueuses. Son tempérament lymphatique ou bilioso-lymphatique le met à l'abri des maladies inflammatoires et la diathèse tuberculeuse a rarement prise sur lui... La Chine est une mine inépuisable pour le recrutement des colonnes mobiles, et les soldats n'ont jamais fait défaut à l'Empire. »

On évalue à un million environ l'effectif de la Chine en temps de paix; le capitaine Gill, de l'armée anglaise, qui y a fait un voyage d'observations purement militaires, estime que cette évaluation de l'effectif, loin d'être exagérée, est au-dessous de la vérité. Il a relevé avec soin le chiffre des contingents disponibles, examiné la puissance de production des arsenaux et des fonderies de Fou-Tcheou, Canton, Hang-Cheou et Tien-Tsin, et a constaté qu'ils étaient en état de fabriquer plus de cent cinquante mille fusils de précision par an, sans compter l'artillerie et le matériel roulant.

L'Angleterre le sait. Admirablement servie et renseignée par des agents qui consacrent leur vie à l'étude de la Chine et de la politique chinoise, elle peut être tentée de faire intervenir, dans la solution des questions pendantes entre la Russie et elle, un facteur nouveau, une force inconnue. Dans une certaine mesure elle en dispose et, jusqu'ici, la retient. Lorsqu'en 1880 la Chine et la Russie ont failli en venir aux mains au sujet du Kouldja, l'entremise opportune de Gordon et de Sir Harry Parker a prévenu le conflit; leurs conseils pacifiques ont prévalu auprès de la cour de Péking. Plus récemment, la guerre avec la France a failli éclater; cette fois encore l'influence du ministre anglais s'est exercée dans le sens de l'apaisement.

L'heure n'était pas venue. Quand elle sonnera, quand, entre l'Angleterre et la Russie éclatera la lutte dont une partie de l'Asie sera le prix, l'intervention de la Chine peut être décisive, à coup sûr grosse d'événements. Ce n'est pas impunément que l'on ébranle de pareilles masses humaines et, par les complications que crée déjà leur pacifique ingérence dans les questions économiques, on peut apprécier les dangers qu'entraînerait leur intervention politique et militaire, la révélation de la force que donne le nombre.

La chapelle du Palais d'Été.

Temple de Kamakoura.

II. — L'EMPIRE DU JAPON

A l'est du continent asiatique dont quelques heures de navigation le séparent, en face de la province maritime de la Russie et de la Corée, au nord-est par les îles Kouriles confinant au Kamschatka, au sud baignant dans les ondes tièdes de la mer Orientale, l'Empire insulaire du Japon déploie, du nord-est au sud-ouest, sur cinq cents lieues de longueur, sa poussière d'îles volcaniques. Le Kuro-Sivo, ou courant du Japon, longe ses côtes ; fleuve maritime détaché du grand courant équatorial, il charrie jusqu'à l'entrée de la mer de Béring les eaux chaudes des tropiques, relevant sur son passage et à leur contact la température des terres septentrionales de l'Empire du Japon.

Cet empire se compose de 3,850 îles, et encore les géographes japonais ont-ils omis dans leur nomenclature les roches et les terres émergées qui l'eussent encore démesurément accrue. Géographiquement il en comprend quatre grandes autour desquelles les autres gravitent ; ce sont, au nord les Kouriles « la terre des Barbares » ; au centre Hondo et Sikok ou « les quatre provinces » ; au sud, Kiusiu ou « les neuf provinces ». L'ensemble forme le pays « d'entre ciel et terre », l' « Empire du Soleil Levant ». Son histoire semble un reflet de sa configuration géographique ; elle offre, elle aussi, l'aspect d'un kaléidoscope, d'un tableau mouvant et changeant. Les évolutions les plus inattendues se mêlent, se brouillent à plaisir, déroutant constamment l'observateur attentif, désireux de se rendre un compte exact des événements qui se produisent, des causes qui les amènent et de leurs effets sur la population qui les subit.

En serrant de près cette histoire, en notant l'attraction qu'exerce sur cet empire la civilisation européenne, on est tout d'abord frappé du contraste profond qui existe entre le Chinois, réfractaire aux idées nouvelles, lent à s'ébranler, invinciblement attaché aux mœurs, aux coutumes, aux usages du passé, et l'incroyable mobilité d'esprit du peuple japonais, prompt à secouer le joug des traditions, singulièrement avide de voir, de comprendre et d'imiter. Et cependant, pour la plupart des Européens, la Chine et le Japon ont formé longtemps un tout à peu près homogène. Ces deux peuples étaient, croyait-on, les rameaux du même tronc, séparés par quelques nuances insignifiantes de langage, de mœurs et d'idées. Depuis, la lumière s'est faite ; les nombreuses expéditions navales de la France, de l'Angleterre et des États-Unis, l'ouverture des ports qui en a été le résultat, le contact avec les populations de ces deux empires ont permis d'éclaircir bien des faits douteux et de constater des divergences profondes là où un examen superficiel avait fait croire à d'héréditaires ressemblances.

Aux derniers rayons du soleil couchant, les civilisations vieillies empruntent d'étranges reflets. Du choc des antiques traditions et des idées nouvelles l'éclair jaillit, donnant à ce qui fut et va cesser d'être une intensité de vie et de lumière, à ce qui vient : les formes indécises, les contours vagues d'une ébauche inachevée. Ainsi, dans sa lente évolution, commencée il y a plus de trente années et dont la marche chaque jour s'accélère, nous est apparue la Chine. Non qu'elle soit menacée de disparaître ; aucune race ne saurait et ne pourrait remplacer la race prolifique des fils de Han sur ce sol, depuis tant de siècles pétri et façonné par elle, imprégné de son odeur et de ses traditions.

Autre apparaît le Japonais, peuple arrivé à l'âge d'homme et gardant les traits caractéristiques de l'éternelle jeunesse, passionnément épris de l'art, passablement dédaigneux de la science qu'il n'a jamais acceptée pour guide ; si peu réfractaire à l'influence du dehors, à la civilisation extérieure, qu'il accepte tout et de toute main, greffant sur la souche primitive les plus hétérogènes rejetons. Ces rejetons ont grandi, détournant à eux la sève. Retirez au Japonais ce que, depuis trente ans, l'Europe a superposé d'idées et de faits sur le fond primitif de la race, et vous aurez son ancêtre, le Japonais d'il y a un siècle, bien différent de celui d'aujourd'hui, s'assimilant rapidement, reproduisant fidèlement, mais être cosmopolite sur qui le Coréen, le Chinois, l'Européen ont laissé leur empreinte, être intelligent et souple, d'une exquise courtoisie et d'une gaîté d'enfant, sympathique, épris de tout ce qui est nouveau.

Être impersonnel s'il en fut. Tracez sur la mappemonde deux lignes parallèles entre le vingtième et le soixantième degré de latitude nord et vous observerez, tout d'abord, que dans cette zone étroite, vous aurez enfermé toutes les nations qui, jusqu'ici, ont joué un rôle important dans l'histoire de l'humanité ; puis, qu'à mesure que vous progressez vers l'est, la personnalité humaine va décroissant. Elle atteint, de nos jours, son maximum d'intensité dans la grande république des États-Unis ; plus pondérée et mieux équilibrée en Europe, elle faiblit dans le Levant, décroît encore en Perse et aux Indes, subsiste à peine en Chine et semble disparaître dans le Japon. L'impersonnalité est la marque distinctive de l'Empire du Soleil Levant.

Les produits de son art, comme sa pensée, comme son langage écrit ou parlé, reflètent cette étonnante impersonnalité. Lisez ou écoutez, et ce qui vous frappera tout d'abord c'est l'absence de pronoms; le *moi* n'existe pas plus que le *vous* ou le *lui*, et c'est par le contexte de la phrase que vous comprendrez qu'il est question de lui, de vous ou d'un autre. Vous devinerez qu'il parle de sa maison, de sa famille, ou de ce qui lui appartient par les termes dédaigneux dont il fera usage; de vous et de ce qui est à vous par l'emphase complimenteuse des qualificatifs; d'un tiers, présent ou absent, par la formule exaltée, simple ou méprisante, suivant son rang, dont il le désignera. Le « père imbécile », le « fils bon à rien », le « marchand incapable », c'est lui, en tant que père, fils ou commerçant, le « père vénérable », le « fils désirable », l'homme intègre », c'est vous à qui il s'adresse, de même que ce « personnage auguste », cet « être respectable » ou ce « rebut de l'humanité » c'est autrui.

Si vous étudiez ses productions artistiques, si vous interrogez les voyageurs, ils vous diront, les uns et les autres, que l'art est universel au Japon, que le Japonais, d'instinct, embellit ce qu'il touche, insouciant de la personnalité matérielle ou morale à rendre, préoccupé avant tout et surtout de la forme gracieuse, indifférent à ce que voile cette forme. Ce n'est pas que la raison des choses lui échappe : il ne la cherche pas, n'y applique pas son intelligence et n'a cure de pénétrer au delà de la surface. L'art est pour lui la langue universelle, entendue de tous, mais une langue impersonnelle ne s'adressant ni à un initié ni à un érudit, ne transmettant à personne en particulier une sensation individuelle, personnelle à l'artiste. Il contemple plus qu'il n'observe, et la muse dont il s'inspire ne revêt pas, comme la muse antique, les traits d'un être humain, d'une femme, mais l'aspect essentiellement impersonnel de la nature.

Ce qu'elle lui dicte, il l'écrit, sans que le « méprisable artiste », comme il se désigne, songe un instant à faire intervenir dans son œuvre son *moi* intellectuel ou moral. Le paysage revit sous son pinceau docile, sans qu'aucun de ses détails lui serve à rendre autre chose que ce qu'il voit, sans que l'idée lui vienne d'imprimer à l'ensemble une note individuelle, reflet de son état d'âme. Ainsi que lui, son originalité demeure impersonnelle; elle est dans son amour ardent de la nature qui charme ses yeux, à laquelle il rend caresse pour caresse. Comme le Chinois, mais amoureusement et non brutalement, il la façonne, l'assouplit; par la culture savante, il la ramène à sa taille, à son niveau, réunissant dans des jardins minuscules des cèdres et des sapins séculaires de cinquante centimètres de hauteur, rochers moussus, grottes ombreuses, kiosques, arbres de pygmées surgissant d'une potiche vert pâle, donnant l'illusion d'arbres géants, nature bizarre et contournée, obéissante à la main de l'homme qui comprime son effort et se fait un jouet d'enfant des forces qu'elle met en œuvre, enfermant une forêt dans quelques pieds carrés, mais lui conservant et se donnant à lui-même l'illusion d'une exubérante végétation.

Sur leurs hautes potiches de porcelaine, sur leurs vases aux teintes perlées, à fonds laiteux semés de poussière d'or, d'où se détache dans un fouillis de fleurs la face simiesque des singes grimaçants, dans leurs laques d'un noir velouté et profond, le symbolisme, expression dernière de l'impersonnalité, éclate aux yeux. Ce sont les monstrueux *yémâs*, les tortues et les grues, emblèmes de longévité, les Foôs, oiseaux mythologiques personnifiant le bonheur éternel, les fleurs surtout, empruntées au poétique almanach féminin, et représentant chacune un jour de l'année. Sur les riches étoffes brodées d'or, d'argent et de soie, chefs-d'œuvre des ouvriers de Kioto, l'iris, le nénuphar, le lotus entr'ouvrent leurs corolles parlantes; sur les plaques d'or, d'argent, de bronze dont les orfèvres décorent les poignées et les fourreaux de sabre des yakou-nines, sur les selles et les harnais, les écritoires portatives et les pipes, sur les meubles usuels, plateaux de laque, vaisselle et porcelaines, les symboles s'unissent et se mêlent, accentuant et soulignant l'idée par leur imprévu rapprochement.

Ils excellent à la rendre tangible même à nos yeux et jusque dans leurs modes. Leurs poupées vêtues de brocart d'or, aux cheveux dénoués flottant sur les épaules, aux longs pans de robe qui dépassent, à droite et à gauche, les plis ondoyants du manteau, obéissant aux mouvements cadencés de deux petits pieds invisibles, semblent marcher à genoux, nonchalamment balancées sur leurs hanches souples. Cette bizarrerie est voulue : il faut que, debout en présence du mikado, elles paraissent agenouillées devant sa majesté sainte.

Il faut aussi que les objets usuels évitent de heurter l'œil par de vives arêtes; cette préoccupation est surtout sensible dans les objets anciens. La forme quadrangulaire en était soigneusement bannie; nos angles droits blessent leurs yeux obliques, qui se plaisent aux lignes ondoyantes. Les angles éveillent en eux la sensation d'un contour brutalement interrompu dont l'œil ne peut suivre le tracé. Plateaux, écrins, étagères, boîtes, coffrets, offrent les angles rabattus, légèrement arrondis qu'ils affectionnent, et empruntent au règne végétal ou animal leurs motifs d'ornementation. Les oiseaux et les fleurs leur inspirent des compositions ravissantes de vérité, de grâce et d'harmonie, qualités qu'ils ne retrouvent plus dans la conventionnelle expression de la figure humaine. Sous leurs mains agiles, le bronze s'anime et vit; sur sa surface unie courent de légers dessins de fleurs, de capricieuses arabesques en fil d'or incrusté au marteau, et leurs vases de bronze niellés d'argent, couronnés de feuilles de lotus, façonnés avec un art savant, captivent les yeux par leur incomparable fantaisie.

Dans la vieille Asie, ce peuple personnifie le mouvement et la vie, la civilisation de l'Europe qu'il s'assimile avec une prodigieuse souplesse, ses coutumes et son costume qu'il adopte au détriment de son originalité. Au Japon moderne, impatient de progrès, ses détracteurs reprochent de marcher trop vite dans une voie nouvelle. Il cède au courant qui l'emporte en le rapprochant de nous, et, sur les ruines d'un régime féodal qui a fait son œuvre et son temps, sur les ruines d'une théogonie usée, d'un dualisme despotique écroulé, un nouvel Empire du Soleil Levant apparaît, ambitieux d'apporter son concours à l'œuvre commune, plus fier de son évolution rapide, de l'avenir qu'il entrevoit que des traditions du passé et des trésors d'art que ce passé lui a légués.

Sur une superficie de 380,000 kilomètres carrés, le Japon possède environ 40 millions d'habitants, soit une moyenne de cent habitants par kilomètre carré, moyenne supérieure de 28 0/0 à celle de la France. Par sa situation insulaire et surtout par ses découpures infinies le Japon possède un énorme développement de côtes; nulle autre contrée civilisée n'en offre de semblable ; ce ne sont que baies innombrables, qu'îles enchevêtrées les unes dans les autres, séparées par d'étroits bras de mer.

Le sol est montagneux, accidenté, bien arrosé. La formation géologique est évidemment volcanique et se rapproche beaucoup de la structure de certains archipels océaniens. Ici, comme dans la Polynésie, les volcans sommeillent et peu à peu s'éteignent. Au nord, les Kouriles se rattachent à la grande fissure du Kamchatka; au sud, aux cônes encore fumants de Yéso. Cimes volcaniques d'un haut plateau sous-marin, les Kouriles déroulent avec une étonnante régularité leur ligne étroite et fuyante de 650 kilomètres de longueur sur une mer peu connue. On ignore le nombre exact de ces îles, on y a relevé cinquante-deux volcans, et l'on a constaté que le haut plateau qui les porte s'incline en pente douce vers l'Asie, descend en pentes abruptes à l'est, dans l'océan Pacifique où la sonde atteint des profondeurs de 2,000, 3,000, 4,000 et même 6,000 mètres, alors que sur l'autre versant, dans la cavité de la mer d'Okhotsk on en trouve à peine 800.

La plus haute cime des Kouriles est celle d'Alaïd. Les évaluations diffèrent entre 3,500 et 4,500 mètres. La plupart des autres pics ne semblent pas dépasser 2,000 mètres. Par l'île septentrionale de Yéso, le Japon se relie aux îles Kouriles et à la grande île de Saghalien qu'il a dû céder à la Russie en échange des Kouriles.

Toute cette côte frémit sous l'action des feux souterrains. Elle est l'un des anneaux de l'immense chaîne de volcans qui encercle l'océan Pacifique, autour duquel se trouvent groupés, d'après le calcul de Humboldt, les sept huitièmes des cônes en éruption sur notre globe. De la Nouvelle-Zélande aux îles Viti, aux Nouvelles-Hébrides, aux îles Salomon, les cratères succèdent aux cratères. Dans les îles de la Sonde on en compte quarante-neuf en activité constante. Au nord de Luçon ils se relient à ceux des îles Kouriles par la ligne ininterrompue des cônes fumants de Lieou-Kieou et du Fusi-Yama. Aux îles Kouriles nous en relevons dix en fusion, au Kamchatka douze. Aux îles Aléoutiennes, quarante-huit sont en feu, cinq dans l'Alaska, sans compter ceux de la Colombie anglaise.

Sur la côte mexicaine, nous avons pu admirer le volcan de Colima, déployant à 4,000 mètres d'altitude son éternel et mouvant panache de fumée rose. Dans l'Amérique centrale, nous relevons vingt-cinq volcans en activité, seize dans l'Équateur, vingt-huit dans le Pérou, la Bolivie, le Chili, puis au sud, dans les régions inconnues et mystérieuses du pôle antarctique, l'Érèbe et la Terreur, entrevus par James Ross et qui, à plus de deux mille lieues de distance, se relient à ceux de la Nouvelle-Zélande.

Au centre de ce gigantesque anneau de feu, les Mariannes, les Galapagos, les Sandwich dressent leurs montagnes géantes, volcans en éruption constante qui ont soulevé ces archipels au-dessus de la mer et, sans relâche, entassant leurs amas de roches plutoniennes, faisant craquer leurs ceintures de récifs, comblent l'Océan de leurs

VILLAGE JAPONAIS.

scories brûlantes charriées par des fleuves de lave qui déroulent sur plus de vingt lieues de longueur et une lieue de largeur, leurs flots rouges frangés d'écume noire. Nous avons vu, à plusieurs reprises, dans la Polynésie, les fleuves de lave descendre des montagnes, exhaussant les plaines, comblant de profondes vallées, masses incandescentes qu'une année ne suffit pas à refroidir.

Tous ces volcans, comme ceux des Kouriles, jalonnent des lignes de *brusque dépression*, c'est-à-dire que tous, comme eux, sont situés sur le flanc le plus raide des rides de l'écorce terrestre et correspondent à une côte abrupte qui s'enfonce rapidement sous les flots. C'est dans leur voisinage, en effet, que se trouvent les grandes profondeurs marines. On en a conclu, et un examen plus attentif a confirmé cette hypothèse, que ces ouvertures souterraines correspondaient aux boursouflures du sol, offrant à la pression interne une moins grande force de résistance, et que ces saillies pouvaient et devaient être des lignes de fente. On a constaté, en effet, que ces volcans formaient des séries linéaires parfaitement alignées. Ainsi s'expliquent et la singulière connexité de leurs phénomènes se manifestant simultanément sur des points très éloignés, et les lignes de croisement de plusieurs directions distinctes.

Humboldt estimait à 223 le nombre des volcans en activité sur notre globe, dont 190 dans l'océan Pacifique. C'est là aussi que l'on a pu constater les tremblements de terre les plus violents et les éruptions les plus terribles. On se souvient de l'effroyable désastre de Krakatoa. Déjà, en 1703, une secousse de tremblement avait détruit Yédo et causé la mort de 200,000 habitants, celle de 1854 en fit périr 100,000. Les Japonais affirment que, dans la province de Buzen des montagnes entières furent englouties, de même que leurs traditions racontent que vers l'an 200 de notre ère, à la suite d'une éruption formidable, le Fusi-Yama jaillit de terre en une nuit et le lac Biva apparut à cent lieues de distance.

C'est à Valparaiso que je sentis pour la première fois le sol onduler sous mes pas. Plus tard, en Océanie, lors d'une éruption formidable du Kilauéa, pendant dix jours sur le sol chancelant, j'éprouvai cette sensation si bien décrite par Humboldt : « Nous perdons tout à coup notre inébranlable confiance dans la stabilité du sol. De tout temps nous étions habitués au contraste entre la mobilité de l'eau et l'immobilité de la terre. Le sol tremble, et ce moment suffit pour anéantir l'expérience de toute la vie. Une puissance inconnue se révèle soudainement; la solidité de notre globe n'était qu'une illusion et nous nous sentons violemment rejetés au milieu d'un chaos de forces destructrices. Pas un bruit, pas un souffle qui n'éveille alors notre attention; nous nous défions surtout du sol qui nous porte et qui vient de se dérober sous nous. Les animaux, principalement les porcs et les chiens, éprouvent cette angoisse; les crocodiles de l'Orénoque, d'ordinaire aussi muets que nos lézards, désertent le lit des fleuves et s'enfuient en rugissant vers les forêts. »

Au nord, avons-nous dit, les Kouriles et la grande île de Yéso forment l'une des divisions administratives du Japon, celle de la mer septentrionale. C'est la région déshéritée du Japon, la terre des froids brouillards, du climat hyperboréen, habitée, en ce qui concerne les Kouriles et la partie nord de l'île de Yéso, par quelques pêcheurs dont les huttes s'éparpillent au bord de la mer. On estimait à moins de deux cents habitants en 1875 la population des Kouriles, et, dans l'île de Yéso, les habitants, désertant les plages du détroit de la Pérouse, se concentraient dans le sud.

Plus grande que l'Irlande, l'île de Yéso ne contient guère plus de 150,000 habitants. Elle abonde en sites pittoresques, en beautés naturelles, en collines boisées, en vallées aux eaux courantes, en riches prairies que dominent le volcan de Komono-Taki couronné de fumée, et le cône éteint du mont Ussu. Elle abonde aussi en minerais de toute nature, or, argent, plomb, fer. A Yésan, dans l'angle sud-ouest de Yéso, on exploite avec succès de riches solfatares. L'une des particularités de Yéso est le nombre incalculable de corbeaux qu'elle renferme. Leurs croassements troublent seuls le silence des hautes terres inhabitées du nord qu'ils peuplent par millions. L'île est riche en forêts ; les essences de bois dur y prospèrent et feront avant peu l'objet d'une exploitation lucrative.

Les pêcheries de Yéso sont renommées. L'Ishikari, principal fleuve de l'île, arrose un bassin égal à celui de la Tamise. Né dans le massif central de l'île, il coule du nord-ouest au sud-est et décrit un parcours de 450 kilomètres, navigable sur 150 environ. Les saumons y pullulent et leur pêche y est méthodiquement organisée. On les empile et on les sale par meules de dix mille têtes; quand le degré de salaison voulu est obtenu on défait les meules, on suspend le poisson pour le faire sécher et on l'exporte. M. G. Bousquet, dans son intéressant ouvrage sur le Japon, constate qu'une saison de pêche à Ishikari en 1872 a donné dans une seule concession 74,628 saumons, pesant en moyenne quatre kilogrammes. Un saumon salé vaut à peu près trente centimes. Le bénéfice net d'un fermier de pêche varie entre 1,500 et 2,500 francs. La pêche totale peut être évaluée à plus d'un million de saumons.

Le gibier est abondant. Les habitants chassent l'ours et le cerf. On exporte de Yéso des fourrures de renard, de blaireau, de loutre. On y cultive le maïs, le sarrasin, le froment et le chanvre qui donne une fibre soyeuse et fine très appréciée.

Sapporo, capitale de l'île, est située dans une plaine d'alluvions qu'entourent le fleuve Ishikari et ses affluents. Sapporo est l'un des plus curieux essais de colonisation officielle et artificielle qui aient été tentés par un gouvernement. Le préfet de Yéso entreprit de créer cette capitale, espérant que les colons y afflueraient. Ni les pêcheurs de la côte ni les cultivateurs du Hondo ne se soucièrent d'émigrer dans cette localité où la pêche n'existait pas, où la culture du riz ne réussissait pas. A leur défaut on se rabattit sur des condamnés qu'on déporta à Sapporo, sur des pêcheurs qu'on recruta de force. Les uns et les autres n'ont qu'une idée : quitter ce pénitencier et vivre à leur guise. Sapporo compte à peine 8,000 habitants.

Hakodate, port ouvert au commerce étranger, est en voie de devenir la ville la plus importante de l'île de Yéso. Bâtie sur le penchant d'une colline escarpée, elle est le port de ravitaillement des baleiniers de la mer d'Okhotsk, le port d'attache d'une flottille de guerre japonaise, le centre du commerce d'importation et d'exportation, qui, pour l'île entière, s'élève annuellement à cinq millions. Des résidents étrangers s'y fixent, la population s'accroît et atteint le chiffre de 30,000. A l'ouest Yézasi et Matsmaï, d'environ 20,000 habitants chacune, sont les seuls centres agricoles et commerçants.

C'est dans l'île de Yéso que se rencontrent les Aïnos, race distincte, autrefois, semble-t-il, très nombreuse et dont les derniers survivants, au nombre de 15 à 16,000, vivent comme leurs ancêtres dans des huttes de feuillage, tressent des nattes de roseaux, se vêtissent de peaux de daim, cultivent quelques céréales et vivent surtout de la pêche. Leur origine est ancienne et ils sont fiers de cette antiquité. « Dieu de l'Océan, dit un de leurs vieux chants, ouvrez les yeux. Partout où s'étendent vos regards résonne la langue des Aïnos. »

Plus blancs que les Japonais, les Aïnos ont le front plus large; les yeux grands et noirs ne sont pas obliques, le nez est saillant. Très velus, ils possèdent d'abondantes chevelures. Le Chan-Haï-King, la plus ancienne géographie de la Chine, en fait mention : « Ils sont, dit-elle, couverts de poils comme les porcs, ils habitent les cavernes et ne portent aucun vêtement. » L'Aïno adore la mer qui le nourrit, la forêt qui l'abrite, les ours et les aigles auxquels il rend un culte familial. Courageuse et laborieuse, cette race s'éteint peu à peu. Ainsi que les Indiens de l'Amérique et que les Polynésiens de l'Océanie, elle est submergée par le flot montant de la civilisation, qui, après l'avoir chassée de l'île de Hondo, envahit celle de Yéso, sa dernière retraite.

Hondo, la grande île centrale, est le tronc même du Japon. Sur trois cents lieues de longueur et quatre-vingts, en moyenne, de largeur, elle décrit sa vaste courbe du nord au sud-ouest, enserrant entre ses côtes et celles du continent asiatique la mer intérieure du Japon.

C'est moins une Méditerranée qu'un canal de quatre cents kilomètres de largeur. Les Japonais la désignent du nom de Souwonada ou mer de Souwo. Elle baigne les terres de dix provinces qui constituaient l'apanage d'un certain nombre de princes féodaux, des grands daïmios, et dont ils tiraient des revenus énormes : le prince de Ksiou, près de 9 millions de francs à l'année, le prince d'Aki, 7 millions, le prince de Nagato, 6 millions, le prince de Bidzen, 5 millions.

L'île de Hondo est souvent appelée Nippon, « île du Soleil Levant », dont le nom est resté à l'empire. Primitivement nommée Ni-Pen, puis Ji-Pen, la Zipangu de Marco Polo, elle est devenue le Japan des Anglais et le Japon dont nous avons étendu la dénomination à l'empire entier.

Par le nord, l'île de Hondo confine à celle de Yéso, dont la sépare le détroit de Tsungar. Une chaîne montagneuse la traverse dans le sens même de son axe. Sur cette crête médiane l'Asama-Yama et le Fusi-Yama dressent leurs cimes volcaniques. Si l'Asama n'est pas le cratère le plus élevé, il est le plus actif et le plus redouté. En 1783 il engloutit quarante-huit villages et, des deux mers on apercevait la colonne de feu et l'épais nuage de fumée vomis par le gouffre béant. Au sud, il se prolonge en une série de cratères plus petits.

Le Fusi-Yama est la montagne sainte du Hondo. Le nom seul de l'Empire du Soleil Levant en évoque l'image, reproduite sur tous les objets du Japon. Les laques et les potiches, les-écrans, les coupes, les dessins et les éventails, les gravures et les tentures ont familiarisé le monde entier avec la « Montagne sans pareille », avec la courbe de son profil régulier, avec sa pente doucement inclinée, sa cime saupoudrée de neige, se détachant en claires arêtes sur le fond bleu du ciel. C'est la montagne géante du Japon, dépassant de près de mille mètres les sommets qui l'entourent, de partout attirant et retenant les regards charmés par la noblesse de ses contours. Sa base arrondie couvre une superficie de 150 kilomètres qu'encerclent des campagnes riantes admirablement cultivées. Sur ses pentes s'étagent les forêts; au-dessus les arbustes et les broussailles, autrefois peuplés de singes, gardiens de la montagne sacrée.

Chaque année des milliers de pèlerins en font l'ascension. Vêtus de blanc et en bandes nombreuses pour tenir à distance les aigles qui, dit-on, s'attaquent aux voyageurs isolés, ils gravissent les pentes et se désaltèrent à la source d'or, adorant le soleil; au retour une estampille apposée par les prêtres sur leur robe atteste leur dévotion.

Au nord-ouest du Fusi-Yama, rameau détaché de la région alpine, s'étend « la Chaîne neigeuse », dont la puissante ossature porte des sommets de 2,000 à 3,000 mètres. Dans les cratères éteints dorment de petits lacs. A l'ouest : le Siro-Yama, la montagne Blanche, et dans le vaste amphithéâtre montueux, le lac Biva ou l'Omi, « mer d'eau douce », que les poètes ont chanté, que les peintres ont reproduit, que les légendes ont immortalisé. Sa superficie est égale à celle du lac de Genève, mais l'Omi lui est supérieur par le pittoresque de ses rives et la grandeur de son cadre. Ses eaux nourrissent de nombreux poissons d'espèces très variées, entre autres la salamandre gigantesque.

Amoureux passionnés de la nature, les Japonais ont voué au lac Biva un culte qui n'est égalé que par celui qu'ils rendent au Fusi-Yama. Ils ne se lassent pas d'entendre vanter ou de décrire les beautés naturelles de ce site, où chaque détour de la route révèle un aspect nouveau, où les teintes infiniment changeantes des collines, du ciel, de la verdure se fondent en un harmonieux tableau, en des jeux étonnants d'ombre et de lumière. Sur ses rives ils ont placé le berceau de leur race et le nom du lac Biva est associé à tous les grands souvenirs de leur histoire.

Si le climat est rude dans l'île septentrionale de Yéso, battue par les vents froids du golfe de Tartarie et de la mer d'Okhostk, il est tempéré dans la grande île de Hondo, chaud dans les îles méridionales de Kiusiu et de Sikok. Si, du nord, on exporte des fourrures et des bois, le midi produit les oranges, les ananas et les bananes. Entre ces deux extrêmes l'île de Hondo, région moyenne, la plus populeuse de l'empire, déroule ses plaines fertiles, ses collines et ses montagnes boisées, ses sites pittoresques. L'hiver n'y a pas de froids excessifs, ni l'été d'intolérables chaleurs. Les moussons s'y succèdent, amenant alternativement les vents tièdes de l'équateur; les brises froides du pôle; le Kuro-Sivo baigne les côtes occidentales, obliquant à l'est vers les côtes d'Amérique.

Alternativement balayé par les vents du nord-est et du sud-ouest, le Japon possède un climat sain en dépit de ses vastes rizières, dont les bassins marécageux, en Chine

TEMPLE DE SHIBA A YEDDO.

comme dans l'Inde, engendrent les fièvres. L'automne et l'hiver sont les saisons privi-
légiées de ce beau pays. Le ciel y est d'une incomparable pureté, les pluies rares,
l'atmosphère calme et sereine. L'été est pluvieux, les orages fréquents, fréquents aussi
les cyclones redoutés. Ils éclatent d'ordinaire aux changements de moussons, déterminés
par la rencontre de deux courants atmosphériques contraires. A leur point initial, sous
l'équateur, ils présentent peu d'étendue. Ce n'est, au début, qu'un mouvement gyratoire
de l'air échauffé et dilaté, déplacé par l'afflux d'air froid descendu du pôle, s'ébranlant
lentement, obéissant au mouvement de rotation de la terre. Peu à peu son évolution
s'accentue, son ampleur s'accroît à mesure qu'il avance, son diamètre s'enfle. La haute
colonne d'air court à la surface de la mer qu'elle creuse, tourbillonnant au-dessus
de cette cavité centrale dans laquelle pivote sa base invisible et profonde, sillon
destructeur qui l'escorte et avec elle se déplace. Au long du Kuro-Sivo elle remonte,
atteignant parfois une vitesse de cinquante lieues à l'heure, un diamètre de soixante à
cinq cents lieues. Emportée par un irrésistible élan, la trombe aérienne brise, détruit
tout ce qui se trouve sur son passage, souvent passant au large des côtes, révélant sa
présence par d'effroyables vagues de translation qui viennent s'abattre en montagnes
d'eau sur les plages qu'elles balaient; sur les falaises qu'elles sapent et entraînent.

Peu de pays possèdent une flore aussi riche et aussi variée que celle du Japon.
Nombre d'espèces disparues du continent asiatique ont trouvé dans cette région
insulaire un sol et un climat propices. On y rencontre, outre les plantes d'Asie, certaines
espèces qui n'existent pas ailleurs; par contre, si les fleurs du Japon ont plus d'éclat
que les nôtres, si la nature leur a prodigué des couleurs plus riches, elles ont moins de
parfum. Partout où le sol n'a pas été défriché et mis en culture, les arbres et les
arbrisseaux abondent. Peu de terres sont, comme celle-ci, ombragées ; aucune, même
l'Amérique, n'offre à l'œil l'incomparable aspect automnal de l'empire du Soleil levant,
les couleurs éclatantes de sa frondaison, les teintes empourprées de ses feuilles. Aucune
ne présente, au printemps, plus riante apparence, fleurs plus innombrables, tapis
plus diapré sur lequel s'épand la neige éblouissante des camélias blancs.

Le Japon est riche en essences forestières. Les merveilleux cryptomérias sont une
des splendeurs du pays. De Koga à Nikko, sur quatre-vingts kilomètres de longueur, ils
se déroulent en une incomparable avenue, entrecroisant leurs hautes ramures à cent
pieds au-dessus du sol, formant de sombres arceaux de verdure impénétrables aux
rayons de soleil. Aucun parc au monde n'offre plus grandiose apparence, aucune forêt
n'étale pareille magnificence.

Si la nature lui a prodigué ses richesses, le Japonais prodigue à la nature ses soins.
Son sol, admirablement cultivé, lui donne le riz, le coton, l'arbuste à thé, le mûrier, le
tabac, les céréales et les fruits. Il a poussé loin l'art de la culture, excellant à tirer de la
terre tout ce qu'elle peut rendre sans s'épuiser. Il ne lui demande pas seulement ce qui
est nécessaire à sa subsistance, mais aussi ce qui charme ses yeux. Si pauvre qu'il
puisse être, il prélève sur son champ un espace restreint autour de sa demeure, il
l'encadre, cette demeure, des fleurs et des arbustes qu'il aime, part faite à l'idéal et
aussi indispensable, semble-t-il, que le riz, base de sa nourriture.

Devant la culture étendue les animaux sauvages ont en grande partie disparu. Si l'on retrouve, dans l'île septentrionale de Yéso, peu peuplée, les ours et les loups, on ne rencontre guère dans le Hondo que le renard, et, dans les forêts, le singe, le sanglier, le cerf et l'antilope. Les oiseaux y sont plus nombreux ; le plus curieux est l'ototogison, l'oiseau chanteur par excellence ; il atteint des prix très élevés quand on réussit à le capturer jeune.

Le Japonais vit de l'agriculture et de la pêche. Nous avons dit plus haut combien étaient poissonneuses les côtes et les rivières de l'île de Yéso. Celles du Hondo ne le sont guère moins et les Japonais exploitent leurs richesses marines avec autant d'intelligence que leur sol.

Quelle est l'origine de ce peuple, si différent de la race des Fils de Han, si accessible aux influences extérieures, si avide de civilisation ? Affable, gai, courtois, il n'a rien de la morgue hautaine et dédaigneuse du Chinois ; il n'a ni son mépris pour les autres races, ni son culte des traditions. Descend-il des Aïnos dont les derniers représentants habitent l'île de Yéso, et, par eux, des races dites mongoles de l'Asie orientale ? Provient-il des rives du Yang-Tsé-Kiang, des trois cents jeunes gens et des trois cents jeunes filles que l'empereur Tsin-Hoangti envoya, dit la légende, chercher dans les îles orientales la fleur d'immortalité ? Ou bien, mélange de races diverses, a-t-il dans ses veines du sang asiatique, malais et polynésien ?

Ce problème ethnologique n'est pas encore résolu et, loin d'aider à faire la lumière, il semble que les traditions japonaises accroissent l'obscurité. L'orgueil national répugne, et historiquement avec raison, à faire remonter l'origine de la race à une invasion chinoise ; il repousse également l'hypothétique ascendance des Aïnos que le Japonais qualifie dédaigneusement « d'êtres moitié hommes moitié chiens », qu'il méprise, qu'il a chassés, selon ses légendes, de Kiusiu, de Sikok et du Hondo, et qu'il a refoulés dans Yéso. Il se dit, lui, venu du sud, à la suite de Jin-Mu, descendant du Soleil ; avec lui, il aurait conquis l'Archipel et sa primitive histoire ne serait que celle de ses luttes contre les Aïnos, race autochtone ou, à tout le moins antérieure à son apparition dans l'archipel. Quant aux traces que les Aïnos ont laissées dans les coutumes, les traditions et la langue, les Japonais les expliquent par un contact prolongé sur un territoire insulaire. De ces origines diverses la plus vraisemblable est l'origine mongole modifiée par un large afflux d'immigration malaise. De cette double invasion, du nord et du sud, la dernière, comparativement plus récente, aurait seule survécu dans leurs traditions, s'incarnant dans Jin-Mu, leur premier mikado.

Le problème de l'origine des *Ainos* est l'un de ceux qui ont le plus vivement éveillé la curiosité des savants, parmi lesquels M. de Léon de Rosny s'est particulièrement adonné à cette étude. « La plupart des auteurs chinois et japonais, disait-il dans son rapport au Congrès des sciences géographiques, prétendent que l'existence des populations velues dans l'extrême Orient, populations qu'ils identifient avec les Ainos, était connue dès les temps les plus reculés, et, à l'appui de leur opinion, ils citent le *Chan-Haï-King*, ou livre sacré des montagnes et des mers, qui est la plus ancienne des géographies de la Chine et même jusqu'à présent du monde entier. Ce livre, qu'on a trop dédaigné, et qu'on n'a considéré que comme un tissu de fables et de narrations extravagantes, parce qu'au lieu de le lire on a trouvé plus commode de le juger sur les images bizarres dont il est orné, n'en renferme pas moins, au milieu d'une foule de récits imaginaires, des indications dont la critique historique et géographique trouvera certainement un jour à tirer parti. Parmi un grand nombre de peuples légendaires, le *Chan-Haï-King* nous cite des nations, notamment les Coréens et les Indiens, dont il n'est pas sans intérêt de trouver la mention dans un livre aussi ancien et aussi authentique. Le passage qui peut être rattaché aux Aïnos est celui qui a trait à un peuple, désigné sous le nom de *Mao-Min*, « le peuple velu » ; il est compris dans la section des peuples orientaux d'outre-mer. On y lit ces seuls mots : Le pays du peuple velu est situé au nord du pays des *Hiouen-Kou* « les pieds noirs » ; le corps de ces habitants est couvert de poils. Le commentateur chinois ajoute « qu'ils habitent les cavernes et ne portent point de vêtements ».

Le développement du système pileux des Aïnos se retrouve chez les tribus du Yéso et de l'archipel des Kouriles. Il est à ce point persistant que l'on peut le constater, bien qu'à un degré moindre, chez les métis de Japonais et d'Aïnos.

Peuplée de plus de 25,000,000 d'habitants, l'île de Hondo contient de grandes agglomérations humaines. Elles sont surtout nombreuses au sud de Yedo, située sur la côte orientale, au fond du golfe du même nom, et à peu près à égale distance des extrémités septentrionale et méridionale de l'île. Dans le nord de Hondo elles sont relativement clairsemées, le sol ne s'y prêtant pas à la culture du riz.

En face de l'île de Yéso, Avomori, port septentrional de Hondo, peuplé de 15,000 habitants, n'a d'importance que par le mouvement maritime qu'il entretient avec le principal port du Yédo, Hakodate. A l'ouest, dans la riche région qu'arrose le Mogami-gava, abonde l'arbre à vernis (*Rhus vernicefera*) employé pour la fabrication des laques; on y élève aussi le ver à soie et l'on y fabrique des porcelaines.

Port ouvert au commerce étranger, Nihigata, 34,000 habitants, n'a avec le dehors qu'un faible trafic. Une barre à l'entrée du chenal tient les navires à distance, exposés aux coups de vent du large. Les abondants produits de ses plaines sont, le plus souvent, acheminés vers Tokio.

Tokio, l'ancienne Yedo, est la cité la plus populeuse de l'empire du Japon. Elle ne compte pas moins de 1,100,000 habitants. Située sous la même latitude qu'Alger, occupant une superficie égale à celle de Paris, Tokio s'étend au pied de collines boisées, au fond du golfe auquel Yedo a laissé son nom. Résidence du Mikado, souverain du Japon ; elle fut celle des Daïmios, à l'époque où ils se groupaient autour de leur chef ; elle est restée la ville centrale, d'où partent les grandes voies de communication, d'où l'on calcule les distances, évaluées du Nippon Basi, le « pont du Soleil Levant ». C'est bien une ville asiatique par son mouvement, son indescriptible animation, la foule qui se presse dans ses rues; c'est une ville cosmopolite, par son port, les nombreux navires qui s'y pressent, sa colonie étrangère, ses bas quartiers de matelots, par son boulevard de Ginza, ou du « siège d'argent », bordé d'élégants magasins; c'est une ville japonaise par son cadre et son décor, par ses centaines de milliers de maisons aux châssis de papier, aux panneaux mobiles servant de cloisons, devantures légères que l'on enlève le matin, livrant à la vue des passants les images sacrées étalées en belle place.

Les tremblements de terre n'ont pas prise sur ses frêles bâtisses de bambous et de carton, mais l'incendie a tôt fait de les anéantir. Leur durée moyenne n'excède pas six ans ; autrement dit, tous les six ans, ou à peu près, le feu les balaie et leur propriétaire les reconstruit. « Le feu, dit un dicton japonais, est la fleur de Yédo » et, de fait, les habitants sont à ce point familiarisés avec lui qu'ils assistent impassibles à l'anéantissement de leurs habitations. Les plus riches construisent sur cave. Au premier signal d'incendie, ils entassent dans un réduit souterrain leurs objets les plus précieux, en murent la porte et vont sur une hauteur assister en curieux au spectacle du quartier en flammes.

M. G. Bousquet nous fait un tableau du grand incendie de 1872. « Il éclata, dit-il, au moment du changement de la mousson. Avivé par un vent violent, il commença par dévorer les casernes et les ministères, le quartier officiel où il avait d'abord pris naissance, mais les monuments qui brûlaient appartenant au gouvernement, les pompiers seuls s'occupèrent à les défendre, sans succès. Le feu gagnait toujours.

« Tout à coup le bruit court qu'il a franchi la première enceinte et envahi la ville marchande, la cité ramassée entre le Siro et la mer. La nouvelle n'était que trop vraie. De la porte du Siro, on entend le crépitement subit et l'embrasement irrésistible. Là, le spectacle change d'aspect ; ce ne sont plus les pompiers qui travaillent, mais chaque particulier chez lui ; ce ne sont plus les maisons qu'il s'agit de sauver, — on n'y pense plus, — mais le mobilier. Il faut voir alors, à l'approche du fléau, chaque famille vider précipitamment la maison, soulever les nattes, les cloisons mobiles en papier, entasser dans des paniers la porcelaine, les vêtements, les marchandises et le « chibatchi », ce brasier portatif indispensable à tout intérieur japonais. Les uns les emportent suspendus à un long bambou, dans des rues qui paraissent à l'abri, ou dans les jonques qui, par les canaux, pénètrent dans toute la ville. Les autres les enferment dans leur « kura » incombustible. Quand le propriétaire a enfoui toutes ses richesses dans ce magasin, il ferme la porte qui est aussi épaisse que la muraille, maçonne les joints et laisse tranquillement brûler sa maison. Si les Japonais ne savent ni prévenir l'incendie ni l'arrêter, c'est de tous les peuples celui qui sait le mieux le subir. Aussi, à part la confusion et les clameurs inévitables dans une population d'un million d'âmes qui s'agite, se presse, se bouscule, vous ne voyez chez eux rien de la panique qu'un désastre immense exciterait ailleurs. Ils rient, plaisantent, font des cabrioles et se saluent jusqu'à terre tout en portant leurs précieux fardeaux.

« On n'a pas même songé à se rendre maître du feu dans la cité : arrivé à ces proportions, aucune force humaine ne pouvait le dompter. Il fallait se contenter d'attendre que le vent cessât ou que la terre manquât. L'incendie se dirigeait vers la mer et c'est là seulement qu'il s'est arrêté. La nuit, en tombant, a fait mieux comprendre l'étendue du fléau qui s'était déployé en éventail, sur une étendue de cinq kilomètres carrés. Dans cet immense périmètre embrasé, on voyait se dessiner çà et là quelques formes plus élevées, une construction européenne, un temple, un édifice contre lesquels la flamme s'acharnait plus longtemps et d'où elle s'élançait en gerbes plus hautes. Un surtout, appelé Monzeki, élevé sur un tertre factice, léché par les flammes et devenu un brasier ardent, s'est effondré d'un seul coup en projetant une lueur d'aurore boréale jusqu'à Yokohama, à quatre lieues de là. Quel spectacle! Une mer de feu s'étendant aussi loin que l'œil peut voir et dont les vagues semblaient monter à l'assaut du ciel. A côté de ce tableau lugubre et grandiose, c'en était un autre non moins étrange, de voir dans les champs vagues, dans les rues et les carrefours transformés en monceaux de ruines; les malheureux exilés camper, former une petite cabane avec leurs nattes, essayer un commencement de cuisine et fumer leur inséparable pipe. »

Tokio est moins une ville qu'une énorme agglomération de bourgs et de villages, que le temps et l'accroissement de la population ont soudés les uns aux autres. Chacun d'eux a conservé sa physionomie propre. Entre eux, s'étendent des parcs, des jardins, d'anciens palais de Daïmios, des temples, surtout dans l'îlot d'Asakoura ; puis, sur les collines, d'autres temples et des tombeaux, des cimetières et des nappes de fleurs qui recouvrent les pentes. Dans les rues, que sillonnent les légères *zinriskias*, voitures à bras dont on évalue le nombre à 25,000, sur les canaux couverts d'embarcations, de jonques, de gondoles, la foule se presse, vive, alerte et gaie, défilant devant les étalages de soieries, de bronzes, de laques, de porcelaines, d'émaux, de ces curieux et amusants bibelots du Japon, toujours artistiques, de nuances harmonieuses et de formes gracieuses.

A douze kilomètres de distance, reliée à Tokio par une voie ferrée, Yokohama, en partie détruite par un incendie en 1866, reconstruite et embellie, déploie en façade sur la mer sa ville européenne, ses beaux quais, ses vastes hôtels, ses maisons de banque et de commerce, ses cercles, ses boutiques et ses magasins. Sur le « Bluff », ou colline qui domine la ville, dans un décor merveilleusement accidenté, s'étalent les somptueuses résidences des riches marchands, entourées de beaux parcs et de jardins plus beaux encore. Au-dessous, Benten, la ville japonaise, ainsi nommée d'une déesse de la mer dont le temple se dresse dans une ile voisine ; puis la ville chinoise, laide et sale, mais industrieuse.

Yokohama contient environ 120,000 habitants, dont 1,200 Européens. Leur nombre total au Japon étant d'environ 2,000, on voit que Yokohama est le point sur lequel ils se concentrent. C'est ici que furent signés, en 1868, les traités ouvrant au commerce étranger les ports de l'Empire du Soleil Levant, c'est ici que se fixèrent les premiers commerçants européens et que, d'instinct, accoururent les Chinois, âpres au gain, habiles à choisir les localités les plus avantageuses. C'est ici que se nouèrent les premières relations commerciales entre l'Europe et le Japon, et, qu'en peu d'années, les premiers résidents réalisèrent de grosses fortunes. Le Japon entrait alors en plein courant européen. Le gouvernement armait et achetait de toutes mains, à tout prix. Les Daïmios armaient aussi; canons et fusils de toute espèce, de tous modèles, s'entassaient dans les arsenaux; on se disputait les carabines de rebut, les batteries refusées ailleurs. On empruntait à des taux usuraires, sur des terrains que l'on cédait à échéance, et qui décuplaient de prix peu après.

On vit alors à Yokohama quelque chose d'analogue à ce qui se passa à San-Francisco, après la découverte des mines d'or : des fortunes rapides édifiées sur des bases infimes : un cantinier improvisé, débutant par vendre aux matelots de l'eau-de-vie dont il possédait une douzaine de bouteilles, élargissant son commerce et se retirant millionnaire quelques années plus tard ; des représentants de maisons anglaises de Hong-Kong ou de Canton, enrichis par d'heureuses spéculations de terrains. Non moins avantageux fut alors le commerce d'exportation. Les premiers commerçants européens qui s'établirent dans les ports du Japon, débutèrent par d'importants achats de soie. Les producteurs japonais multiplièrent leurs cultures de mûriers pour satisfaire aux demandes. En 1876, la récolte manqua totalement en Europe et force fut de s'adresser aux marchés étrangers, notamment au Japon dont on estimait la production, encore peu connue, pour bien supérieure à ce qu'elle était réellement.

Une spéculation formidable, dont le contre-coup ébranla le marché de Lyon, s'engagea sur la soie ; elle eut pour résultat de faire affluer à Yokohama tout ce qu'il restait de soieries anciennes au Japon et de déterminer une forte hausse sur les cocons. Encouragés par les prix obtenus, les Japonais s'appliquèrent à donner à la production de leurs soies d'été plus de développement encore et ils atteignirent le chiffre de 21,000 balles à l'exportation.

Plus tard, la maladie des vers à soie en Provence et en Italie provoquait de nombreuses demandes de cartons de graines pour repeupler les magnaneries. On vendait cher ce qui coûtait peu ; puis, l'engouement s'accentuait pour les objets du Japon ; on en expédiait en Europe de gros chargements, donnant d'importants bénéfices.

Mais cette ère de prospérité fut courte ; l'équilibre ne tarda pas à s'établir, les profits diminuèrent et, la concurrence aidant, se réduisirent de plus en plus. Yokohama traversa alors une crise dont elle se remet lentement. On se rend enfin compte que le Japon est un pays plus producteur que consommateur, qu'il achète peu, et que, sauf dans les ports, les produits européens n'ont pas grandes demandes. Quant à l'exportation, elle consiste principalement en thés, soie et objets d'art ; or le thé japonais ne s'écoule guère qu'aux États-Unis, la soie est aussi chère à Yokohama qu'à Lyon et la vente de bibelots ne saurait indéfiniment alimenter un trafic considérable.

Au sud de Yokohama : Kamakoura, qui fut au XIIIᵉ siècle la capitale de l'empire. Sa plaine est riche et merveilleusement cultivée ; deux cent mille maisons, dit-on, s'y élevaient autrefois. L'incendie n'en a pas laissé trace, mais il a respecté, ou, plus vraisemblablement on a reconstruit, les temples qui subsistent et que visitent, chaque année, de nombreuses troupes de pèlerins. Le Japonais a la passion des voyages, ou, pour mieux dire, des excursions. Ces pèlerinages sont en réalité des parties de plaisir qui lui permettent de parcourir avec ses amis des sites pittoresques, d'admirer son beau pays, de se déplacer en joyeuse compagnie. Il en coûte si peu pour voyager au Japon, que cette diversion est à la portée de toutes les bourses, et, de tous les sites du Japon, il n'en est guère d'aussi renommés que Kamakoura et son fameux « Daïboutz », statue colossale de Bouddha accroupi, dont la circonférence est de 29 mètres et la hauteur de 15.

Au sud de Kamakoura, se trouve Yokoska, arsenal maritime de l'empire et camp
militaire; dans un site des plus pittoresques : Kanazova; puis, sur la route qui, de
Tokio par Yokohama, contourne la côte, Odavaro et Noumadz. Cette route fut, de
temps immémorial, l'une des principales artères du Japon, celle des trafiquants et des
voyageurs, celle que suivaient les princes feudataires se rendant à Tokio (Yédo), ou en
revenant. Route animée, populeuse entre toutes, dont le prodigieux mouvement éton-
nait fort, au xviiᵉ siècle, Engelbertin Kempfer, médecin de l'ambassade hollandaise :

« J'affirme, écrivait-il, en tant que témoin oculaire, que la route suivie par nous à
quatre reprises, est, à certains jours, plus encombrée de voyageurs que ne l'est, de
passants, la rue la plus fréquentée de la plus populeuse cité d'Europe... La suite des
grands princes de l'empire la remplit plusieurs jours de suite. Bien que nous voyagions
d'une allure assez rapide, il arrivait souvent que nous étions rejoints et dépassés par
l'avant-garde escortant les bagages, composée des officiers subalternes et des serviteurs. Deux jours durant ils défilaient en troupes diverses et en un ordre admirable ; le
troisième jour seulement, le prince nous rejoignait avec ses gardes et son escorte. On
évalue à 20,000 hommes environ la suite d'un de ces Daïmios, comme on les appelle
ici, à 10,000 celle d'un Sjomio, à plusieurs centaines celle d'un gouverneur impérial. »

Aujourd'hui, les princes feudataires n'y paraissent plus en si pompeux équipage,
mais la voie suivie par Kempfer n'en est pas moins fréquentée. C'est le Tokaido, la
grande voie commerciale de l'ile de Hondo. Elle s'étend de Tokio à Nagasaki, traversant de l'ouest à l'est les contrées les plus riches et les plus populeuses, 33 grandes
villes fortifiées et 57 plus petites, sans compter un grand nombre de bourgs et de
villages.

Ce fut, au début, l'une des trois routes intérieures de l'ile ; l'empereur Taï-Kosama
la convertit en une voie stratégique et militaire, profitant pour le faire du départ de ses
grands vassaux envoyés par lui guerroyer en Chine. Avec une duplicité tout asiatique,
il insista pour qu'en leur absence, leurs femmes, leurs enfants et leurs principaux
serviteurs habitassent près de lui, afin de les mieux protéger, disait-il ; puis à travers
leurs terres, au long de leurs forteresses, il fit élargir et prolonger le Tokaido qui lui
permettait, en cas de révolte ou d'insubordination, de les atteindre sûrement.

Le Tokaido est resté la voie populeuse qui, en vingt-cinq jours de marche, permet de
se rendre de Tokio à l'extrémité de l'ile. Sur certains points de son parcours il est interrompu par des bras de mer et des rivières torrentueuses que l'on franchit à gué ou en
bateau. Force est parfois de s'arrêter devant des crues subites, mais partout on trouve
des auberges ou des maisons de thé. Des agences délivrent des billets de transport
du prix de quinze à vingt centimes par kilomètre, tous frais compris. M. Cotteau nous
dit avoir payé à raison de douze francs par jour pour trois hommes et deux voitures.
Sur une partie de sa longueur le Tokaido est bordé de trottoirs ombragés de grands
arbres et réservés aux piétons.

Nagoya, chef-lieu des provinces d'Ovari et de Micaya, est l'une des villes importantes de l'empire, bien qu'elle ne compte guère que 150,000 habitants. Elle est
située à peu de distance de la mer, dans une riche plaine qu'arrosent de nombreux

cours d'eau. Les rues sont belles, d'une régularité et d'une propreté remarquables, les habitants sont industrieux. Nagoya est renommée pour ses émaux cloisonnés, ses porcelaines bleues à grands dessins, dites porcelaines d'Ovari, et ses tissus de soie.

« Rien de plus amusant, écrit M. Cotteau, qu'une promenade au hasard dans les rues de cette vaste cité, la quatrième du Japon par sa population. Les étalages bien fournis des libraires, avec leurs bouquins illustrés et leurs curieuses gravures enluminées; les marchands de photographies; les ateliers ouverts où cinq ou six jeunes gens brodent, sous la surveillance du patron, de superbes Foukousa (pièces de soie), les magasins d'antiquités, les échoppes de marchands de bibelots qui envahissent la voie publique, m'arrêtaient à chaque pas. Dans cette ville peu fréquentée des Européens, on trouve encore des occasions de bibeloter dans d'excellentes conditions. Malheureusement la difficulté du transport m'empêcha d'en profiter autant que je l'aurais voulu; et puis je me faisais scrupule de surcharger mes *djinrikis* qui avaient déjà bien assez de peine à me traîner. » Au nord de Nogaya s'étend l'ancien domaine des princes d'Ovari converti en casernes et en champs de manœuvre, et la forteresse élevée par eux, au sommet de laquelle se dressent deux dauphins d'or d'une hauteur de 2^m,50, et d'une valeur de plus d'un million de francs.

Kioto n'est plus que la troisième des villes impériales, par le nombre de ses habitants, qui est de 300,000, ainsi que par son mouvement et par son activité; elle est restée la première par ses traditions historiques, par son intellectuelle suprématie. Capitale de l'empire pendant onze siècles, dépossédée par Yédo, elle a conservé ses traditions anciennes de goût, de grâce et de beauté. C'est à Kioto que l'antique civilisation japonaise atteignit son apogée; ses artistes ont donné aux produits de leur industrie un inimitable cachet d'originalité; ses peintres et ses poètes sont restés célèbres; célèbres aussi ses miniaturistes dont les riches amateurs se disputent les manuscrits enroulés sur des cylindres d'ivoire curieusement sculptés.

Ici fut la résidence de l'altière Kisaki, la grande impératrice, entourée de ses poètes, de ses artistes, de ses dames du palais, de ses gentilshommes, présidant les joutes littéraires et les concours poétiques. Okio l'a peinte vêtue de riches étoffes formant autour d'elle comme une éblouissante corolle de gaze, de crêpe et de brocart, couronnée de son diadème dont les trois mystiques lames d'or rappelaient les anthères d'une divine Reine des Fleurs. Sa figure pâle, d'un blanc mat, se détache en relief saisissant sur le fond noir lamé d'argent des épais coussins; de longues épingles de bronze maintiennent l'étrange édifice de sa chevelure noire et surmontent d'une auréole de ciselures exquises un front bas, des yeux largement fendus, obliques et énigmatiques, un nez aux ailes transparentes et fines, une bouche petite aux lèvres teintées de rose.

A l'aide des dessins et des récits d'alors reconstituons ce cadre et les personnages. Ils en valent la peine; car avant peu il ne restera plus qu'un souvenir confus de la grande époque artistique du Japon.

Dans l'intérieur du palais, nul autre bruit que le frôlement de la soie sur les épais tapis de tigres de Corée. Des stores de bambou interceptent l'éclat du jour. Les tentures aux merveilleuses peintures, les draperies de damas encadrant des oiseaux, forment les parois des salles. Aucun meuble n'en altère l'élégance ; dans les angles seulement, ici, des vases d'Ovari, là, sur les étagères nacrées, les anthologies du vieil empire imprimées sur des feuilles d'or. Dans l'air flotte une odeur de bois précieux, de fines nattes et d'étoffes parfumées. Les jeunes filles apportent à l'impératrice, reposant dans un fier isolement, le thé d'Oudsji et les gâteaux de miel. Agenouillées derrière elle, à une distance respectueuse, ses dames d'honneur et ses suivantes forment des groupes harmonieux, chacune selon sa position hiérarchique, ayant son costume et ses couleurs réglementaires.

Sur un geste de l'impératrice, les portes s'ouvrent et les danseuses paraissent. Elles défilent sur un rythme bizarre, déployant leur longue théorie de costumes éclatants, le bas du visage voilé de leurs éventails au-dessus desquels brillent des yeux agrandis avec art. Elles ne marchent pas, elles glissent, et les bustes flexibles semblent onduler au vent, tant chacun d'eux reproduit fidèlement la même inflexion. Pas un geste qui ne soit étudié, pas un mouvement des longs doigts effilés, pas un pli des lèvres qui n'ait sa muette éloquence que les initiés seuls comprennent.

Drapées dans leurs larges *kirimons*, aux sons des instruments qui les accompagnent en sourdine, elles exécutent leurs pas classiques, puis, à un signal donné, dépouillant cette première enveloppe, elles apparaissent en fleurs, puis en statues voilées, groupées autour de l'une d'elles, immobile et muette dans une pose extatique.

A l'appel répété de l'orchestre, la statue s'éveille, la poitrine se gonfle ; un sourire énigmatique éclaire les traits et sur les spectateurs troublés passe un souffle mystérieux. Dans le regard, expressif et mobile, reflet d'indéfinissables nuances graduées avec un art infini, dans l'être tout entier, lentement illuminé d'une flamme intérieure, se révèle un poème d'hésitation, de tendresse, d'amour, de haine et de colère, une mimique merveilleuse de gestes courts et sobres, de frissons subits, de langueurs subtiles, d'éclairs fugitifs ; un drame humain dans une âme japonaise.

Et, dans le voluptueux demi-jour de son palais, sur son siège large et bas, l'impératrice Kisaki repose, telle que le peintre Okio la représente : le regard voilé par ses longs cils, sphinx mystérieux, idéal asiatique, un instant entrevu par un grand peintre, saisi par son incomparable pinceau.

De ce passé brillant il ne reste plus qu'un souvenir, des œuvres d'art que l'on imite, des traditions qui peu à peu s'effacent. Kioto est leur nécropole. Sur ses collines funéraires, s'étagent les tombeaux et les temples, mais cette nécropole n'a ni ruines ni poussière ; elle n'offre ni l'aspect morne et triste des vieilles cités d'Orient d'où la vie s'est retirée, ni l'aspect vermoulu des cités chinoises en décadence. L'éternelle jeunesse du peuple et l'inaltérable verdure de la nature font aux choses passées un cadre frais et gracieux dans lequel elles semblent reposer assoupies, non pas mortes.

Devant Kioto se déroule une vaste plaine, riche et fertile, qu'arrose le Kamo-Gava, « la rivière aux eaux paresseuses ». Cette plaine produit le meilleur thé du Japon, un thé vert, très parfumé bien qu'âpre au goût, que l'on importe peu en Europe, mais que l'Amérique estime supérieur au thé chinois. La culture s'en accroît rapidement. Le meilleur est celui que l'on récolte sur le versant des collines abritées du vent de la mer qui, desséchant les feuilles, en dénature le goût. On le paye de 18 à 24 francs la livre.

Près de Kioto, Nara fut au viiiᵉ siècle la capitale de l'empire, elle en est restée l'Escurial. Dans la plus pittoresque des vallées, à l'ombre des mélèzes, se dressent les tombeaux et les temples des souverains; de longues avenues aux fuyantes perspectives les précèdent, des bois sacrés où errent en liberté les cerfs et les daims les entourent. Nara possède aussi une colossale statue de Bouddha; le dieu est assis sur la fleur de lotus à double rang de pétales, au-dessous de lui des divinités secondaires, des brûle-parfums et des fleurs.

« Que dire de Nara? écrivait M. Jacques Siegfried. Bien à plaindre sont ceux qui n'ont pas visité cette capitale du viiiᵉ siècle. Là des collines enchanteresses dominent la vallée la plus pittoresque du monde et enserrent des ravins où des mélèzes au sombre feuillage et des camélias aux vives couleurs ombragent les tombeaux et les temples des Shoguns et des Mikados. Les avenues qui leur servent de péristyles, bordées de milliers de lanternes de pierre, impressionnent l'âme aussi sérieusement que l'Escurial de Madrid, tandis que, quelques pas plus loin, de charmants cerfs se promènent en toute liberté dans ces bois sacrés et vous ramènent à la bonne humeur, dont il est impossible de s'éloigner longtemps dans l'Empire du Soleil Levant. »

Osaka, port de Kioto, seconde ville de l'empire, renferme près de 500,000 habitants. Sur les rives du Yodo-Gava qui porte à la mer les eaux du lac Biva, la Venise japonaise s'étend sur une superficie de 20 kilomètres carrés, sillonnée d'innombrables canaux franchis par 3,500 ponts. Elle n'est pas seulement une ville maritime, mais aussi une ville de grande industrie. Osaka fabrique la plupart des objets destinés à l'exportation étrangère. Son château fort est le plus vaste qui existe au Japon et son palais passait pour le plus merveilleux de l'empire. Incendié lors de la révolution de 1868, il n'en reste qu'une cyclopéenne enceinte de blocs de granit.

Une voie ferrée relie Kioto à Kobé, distant de 84 kilomètres, et dont le port, plus accessible que celui d'Osaka, fait à ce dernier une concurrence redoutable. Kobé est une cité nouvelle de 80,000 habitants qu'un fleuve, le Minato-Gava, sépare de la vieille ville de Hiogo. Adossée à de hautes collines parsemées de maisons de plaisance, de temples, et couvertes d'une riche végétation, Kobé possède une importante colonie anglaise; c'est, après Yokokama, la ville qui compte le plus d'étrangers.

Cité moderne, aux rues droites et aux larges trottoirs bordés d'arbres, Kobé abonde en paysages gracieux. A peu de distance de la ville, dans un bois de cryptomérias et de camphriers, s'élève le temple d'Ikouta. De là on gagne les chutes, ou cascades de Kobé, au-dessus desquelles, à 650 mètres d'altitude, le temple de la Lune, Mayasan, domine un merveilleux panorama. Kobé possède aussi un entrepôt de thés. Pour leur donner la couleur noire du thé de la Chine on les fait passer par des chaudrons chauffés à sec et on y ajoute une composition de chaux et d'indigo. Le soin de diriger ce travail, de classer les thés et de confectionner les ballots est confié à des ouvriers chinois expérimentés.

Nous avons dit l'amour du Japonais pour la nature, le culte qu'il lui voue; poètes et peintres, ouvriers en laques et en bronze, tisseurs et brodeurs, artistes et lettrés puisent sans relâche à cette source intarissable leurs heureuses et infiniment variées inspirations. Entre la terre et la race l'union est intime, le lien séculaire. Produisant sans relâche, cette terre féconde nourrit une population quelque peu supérieure à celle de la France, sur une superficie notablement inférieure : 380,000 kilomètres carrés contre 528,000, et le Japon n'a pas, comme la France, la ressource de capitaux accumulés depuis des siècles; il n'a ni l'outillage industriel, ni les grandes usines, ni les débouchés que nous possédons. Il n'a ni nos mines, ni nos voies ferrées, ni la vapeur qui décuple notre puissance de production.

La terre suffit à tout, et un pareil résultat ne s'explique que par la prodigieuse sobriété de la race d'une part, de l'autre par une culture obtenant du sol son maximum de rendement. Sur 19,000,000 d'adultes on ne compte pas, en effet, moins de 15,000,000 d'agriculteurs, chiffre énorme, double de celui des États-Unis, nation agricole entre toutes et bien autrement nombreuse sur une superficie bien autrement vaste.

Si l'on tient compte, en outre, que l'île septentrionale de Yéso et le nord du Hondo sont peu peuplés et encore moins cultivés, que beaucoup d'îles ou d'îlots ne sont que roches volcaniques ou terres boisées, que le sol en culture ne dépasse guère 5,000,000 d'hectares, on se demande comment ces 5,000,000 d'hectares peuvent suffire à la consommation de près de 40,000,000 d'habitants et lequel l'emporte de leur sobriété ou de la fécondité de leur sol.

Tout d'abord il importe de faire remarquer que le Japonais, industrieux et ingénieux, a poussé loin l'industrie de la pêche, et que ses côtes poissonneuses lui fournissent d'importantes ressources alimentaires. Puis, sur les 5,000,000 d'hectares en valeur, le riz n'en occupe pas moins de 3,000,000. Or, de toutes les cultures celle du riz n'est pas seulement la plus productive, elle est aussi celle qui donne le plus de substance alimentaire, en cela supérieur au froment. De plus, l'agriculture japonaise réalise le type extrême de la petite exploitation. Nombre de fermes ne sont que d'un hectare, peu dépassent quatre ou cinq. Sur des espaces aussi restreints, les animaux de travail sont sans emploi, et la place à réserver aux fourrages est nulle. Tout est affecté à la production nécessaire à l'homme, et cet homme est aussi sobre que laborieux. Il fait rendre à ses rizières une moyenne de 25 hectolitres par hectare, bien supérieure à notre moyenne de 15 hectolitres par hectare ensemencé en blé.

Des calculs de M. Yéijiro Ono il résulte qu'un propriétaire de deux hectares en obtient, en moyenne, un rendement lequel, calculé en francs, s'élèverait à 1,050 bruts, et, tous frais déduits, à 586. Si l'on y joint ce que sa femme et ses filles peuvent gagner en élevant des vers à soie, en tissant à leurs moments perdus, on arrive à un chiffre de 650 à 700 francs par an. Ce chiffre suffit pour lui assurer une existence indépendante, pour lui permettre d'envoyer ses garçons à l'école et de passer, auprès de ceux de sa classe, pour un homme dans l'aisance. Là où le sol convient à la culture du mûrier le rendement est bien autrement élevé, il atteint jusqu'à 1,500 francs par hectare. Il dépasse ce chiffre dans les plantations de thé, très nombreuses dans la grande île de Hondo, où la culture de la canne à sucre et du coton s'étend également chaque année, produisant pour le sucre 50,000,000 de kilogrammes, pour le coton 67,000,000 en 1884.

On retrouve les mêmes cultures dans les îles de Sikok et de Kiusiu, au sud de Hondo. La première, massif montueux, se développe de l'est à l'ouest. Entre elle et Hondo, entre elle et Kiusiu la mer étroite est semée d'îles et d'îlots innombrables soulevés par les éruptions volcaniques. Dans l'île Kiusiu, l'Asoyama fume encore. Son cratère est l'un des plus vastes que l'on connaisse; il mesure de 16 à 24 kilomètres de largeur, et ses parois presque verticales ont de 200 à 300 mètres de hauteur. Au sud de l'île Kiusiu un nuage de fumée planant au-dessus de la mer annonce un groupe de volcans : Kiri Sima, « les Iles des Brouillards ». L'extrémité de la presqu'île de Kagosima aboutit au Kaïmon « Porte de la mer », dont la cime égale en beauté celle du Fusi-yama, bien que moins élevée.

Les quelques villes que renferme l'île Sikok, sont toutes situées dans le voisinage de la mer, villes commerçantes et prospères. Ce sont Tokousima, 49,000 habitants, Kotsi renommée pour ses fabriques de papier, Takamats, 33,000 habitants, Ousazima sur le détroit qui sépare Sikok de l'île populeuse de Kiusiu.

Kiusiu, « la terre des neuf contrées », fait face à la Chine, à la mer intérieure vers laquelle toute son activité commerciale se concentre. Du côté de l'est, de l'océan Pacifique elle ne possède qu'un port : Miyasaki. A l'ouest s'ouvre la baie de Nagasaki; dans une ceinture de collines admirablement cultivées en terrasses, la ville s'étend au fond du golfe encadré de verdure.

Nagasaki est célèbre dans l'histoire du Japon. Elle fut le premier port où trafiquèrent les Européens : les Hollandais parqués dans l'île de Detsima, à l'entrée de la baie. A peu de distance se dresse le Papenberg, rocher du sommet duquel quatre mille Japonais chrétiens furent précipités dans la mer. Nagasaki est aussi un centre commercial important, mais alimenté surtout par le trafic intérieur. L'exportation à l'étranger reste stationnaire et ne dépasse guère 20,000,000 à l'année; elle consiste surtout en laques, en nacres, en poteries, en émaux cloisonnés. Les Chinois sont nombreux dans ce port; ils y ont, comme partout, accaparé les métiers infimes, hommes de peine, petits trafiquants, actifs, laborieux, économes, dépossédant le Japonais devenu plus indolent dans cette région plus chaude.

Universel au Japon, le culte des morts est, à Nagasaki, célébré avec plus de démonstrations, sinon de recueillement qu'ailleurs. « Les premières pentes des montagnes qui entourent la ville, écrit M. Cotteau, sont occupées par de vastes cimetières, des temples et des jardins. La colline est taillée en gradins et de magnifiques escaliers de pierre en permettent l'accès. Nous nous trouvons à l'époque du *Boug*, grande fête annuelle des lanternes; elle dure trois jours et a été établie en l'honneur des morts qui, selon la croyance populaire, viennent alors visiter leurs parents et leurs amis. En pareille circonstance, les Japonais se gardent bien de s'attrister. Tout leur sert de prétexte pour se divertir; au lieu de s'abandonner aux idées de mélancolie et de recueillement qu'inspire chez nous le souvenir des morts, ils trouvent plus logique de se réjouir à la pensée qu'ils vont revoir ceux qu'ils ont aimés. En effet, puisque ces êtres qu'ils ont perdus viennent chaque année leur faire visite, à quoi bon prendre à ce moment un visage lugubre? N'est-il pas naturel de les recevoir gaiement et de leur faire passer joyeusement le peu de temps qu'ils ont à dépenser sur cette terre? C'est dans cet esprit que, chaque soir, pendant ces trois jours, les cimetières sont illuminés au moyen de lanternes en papier peint de différentes couleurs. Au milieu de l'obscurité de la nuit, ces innombrables points lumineux qui brillent de toutes parts sur le versant des montagnes produisent un effet absolument féerique. Dans la journée, de joyeux groupes se donnent rendez-vous sur les terrasses funéraires. Les tombeaux sont de simples tables commémoratives qui conservent le souvenir des trépassés, sans évoquer aucune idée triste. Chaque famille a son enclos spécial dans le champ commun du repos, abrité par des arbres séculaires. »

Au sud de Nagasaki les grands centres cessent; on ne rencontre que des petites villes, nombreuses mais peu peuplées, vivant chacune d'une industrie spéciale : Sakoura et ses fabriques de porcelaine, Kadziki et ses manufactures de tabac, Sendaï, Kaséda, Kago, Yamagava, villes de 15,000 à 20,000 habitants.

Au delà : l'archipel des Riukiu; Nava, son port, expédie au Hondo le sucre, les soieries, le coton de ces îles. Autour des Riukiu les îles, les îlots se multiplient. Cette extrémité méridionale du Japon s'émiette en terres basses et vertes semées à la surface de l'Océan, en soulèvements volcaniques, en roches abruptes, puis, au sud-est, à 1,000 kilomètres au large, l'archipel des Bonin, ou « terres sans hommes », longtemps inhabitées, reconnues riches et fertiles. L'Angleterre s'empara sans droit, en 1827, de ces 89 îles que le Japon réclama et que l'Angleterre restitua, en 1861.

Douze années se sont écoulées depuis que la brusque évolution de 1868, déterminant une orientation nouvelle, fit entrer le Japon dans le grand courant économique qui emporte les nations européennes et qui, plus lentement, ébranle la vieille Asie. Cette évolution mérite que nous nous y arrêtions un instant; elle éclaire le passé, elle explique le présent et elle est autant la résultante des conditions géographiques que des conditions historiques de l'Empire du Soleil Levant. Étant donnée une race naturellement prompte à s'assimiler les idées du dehors, à elles accessible par sa situation insulaire, par l'énorme développement de ses côtes et le nombre de ses ports, il était vraisemblable que les barrières artificielles élevées entre cette race et le monde extérieur par une oligarchie jalouse de son influence, maintenues par l'isolement et la distance, ne résisteraient pas à la pression de l'Europe et que le jour où elles crouleraient devant la force ou la persuasion, les aspirations longtemps comprimées feraient explosion.

C'est ce qui eut lieu pour le Japon. Alors que l'Europe impatiente heurtait aux portes de l'empire, l'organisation féodale touchait à sa fin. A côté d'une oligarchie consommant sans produire, apparaissait une classe moyenne produisant plus qu'elle ne consommait, agricole, commerçante, industrielle, occupant et défrichant le sol improductif entre les mains des Daïmios ou princes héréditaires, comme nos grands vassaux tour à tour protecteurs, ennemis, sujets arrogants et hautains de leurs rois. On les retrouvait au Japon dans les princes de Satsuma, de Scioto, de Mito, de Hizen, hauts et puissants seigneurs, maîtres de vastes territoires, entourés d'hommes d'armes inféodés à leurs suzerains, habitant avec eux de vastes châteaux fortifiés, y tenant leurs cours, ne paraissant à Kioto qu'à de rares intervalles, n'y entrant qu'à la tête d'une armée.

Au-dessus d'eux, un souverain impuissant, relégué dans l'obscurité de son palais et dans les jouissances d'un harem dont il possédait seul le triste privilège, subissant tour à tour l'influence du plus puissant de ses soi-disant vassaux ; telle était, il y a peu d'années encore, la situation politique du Japon.

Ce souverain, c'était le Mikado, qui tenait ses pouvoirs du Ciel même, et qu'on excluait volontiers, en cette qualité, des affaires terrestres, lesquelles étaient dirigées par le Siogoun, sorte de maire du palais, primitivement désigné par le Mikado, mais qui, s'affranchissant peu à peu d'une investiture humiliante, en était venu à considérer et à imposer son pouvoir comme héréditaire. Toute l'histoire du Japon, depuis le xvi° siècle jusqu'à nos jours, est celle des luttes des Daïmios entre eux pour se disputer le Siogonnat et le perpétuer dans leurs familles.

Dans ces luttes souvent sanglantes, compliquées d'intrigues de cour, les princes de Mito finirent par l'emporter et, en 1858, le chef de cette maison, Stotsbashi, l'un des hommes d'État les plus remarquables du Japon, exerçait à Kioto le souverain pouvoir.

Stotsbashi est un des types les plus curieux de l'histoire japonaise. Les événements auxquels il s'est trouvé mêlé, mal compris, mal interprétés à l'époque où ils se sont passés, ont provoqué sur son compte les appréciations les plus contradictoires, même des diplomates européens, alors en résidence dans les ports du Japon. Les uns l'ont représenté comme un novateur audacieux, les autres ont vu en lui un adversaire dissimulé de l'admission des étrangers, un grand vassal rebelle aux ordres de son souverain légitime. Depuis, la lumière s'est faite et l'on peut rendre au dernier des Siogouns la justice qui lui est due.

Stotsbashi, avait compris l'impossibilité de maintenir les barrières élevées entre l'empire et le reste du monde. Les puissances étrangères frappaient à coups redoublés aux portes du Japon ; les escadres anglaises, françaises, russes, américaines, faisaient sur les côtes de fréquentes apparitions. La classe moyenne, avide de progrès, impatiente d'ouvrir des débouchés à son industrie, murmurait contre les excès de pouvoir et la politique étroite des Daïmios. Placé entre les sollicitations menaçantes des étrangers qui demandaient des traités à la bouche des canons, et le mécontentement intérieur, Stotsbashi, désireux de porter à l'influence des Daïmios un nouveau coup, et d'affaiblir ainsi ses ennemis naturels, consentit à ouvrir des négociations qui se terminèrent, en 1863, par la déclaration d'ouverture des ports de Hiogo et d'Osaka au commerce étranger. Il stipula seulement qu'on lui laisserait quelques années pour préparer les voies à ce changement de politique et que ces ports ne seraient réellement ouverts que le 1ᵉʳ janvier 1868.

Les Daïmios voyaient avec la plus vive irritation ces négociations avec les étrangers. Ils sentaient que leur influence était menacée et que le courant auquel se laissait aller le Siogoun finirait par détruire leur autorité. Les vieilles haines se réveillaient, et, avec elles, l'espoir de renverser Stotsbashi et de s'emparer du pouvoir convoité qui, tant de fois dans les siècles précédents, avait changé de mains.

L'occasion paraissait propice. Le prince de Satsuma se mit à la tête du mouvement et l'ouverture des ports devint le signal d'un soulèvement général. Stotsbashi s'y attendait; mais, confiant dans les ressources dont il disposait et, plus encore, dans les rivalités héréditaires des Daïmios, il soutint l'attaque de pied ferme. Les divisions sur lesquelles il comptait ne se produisirent cependant pas; et le Siogoun se vit placé dans l'alternative d'une lutte dont l'issue lui serait contraire, où d'une rupture avec les puissances étrangères dont les conséquences n'échappaient pas à son esprit clairvoyant.

Dans cette situation, il se rendit auprès du Mikado, offrit de se retirer et conseilla la convocation d'une assemblée des Daïmios. Il y avait alors trois siècles que les mikados, relégués dans leurs fonctions d'apparat, ne prenaient aucune part à la direction des affaires. Le coup d'État de Stotsbashi ramenait au premier plan un empereur nominal et faisait de lui l'arbitre suprême des partis.

Cette mesure habile déconcertait les Daïmios; leur adversaire se dérobait; ils durent se rendre à Kioto et formuler leurs griefs. Ce qu'ils voulaient, c'était l'exclusion des étrangers, la rupture des traités, la chute de Stotsbashi et la remise entre leurs mains des pouvoirs du Siogonnat; mais soulever cette dernière question c'était déclarer qu'ils entendaient remettre le Mikado en tutelle et rouvrir l'ère des compétitions personnelles. Les princes de Hosiou et de Foso ne se souciaient nullement de servir de marchepied au prince de Satsuma, ni d'échanger un maître contre un autre.

Stotsbashi profita de leurs embarras. Il exposa les conséquences qu'entraîneraient la rupture des négociations et la violation des traités; il manœuvra avec une telle dextérité et mit si bien à profit les sourdes divisions de ses adversaires que le résultat des conférences de Kioto fût la nomination de Stotsbashi comme commandant en chef des troupes et comme chargé de la direction des Affaires étrangères. Sous un autre titre il recouvrait son ancienne puissance et la fortifiait des noms et de l'autorité du Mikado.

Les Daïmios se sentirent joués. Ils s'étaient trop avancés pour reculer. Stotsbashi, à la tête de l'armée fortement organisée, marchant sous l'étendard du Mikado, était plus à redouter pour eux que dans sa position de Siogoun. Acculés aux résolutions extrêmes, ils enlevèrent le Mikado et se déclarèrent ses défenseurs contre la prétendue tyrannie de Stotsbashi. Telle fut la révolution de 1868, dans laquelle le Siogonnat sombrait et qui allait ouvrir au Japon une ère nouvelle.

On s'est souvent étonné que, chef incontesté de l'armée, ayant la force en main, Stotsbashi n'ait pas purement et simplement rétabli le Siogonnat. Il ne l'essaya même pas. L'institution avait fait son temps. Il n'était au pouvoir de personne de la relever et cela est si vrai que les coalisés eux-mêmes, maîtres du Mikado, ne le firent pas. Stotsbashi, à la tête des troupes, se replia sur Osaka et se borna à maintenir ouverts les ports affectés au commerce extérieur jusqu'au jour où, relevé de son commandement par le Mikado, impuissant à résister plus longtemps aux Daïmios, il se retira dans ses terres.

Jusqu'ici le Siogoun avait maintenu les Daïmios dans un état de dépendance relative. Ils subissaient le joug en murmurant, mais ils le subissaient. La suppression du Siogonnat leur rendait leur indépendance, mais elle détruisait le lien qui les unissait;

sa chute était le prélude de la leur. Isolés les uns des autres, ils devaient tomber les uns après les autres, et dépenser en luttes intestines des forces dont ils n'avaient pas trop pour faire tête à l'ennemi commun. Ils se crurent vainqueurs, la coalition se dénoua d'elle-même, et après avoir imposé au Mikado la confirmation de leurs privilèges, ils rentrèrent dans leurs territoires respectifs. Sawa, l'un d'eux, fut nommé ministre des Affaires étrangères avec mission de concilier l'inconciliable : de satisfaire les puissances étrangères tout en répudiant les traités conclus avec elles.

Dans ces conditions, il ne pouvait se maintenir longtemps. Esprit sage, éclairé, modéré, très temporisateur par nature, il fit ce qu'il put, sans se dissimuler qu'il ne pouvait pas grand'chose et, lorsque le 4 septembre 1871, le Mikado, délivré de la pression des Daïmios et la main forcée par les puissances étrangères, appela au ministère Iwakura Tomomi, le vieux Sawa se contenta de dire en souriant : « Je vais donc enfin pouvoir retourner à mes livres. »

Le nom d'Iwakura n'est pas seulement célèbre au Japon ; il est connu en Europe de tous ceux qui s'intéressent à l'histoire de l'extrême Orient. Peu d'hommes ont été plus violemment attaqués par leurs ennemis, plus applaudis par leurs partisans. Les haines qu'il a soulevées ont armé plusieurs fois le bras des assassins et provoqué de formidables insurrections. Il en a triomphé, poursuivant implacablement sa marche, écrasant les Daïmios, les dépouillant de leurs droits antiques, de leurs privilèges héréditaires, accélérant par tous les moyens possibles l'introduction de la civilisation européenne, inaugurant l'ère des chemins de fer, dotant le pays du télégraphe électrique, réformant les mœurs, les coutumes et jusqu'au costume, favorisant l'établissement des lignes de bateaux à vapeur et, chose étrange, soulevant contre lui l'animosité d'un grand nombre d'étrangers.

Iwakura était de race noble : il sortait des rangs des Kugés, l'ancienne aristocratie du pays. Jusqu'en 1868 il n'avait occupé que des positions secondaires. Lorsque éclata la révolte des Daïmios contre Stotsbashi, Iwakura avait quarante-cinq ans. C'était alors un homme de taille moyenne, au regard vif et dur, à la parole brève, aux manières hautaines. Par tradition de famille, par position, il appartenait au parti des Daïmios et, sans prendre une part active aux événements, sans se déclarer ennemi personnel de Stotsbashi, il se rangea du côté du Mikado. Le jour où les Daïmios s'emparèrent du Mikado, Iwakura les suivit, donnant ainsi un gage au parti féodal. En 1871, les Daïmios crurent bien faire en le désignant au choix du Mikado et Iwakura, nommé ministre des Affaires étrangères, fut considéré comme le représentant de leur politique à Kioto.

Le changement qui se révéla peu à peu en lui fut-il l'effet d'une conviction antérieure habilement dissimulée, ou le résultat de la pratique des affaires ? C'est ce qu'il est difficile de dire. Quoi qu'il en soit, il est certain que ses premières mesures reçurent l'approbation des princes de Satsuma, de Choziou, de Hizen et de Taso. Et cependant chacune de ces mesures portait atteinte à la classe qu'ils représentaient. La vérité est que, confiants dans leurs forces, dans leurs revenus énormes, ces grands seigneurs voyaient avec plaisir diminuer les privilèges de la moyenne noblesse, et pensaient grandir de tout ce que perdraient leurs inférieurs.

JAPONAISES.

Iwakura fut donc, au début, appuyé et soutenu par eux, et put ainsi triompher des résistances qu'il rencontra sur son chemin. La suppression des privilèges des nobles, l'incorporation de leurs troupes dans l'armée du Mikado, les taxes levées sur leurs revenus fortifiaient le pouvoir de l'empereur et, par contre, le crédit et l'autorité de son ministre. Nominalement les mesures décrétées s'appliquaient aussi bien aux Daïmios qu'aux autres, mais Iwakura s'arrêtait respectueusement devant leurs privilèges et n'appliquait la loi qu'à ceux qui étaient trop faibles pour s'y soustraire.

Les villes japonaises, à l'exception de Kioto et de Yédo, capitales religieuse et politique, étaient divisées en deux catégories : les Hans, ou fiefs des Daïmios, et les Kens, ou villes du Mikado. Iwakura supprima les Hans, mais il rendit aux Daïmios l'autorité qu'il leur enlevait en les nommant gouverneurs de leurs Hans, au nom du Mikado. En apparence rien n'était changé, au fond c'était toute une révolution. Quant aux Daïmios secondaires il les déposséda successivement de leurs Hans qui rentrèrent dans la catégorie des Kens. Ces mesures, qui laissaient les princes indifférents, rencontraient l'appui des populations. Un pouvoir unique, centralisateur, une administration régulière, des taxes fixes remplaçaient peu à peu l'arbitraire du régime féodal et favorisaient le mouvement commercial.

Quant à la politique extérieure, Iwakura continuait l'œuvre de Stotsbashi. Pas plus que le dernier Siogoun, il ne se faisait illusion sur la résistance que le Japon pouvait opposer aux puissances européennes et aux États-Unis. Auprès des Daïmios il alléguait cette impuissance, se disait contraint et forcé. Au Mikado, il représentait que, loin de chercher à ébranler son autorité, les étrangers étaient des alliés naturels, qui ne traitaient qu'avec lui, qui ne reconnaissaient que lui et le pressaient de mettre un terme aux prétentions arrogantes des Daïmios. Aux diplomates étrangers, enfin, il désignait les Daïmios comme les seuls obstacles à l'ouverture des ports, à la libre circulation des étrangers, et des faits trop éclatants venaient appuyer ses assertions. Les meurtres dont les Européens étaient victimes se commettaient à l'instigation des princes; tout au moins ils faisaient ce qu'ils pouvaient pour soustraire les assassins à l'action de la justice et, maîtres dans leurs territoires, ils tenaient leurs ports obstinément fermés au commerce étranger.

Le double rôle que jouait Iwakura ne pouvait se prolonger indéfiniment. Il prévoyait qu'un conflit ne tarderait pas à éclater avec ses soi-disant protecteurs. Il avait pour lui l'autorité et le prestige du Mikado, l'appui de la classe moyenne, la sympathie des diplomates étrangers, sympathie qui pouvait se traduire au jour du danger par un concours efficace. Il avait contre lui les auteurs de la révolution de 1868, les grands Daïmios, autour desquels se ralliaient la noblesse dépossédée et mécontente, les Samuraïs, ou hommes d'armes des Daïmios auxquels répugnait la discipline de l'armée régulière, enfin une population flottante, recrutée parmi les classes pauvres, accessible à l'influence des princes.

L'armée, réorganisée par Stotsbashi, était l'objet de la sollicitude constante d'Iwakura. Des officiers instructeurs, venus d'Europe, l'initiaient aux manœuvres et à l'usage des armes européennes; des fonderies de canons, des arsenaux s'élevaient sur le littoral. Iwakura faisait acheter aux États-Unis des navires de guerre, et ces achats, précipitamment faits, n'étaient pas toujours avantageux. Ils donnèrent l'éveil aux Daïmios qui, eux aussi, négocièrent par l'intermédiaire des résidents étrangers, des achats de bâtiments et d'armes.

Nous avons signalé plus haut l'hostilité dont Iwakura était l'objet de la part des négociants européens au Japon. Elle s'expliquait par ce fait que les Daïmios étaient, presque tous, débiteurs des comptoirs étrangers pour les achats qu'ils faisaient au dehors. Ces comptoirs réalisaient d'énormes bénéfices, mais les payements n'étaient pas achevés. Il existait donc au Japon, une classe de commerçants qui avaient beaucoup à perdre à la ruine des Daïmios. La politique n'y était pour rien, c'était une question d'intérêt personnel.

La lutte éclata au commencement de 1874. Le 1er mars, elle se terminait par la victoire d'Iwakura et par la chute définitive du parti féodal. Le pouvoir lui échappait et les barrières artificielles qui séparaient l'empire du reste du monde, s'écroulaient. Une ère nouvelle s'ouvrait et l'on sait avec quel élan emporté le Japon s'y est engagé. Ce n'est pas à l'Europe à le blâmer d'être entré dans cette voie où elle n'a cessé de le pousser par l'organe de sa diplomatie et dans laquelle elle s'efforce en ce moment, bien qu'avec moins de succès, d'entraîner la Chine.

Un officier avec son escorte.

Vue d'Hanoi.

III. — L'INDO-CHINE

Située entre la Chine au nord et l'océan Indien au sud, entre l'Inde et le golfe de Bengale à l'ouest et la mer de Chine à l'est, par son extrémité méridionale confinant aux îles de la Sonde, par son extrémité septentrionale, aux contreforts de l'Himalaya, l'Indo-Chine déroule sur 2,200,000 kilomètres carrés, ses capricieux contours, ses côtes articulées, ses pointes effilées, ses montueux sillons.

Terre bizarre et d'apparence tourmentée, singulièrement découpée, pointe extrême de l'Asie, émiettée et brisée, elle s'allonge vers le sud-est, par Sumatra, Java et Timor cherchant à se relier au continent australien, par Bornéo, les Célèbes et les Moluques à la Nouvelle-Guinée. Il semble qu'autrefois tout ce vaste archipel ne fit qu'un avec le continent et, sur la carte où l'œil suit les courbes qu'il décrit, ses îles apparaissent comme les jalons de terres submergées, comme les plateaux méridionaux d'une Asie prolongée par delà l'Équateur. Par Malacca, l'Indo-Chine appartient au monde océanien; par la Birmanie à l'Inde; par le Tonkin, à la Chine; par Siam, le Cambodge et la Cochinchine à un autre monde, à une civilisation ignorée, dont les ruines étonnantes et les monuments grandioses confondent l'esprit et déconcertent l'imagination. Ici, un art étrange, l'art khmer, prodigue ses formes laborieuses, compleyes et tourmentées, multipliant ses superpositions et ses retraits, ses galeries écrasées et ses tours dentelées, ses pyramides à étages surmontées de flèches innombrables, ses sculptures, ses bas-reliefs, ses ornements et ses alternances de clair et de sombre d'une merveilleuse harmonie avec l'intense lumière et l'exubérante végétation des régions tropicales.

Longtemps inconnu de la foule, cet art lui a été révélé par l'Exposition du Centenaire. Dans le gigantesque fronton doré, colorié, fouillé et sculpté du palais de la Cochinchine, les conceptions de l'extrême Orient lui sont apparues sous l'aspect d'une ville grouillante, d'un monde vivant et agissant dans un cadre fantastique de dragons verts et bleus aux croupes recourbées, de chimères ailées, d'antilopes sacrées et de poissons monstrueux; de dieux, de déesses et de démons dans lesquels s'incarnait toute une mythologie bizarre : le ciel, la terre, l'enfer et la mer s'enlaçant dans un étonnant fouillis de formes et de contours.

Dans la cour centrale d'un palais-pagode, aux tons crus et violents, devant lequel, baïonnette au canon du fusil, sveltes et bien pris dans leurs légères tuniques, les noirs soldats de la France asiatique regardaient, immobiles, passer la foule qui les saluait d'un sympathique sourire, s'étalait le colossal Bouddha d'Hanoï. Moulé sur la statue enfouie dans une grotte où l'obscurité la soustrait aux regards des profanes, incapables, dit-on, d'en soutenir l'éclat, le masque du dieu s'épanouissait dans sa puissante obésité. Décalque fidèle des pagodes tonkinoises, le palais reproduisait les formes architecturales en usage pour les édifices religieux, empruntant au temple de Quan-Yen sa porte centrale.

Sur les hauts plafonds, soutenus par des traverses curieusement sculptées s'étendaient des nattes peintes par les artistes indigènes; sur les façades extérieures, des peintures, des incrustations de faïences, des motifs de sculpture moulés sur ceux des palais de Tu-Duc et de Gia-Long, sur les tombeaux de Minh-Mauh. Art composite où se faisait sentir à des degrés divers, l'influence du royaume de Siam et de l'empire de la Chine. Siam se révélait dans les panoplies d'armes et les longs boucliers, dans les peaux de tigres et les bizarres parasols. La Chine apparaissait dans l'autel des ancêtres en bois rouge incrusté de cuivre, dans les écrans de marbre aux teintes vagues et noyées d'ombre, dans le Siva aux bras multiples, présent du Céleste-Empire à l'Annam.

Grêle et petite, maigre et glabre, cette race n'a emprunté au Chinois ni sa prodigieuse âpreté au gain, ni sa passion pour le commerce. Agriculteur par instinct, l'Annamite a peu créé, peu inventé dans le domaine artistique. Copiste ingénieux, il a reproduit ce qu'il voyait chez ses voisins, lui-même peu soucieux d'innover.

L'étonnante exposition de Siam a laissé dans les yeux et l'imagination un lumineux reflet d'or, d'ivoire, de cuivre et de soie. Le fantastique pavillon que le souverain avait fait ériger, les meubles dorés, ajourés, fouillés, sur lesquels défilaient en fresques d'or des guerriers aux mines farouches, en costumes dorés, constellés de pierreries, éveillaient le souvenir d'un rêve des *Mille et une Nuits*.

Dans Bangkok, aux pagodes élancées, aux dômes arrondis, aux maisons flottantes que bercent les eaux du Mé-Nam, 600,000 habitants travaillent les métaux, étirent les

fils d'or et de soie, confectionnent ces luxueuses étoffes, ces somptueux mobiliers. Épris
des formes capricieuses et compliquées, leurs ancêtres ont fait surgir du sol ces
prodiges de l'art khmer, dont la porte d'angle de la pagode d'Angkor a pu, sous sa
forme réduite, donner une idée. Le Champ-de-Mars tout entier n'eût pas suffi à
contenir une reproduction de l'étonnant monument.

Une civilisation gît sous ces ruines dont l'on a pu admirer, à l'Esplanade des Inva-
lides, l'un des plus curieux débris, civilisation qui se survit à elle-même dans les produits que Siam étalait aux yeux et dont les Thaïs disparus ont transmis la tradition à
leurs descendants. De ce passé qui a jeté tant d'éclat que ses lueurs illuminent encore
l'Indo-Chine, que sortira-t-il au contact de la civilisation européenne? Par l'Annam et
la Birmanie, par le Tonkin et par Siam, par le Mé-Nam, mère des eaux, et par
l'Irraouady, des idées nouvelles pénètrent. Les Amazones, gardes du corps du roi,
déposent leurs arcs et leurs carquois pour se livrer à la culture du mûrier et à l'éduca-
tion des vers à soie; l'esclavage fait place au demi-servage, le commerce à l'isolement
et les produits d'un sol fertile prennent rang parmi les richesses de l'Asie. Ici encore,
d'un pas plus rapide, d'une allure moins impétueuse qu'au Japon, la civilisation envahit
ces régions lointaines dont les ambassadeurs apportaient à Louis XIV l'hommage de
leur souverain.

Si l'Indo-Chine, avec une superficie de 2,200,000 kilomètres carrés, est inférieure
de plus d'un tiers à l'Inde anglaise, elle lui est bien autrement inférieure quant au
nombre d'habitants, 34,000,000 contre 260,000,000. En d'autres termes, l'Indo-Chine
contient 16 habitants par kilomètres carrés, l'Asie anglaise 70. Et cependant, plus
favorisée en apparence de la nature, l'Indo-Chine n'a ni les vastes espaces sablonneux
du nord de l'Inde anglaise, ni les plateaux de scories du Dekkan. Ses terres sont riches
et les pluies abondantes; ses côtes, mieux articulées, mieux découpées, offrent des
ports plus sûrs et plus faciles d'accès que ne le sont les côtes de Malabar et de Coromandel. Ni l'Himalaya ne la ferme vers le nord, ni le désert de Gobi et les hauts
plateaux du Tibet ne lui barrent la route, et ses fleuves descendent du cœur même de
la Chine.

Mais ces avantages naturels ne compensent pas d'autres causes d'infériorité. Rejetée
à la pointe extrême du continent asiatique, l'Indo-Chine ne possède pas les plaines
immenses de l'Inde anglaise et de la Chine, centres naturels de vastes agglomérations
humaines. Elle ne fut ni le passage de migration des peuples, ni l'une de leurs
étapes obligées, ni l'un de leurs points de croisement. A ces migrations, aux simples
déplacements mêmes de sa population, la configuration de son sol s'opposait. L'Indo-
Chine tout entière est orientée du nord au sud; ses vallées comme ses fleuves descendent perpendiculairement et non parallèlement à l'Équateur. Or, ainsi que nous avons
déjà eu l'occasion de le noter, les migrations suivent, de préférence, des lignes parallèles, elles empruntent le cours des fleuves et les fonds de vallées orientés de l'est à
l'ouest, parce qu'en les suivant elles se meuvent dans un milieu climatérique presque
constamment égal, elles évitent les brusques changements de température, les alter-

nances de froid et de chaleur qui, plus encore que les difficultés et les longueurs de la route, les éprouvent et les arrêtent.

De tout temps leur marche a été conforme à celle-même du mouvement de la sphère; de tout temps elles ont progressé de l'est à l'ouest, se maintenant d'instinct, et autant que faire se pouvait, sur une ligne isotherme. Ce fut surtout le cas pour les races primitives réduites aux primitifs moyens de locomotion, volontiers stationnaires, alors qu'en se déplaçant elles devaient échanger le milieu climatérique qui leur était favorable, dans lequel elles avaient grandi et s'étaient développées, contre un autre, plus froid ou plus chaud.

Entre les régions tempérées du Yunnan, au nord, et les plaines brûlantes du Mékong, la transition était trop brusque; le climat devenait un obstacle. Puis les hautes vallées, formaient autant d'habitats distincts, séparés, favorables à une organisation en peuplades, contraires à une organisation nationale, à une fusion, à une vaste agglomération seule capable d'oscillations considérables, de migrations importantes, d'expansion continue. Enfermés dans ces larges couloirs qu'ils ne pouvaient remonter ou descendre sans modifier, avec le milieu climatérique, leurs genres de culture et leurs modes de vie, les races s'y cantonnèrent, presque inconnues les unes aux autres; ces tribus ne pouvaient parvenir à former un peuple.

Il fallait, pour en arriver là, ce qui se produit aujourd'hui, l'intervention d'un facteur nouveau: de la civilisation européenne, disposant, elle, de bien autres moyens d'action et de locomotion, habituée à triompher de bien autres difficultés. La France et l'Angleterre la représentent dans ces régions lointaines, prolongeant les routes commerciales, mettant un terme à l'état d'isolement des populations, leur assurant une sécurité inconnue, élargissant le cercle des cultures, ouvrant de larges horizons. Sortie de sa longue torpeur, l'Indo-Chine n'y saurait plus rentrer. Elle obéit au mouvement qui l'emporte.

Sur cette vaste superficie de 2,200,000 kilomètres carrés, quatre grands États, orientés du nord au sud, s'allongent parallèlement:

1° L'Annam, avec le Tonkin au nord et la Cochinchine au sud, longue bande, étroite au centre, renflée à ses deux extrémités; elle court au long de la mer de Chine;

2° Le Cambodge, baignant au sud dans le golfe de Siam, et qu'enclavent l'Annam à l'est, le royaume de Siam à l'ouest et au nord;

3° Entre l'Annam et le Cambodge à l'est, entre le golfe de Siam au sud, la Chine au nord et la Birmanie à l'ouest: le royaume de Siam;

4° La Birmanie, confinant à l'Inde, à la Chine, à Siam et au Tonkin.

Enfin au sud du royaume de Siam, sous sa dépendance, sinon politique, du moins géographique, la presqu'île de Malacca, dont la pointe extrême confine aux îles de la Sonde et effleure l'Équateur.

Nous les étudierons dans cet ordre.

I. — ANNAM. — TONKIN. — COCHINCHINE.

Mis pour la première fois en présence d'une carte de son pays, l'Annamite ne put s'empêcher de le comparer au long bambou qui lui sert à transporter son riz. Le Tonkin au nord, la Cochinchine au sud, tous deux arrondis et renflés, représentent les calebasses de riz, et l'Annam, entre les deux, le bambou long, sec, étroit. L'Annam est une bande de terre d'environ 1,000 kilomètres de longueur sur 100 à 120 de largeur étranglée entre la mer de Chine à l'est et la vallée du Mékong à l'ouest; une longue chaîne de montagnes parallèles à l'une et à l'autre la traverse dans toute sa longueur, du nord au sud.

Plus longue qu'élevée, cette chaîne de montagnes, chaîne Annamitique, ou des Moïs, alimente de nombreux cours d'eau. Ils suivent l'orientation générale du sol, courant parallèlement à la côte au long de laquelle ils forment des lagunes. Leur parcours restreint leur donne peu de valeur comme voies d'accès et de pénétration; les plus importants sont le Phu-Giai et le Phan-Titt qui se jettent dans la baie de ce nom près de la ville de Binh-Thuan; le Nha-Trang, le Phu-Yen qui se déversent dans la baie de Qui-Nhone, arrosant l'une des plaines les plus fertiles de l'Annam, large de 60 kilomètres; le Quang-Ngai, le Fai-Fo qui s'épanchent dans la baie de Tourane; la rivière de Hué, formée de la jonction de deux torrents descendus de montagnes situées à 20 kilomètres de la côte; le Song-Gianh, interposant, avec le défilé de Dong-Hoï, une barrière entre l'Annam Central et le Tonkin, enfin le Song-Ma, plus important par le volume de ses eaux.

Le littoral, par suite de sa forme convexe, offre un développement de côtes de 1,200 kilomètres, de dunes alternativement boisées et sablonneuses, montueuses et plates, coupées de caps et de baies, d'excellents mouillages et d'anses de pêcheurs. La baie de Tourane, l'une des plus vastes, s'ouvre par une porte d'accès de plus d'une lieue de largeur, déployant un amphithéâtre de collines boisées et de hautes montagnes. Son bassin, bien abrité, est accessible à tous les bâtiments; ils y trouvent de 6 à 9 mètres d'eau. Dans la plaine, au sud, au milieu de champs cultivés et de rizières, se trouve la ville de Tourane et ses forts, qu'enleva, en 1858, l'amiral Rigault de Genouilly.

Plus au nord, s'ouvre le golfe du Tonkin. Entre cette partie du littoral et le cours du Mékong il y a une distance de quarante-cinq lieues que l'on ne franchit qu'en douze jours de marche.

Le climat de l'Annam est chaud; la température oscille entre les extrêmes de + 10,6 et + 36,3, donnant une moyenne de + 24,45. La saison sèche dure sept mois de l'année, d'avril à octobre, avec une température moyenne de 27,54; la saison pluvieuse commence en novembre pour finir en mars avec une moyenne de 20,13. D'octobre à décembre se produisent les typhons, et les raz de marées qui souvent les précèdent; des terres détrempées se dégagent alors des miasmes pernicieux qui produisent les dysenteries et les fièvres, surtout sur le littoral; les parties hautes sont

plus saines ; quant aux montagnes, les indigènes eux-mêmes les évitent à cause de la
« fièvre des bois ».

« L'Annam, nous dit M. Luro, dans son intéressant ouvrage sur « le pays d'Annam »,
n'a guère de villes au sens européen du mot. Autour d'un centre administratif installé
dans une forteresse ou dans une simple enceinte et placé le plus ordinairement sur le
bord d'un cours d'eau, s'agglomèrent, en plus ou moins grande quantité, des communes
distinctes, suivant l'importance administrative et surtout commerciale de la région. Là,
pas de rues, pas de maisons à étages. La population très dense, dépassant plusieurs
milliers d'âmes, habite ces maisons en paille que nos soldats ont pittoresquement
baptisées du nom de « paillottes ». Cachées au milieu des vergers, entourées de haies
de bambou ou de cactus, elles sont disséminées au hasard et reliées l'une à l'autre par
d'étroits et tortueux sentiers. Sur la berge du fleuve ou du canal qui avoisine la citadelle,
la vie commerciale devient plus intense ; les paillottes s'alignent et se pressent. Pas
de quai ; l'habitation bâtie partie à terre, partie sur pilotis, empiète sur le fleuve. Un
étroit sentier circule le long des cases du côté opposé à la berge et aboutit à une place
rectangulaire où se trouve le marché, grand hangar couvert en tuiles ou en paille
dans lequel la population afflue bruyamment tous les matins. On comprend qu'on ne
peut donner le nom de ville à de pareils centres qu'après avoir prévenu du sens qu'il
convient d'y attacher. »

Il n'en est pas tout à fait de même pour Hué, capitale du royaume depuis plus de
quatre siècles, centre de 30,000 habitants, résidence du souverain. Hué comprend
deux villes distinctes, la citadelle, palais, arsenal et camp, et les faubourgs commerçants qu'entourent de nombreux villages. La résidence française est située sur la rive
droite de la rivière, à 700 mètres de la citadelle.

A la monarchie pure, sans contrôle, mais aussi sans aristocratie et sans clergé, le
traité de Hué a fait succéder dans l'Annam un régime mixte qui, tout en concédant au
résident français la direction des services européens à créer, tels que ceux des douanes,
des travaux publics, etc, a réservé aux Annamites l'administration de l'Annam Central.
Cet état de chose qui ne saurait être que provisoire, amènera tôt ou tard la substitution
de l'administration française à l'administration annamite.

Quin-Nhon, de son véritable nom Thi-Naï, s'étend au fond de la baie du même nom.
Elle doit son importance à sa population et aux voies de communication qui la relient
au bassin du Mékong. Puis Faï-Fo, appelée à devenir un centre commercial important ;
son fleuve, navigable pour les grandes jonques, débouche dans la mer par trois embouchures très espacées, également accessibles du large.

Les montagnes de l'Annam sont riches en carrières de marbre noir veiné de blanc
et de rose et susceptible d'un beau poli. Près de Tourane on trouve des marbres blancs.
Il existe également des bassins houillers ; l'un d'eux est exploité par une société
chinoise.

L'Annam est la partie la moins fertile du royaume. Le Tonkin et la Cochinchine
lui sont très supérieurs en tant que productions, et suppléent à l'insuffisance de ses
récoltes. On cultive dans l'Annam le riz, la canne à sucre, le thé, le caféier, la can-

LA RIVIÈRE A HAÏ-PHONG.

nelle ; puis le coton, le tabac, l'indigo, le bétel, mais le rendement de ces diverses cultures est médiocre, sauf pour le thé, la cannelle et le tabac. Sur les côtes, très poissonneuses, la pêche est lucrative et les indigènes s'y adonnent, en attendant une reprise de l'industrie qu'ont longtemps entravée de séculaires abus, celui surtout qui donnait au souverain le droit de réquisitionner, pour son service personnel, et à un prix dérisoire, les meilleurs ouvriers dans toutes les branches. Il en résultait que, loin de chercher à se distinguer par le fini du travail et la supériorité du goût, les artistes, — et il en est parmi eux, — s'ingéniaient à éviter d'attirer l'attention, se contentant de donner aux objets qui sortaient de leurs mains les formes les plus vulgaires ; or les Annamites excellent dans les assemblages de marqueterie aussi bien que dans le tissage des soies et l'orfèvrerie.

L'Annamite, — et cette description s'applique autant aux populations de la Cochinchine que de l'Annam, celles du Tonkin offrant quelques traits distinctifs que nous noterons plus loin, — l'Annamite appartient à la race jaune, au rameau indo-chinois. Petit, maigre et nerveux, il a les doigts de pied bifurqués, les jambes arquées, la démarche disgracieuse. Le buste est long, la poitrine saillante ; rameurs infatigables, les habitants du littoral ont les épaules larges, les mains longues et étroites, les cheveux noirs, la peau épaisse ; plus foncés que les Chinois ils le sont moins que les Cambodgiens.

Doux et dociles, bien que capables de résistance, à la fois gais et timides, les Annamites n'ont ni l'âpreté au gain du Chinois ni sa farouche économie. Ils dépensent volontiers, sans compter, passionnés pour le jeu, le spectacle, les combats de coqs ; par contre sobres, très attachés à leur pays et au sol, avides d'apprendre, volontiers imitateurs et, une fois rassurés sur les avantages que la civilisation leur apporte en échange des privilèges qu'elle leur enlève, s'y pliant volontiers. Ils sont courageux ; on les a vus aux combats de Tourane, de Saïgon, de Sontay, de Bac-Ninh, braver la mort et lutter corps à corps. Ainsi que tous les Asiatiques ils supportent la souffrance sans se plaindre, attendent la mort sans trembler.

Les défauts de l'Annamite sont ceux de sa race, intensifiés par des siècles d'oppression. S'il dissipe ce qu'il possède c'est qu'il doute de le posséder longtemps ; s'il ment, c'est pour tromper des maîtres qui l'exploitent. Il est inconstant parce qu'il n'a jamais cru au lendemain, servile par terreur du despotisme. Mais il est hospitalier et charitable ; il aime les riches vêtements, tout en étant d'une excessive malpropreté. Le capitaine de Grammont raconte qu'un jour un maire se présenta chez lui avec un vêtement de dessous horriblement sale. Il le congédia, lui intimant qu'il ne le recevrait qu'avec un habit propre. Quelques instants après, ce fonctionnaire reparaissait avec une magnifique robe de soie passée par-dessus ses guenilles et ce ne fut pas sans peine que le capitaine lui fit comprendre qu'il le tiendrait pour convenablement vêtu avec une robe de coton, pourvu qu'elle fût blanchie.

L'exemple des Chinois n'a converti que fort peu d'Annamites à l'usage de l'opium ; seuls, quelques gens riches en font abus, mais les populations rurales n'ont pas ce vice. La femme annamite est active, laborieuse et, à ce titre, joue un rôle important dans les affaires de la famille. La coutume ne permet pas d'ailleurs au mari d'emprunter ou de vendre sans son assentiment. Le jour où l'Annamite est assuré de n'être pas troublé, dans la possession de ses biens, volontiers il renonce à ses paillottes, leur préférant les maisons en briques, couvertes de tuiles. La vanité naïve qui est un des traits caractéristiques de la race et que les exactions des gouverneurs ont longtemps comprimée, reparait aussitôt que la crainte disparait. C'est ainsi que l'on voit les ouvriers de Saïgon ne pouvoir faire un pas sans trainer leur inséparable parasol. Sous la domination chinoise l'usage en était réservé aux seuls mandarins. Libres de s'en servir, ils le promènent partout avec eux.

Malade, l'Annamite fait prix avec son médecin et ne le paie qu'après guérison, convaincu que ce système rend le médecin plus attentif et plus soigneux. Du contact avec le Chinois et ses traditions religieuses il a conservé le culte des ancêtres, qui fait l'homme sédentaire, le fixant au sol sur lequel les siens ont vécu et où ils reposent. Aux Chinois aussi il a emprunté le souci de son cercueil, le désir de l'avoir près de lui, aussi riche et aussi beau que ses moyens le permettent. Parfois les enfants se cotisent pour l'offrir au père et à la mère et ce cadeau, toujours le bienvenu, est pour toute la famille une occasion de réjouissances et de fêtes.

L'esclavage existait, mais mitigé par des mœurs naturellement douces ; il a disparu, par le fait de la domination française, non seulement sans secousse, mais sans qu'il fût besoin d'un décret spécial. Les premiers administrateurs ignoraient même son existence, tant il était peu apparent. La Chine a donné aux Annamites son écriture, mais promptement ils l'ont abandonnée pour les caractères latins qu'ils s'assimilent sans efforts. Leurs œuvres littéraires sont peu nombreuses ; la plus célèbre est le Luc-Van-Tien que tous chantent ou psalmodient. L'auteur en est inconnu. Le poème, ou l'épopée, est le long récit de la vie d'un sage qui, successivement victorieux de tous les maux, de toutes les passions qui assaillent l'humanité, parvient à l'immortalité.

Auprès d'eux, les Moïs, de race très distincte, plus petits encore que les Annamites, de teint plus foncé, aux cheveux noirs ondulés, à l'aspect farouche que dément leur caractère doux et craintif. Leur langue est différente ; différente aussi leur religion rudimentaire ne comportant ni temples, ni culte, sauf celui qu'ils rendent aux morts.

« Plus méfiants et plus craintifs que les cerfs de leurs forêts, dit d'eux le colonel Rheinart, ancien résident général en Annam et au Tonkin, ils sont aussi plus difficiles à apprivoiser. La vue d'un étranger les inquiète et les fait fuir. Pour pouvoir pénétrer dans un village il faut se faire annoncer, se faire agréer, et que des gens sûrs, bien connus, se portent garants.

« Le Moï vit de peu, et, passant sa vie en forêt, il sait y trouver de quoi satisfaire ses besoins les plus pressants. Il est rare qu'il cultive assez de riz et de maïs pour en avoir une provision suffisante pour l'année. Il supplée à ce qui lui manque par des racines, des pousses d'arbre, et il fait preuve pour ses recherches d'une dextérité et d'un instinct remarquables. La chasse au piège ou à l'arbalète lui fournit des ressources appréciables. On trouve dans les villages des volailles, des porcs et des bestiaux. Ces derniers ne sont pas employés comme animaux de trait ou de bât, car il n'y a pas de

chemins chez les Moïs, sauf chez ceux de notre colonie et du Binh-Thuân. Dans tout
le restant de la région Moï, il n'y a que des sentiers très difficilement praticables. Le
plus souvent on ne peut les suivre que la cognée à la main, et il faut à chaque pas
frayer son chemin à travers les fourrés qui envahissent ces sentiers. La circulation y
est souvent aussi rendue dangereuse par les pièges à gibier qui sont tendus çà et là, et
que les Moïs seuls savent reconnaître.

« Leurs procédés de culture étant des plus rudimentaires, il est rare qu'ils puissent
obtenir plus de trois récoltes d'un même terrain. Quand ils l'ont épuisé, ils abandonnent
la place, et le village va s'établir ailleurs.

« Les besoins des Moïs sont réduits au strict minimum possible; aussi passent-ils
presque toutes leurs journées à rôder en forêt, cherchant sans hâte, des pousses, des
racines, quelque gibier. Mais ils ne s'éloignent jamais beaucoup, de crainte d'être
enlevés.

« Ils ne font que très peu de commerce, et seulement par voie d'échange, car la
monnaie chez eux est inconnue. Ils se procurent de la cire, des rotins, des écorces
médicinales..., parfois, mais rarement, de l'ivoire, et ils échangent ces produits contre
du sel, du fil de laiton, des jarres, des gongs, de l'étoffe parfois, des verroteries. Pour
faire ces échanges, ils se réunissent par groupes assez nombreux pour pouvoir se défendre contre les fauves, ou contre les hommes, et ils transportent leurs produits à dos
d'homme, parcourant ainsi de longues distances. Ils font parfois huit jours de marche
pour se procurer une jarre, qu'ils courent grand risque de briser pendant le trajet de
retour. Ces échanges, suivant les localités, se font avec les Annamites ou avec les Laotiens, ou bien, avec des tribus intermédiaires. La marche est rendue fort pénible, non
seulement par l'état moins que rudimentaire des voies de communication et par les
nombreux accidents de terrain, mais aussi par des myriades de petites sangsues de
terre qui mettent en sang les jambes des voyageurs et occasionnent des plaies et une
anémie rapide. Il faudrait aller presque nu comme les Moïs, pour s'en préserver comme
ils le savent faire.

« Toute la région moï est malsaine; la fièvre des bois y règne en permanence, aussi
les Annamites hésitent-ils à s'y aventurer, et sauf de rares exceptions, ils ne peuvent
s'y acclimater. Les Moïs, de leur côté, ne peuvent vivre hors de leurs forêts. Ils dépé-
rissent en pays annamite. Ces conditions, jointes au peu d'importance du commerce
avec les Moïs, rendent les relations fort limitées et assez rares entre ces deux parties
de l'empire d'Annam. »

Ici encore nous retrouvons les Chinois, comme partout commerçants habiles, nombreux, puisqu'ils forment 1/25ᵉ de la population, au début hostiles au protectorat français, s'y ralliant depuis que ce protectorat leur assure la libre possession de leurs biens
et le libre exercice de leur industrie, indifférents d'ailleurs à tout système gouverne-
mental. Enfin les Malais, sobres, patients, avares eux aussi, usuriers et prêteurs sur
gages. Nous les rencontrerons à Malacca.

Profondément enfoncé, en forme de coin, dans l'angle de l'Asie continentale et de la péninsule indo-chinoise, le Tonkin confine à la Chine sur plus de la moitié de ses frontières. Par le Yunnan, il la prend à revers; dans l'ouest il s'étend au long des parties du Laos que revendiquent la Birmanie et Siam.

C'est un vaste trapèze, d'une superficie d'environ 200,000 kilomètres carrés, coupé en deux parties distinctes : le Delta avec ses deux grands fleuves, le Taï-Bing et le Song-Koï, et les contrées montagneuses du nord et du sud-ouest. Dans la première, sept provinces : Bac-Ninh, Sontay, Hanoï, Haï-Dzuong, Hong-Yen, Nam-Dinh et Ninh-Binh. La seconde se subdivise en deux régions : au nord, celle des plateaux, au sud-ouest celle des forêts, et comprend les provinces de Quang-Yen, Langson, Caobang, Tuyen-Quang, Hong-Hoa, Taï-Nguyen, Thanh-Hoa, Nghé-An, Hatinh et Bochinh.

Le Tonkin est abondamment arrosé; outre ses deux grands fleuves, le Taï-Binh et le Song-Koï, il est sillonné par nombre de courtes rivières côtières. Le Song-Koï, ou fleuve rouge, surgit dans le plateau montagneux du Yunnan, près de Tali-Fou. Il traverse la ville chinoise de Mang-Hao, celle de Laokay et de Hong-Hoa; grossi par deux de ses principaux affluents : la rivière Claire et la rivière Noire qui triplent le débit de ses eaux, il passe à Sontay, se divise en deux branches dont la plus septentrionale, traversant Hanoï, va se jeter par trois ouvertures dans le golfe du Tonkin, et dont la branche méridionale, reliée au Taï-Binh, par Phu-Ly et Nin-Binh, aboutit au même golfe.

Au travers du Yunnan le fleuve n'est pas navigable; il se débat entre les rochers, bondissant entre les rapides; plus bas, il est fréquemment obstrué par des bancs de sable; au-dessous d'Hanoï seulement il devient praticable, mais pour les navires d'un faible tirant d'eau.

Le Taï-Binh descend de la province de Caobang ou de celle du Kouang-Si; on n'est pas encore fixé sur ce point. Il passe près de Taï-Nguyen et de Bac-Ninh, où il se relie par une de ses branches avec le fleuve Rouge. Par d'autres il se dissémine et s'épanche dans le Cua-Cam, son embouchure principale, porte d'accès du réseau fluvial du Tonkin.

En parcourant cette région, les noms de Doudart de Lagrée, de Garnier, de Dupuis reviennent à la mémoire, à jamais associés avec leurs périlleuses explorations qui arrachaient à un Anglais, Archibald Colquhoun, adversaire passionné de la France, mais mieux à même que personne de se rendre compte des difficultés par eux vaincues, les lignes suivantes : « Au sommet de la colline qui domine la ville de Soumao, je me retournai et jetai un triste regard d'adieu à cette autre rangée de montagnes, au sud, où serpente la route du Mékong. Puis je songeai, non sans un sentiment d'envie, à ces Français, hommes de science et voyageurs intrépides qui, en 1868, avaient, sous l'habile direction du capitaine Doudart de Lagrée, traversé ces mêmes régions et surmonté tous les obstacles qu'on leur avait suscités... Je me sentais pénétré d'une profonde admiration pour l'œuvre hardie si heureusement accomplie par l'expédition française. Ces intrépides explorateurs avaient traversé l'Indo-Chine dans toute sa longueur, depuis Saïgon jusqu'au fleuve Yang-Tsé-Kiang. Pendant deux années ils avaient supporté les fatigues et les privations du voyage. Rien ne les arrêta, ni la saison des pluies, ni les miasmes pestilentiels du Laos, ni la guerre civile du Yunnan. Leur hardiesse, leur persévérance obstinée et surtout le tact et l'habileté de leur chef méritent les plus grands éloges. Je souhaite que mon échec serve à mettre en relief la grande œuvre qu'ils ont menée à bonne fin, et qui n'a pas encore été appréciée à sa juste valeur. »

Véritable fourmilière humaine, le Delta du Tonkin qui n'occupe en réalité qu'un sixième de la superficie du pays, produit sur tous les voyageurs un effet de grossissement qui se traduit par une évaluation exagérée de la population. Elle paraît être, au total, d'environ 12,000,000 pour le Tonkin. D'une part la sécurité absolue dont jouit le Delta, de l'autre, l'instinct des populations qui leur fait éviter les montagnes et les hauts plateaux, rechercher les terres basses et les bords de la mer, ont contribué à attirer dans cette région un nombre considérable d'habitants. Les villages se pressent dans la campagne et lui donnent l'aspect animé des contrées populeuses de la Chine.

La fièvre des bois, qui sévit dans les parties montagneuses, contribue, autant que la crainte qu'inspirent aux Tonkinois les peuplades sauvages qui les habitent, à faire refluer la population dans les plaines. Ces peuplades sauvages, Mangs, Thos, Quans, Muongs, semblent appartenir à la race Laotienne; on évalue leur nombre à 400,000. Ils obéissent à un chef désigné par la cour de Hué et qui réside à Sontay, mais leur obéissance est précaire; les Muongs supportent impatiemment cette domination et surtout l'obligation de payer l'impôt même en nature.

« Plus beaux et d'un aspect plus mâle que l'Annamite, dit d'eux le Dr Maget, les Muongs restent la plupart du temps à l'état d'indépendance, en luttes continuelles avec les soldats de Hué. Au-dessus du Nghé-An, ils font souvent irruption jusqu'à la mer; on les craint. Comme les Chinois contre les Mandchous, les Annamites avaient élevé contre eux, dans le Quang-Binh notamment, d'immenses murailles de pierres. Nos missionnaires ont une grande influence sur eux, surtout dans le Ninh-Binh et le Thanh-Hoa. Les Muongs que l'on rencontre sur les bords du haut Fleuve Rouge et dans ses îlots sont de véritables sauvages. Ceux de Ninh-Binh, plus policés, ont adopté le régime patriarcal. Les Muongs viennent quelquefois en pirogue chercher du sel à Hanoï, à l'époque des grandes eaux. Très habiles à la chasse, ils se servent d'une arbalète courte qui lance de petites flèches, souvent empoisonnées et renfermées dans des carquois de forme bizarre; ils ont aussi l'arc en corne de buffle et quelquefois un fusil incrusté qu'ils épaulent sur la joue. »

Les Chinois sont nombreux au Tonkin, et, dans certaines localités, ils le sont à ce point que la population indigène semble n'être qu'une façade derrière laquelle se dissimule la masse compacte des fils de Han. Tel est le cas pour Caobang, Langson, Laokay. Anciens pirates fuyant le contact de leurs compagnons, criminels échappés du Céleste-Empire, ils affluent dans ces villes, s'unissent à des femmes annamites, se livrent au petit commerce, déroutant les soupçons et cachant leur identité. Ils s'étendent comme une tache d'huile, en imposent aux indigènes par leur incontestable supériorité, transformant lentement le pays qu'ils défrichent, cultivent et enrichissent en s'enrichissant eux-mêmes. L'analogie qu'offre le Tonkin avec les provinces limitrophes de la Chine fait que l'émigrant Chinois s'y fixe sans esprit de retour, surtout quand, ainsi que c'est trop souvent le cas, le souci de sa propre sûreté le détourne de rentrer dans sa patrie.

Le Tonkinois se rapproche beaucoup de l'Annamite dont nous avons, plus haut, tracé le portrait. Plus encore que lui, il est doux et craintif, laborieux, adonné aux travaux agricoles, abandonnant volontiers le négoce aux femmes.

Toute cette côte du Tonkin a longtemps été et est encore l'un des derniers refuges de la piraterie. Les îles calcaires du littoral, hérissées de falaises abruptes, perforées de grottes et de couloirs, offrent aux pirates des abris sûrs, en même temps que la situation du golfe sur la route de l'Inde à la Chine met à leur portée de riches captures. Souvent traqués, jamais anéantis, les pirates chinois et malais ont à maintes reprises désolé le littoral, enlevant pour les revendre les femmes et les enfants, envahissant en bandes nombreuses les villages de la côte, parfois même ceux situés à une certaine distance dans l'intérieur, et levant sur eux de lourdes contributions.

Entre les mandarins dont les exactions lui laissaient à peine de quoi vivre et les pirates qui, souvent, le dépouillaient de ce peu, la vie du paysan tonkinois était rude. Derrière ses palissades de bambous, n'ayant, pour résister aux pirates bien armés, que quelques lances de bambou, il se résignait à l'inévitable, courbé devant la force brutale. D'instinct, il s'incline devant elle, quelle qu'elle soit. « Parfois, écrit le correspondant d'un de nos journaux, comptant sur le respect dont on les entoure, les vieillards du village attendaient la colonne française et venaient offrir au commandant de modestes présents, des œufs et des bananes sur un plateau de bois ou deux poulets. Quand le commandant s'arrêtait pour les interroger, aussitôt ils se prosternaient avec toutes les formes serviles du cérémonial annamite, et si, souffrant de les voir plier leurs vieux membres dans ces postures humiliantes, le commandant les invitait à se dispenser de ces hommages, frappés de crainte et redoutant d'avoir déplu, ils les recommençaient avec plus de servilité encore. »

En substituant à ces génuflexions le salut militaire, la France affirme, une fois de plus, dans ces régions lointaines, son profond sentiment de la dignité de l'homme; elle relève l'Asiatique à ses propres yeux.

Bordé de falaises à pic, découpé en îles et îlots dans sa partie septentrionale, du cap Paklung jusqu'au Delta, le littoral tonkinois déroule aux embouchures des fleuves ses terres basses, émergeant à peine au-dessus de l'Océan. Les marées et les moussons, les courants fluviaux et leurs dépôts vaseux ont créé, près des côtes, des barres mobiles, périlleuses pour la navigation. Dans le sud du Delta, les grèves et les dunes se succèdent. Dans le nord, un fouillis d'îles, d'îlots, de récifs, affecte les formes les plus bizarres, pyramides et aiguilles, tables plates, arches creusées par les flots. C'est la région classique des pirates, difficiles à suivre dans ce labyrinthe dont ils connaissent tous les détours. Plus au large s'étendent les îles Gow-Tow, Choum-Lan-San, Lui-Chao, où les pirates règnent en maîtres.

Les typhons sont redoutables dans ce golfe du Tonkin, aux courants violents, aux côtes mal connues, aux barres mobiles. La mer y est courte et dure par suite des hauts-fonds. La marée s'y produit toutes les vingt-quatre heures seulement. Elle se fait sentir toute l'année dans le Taï-Binh.

Les marées de la Basse-Cochinchine présentent d'ailleurs à un degré remarquable

la combinaison d'un flux diurne et d'un flux semi-diurne d'égale importance atteignant
chacun un maximum d'amplitude d'environ trois mètres. Les nombreuses observations
faites ont été soumises au calcul. Il résulte d'un rapport de M. G. Héraud, que ces
marées sont produites par le concours d'une onde semi-diurne et d'une onde diurne se
combinant de telle manière que, sur deux basses mers consécutives, l'une est surélevée
et l'autre surbaissée par l'onde diurne et qu'entre une basse mer et celle qui la suit
immédiatement, il peut y avoir une différence de hauteur atteignant trois mètres.

Les villes sont peu nombreuses au Tonkin, par contre les villages abondent. Hanoï,
capitale de la province de ce nom, est située sur la droite du Song-Koï, le fleuve Rouge.
Sa population est d'environ 70,000 âmes. Fortement éprouvée pendant la guerre, elle
aurait perdu près d'une moitié de ses habitants, mais elle se repeuple rapidement et
sera sous peu un centre commercial très important, l'un des principaux marchés de
l'Indo-Chine. Hanoï est bien une ville d'extrême Orient, aux maisons serrées et
tassées, aux façades étroites couvertes d'inscriptions philosophiques, prêchant le
calme et la sagesse. Sous les auvents des boutiques, artisans et marchands, acheteurs
et visiteurs se pressent dans d'étroites boutiques dont un brusque mouvement d'épaules
ferait craquer les minces cloisons. Les rues ne sont qu'une succession d'ateliers grands
ouverts où, du soir au matin, l'on travaille et l'on vend, l'on flâne et l'on cause.

Hanoï fabrique et vend des meubles sculptés, des laques, des incrustations de
nacre; par le dessin et le fini du travail ses productions rappellent, mais de loin, celles
de l'art japonais. Une importante colonie chinoise y entretient un commerce actif entre
le Tonkin et l'Empire du Milieu. C'est à quelques kilomètres d'Hanoï que Francis
Garnier et Balny d'Avricourt succombèrent dans des embuscades.

Au nord-est d'Hanoï et à 35 kilomètres de distance, près du canal des Rapides, se
trouvent Bac-Ninh, sa citadelle et son populeux faubourg. Bac-Ninh est un point stratégique important, il commande les routes de Lang-Son, de Taï-Nguyen et de Haï-
Dzuong. Ici aussi nous retrouvons une importante colonie chinoise, marchands de
cotonnades, de résine, de médecines, de jarres, que l'on fabrique aux environs, et
surtout de petits cercueils en terre cuite destinés à renfermer les ossements après
exhumation. Bac-Ninh semble avoir la spécialité d'en approvisionner l'Indo-Chine, à en
juger par le grand nombre de maisons construites avec les déchets de cette fabrication.

Sur la frontière : Lang-Son, dans une plaine qu'entourent des collines, que coupent
des rizières, des plantations de coton et des villages éparpillés. C'est le point de jonction
des routes de Bac-Ninh et de la province chinoise du Kouang-Si. Hong-Hoa est une
citadelle autour de laquelle résident quelques Annamites et Chinois. Tuyen-Quan est
en ruines. Les excursions des Chinois ont mis en fuite les habitants. Sontay, au sommet
du Delta, n'a plus que 4,000 habitants. Elle en comptait 15 à 20,000 avant la conquête.

Ninh-Binh est, d'après le dicton annamite, « le cou du Tonkin, dont Hanoï est la
tête ». Elle a, moins que toute autre, souffert de la guerre. Accessible aux embarcations
d'un grand tirant d'eau, elle possède, outre sa citadelle, un fort bâti sur un rocher très
élevé que l'on ne peut gravir que par un étroit escalier. Deux hommes ne sauraient y
monter de front. Ninh-Binh fait un important commerce de coton, d'indigo, de riz, de

joncs et de bambous. A Yen-Hoa se concentrent les produits de la région montueuse du Ngo-Quan.

Nam-Dinh, chef-lieu de la province du même nom, possède environ 30,000 habitants. Le commerce d'échange avec les provinces méridionales de la Chine y est actif. Depuis 1883 la douane franco-annamite y est établie. Haï-Dzuong fut, avant la guerre, la troisième ville du Tonkin, ville de plaisirs et de jeu, entrepôt de l'opium. Elle se repeuple rapidement.

Haïphong est un port ouvert depuis 1874. Par le canal des Rapides il communique avec Hanoï, distant de 85 kilomètres, mais il a contre lui d'être dépourvu d'eau potable que des jonques lui apportent de Quang-Yen et de n'être pas accessible aux navires calant plus de six mètres, par suite de la barre du Cua-Cam. Il fut un moment question d'abandonner Haïphong pour transporter à Quang-Yen l'établissement maritime. Quang-Yen n'est qu'un village de pêcheurs, depuis qu'il est fermé au commerce chinois. C'est par cette voie que les insurgés tonkinois s'approvisionnaient d'armes et de munitions. Quang-Yen possède un bon mouillage; entourée par la mer sur trois côtés, la ville est facile à défendre, l'eau douce y est abondante et d'excellente qualité; ces avantages réunis en feront, dans un avenir peu éloigné, un port militaire et commercial important.

Laokay fut l'un des centres les plus actifs de l'insurrection. Les Pavillons-Noirs l'occupèrent, interceptant la navigation sur le fleuve Rouge; il s'y fait actuellement un grand trafic avec le Yunnan dont le thé et l'opium s'échangent contre le sel, le tabac et le coton d'Hanoï. A quelques kilomètres au nord s'étend la frontière chinoise.

Le Tonkin est riche en minerais, plusieurs de ses cours d'eau sont aurifères et ses mines de quartz ont été anciennement exploitées, comme l'étaient encore, il y a peu de temps, les mines argentifères des provinces de Taï-Nguyen et de Tuyen-Quang. On y trouve aussi le mercure, le cuivre, l'étain, le zinc, le plomb, le fer, la houille dont on a découvert d'importants gisements, capables d'assurer pendant de longues années le fonctionnement d'une exploitation régulière, proportionnée aux besoins de la consommation dans l'extrême Orient. Les essais faits ont donné, quant à la qualité, d'excellents résultats. Si les prévisions des savants ingénieurs commis à l'examen des gisements, MM. Fuchs et Saladin, se réalisent, on pourrait compter sur un écoulement annuel d'environ 100,000 tonnes, sans tenir compte des demandes que provoquerait l'établissement d'industries métallurgiques, le jour où l'on aurait la certitude d'avoir la houille en abondance et à un prix raisonnable. Actuellement les ports de l'extrême Orient : Singapour, Saïgon, Shanghaï, Hong-Kong sont approvisionnés de houille par l'Angleterre et le Japon presque exclusivement, jusqu'à concurrence de près de 500,000 tonnes.

La flore et la faune du Tonkin sont riches et variées. Sur un sol léger, riche en humus, un soleil chaud et des pluies fréquentes entretiennent une exubérante végétation. Le riz est la véritable richesse du Tonkin; il y réussit merveilleusement, donnant, dans certaines localités, jusqu'à deux et même trois récoltes par année, partout une très abondante. Il est de qualité supérieure, obtenant à Hong-Kong une prime de 30 %; les rizières occupent les neuf dixièmes des terres cultivables, et la consommation locale, très considérable, laisse un surplus pour l'exportation. Le riz forme la base de l'alimentation de l'habitant; la paille est utilisée pour les toitures, pour la cuisson des aliments, le bois manquant dans le Delta et le charbon de terre y étant encore rare.

Le blé est peu cultivé; le maïs, par contre, l'est chaque année davantage, ainsi que la canne à sucre, recherchée sur le marché de Hong-Kong. Le thé est le même que celui de Chine; on lui préfère toutefois ce dernier, mieux préparé. Les essais de culture du coton et de la ramie ont donné de bons résultats. Les Chinois préfèrent le coton du Tonkin au leur et même à celui de Bombay ; ils en donnent un prix supérieur. Le mûrier est l'objet d'une culture importante, ainsi que le tabac, mais les procédés de préparation de ce dernier laissent fort à désirer.

Le Tonkin, dans ses régions montueuses, possède des bois précieux : le calambac, très odoriférant, l'ébène, le bois de rose, le santal, mais, plus précieux et plus abondant qu'aucun autre végétal, le bambou, l'arbre universel, aussi nécessaire à l'habitant de l'Asie orientale que le riz dont il se nourrit. On mange ses nouvelles pousses ; de ses fibres on fait du papier, des liens, de la corde, des treillis et des tentures, des nattes, des cloisons, des paniers; de sa tige, souple et résistante, on construit des maisons et des barques, on fabrique des vases, des boîtes, des rames et des échalas. Il sert à tout, on en fait tout : des ponts jetés sur les torrents, des caractères et des planches d'imprimerie, des bâtonnets pour manger et des cure-dents, des armes offensives et défensives. Il grandit sans culture, demande peu de soins, sauf les espèces rares, et donne deux pousses par an.

Dans les régions montagneuses, la vie animale est très variée : singes, tigres, panthères et renards, puis les ours, les rhinocéros, les éléphants de petite taille ; parmi les oiseaux, le paon et le faisan bleu, la perdrix, le perroquet. Non moins nombreux les reptiles : le boa, le serpent à lunettes, le serpent-ver, tous trois dangereux. « Parmi les invertébrés, écrit M. Leserteur, les vers appelés *ruoi* sont une des principales curiosités du Tonkin. Vers la huitième lune, au moment de la plus forte marée, ils sortent de terre par milliers, dans un espace de terrain très restreint; des deux côtés du fleuve qui sépare les provinces de Nam-Dinh et de Ninh-Dinh, à l'endroit où l'eau est saumâtre, et cela pendant quelques jours seulement. Ces vers sont réputés par les indigènes le mets le plus exquis que l'on connaisse et les villages privilégiés sur les territoires desquels ils apparaissent, sont tenus d'en envoyer au roi, à la place de l'impôt. La pensée que ce sont des vers peut seule empêcher les Européens d'en manger, car ceux qui ont surmonté ce préjugé assurent que ce mets extraordinaire possède un haut goût très distingué. »

Ce que le Tonkin peut devenir entre nos mains, la Cochinchine, qui est à nous depuis vingt-cinq années, nous le dira. Sur un sol quelque peu différent nous y retrouverons les deux mêmes races en présence.

La Cochinchine française affecte la forme d'un quadrilatère irrégulier d'environ 380 kilomètres de longueur et de 330 de largeur. Sa superficie est de près de 60,000 kilomètres carrés, un dixième de la France.

Elle est limitée au nord par le royaume du Cambodge et l'empire d'Annam, au sud-est par la mer de Chine, à l'ouest par le golfe de Siam, à l'est par la province annamite de Binh-Thuan, cédée par l'Annam à la France en 1883, rétrocédée par la France à l'Annam en 1884. La Cochinchine fait face à deux mers entre lesquelles elle projette son extrémité méridionale, la pointe de Caman, et possède un vaste développement de côtes, 820 kilomètres sur la mer de Chine, du cap Baké à la pointe Caman, environ 400 sur le golfe de Siam.

Deux régions distinctes : les hautes terres, contreforts de la chaîne montagneuse qui, courant du nord au sud, entre la mer de Chine et le bassin du Mékong, prolonge dans l'ouest une ramification importante, limite de la Basse-Cochinchine, en dehors de laquelle elle se trouve, puis le Delta, de formation géologique récente, création du Mékong qui, chaque année, l'exhausse et l'accroît. C'est la région des rizières, des marais et des salines, région semée de vastes dépressions comme l'immense plaine des joncs et les marécages du Rach-Gia, nappe d'eau sans profondeur, portant à sa surface une épaisse forêt de végétation aquatique. Ailleurs les marais font place à des lacs poissonneux. La plaine, sillonnée d'innombrables ruisseaux, d'arroyos, qui l'arrosent et la drainent, est d'une grande richesse. Ce triangle d'alluvions qui forme la Basse-Cochinchine fut un golfe ; il devait s'étendre jusque près de Saïgon. Le Mékong l'a comblé, recouvrant les bancs de coraux qui, en certaines parties, affleurent encore, réunissant les îles à la terre ferme. A la pointe de Caman, sur plusieurs kilomètres d'étendue, flottent des bancs de vase et des îlots d'herbes qui, lentement, sur les rives, se tassent et se consolident, continuant le séculaire travail d'expansion du continent.

Le pays renferme 1,700,000 habitants, dont 1,500,000 Annamites, 100,000 Cambodgiens, 50.000 Chinois et 2,000 Européens, le reste indigènes et Malais. Presque toute cette population occupe le Delta, de même que la plupart des Européens habitent Saïgon. Les hautes terres, peu favorables à la culture du riz, couvertes de hautes forêts entrecoupées de clairières, ne possèdent encore que de rares habitants, mais le climat moins violent et plus sain, un sol bien adapté aux plantations de cannes à sucre, de caféiers et de mûriers ne sauraient longtemps tarder à y attirer le cultivateur et le colon. Cette région, encore presque inculte, semble appelée à un grand avenir.

Peu de terres ont un régime hydrographique aussi riche que celui de la Basse-Cochinchine ; il se divise en quatre parties bien distinctes : le Donnaï et la rivière de Saïgon, les Vaïcos, le Mékong et les rivières secondaires de la pointe de Caman.

Le Donnaï prend naissance dans l'Annam. Il court au sud-ouest, traversant, dans son cours supérieur, des vallées accidentées, de difficile accès. Obstrué par des rochers et des bancs de sable, semé de rapides, il débouche dans une région de plaines couvertes de forêts. Par Tan-Uyen, Bien-Hoa, il atteint Saïgon où il s'unit à la rivière de ce nom. Elle aussi descend de l'Annam ; grossie par ses affluents elle passe à Caiung, Bensuc, Saïgon et se déverse dans la mer de Chine au-dessous du cap Saint-Jacques. C'est l'artère maritime de la Cochinchine.

Les Vaïcos, Vaïco oriental ou grand Vaïco, et Vaïco occidental ou petit Vaïco, issus du Cambodge, courent tous deux du nord-ouest au sud-est, rapprochant leurs bassins assez distants à leur source, finissant par s'unir pour ne plus former qu'une seule rivière, le Vaïco, et se jeter dans la mer par la bouche du Soï-Rap, après avoir joint leurs eaux à celles du Donnaï.

Des nombreuses artères fluviales de l'Indo-Chine, la plus vaste est le Mékong. Il apporte au Cambodge et à la Cochinchine les eaux des monts Kouénloun, près du Koukounor. Torrent impétueux, il descend du Tibet oriental et traverse le plateau du Laos, se frayant une voie à travers les collines escarpées qui le dominent de plusieurs centaines de mètres. Son cours contrarié et capricieux oscille de l'ouest au sud, pour se fixer au sud-ouest à partir de Phnum-Bachey. Là il se divise en quatre branches. Détachant un de ses bras, « le petit fleuve », vers l'est, il en dirige un second vers Toulé-Sap, grand lac situé au nord de la capitale du Cambodge, déversant jusqu'à 35 milliards de mètres cubes d'eau dans ce vaste bassin, vivier naturel qu'exploitent près de 30,000 pêcheurs siamois, annamites, malais établis sur ses bords. Les deux autres bras, le fleuve supérieur Thiang-Giang, et le fleuve inférieur Han-Giang, courent directement vers la mer de la Chine. Large de 600 mètres, le premier arrose Barang, Tandong, Vinh-Long, Baké, et par quatre bouches se déverse dans l'Océan. Le second, plus occidental, passe à Chaudoc, Thot-Not, Traon, se relie au golfe de Siam par le canal de Hatien et se décharge dans la mer par le Bassac.

Le débit du Mékong est énorme. On n'évalue pas à moins d'un milliard 400 millions de mètres cubes la quantité annuelle de matières solides que roulent ses eaux et qu'elles épanchent sur le Delta. Ainsi que le Gange et l'Euphrate, que le Nil, le Tigre et le Bhramapoutra, le Mékong est soumis à une crue périodique, due en partie à la fonte des neiges du Tibet, en partie aux pluies torrentielles qu'amène la mousson du sud-ouest. Cette dernière cause paraît la plus efficace, si l'on tient compte de ce fait que le Ménam, qu'aucune neige n'alimente, subit, lui aussi, une crue régulière.

Celle du Mékong atteint son maximum en septembre, dépassant parfois de 12 mètres le niveau des basses eaux. Sur le sol, inondé à de grandes distances, semblent flotter les habitations construites sur pilotis; les communications se font alors par bateaux. Le cours du Mékong est de 3,500 kilomètres.

Les rivières secondaires de la pointe de Caman forment un réseau fluvial rayonnant dans toutes les directions et complétant le merveilleux ensemble hydrographique de la Cochinchine. Ce sont le Giang-Ké oscillant entre le nord et l'est, le Rach-Dua, qui met Caman en communication avec Saïgon, assurant en toutes saisons les transports de riz, de sel et de poissons; le Gang-Hao qui, par le sud-est se déverse dans la mer de Chine. Enfin, entre ces rivières et ces fleuves, tout un système d'arroyos reliant les unes aux autres, offre des communications faciles et d'économiques moyens de transport.

Si les fleuves sont les grandes artères commerciales, charriant les produits et fertilisant les terres, les arroyos, qui jouent un rôle si important dans l'Indo-Chine, ressemblent à ces routes secondaires qui font affluer les produits d'une région sur certains points où le fleuve les prend et les emporte. Grâce aux arroyos, ces produits circulent à peu de frais; les saignées pratiquées au long de leur cours permettent en outre et en toute saison d'irriguer les terres et d'alimenter les rizières. Nombre de ces arroyos sont artificiellement creusés sur des parcours qui varient de 30 à 60 kilomètres; ils peuvent porter jusqu'à des jonques de cent tonneaux.

Sur le golfe de Siam, le littoral est bas et vaseux, d'accès difficile. La pointe de Caman, terre d'alluvions, ne s'aperçoit pas à six milles au large. Sur la mer de Chine, sauf dans la partie du Delta, des collines boisées alternent avec des plages sablonneuses. Les courants y sont variables et la navigation, facile pendant la mousson du nord-est, ne laisse pas que d'être rude pour les petits navires d'avril à octobre, pendant la mousson du sud-ouest.

Au long des côtes, un certain nombre d'îles. Les plus importantes dans la mer de Chine sont celles de Poulo-Condor, cédée à la France dès 1787, ainsi que la presqu'île de Tourane; les Poulo-Obi, au sud de la pointe extrême de Caman, puis, dans le golfe de Siam: les Phu-Quoc, pénitencier agricole et lieu de relégation, l'île de Hontré ou des Bambous, longtemps repaire de pirates; le groupe de Poulo-Dama et enfin celui de Poulo-Panjang.

Soumise à de moindres oscillations que celles de la plupart des régions chaudes, la température de la Cochinchine varie entre les deux extrêmes de 17 et 36 degrés. Elle se maintient entre 20 et 30 pendant la saison des pluies. Dans les régions montagneuses et forestières règne la fièvre des bois. Sur les terres basses où les rayons d'un soleil tropical décomposent les matières végétales épandues par les fleuves, la dysenterie et la fièvre pernicieuse sont à redouter. Le voisinage de l'Inde, foyer de maladies endémiques depuis l'antiquité la plus reculée, a souvent déterminé de formidables explosions de choléra, débordant sur la Chine, l'Indo-Chine, le Japon, les Philippines, les Célèbes et les Moluques, et y rencontrant, surtout dans l'Indo-Chine, des conditions favorables à sa propagation. Toutefois les mesures de salubrité prises à Saïgon et à Cholon, les résultats remarquables qu'elles ont donnés, prouvent ce que l'on peut en attendre le jour où plus largement étendues et mieux comprises par les indigènes elles seront appliquées et observées par eux.

Déjà le niveau de la mortalité, estimé à 4,82, est inférieur à celui du Sénégal, 10,61, de la Martinique, de la Guadeloupe, de la Guyane et de Mayotte où il est supérieur à 9. Par contre, il est au-dessus de celui de Taïti et de la Nouvelle-Calédonie où il n'atteint pas un pour cent.

Plus haut, dans le chapitre afférent à l'Annam, nous avons décrit la population, ses coutumes et ses mœurs. Nous n'y reviendrons donc pas.

La Cochinchine n'est pas moins riche en productions variées que le Tonkin et l'Annam. Le riz y est, comme dans toute l'Indo-Chine, la culture principale; son rendement est de 54,000,000 de kilogrammes à l'année, d'une valeur de 45,000,000 de francs. Ce rendement n'est que peu de chose encore en regard de celui que l'on peut espérer pour un produit dont l'exportation est assurée par la consommation de 400 millions d'êtres humains. L'arbre à thé, le tabac, le caféier, le poivrier, le cannelier sont cultivés dans tous les jardins pour la consommation locale.

Les plantes textiles, la ramie, le chanvre et le coton donnent des produits appréciés. De même qu'au Tonkin, le bambou est en Cochinchine d'un usage constant. Ce géant des graminées y pousse partout, partout indispensable à l'Annamite.

Dans les forêts, peu fréquentées par l'homme, la vie animale est intense. De même qu'au Bengale, les tigres abondent sur le bord des fleuves et dans les marécages. Celui de Cochinchine, le tigre royal, atteint deux mètres de longueur. Il inspire aux Annamites une terreur superstitieuse, surtout à ceux qui, habitant sur la lisière des forêts, sont le plus exposés à ses ravages. Ils s'abstiennent de prononcer son nom et lui font offrande chaque année d'un porc marqué du sceau des notables. Si le « Seigneur » dédaignait l'offrande ce serait un mauvais présage pour le village, un avis de s'attendre à le voir dévorer plusieurs des habitants.

Dans son voyage d'exploration au Mékong, Francis Garnier raconte un émouvant épisode dont il fut témoin et acteur aux environs de Ban-Mouk. « J'arrivai, dit-il, à la tombée de la nuit, à l'étape où je devais changer de porteurs. On entendait les bruits sourds de coups de hache résonner dans les profondeurs du bois. C'était un village nouveau qui s'installait au milieu de la forêt. Tout à coup des cris perçants éclatèrent à nos oreilles et, devant moi, à quelques mètres à peine, trouant le feuillage dans un immense bond, parut et disparut un tigre qui emportait un enfant. Décharger mon revolver sur l'animal, crier à mes compagnons de jeter bas leur fardeau et de me suivre, nous élancer tous ensemble, en criant, à la poursuite de la bête féroce, fut l'affaire d'une seconde. Quelques instants après nous étions près du bébé que l'animal, effrayé ou blessé, avait laissé tomber dans sa fuite. C'était un enfant de quatre ou cinq ans; les cris qu'il continuait à pousser prouvaient surabondamment qu'il n'avait point encore rendu le dernier soupir. Je m'empressai de le relever, de le retourner dans tous les sens, il n'avait pas une égratignure. Il ne cessa pourtant de crier que lorsqu'il fut dans les bras de sa mère qui accourait toute en larmes. Le père coupait des branches sur un arbre quand son enfant qui jouait non loin de là avait été enlevé. Éperdu, il avait été donner l'alarme dans le village. Les détonations de mon revolver avaient guidé les habitants qui me prirent pour un Dieu sauveur maniant le tonnerre. La soudaineté de mon apparition, ma physionomie nouvelle, mon costume bizarre donnaient à ce sauvetage quelque chose d'étrange et de miraculeux. En quelques minutes j'eus à mes pieds tous les cochons, toutes les poules, tous les fruits dont disposaient ces pauvres gens et que la mère, pleurant maintenant de bonheur, me suppliait d'accepter. Les hommes se mirent à me construire une case et je ne reçus jamais une hospitalité plus empressée. »

L'éléphant existe à l'état sauvage, mais les indigènes le respectent, estimant que sa mort attirerait sur eux le courroux céleste et entraînerait la perte de leur récolte de riz. Le rhinocéros et le sanglier errent dans les forêts. Le buffle est domestiqué; docile avec l'Annamite, il s'inquiète et devient farouche en présence de l'Européen. Le crocodile est abondant et redoutable. Les Chinois, très friands de sa chair, le parquent au nombre de trente ou quarante dans des enclos inondés régulièrement aux grandes marées. Sa chair a un goût de musc très prononcé. Le roi Tu-Duc appréciait fort le crocodile de la Cochinchine et, chaque année, on lui en envoyait en cadeau.

Capitale de la basse Cochinchine sous la domination annamite, Saïgon est devenue le siège du gouvernement, la métropole de notre colonie. Comme Calcutta bâtie sur la branche latérale d'un delta secondaire, Saïgon s'élève, non sur le Donnaï mais sur l'un de ses affluents ; la profondeur de son chenal a fait d'elle le port principal.

Contrairement à la plupart des villes asiatiques, presque toutes édifiées sur des sites consacrés par les siècles, sur les ruines d'antiques cités disparues, Saïgon est une ville moderne, un village cambodgien dont le second roi du Cambodge fit choix pour y établir sa résidence. Gia-Long affectionnait cette retraite où il trouvait asile dans les mauvais jours, et ce fut à regret qu'en 1811 il la quitta pour Hué, capitale de l'Empire enfin reconquis.

D'un grand village de huttes bâties sur pilotis, communiquant entre elles au moyen de perches de bambous accouplées, d'une longue rue aux grands espaces vides, le gouvernement colonial a fait en trente années la ville la plus riante et la plus charmante de l'extrême Orient. Les rues larges se coupent presque à angle droit. La chaussée, encadrée de trottoirs ombragés d'arbres au feuillage épais, est bordée de maisons entourées de jardins rappelant par leurs formes les cottages anglais. Le développement des rues et des cinq boulevards est de trente-six kilomètres. L'aspect en est aussi curieux qu'animé. De même qu'à Singapour et à Hong-Kong on y rencontre des représentants de toutes les races asiatiques et européennes. Cent mille âmes, en y comprenant la population de la banlieue et de Cholon, donnent à Saïgon le mouvement et la vie d'une grande ville qu'ornent de beaux monuments.

Le palais du gouverneur, qui a coûté douze millions, possède une façade célèbre dans tout l'extrême Orient. La cathédrale, la chambre de commerce, l'hôpital militaire ont grand air. Le Jardin des plantes et l'Observatoire, les collèges, l'arsenal, le Palais de Justice, bien construits et bien entretenus font honneur à leurs architectes. Ainsi que la ville, la plaine de Saïgon est riante et gaie, ombragée de grands arbres et bien arrosée. Le port n'est pas moins animé que la ville et les navires y trouvent, pour se ravitailler et se réparer, toutes les facilités désirables.

Un service de tramways à vapeur relie Saïgon à Cholon, distant de cinq kilomètres. On accède à Cholon par trois routes carrossables dont la plus pittoresque suit, dans toute sa longueur, l'arroyo chinois que couvre, à la marée haute, une multitude de jonques, barques, sampangs et pirogues de toutes formes et de toutes tailles. Rebâtie depuis la conquête française, Cholon possède un développement de quais de plusieurs kilomètres et que bordent d'énormes magasins. C'est ici que se concentre le riz destiné à l'exportation, on le trie, on le met en sacs et on l'achemine, par millions de piculs sur tous les marchés du globe. Par une étrange anomalie, c'est sur Marseille qu'on en expédie la plus petite quantité.

Comme dans nos villes d'Europe, les boutiques de Cholon restent ouvertes le soir. Les rues, bien éclairées, sont, ainsi qu'à Saïgon, d'une remarquable propreté. Les Chinois, très nombreux et riches, possèdent à Cholon une magnifique pagode.

A 70 kilomètres de Saïgon, sur la branche orientale du Mékong et rattachée par un chemin de fer à la capitale, s'étend la ville de Mytho dont la physionomie originale a vivement impressionné les premiers Français qui la virent. Nous retrouvons dans un récit d'il y a 23 ans la trace de cette impression ; le narrateur décrit la partie de la ville habitée par les Annamites : « Reposant à moitié sur le sol, à moitié sur pilotis, les maisons baignent d'un côté dans la rivière, de l'autre elles donnent sur une rue étroite et glissante dont la chaussée est pavée en briques. Les marchands, accroupis dans leurs boutiques, attendent, dans l'obscurité, le chaland, avec le flegme oriental. Le matin, la circulation n'y est pas facile, parce que vendeurs et acheteurs y affluent de la campagne voisine et que les opérations se font toutes en plein vent. Mais tout redevient tranquille dans l'après-midi. On peut alors errer de boutiques en boutiques que l'on trouve encombrées par une multitude d'objets de la vie usuelle importés du Céleste-Empire et que leur bon marché empêche de comprendre dans les cargaisons d'articles de la Chine que l'Europe achète avec une faveur croissante. »

Mytho est restée ce qu'elle était alors, un entrepôt chinois, mais le jour approche où, envahie par la civilisation française dont les rapides progrès étonnent les voyageurs nouvellement débarqués dans ces pays lointains, elle deviendra, elle aussi, l'un des marchés importants de l'Indo-Chine. On retrouve, à Mytho, les curieux radeaux du Cambodge, assemblages de bambous que surmonte une cage en feuilles de palmiers nains. Ce sont des pêcheries flottantes. Dans des enclos de filets les indigènes y retiennent des poissons et d'énormes crevettes grosses comme de jeunes langoustes.

Dans le nord de la province de Mytho se trouve la plaine des Joncs, marécage gigantesque où pullulent les crocodiles et les serpents. D'épaisses nuées de moustiques en couvrent les abords.

A 120 kilomètres de Saïgon, Vinh-Long s'étend sur le bras oriental du Mékong et en amont de Mytho. C'est une ville pittoresque aux rues propres et ombragées. Il s'y fait un grand commerce de riz, d'arec et de fruits. Dans le nord : Bien-Hoa, chef-lieu de la province de ce nom, centre de la culture naissante de la canne à sucre et d'importantes exploitations forestières. Puis Chandoc, renommée pour ses soieries et Long-Guyen riche en palmiers, en cocotiers et en aréquiers.

Le commerce de la Cochinchine française est en progrès constant. Il s'élève annuellement à environ 125,000,000 de francs dont 70,000,000 pour l'exportation. Dans ce dernier total le riz, véritable thermomètre de la prospérité coloniale, figure pour plus des trois quarts. On l'expédie surtout dans l'Amérique méridionale, au Brésil, au Chili, dans la République Argentine, à Java, à Hong-Kong, à Singapour et en Chine, où l'exportation trouve de grands débouchés.

Tête d'une région dont la population totale dépasse certainement 20 millions d'habitants, la Cochinchine est en contact avec de nombreuses peuplades destinées, elles aussi, à subir notre influence civilisatrice. Elle est, en outre, une porte ouverte sur la Chine méridionale et sur le Tibet. Par le Cambodge, berceau du bouddhisme, terre mystérieuse des Khmers, elle confine au royaume de Siam et au bassin du Mé-Nam. La France, maîtresse de la Cochinchine, occupe à cette extrémité de l'Asie le premier rang. Elle a su le conquérir et, par l'humaine influence qu'elle exerce autour d'elle, le conserver.

II. — CAMBODGE

Par sa superficie de 100,000 kilomètres carrés, par sa population, — environ 1,500,000 habitants, — le Cambodge est, de nos possessions de l'Indo-Chine, la moins importante, mais non la moins intéressante. Enclavé entre le royaume de Siam au nord et à l'ouest, l'Annam au sud et à l'est, le golfe de Siam au sud-ouest, il affecte la forme d'un rectangle d'environ 400 kilomètres de longueur du nord au sud, sur 300 de largeur de l'est à l'ouest. Le Mékong le traverse du nord-ouest au sud-est; de nombreuses rivières, les unes affluents du grand fleuve, les autres au cours indépendant, tributaires du grand lac ou de la mer des Indes, le sillonnent, fertilisant ses plaines.

Comme la Cochinchine et le Tonkin, le Cambodge se divise en deux régions distinctes; la plus ancienne, la région montueuse, s'étend au nord-ouest, courant parallèlement à l'équateur; elle est formée par les dernières ramifications des chaines détachées du plateau central asiatique. Elles viennent mourir ici, s'affaissant en masses confuses de hauts-plateaux qui s'entrecroisent, donnant naissance aux nombreux cours d'eau qui s'épanchent dans la plaine. Comparativement plus récente, cette seconde région créée par le Mékong, est aussi la plus riche et la plus peuplée.

C'est la région du présent et de l'avenir, des terres d'alluvion et du sol cultivable. L'autre, celle des montagnes, que recouvrent d'épaisses forêts sous lesquelles dorment les monuments merveilleux que la foi religieuse éleva aux divinités du brahmanisme et du bouddhisme, c'est la région du passé, des légendes mystérieuses, le siège du grand empire des Khmers dont les limites encore inconnues renfermaient le Laos et le royaume de Siam, le centre d'une civilisation dont les étonnants débris attestent l'état avancé et les grandioses conceptions artistiques de ceux qui les ont édifiés.

A la suite de quels événements la barbarie a-t-elle de nouveau reconquis ce sol et s'est-elle substituée aux races qui ont laissé, de leur passage, de tels vestiges? On l'ignore. Dans les récits légendaires relatifs aux générations disparues, l'invraisemblable coudoie le mystérieux; les traditions hindoues se confondent avec celles des fils de Han et des Malais du grand archipel d'Asie; l'histoire vraie se perd dans une série d'invraisemblables et dramatiques événements empruntés à d'autres peuples, reflets d'autres temps et d'autres races. Est-elle écrite sur ces temples magnifiques, sur ces bas-reliefs dont un seul, déroule sur un kilomètre de longueur des millions de figures symboliques d'hommes et d'animaux, sur les quarante-deux tours pyramidales du Baïon, sur ces ruines gigantesques d'Angkor, auxquelles la science s'efforce d'arracher leur secret?

De ce passé, un fait toutefois se dégage et un examen attentif permet de le relier au présent. Sur ce sol, chez cette race, reste d'un grand peuple, la religion fut toute-puissante et, plus qu'ailleurs, exclusive. A côté d'une théocratie souveraine dans son domaine et n'en sortant pas, ne vivant que pour ses divinités, au-dessus d'un peuple

LA PAGODE DU PIED DE BOUDHA.

imprégné de la même foi, absorbé dans les mêmes pratiques, à tout le reste indifférent, régnait un souverain absolu, maître de tout, à la condition de respecter et de partager, au moins en apparence, les croyances ardentes et passionnées de ses sujets. Cette race vécut, les yeux fixés sur l'au delà, gouvernée par un despote auquel tout était permis, qui était lui-même d'origine divine, descendant de Vichnou, que l'on adorait, roi et dieu, seul gouvernant, seul propriétaire, possédant droit de mort et de grâce.

Ce fut le berceau du bouddhisme; ses conquêtes furent des conquêtes religieuses, des conquêtes de propagande. Il conquit l'Asie au bouddhisme, en commençant par la Chine et le Tibet. Avec la puissante ferveur des cultes naissants il édifia ces temples, il fit de son sol la terre sainte où venaient adorer les fidèles, où plus tard pénétra sans résistance l'ennemi infidèle qui détruisit l'empire khmer absorbé dans son culte, submergé sans effort et, de son grand passé, ne conservant aujourd'hui, dans ce qui reste de sa race, que l'inébranlable foi religieuse qui le laisse indifférent à toutes les épreuves, à toutes les misères terrestres, à tous les jougs.

Cette race est d'origine aryenne; l'Arya pouvait seul, semble-t-il, pousser aussi loin et aussi avant l'idée religieuse, à ce point s'identifier avec elle. Elle vint de l'Inde; son fatalisme l'indique, les ruines de ses monuments l'attestent; par la physionomie, la démarche et les traits elle est hindoue. Par le Fu-Nam, par la côte sud, elle envahit le Cambodge, à une époque très reculée. Sur ce point, ses légendes s'accordent, toutes mentionnant le Fu-Nam comme la porte par laquelle elle entra, si invraisemblable que cela puisse paraître, étant donné l'instinctive répugnance des Indiens d'alors pour la navigation. Il fallut, pour les y contraindre, d'impérieuses circonstances, de terribles soulèvements religieux suivis d'implacables répressions. Sur cela leurs récits sont muets; muets aussi sur leur déchéance.

Entre ces deux dates extrêmes : leur invasion et leur chute, se placerait le voyage de Bouddha au Cambodge, au vᵉ siècle, avant notre ère; ainsi qu'à Ceylan, il y a laissé l'empreinte de son pied. Puis des siècles s'écoulent, silencieux; l'ennemi apparaît. Quel était-il, d'où venait-il? Fut-ce la race jaune, le Chinois venu par mer, ou le Mongol descendu des montagnes de l'Himalaya qui envahit le Cambodge, prit et ravagea Angkor? Fut-ce l'Annamite ou le Siamois, ou tous deux, qui portèrent les premiers coups? On l'ignore. Ce que l'on sait c'est, qu'étouffé entre Siam et l'Annam, réduit au territoire du Cambodge, l'empire des Khmers s'écroula, que longtemps son nom même disparut et que celui du Cambodge, à peine connu en Europe, ne représentait qu'une dépendance de l'Annam. En 1863, un traité le plaçait sous le protectorat de la France, maîtresse de la Cochinchine.

Plus robuste que la race annamite, plus grande et mieux proportionnée qu'elle, la race cambodgienne est, de toutes celles qui peuplent l'Indo-Chine, la plus vigoureuse. Elle domine dans le Cambodge où elle compte au moins 750,000 représentants. Après elle vient la race chinoise au nombre de 100,000, les Annamites, presque aussi nombreux, puis les Malais et les tribus sauvages des provinces de l'est. Inégalement répartie à la surface du sol, cette population se concentre sur les bords des fleuves et des arroyos ainsi que dans les îles, où l'agriculture et la pêche lui permettent de pourvoir à sa subsistance. Les Malais sont plus nombreux sur la rive droite du Mékong ; les Chinois se rencontrent partout, partout aussi les Annamites qui, peu à peu, dépossèdent le Cambodgien. Malgré sa supériorité physique, ce dernier a peine à soutenir la concurrence contre ses rivaux, plus industrieux et plus travailleurs.

Le Cambodgien n'a ni le nez aplati, ni les narines écartées et béantes de l'Annamite. Son système musculaire est mieux développé, sa poitrine plus bombée ; les pectoraux sont saillants, les bras forts, la main osseuse ; les mollets accentués, ce qui n'est pas le cas généralement pour les Indo-Chinois. Il a le teint jaunâtre, la barbe peu fournie, les cheveux abondants, rarement noirs. Chez lui le type hindou domine, mais le mélange de sang annamite et malais est sensible. Comme les Hindous, les Cambodgiens sont doux, paresseux et joueurs ; ils s'entr'aident volontiers, mais l'orgueil qui survit à leur décadence, leur fait refuser avec dédain de louer leurs services et d'en tirer un salaire. Ils sont braves et se battent bien, en cas de nécessité, mais ils répugnent au travail. La fertilité du sol leur assure avec peu de labeur le riz nécessaire à leur nourriture. Volontiers ils s'en tiennent là, peu soucieux d'étendre leurs cultures et d'accroître leur bien-être par la vente du surplus de leur production.

Au long de la côte, dans le golfe de Siam, quelques îles : l'île Kong, habitée par des pêcheurs, en face d'un littoral montueux, coupé de falaises et de plages sablonneuses, de baies profondes et de bons mouillages. La plus vaste de ces baies est celle de Kompong-Som, embouchure du fleuve du même nom. Puis une chaîne d'îles, l'île Rong, l'île Rong-Sam-Lem, l'île de la Baie.

Sur la terre ferme, au nord du littoral, les plaines basses courent au long de la rive droite du Mékong, ou Cambodge. Plus au nord encore, le grand lac, le Toulé-Sap, dont nous avons parlé, bassin régulateur du cours du Mékong, lac de 110 kilomètres de long, sur 25 de large, immense vivier de poissons que l'on y pêche en quantités prodigieuses. A son extrémité nord-ouest commence la province d'Angkor. Ce fut le centre de l'empire des Khmers, le site où s'élevait Indra, célèbre par les traditions et par ses ruines éparses sous les forêts. Bien qu'en vertu des traités, Angkor appartienne aujourd'hui au royaume de Siam, par sa situation géographique, par son histoire et ses souvenirs, cette terre fait partie du Cambodge.

Les ruines du grand empire khmer couvrent une superficie de plus de 200 kilomètres : temples et citadelles, chaussées, ponts et canaux, étangs sacrés, tours et pyramides. La fastueuse résidence de Pontey-Préan-Khan, « forteresse de la divine épée », amas de débris, occupe encore 5 kilomètres carrés. « A la place d'honneur trônait la divinité ; on l'adorait dans un temple central surmonté de neuf hautes tours à étages ; aux pieds desquelles s'étalaient de vastes caravansérails pour les pèlerins ; des monastères entourés de pièces d'eau et d'arbres sacrés. Autour de la grande Pontey, se groupaient d'autres constructions, telles que forts, sanctuaires, pagodes, édicules de tout genre, dont les colonnades gisantes et les galeries écroulées représentent en dehors du massif principal, une zone secondaire de débris. »

Les ruines d'Angkor, capitale de l'empire khmer, se divisent en deux groupes principaux ; celles du grand temple d'Angkor-Wat, dont la reproduction d'une porte d'angle figurait à l'Exposition du Centenaire et celles de la ville elle-même. D'époques différentes ces constructions se distinguent par leur style. L'impression que produit l'aspect du temple est celle d'un sentiment religieux atteignant son maximum d'intensité, absorbant, jusqu'à l'anéantir, l'individualité de l'artiste qui conçut cette œuvre gigantesque et dont le nom est demeuré inconnu. On comprend, en la voyant, que la tradition, volontairement oublieuse, attribue aux anges ou aux géants cette construction merveilleuse et que, répudiant toute intervention, elle aille jusqu'à prétendre que ces édifices, d'eux-mêmes, surgirent du sol.

Entre ces massifs de grès et de marbre, entre ces chefs-d'œuvre d'un Michel-Ange asiatique, ces bas-reliefs, ces pyramides, ces colonnades, ces chapiteaux, délicatement sculptés, fouillés, entre ces édifices puissants construits de blocs sans ciment, si solidement assis, si délicatement polis et les misérables huttes de bambous entrelacés qu'habitent les Cambodgiens de nos jours, le contraste est trop violent pour ne pas faire naître en eux l'idée d'une intervention surnaturelle. Ils lui attribuent ce miracle qui arrachait au général Perrin un cri d'admiration bien sincère sous sa forme soldatesque : « Lors de mon premier voyage à Angkor, écrivait le général en 1867, je n'avais rien vu ; cette fois-ci je n'ai pas suivi le même itinéraire ; j'ai longé les ruines de la partie nord. Pendant six jours de marche d'éléphant, j'ai suivi ces ruines, n'y pénétrant que par les rares sentiers que les explorateurs ont ouverts. Ce que j'ai vu de monuments, de temples, de palais, de colonnes, d'escaliers, de tas de marbre, ne peut se narrer. On ne me croirait pas. Des gens du pays disent que ces ruines couvrent un cercle de terrain de dix lieues et même de douze de diamètre.

« Quelle ville y avait-il donc là? De quel empire était-elle la capitale?

« J'ai vu des temples en bon état de conservation (sauf la végétation qui les envahit), qui ne mesuraient pas moins d'une lieue de tour; des forêts de colonnes de marbre; tout est en marbre. Bien qu'une partie des degrés ait disparu sous le sol, ce qui reste est à cent piques au-dessus de ce que nous voyons à Versailles et ailleurs. C'est aussi solide en certains endroits que si c'eût été fait hier. Sans la végétation et la foudre, ces monuments, auxquels les habitants du pays donnent quatre ou cinq mille ans, seraient aujourd'hui intacts...

« J'ai voulu monter à un temple qui paraissait bien conservé. Il y avait onze escaliers, à je ne sais combien de marches chaque, pour arriver seulement au premier des cinq péristyles!... J'avais commencé à gravir à six heures et demie du matin ; à sept heures et demie à peine avais-je pu visiter quelques salles du bas. Craignant d'être obligé de redescendre ces degrés au fort de la chaleur j'ai abrégé ma visite. Toutes les murailles sont sculptées et ornementées. Le premier effet que ces monuments m'ont produit, c'est la stupéfaction. Cependant je ne suis pas un amateur à pousser des cris d'enthousiasme pour la moindre des choses. Je suis monté le lendemain dans l'escalier à vis d'une immense tour placée sur une hauteur ; arrivé au faîte, j'ai joui de la vue des ruines.

« Il y a dans les fonds, dans les endroits où l'on ne peut pas pénétrer, des palais d'une hauteur et d'une grandeur colossale. J'étais armé d'une bonne jumelle ; j'ai pu examiner les détails. C'est inouï de richesse architecturale et cela se prolonge jusque sur le territoire du Cambodge, à dix ou douze lieues de là.

. « Pensez-vous à ce que serait Paris en ruines? Des tas de moellons sur une étendue de deux ou trois lieues de diamètre. Ici; il y a sur le sol et surtout sous le sol, du marbre tout taillé de quoi rebâtir, à la façon des géants, toutes les capitales de l'univers. J'ai vu la jambe d'une statue dont l'orteil mesure en longueur onze fois mon fusil de chasse... Il y a des piédestaux à degrés, veufs de leurs statues, qui sont plus hauts et plus grands que Saint-Germain-l'Auxerrois. Imaginez-vous des pyramides octogonales tronquées à mi-hauteur, toujours en marbre, bien entendu... »

De savants et d'infatigables explorateurs, MM. de Lagrée, Bastian, Delaporte, Mouhot, Aymonnier, de Croizier, Lemire, Bartet, etc., nous ont, depuis, révélé et détaillé les merveilles architecturales ensevelies sous ces forêts : les allées de géants soutenant des Nagas énormes, les lourdes portes flanquées d'éléphants et ornées de la quadruple face de Brahma, les terrasses aériennes portées par des rangées d'éléphants arc-boutés, le temple aux cinquante tours groupées en pyramides, aux cinquante têtes quadruples que coiffent des tiares à étages, cet ensemble étonnant qui fait d'Angkor la création la plus fantastique qu'ait conçu un cerveau humain. Ils nous ont révélé surtout, entre autres merveilles et à toutes supérieure, la statue dite du *Roi Lépreux*, dont la tête reste un type inoubliable de noblesse, tête aux traits doux et fins; une petite moustache recouvre la lèvre supérieure; la longue chevelure bouclée ondule sur les épaules, nues comme le reste du corps.

Combien peu de chose sont, à côté de ces villes du passé, les villes modernes d'un petit État, province déchue du grand empire. Phnum-Penh, capitale du Cambodge, est située au confluent du Mékong et du bras que le fleuve détache sur le lac de Toulé Sap, se divisant ensuite en deux branches parallèles, d'où le nom de « Quatre-Bras » que nous avons donné à ce point de partage. C'est une ville d'environ 35,000 habitants, elle en comptait 50,000 avant l'incendie de 1834 et l'invasion siamoise. Elle s'annonce de loin par un mausolée pyramidal construit sur un monticule et flanqué de quatre pyramides plus petites. Sauf le palais du roi et quelques grandes résidences, elle ne renferme aucun monument. Une large rue sinueuse la traverse dans toute sa longueur, bordée de cases en bambous et de quelques boutiques. Sa population mélangée, se compose, outre les Cambodgiens, d'Annamites, de Siamois, de Malais, d'Indiens, de Chinois actifs et commerçants. Depuis 1866 elle est la résidence du souverain, du roi Norodon.

Les autres villes du Cambodge sont peu nombreuses et peu importantes. Sur le golfe de Siam, à une lieue du rivage et sur le cours du Stung-Prey-Sroc, se trouve Kampôt, port autrefois commerçant avant que Saïgon et Cholon n'eussent détourné à leur profit le commerce du Cambodge. Kampôt faisait alors un trafic assez considérable avec la Chine, Singapour et Siam.

A peu de distance de Phnum-Penh, Kampong-Luong, sur la rive droite du bras du grand lac, servait de port à l'ancienne capitale, Oudong. Kampong-Luong est encore un marché important, un interminable village qui court au long du fleuve et dont la population amphibie vit autant sur le fleuve que dans ses huttes enfouies sous de gigantesques massifs de bambous, abritées par les manguiers et les palmiers.

Dans l'intérieur : Oudong, qui fut pendant deux siècles capitale du Cambodge. De belles routes la reliaient à Kampong-Luong et Phnum-Penh d'une part, à Kampôt de l'autre. Bien déchue aujourd'hui elle ne compte plus guère que 4,000 habitants et sert de résidence à la reine mère.

En dehors de ces quelques centres, politiques ou commerciaux, on ne rencontre que des bourgs ou des villages.

Le climat du Cambodge offre de grandes analogies avec celui de la Basse-Cochinchine. Humide et chaude, la température moyenne est de 28°, elle oscille entre un minimum de 18 et un maximum de 36. Les vents sont violents et destructeurs, balayant les cases facilement reconstruites, les moissons promptement remplacées.

La végétation est active et intense. Les forêts, situées dans la région montueuse, abondent en beaux bois de construction, en essences résineuses, gommeuses et tinctoriales. On y exploite l'arbre à gomme-gutte dans la chaîne de l'Éléphant, et aussi le Dom-Chrey, de la famille des rubiacées, qu'affectionnent les insectes à laque. On les recueille en globules rouges, groupés par essaims, et l'on obtient le vernis en pilant les insectes dans un mortier et en les humectant d'eau chaude.

Les singes, les tigres et les panthères hantent ces forêts; elles abritent aussi les éléphants sauvages que l'on capture à l'aide d'éléphants domestiques.

Les productions du Cambodge sont : le riz, base de la nourriture des habitants, le maïs, la canne à sucre, l'igname, le manioc, la patate douce, le poivre et la cannelle. Les arbres à fruits des tropiques prospèrent; le coton et la ramie également; le tabac est supérieur à celui de la Cochinchine.

La principale industrie du Cambodge est le tissage. Les femmes excellent dans ce genre de fabrication et les tissus de soie du pays sont très appréciés. Les hommes s'adonnent surtout à l'agriculture et à la pêche. Le grand lac de Toulé-Sap et ses arroyos sont exploités, pendant la saison, par les pêcheurs auxquels ils fournissent un grand approvisionnement de poissons que l'on sale et que l'on sèche et qui forment, avec le riz, l'aliment préféré des habitants.

Débris d'un empire puissant, le Cambodge n'est plus que l'ombre de ce qu'il fut, mais son étonnant passé fait croire à un meilleur avenir. La sécurité dont il jouit à l'ombre du protectorat français commence à porter ses fruits et le jour approche où cette province de notre empire asiatique prendra rang parmi les plus riches et les plus fertiles de l'Indo-Chine. Là nature a trop fait pour elle pour que la main de l'homme ne complète pas son œuvre et les résultats obtenus justifient les espérances conçues.

III. — ROYAUME DE SIAM

Au nord-ouest du Cambodge s'étend le royaume de Siam, ou des Thaïs, « hommes libres », et ses provinces tributaires que limitent au nord la région mal définie du Laos, au sud le golfe de Siam, au nord-ouest et à l'ouest la Birmanie, à l'est la Cochinchine et le Cambodge; sur une superficie de 6,500,000 kilomètres carrés il possède une population de 6,740,000 habitants dont 2 millions de Siamois, 1,500,000 Chinois, 1 million de Malais, 1 million de Laotiens, le reste cambodgien et tribus sauvages.

C'est le bassin de la Ménam, ou « mère des eaux ». Elle prend naissance au nord, dans le pays des Laotiens, et, de bonne heure navigable, porte déjà des barques à son entrée dans l'État Chan du Xiang-Maï, mais son lit inférieur est seul accessible aux navires à vapeur. Elle court du nord au sud, luttant par la vitesse de ses eaux contre l'exubérante végétation qui l'étreint, envahit ses berges et qu'elle refoule en ses crues soudaines. Par un vaste delta elle s'épanche, grossie de plusieurs autres rivières, au fond d'un golfe vers lequel convergent les voies maritimes et celles des vallées latérales. Le royaume de Siam doit à cette position exceptionnelle et l'influence qu'il a, de tout temps, exercée sur la péninsule de l'Indo-Chine et son extension territoriale en dehors de l'étroit bassin de la Ménam.

Siam proprement dit forme une immense vallée; deux chaînes montagneuses, ramifications de l'Himalaya, décrivent à l'est et à l'ouest leurs courbes puissantes; celle de l'est vient mourir dans les renflements du Cambodge; celle de l'ouest se prolonge jusqu'à l'extrémité de la presqu'île malaise. Entre elles deux : la vaste plaine de 600 kilomètres de long et de 200 de large qu'arrose la Ménam.

Entre le Siamois et l'habitant des provinces tributaires ou indépendantes : Chan, Laos, Assam, la différence n'est autre que celle qu'implique le degré plus ou moins avancé de civilisation. Il se traduit chez le Siamois par des allures plus paresseuses et plus molles. L'œil est noir, bien fendu, le teint olivâtre, le front bas, le nez aplati, la bouche large. Si, par certains côtés, ses traits rappellent le type chinois, par d'autres, ils trahissent une descendance indienne. L'ensemble constitue le véritable type indo-chinois, mélange de races diverses. Paresseux par nature, le Siamois est doux et patient, hospitalier et humain, observateur des prescriptions bouddhistes qui recommandent de déposer à la porte des demeures des vases d'eau fraîche pour le voyageur altéré. Si sa politesse obséquieuse garde l'empreinte des rites chinois, s'il a souvent recours au mensonge, vice des races serviles, c'est qu'à Siam tout inférieur rampe devant son supérieur, l'esclave devant son maître, celui-ci devant ses chefs, eux-mêmes devant les rois.

Siam en possède deux, de rangs inégaux, que garde un bataillon d'amazones, le mieux organisé et le mieux équipé de l'armée siamoise, nous dit M. Mouhot. Les revenus du royaume s'élèvent à 78 millions de francs.

Les Laotiens, habitants du Laos, occupent les régions septentrionales du royaume de Siam. Divisé en royaumes, ou pour mieux dire en provinces, gouvernées par des chefs tributaires de Siam, le Laos est la région des éléphants. Nulle part ce pachyderme n'est aussi abondant, aussi utilisé que dans le royaume de Siam, dont il est, héraldiquement, l'arme parlante. Le rôle de l'éléphant dans l'Indo-Chine est trop considérable pour qu'on ne lise pas avec intérêt les lignes suivantes de M. de Corbigny, l'un de nos compatriotes qui l'a le mieux connu et le mieux observé dans son habitat.

« ... Cette grosse bête noire, pétrie à coups de poing, taillée à la hache, est trop amusante à observer pour ne pas en donner quelques détails. D'abord cette trompe... Il lui faut une infinie variété de mouvements pour satisfaire à l'aveugle appétit de son estomac. L'éléphant se nourrit de tout végétal qui tombe à portée de son long appendice : feuilles de bambous épineux, rameaux d'arbres, chaume des rizières ou herbe verte, tout lui est bon. Il est curieux de voir la trompe arracher par petites poignées l'herbe rare de la forêt et, quand la botte est suffisante, la secouer à grands coups sur les jambes de devant pour abattre la terre prise dans les racines... Si l'on passe près d'un jardin, malheur aux bananiers qui bordent le chemin. L'éléphant qui se sent fautif, ne dévie point de sa route, mais ralentissant sournoisement le pas, il enlace solidement le bananier, l'entraîne dans son sillage... La trompe alors porte à la bouche le produit de son rapt, et l'on voit l'arbre entier saisi, entraîné, barrer la moitié du chemin. Petit à petit, le tout s'engouffre dans le large four, tout prêt encore à en recevoir autant...

« A la baignade, si le cornac tarde trop à venir laver la bête, la trompe le supplée par de larges aspersions sur tout le corps; une touffe d'herbe ruisselante fait aussi l'office d'éponge pour rafraîchir les membres fatigués. Au sortir de l'eau, son office n'est pas encore fini; il faut jeter sur le dos des herbes et de la poussière pour l'abriter des rayons du soleil. Et puis un petit bâton saisi juste tout près de son extrémité sert à gratter les jambes et les pieds dans tous les sens... Si la chaleur est accablante, l'animal sybarite saisit un rameau vert et s'évente à grands coups dans toutes les directions...

« La marche de route de l'éléphant n'excède guère quatre kilomètres et demi à l'heure, mais s'il développe tous ses moyens, les enjambées s'agrandissent rapidement sans que l'allure soit changée. C'est toujours le pas, mais un pas accéléré et gigantesque qui défie le galop du cheval...

« Le prix de l'éléphant était naguère encore fixé à une barre d'argent (80 francs), par coudée de hauteur du garrot. Cette manière de vendre l'éléphant à l'aune, comme du calicot, est encore en usage, mais le prix a augmenté et aujourd'hui le mètre courant d'éléphant revient à environ 240 francs, soit au moins 530 francs pour un bel animal ordinaire de $2^m,50$ de hauteur et sans défenses, car les ivoires bien plantés et de belle taille augmentent la valeur de la bête qui devient alors un animal de luxe ou de guerre. »

Dans les coutumes et les idées siamoises se retrouve la double empreinte de l'Inde et de la Chine dont le sang mélangé coule dans les veines de cette race. Elle a emprunté à la Chine les rites et le cérémonial religieux, barrières du despotisme politique, à l'Inde son fataliste génie et sa hiérarchie savante. Les États tributaires se modèlent sur celui de Siam; ils sont nombreux. Dans le nord : le Labong, le Lakhon, le Pré, le Xiang-Maï, le Muang-Lom dans les hautes vallées du Ménam; au sud : le Luang-Prabang et, dans la grande péninsule : le Ligor, le Patani, le Songkhla, le Tringanou, le Kalantan et le Kédah.

Quelques-uns renferment de grandes et populeuses cités. On attribue 300,000 habitants à la capitale du Xiang-Maï, située dans une plaine large et fertile que domine une montagne sur laquelle, ainsi qu'à Ceylan et en nombre d'autres localités, on adore l'empreinte du pied de Bouddha. Dans la même vallée : Labong, moins peuplée; dans une vallée latérale, celle de la Méwang : Lakhon située dans le voisinage de grandes forêts de tek, dont le bois incorruptible est utilisé pour la construction des navires. Lakhon possède de nombreux chantiers de barques.

Bangkok, ou Siam, capitale du royaume, résidence des souverains, déploie sur les deux rives de la Ménam aux eaux profondes, son splendide panorama de temples et de palais, merveilleux à distance, décor asiatique qui perd à être vu de près, alors que l'on pénètre dans les canaux étroits, dans les ruelles fangeuses de la ville. Le Palais a grand air avec son Mahaprarat dont les toits de tuiles vernissées et la haute flèche dorée dominent toute une cité royale dans la grande cité commerçante, tout un ensemble de petits édifices élégants, dorés et sculptés, pittoresquement groupés autour du Mahaprarat. Elles ont grand air aussi ces pagodes où un peuple de prêtres servis par des milliers d'enfants se meut dans un cadre de jardins, d'étangs semés de belvédères, de pyramides dorées, d'idoles colossales ruisselantes d'or et de pierreries.

Dans la ville fourmille une population de plus de 600,000 âmes, population amphibie, habitant des maisons flottantes, nomades errants au cours de la Ménam, remontant ou descendant le fleuve, fuyant devant les incendies fréquents, dans cette cité de bois et de bambous. Ici, les Chinois sont nombreux, accaparant, comme partout, le commerce de détail. L'Angleterre a pris celui de l'importation et de l'exportation que l'Allemagne lui dispute, que la France néglige et qui se chiffre par un total annuel de 90 millions de francs, par un mouvement de 900 navires de toutes dimensions, dont près de 200 à vapeur; sur 160 de ces derniers flotte le pavillon britannique; en 1880 la France était représentée par 5 navires à voiles, contre 84 anglais et 38 allemands, et cela aux portes mêmes de notre empire indo-chinois.

Seconde ville du royaume, Ajuthia fut autrefois sa capitale; capitale monumentale, comme l'attestent ses ruines et la description qu'en a tracée l'un de ses souverains versé dans l'étude du pali et du sanscrit, Phra-Somdetch, ainsi que celle de M. Mouhot, notre compatriote, auquel nous sommes redevables de tant de renseignements aussi curieux qu'exacts sur l'Indo-Chine.

Ajuthia occupe l'emplacement de plusieurs cités évacuées au xiie siècle, au cours des guerres de Siam avec les tribus des Moï. Ces derniers la prirent en 1556, et se contentèrent d'emmener captifs le roi et sa famille, mais ils ne détruisirent ni la ville ni ses monuments. Ce qu'ils ont épargné, le temps en a eu raison et aussi l'incurie des habitants. Mgr Pellegrin raconte avoir trouvé dans ces ruines une statue renversée, dans la confection de laquelle étaient entrées 25,000 livres de cuivre, 2,000 d'argent et

400 d'or. D'immenses forêts et de vastes jungles enserrent ces ruines de plusieurs kilomètres autour desquelles errent les éléphants.

Au-dessous de Bangkok, les villes de Péklat et de Paknam couvrent les abords de la capitale et l'entrée du fleuve. Des canaux intérieurs les relient aux ports du littoral, à Tachin et à Méklong, peuplées de trafiquants Chinois.

Les Siamois s'adonnent surtout à l'agriculture. Leur sol fertile exige peu de travail et produit abondamment le riz dont ils vivent, le maïs et les légumes. Il leur donne aussi le palmier, le figuier, le bananier, l'oranger, tous les fruits des tropiques, puis le bois de tek, l'une de leurs principales richesses et les bois de teinture ; il leur donne encore des minerais inexploités : le plomb, le zinc, l'antimoine.

La race est industrieuse. Le Siamois excelle dans le tissage des étoffes de soie et d'or, dans l'art de travailler les métaux, ainsi qu'en font foi les gigantesques statues d'Ajuthia. Imitateurs et copistes habiles, ils reproduisent avec une rare perfection les objets en or, en argent repoussé et en font, avec la Chine, un commerce assez actif. Bangkok est le centre de cette industrie. Dans le travail de l'ivoire ils déploient une habileté égale, sinon supérieure, à celle des Chinois qui ne font plus que reproduire leurs anciens modèles sans en créer de nouveaux.

IV. — LA BIRMANIE.

Prolongement de l'Inde anglaise qu'elle continue par delà le golfe du Bengale et le delta du Gange, anglaise elle-même sur ce littoral où l'Assam, le Ténassérim, l'Aracan et plus récemment Pégou, cédés à l'Angleterre, forment une province britannique, la Birmanie est la porte entre l'Inde et l'Indo-Chine. Par ce seuil d'accès, l'Indien entrait dans la péninsule, y rencontrant le Chinois descendu, lui, par le Yunnan. Les deux races s'y fixèrent ; le sol était fertile, les rizières nombreuses, le climat chaud, les eaux abondantes ; par des croisements elles s'unirent, refoulant les races inférieures sur les hauts plateaux, peuplant l'Indo-Chine à laquelle elles donnèrent leur double nom.

De nos jours ce mouvement qui a créé une race distincte, la race indo-chinoise, continue, mais les facteurs sont autres ; l'Angleterre par l'Inde, la France par la Cochinchine, avancent, séparées par l'épaisseur du royaume de Siam. La première tient l'ouest par la Birmanie anglaise, la seconde tient l'est et le littoral de la mer de Chine par le Tonkin, l'Annam et la Cochinchine.

La Birmanie s'étend entre le Tibet, la Chine, Siam, le golfe de Bengale et Malacca, soit sur 900 kilomètres de longueur et 500 de largeur. Sa population est d'environ 7,000,000. Au nord, la région montagneuse est peu peuplée ; des tribus sauvages l'habitent, barrant encore des routes commerciales qui ne tarderont pas à s'ouvrir sous la forte pression des habitants du littoral lesquels croissent en nombre et en civilisation. En neuf années, de 1872 à 1881, l'accroissement pour la Birmanie anglaise a été de 34 pour cent.

Les ramifications des chaînes du Tibet descendent du nord au sud, sillonnant le sol de leurs renflements et de leurs larges vallées latérales, bassins de l'Irraouaddi et du Salouen. Alimenté par les eaux du Tibet oriental, l'Irraouaddi est déjà un fleuve au débit considérable quand il aborde l'Indo-Chine. En aval de Mandalé il reçoit son principal affluent le Kyendwen et, au travers de la large plaine que bordent à l'est et à l'ouest des chaînes montueuses, il descend au sud, déversant par son delta de 300 kilomètres, ses eaux chargées d'alluvions.

D'un moindre volume, mais d'un plus long parcours que l'Irraouaddi, le Salouen descend, lui aussi, des plateaux du Tibet, parallèlement au Mékong. Fleuve étroit et profond, semé de rapides, il court entre des montagnes boisées, coupé de bancs de rochers et ne devient accessible aux embarcations qu'à une centaine de kilomètres de son embouchure. Inabordable à la navigation pendant la plus grande partie de son cours, le Salouen est utilisé pour charrier, des hauteurs dans la plaine, les bois de tek dont les éléphants traînent sur ses rives les larges billes que l'on confie au fil de l'eau. Plus bas on réunit ces billes en radeaux pour les mener jusqu'à Maulmeïn.

Peu de régions sont aussi favorisées que la Birmanie. Elle est l'un des greniers de l'Asie, comblant l'insuffisance de ses récoltes, exportant chaque année d'énormes quantités de riz. Celui de Rangoun est connu dans le monde entier. Riche en bois de tek et en autres essences utiles pour les constructions navales, la Birmanie possède, dans le seul district de Tenasserim 64,000,000 d'arbres de plus de 370 essences différentes.

« Mais, dit M. Ed. Plauchut, ce qui fait de la Birmanie une des plus riches contrées du monde, ce sont ses pierres précieuses. Les mines de Mogoung, au pays montagneux des Shans, ont été pendant longtemps les seules qui aient fourni le véritable rubis d'Orient. L'ex-roi Thibô en portait un à son doigt, du poids de 80 carats, lorsque les Anglais lui mirent la main au collet. Pendant longtemps la Birmanie et Ceylan eurent le privilège de fournir des saphirs à l'Europe. Mais depuis la découverte de nouvelles mines à Bangkok et dans l'Himalaya, près de Simla, cette pierre a beaucoup perdu de sa valeur. Ce qui valait 750 francs par carat n'en vaut plus que 150. Il est une autre pierre, d'un rapport autrement important que celles du rubis et du saphir, c'est la jade, serpentine d'un blanc verdâtre, dont les gisements se trouvent à l'ouest de Mogoung, dans la vallée de l'Orou ; leurs produits sont achetés par les Chinois. On en extrait chaque année pour une valeur de 2,000,000 de francs. C'est toujours la pierre favorite des Célestes, qui en font des coupes, des boutons de mandarins et des amulettes. Pour satisfaire les véritables connaisseurs, il faut que le jade soit d'un vert brillant comme l'émeraude, ou d'une grande blancheur, mais sans transparence. Il est, en Chine, des boucles d'oreilles d'un beau jade vert, évaluées et payées 50,000 francs la paire. »

Nulle part les éléphants ne sont aussi nombreux ni aussi indispensables que dans la Birmanie. Sans eux l'exploitation des forêts serait impossible ; il faut leur force prodigieuse, leur habileté et leur patience pour déplacer et traîner les énormes troncs à peine équarris. Les Birmans ont réussi à les domestiquer, et à élever les petits en captivité. Ils excellent à dresser l'éléphant et à utiliser la force du monstrueux pachyderme. On ne sait qu'admirer le plus de l'ingéniosité de l'homme à se faire entendre de l'animal, ou de l'intelligence de l'animal à comprendre et exécuter les ordres de son maître. Le maître est d'ordinaire un enfant. Il a grandi près de ces géants qui le connaissent et lui obéissent. Le matin, c'est lui qui les conduit à leur tâche quotidienne, qui leur indique la quantité de troncs de tek à traîner de la forêt sur la falaise et à précipiter dans le ravin où l'eau les entraîne. La tâche assignée paraît-elle trop forte, les billes en quantité plus considérable que la veille, ou plus éloignées de la falaise, l'éléphant mâle et sa femelle lèvent piteusement leurs trompes au ciel et poussent des barrissements plaintifs, auquel le petit qui gambade à leurs côtés, sans prendre part au travail, joint les siens. L'enfant insiste d'un geste impératif; les éléphants se résignent et se mettent à l'œuvre, piétinant et élargissant le sentier, traînant des billes énormes que plusieurs chevaux auraient peine à démarrer. Dans leur chute, au long de la pente, forment-elles un barrage, une bille adroitement lancée décroche le tout et le fait rouler à l'eau.

Le soir venu, la tâche achevée, l'un d'eux prend l'enfant avec sa trompe, le dépose doucement sur son dos et le couple, suivi du jeune éléphant, rentre au logis pour recommencer le lendemain. Les Birmans, dit Helfer, ont même réussi à dompter le rhinocéros et à le dresser au transport des fardeaux.

Par contre, les rongeurs, sont un des fléaux de la Birmanie. Les rats descendent parfois en troupes innombrables des montagnes du Khan et du Karen, détruisant les récoltes, donnant l'assaut aux villages qu'ils contraignent les habitants à évacuer, traversant en ordre géométrique de larges cours d'eau pour envahir des régions nouvelles après avoir dévasté celles primitivement occupées.

Les Birmans, de beaucoup les plus nombreux, surtout dans la Birmanie anglaise où ils forment à eux seuls les deux tiers de la population totale, font remonter haut leur généalogie. Ils se disent descendus du dieu même des premiers Hindous et, dans les noms donnés par eux à quelques-unes de leur villes, ils ont conservé l'étymologie sanscrite des Brahmes. Toutefois ils ont gardé peu de chose de la finesse des traits de l'Hindou aryen: Leurs yeux petits et bridés, la face large et plate dénotent le croisement avec la race chinoise, croisement qui s'explique par le fait que les émigrants primitifs n'amenèrent avec eux qu'un petit nombre de femmes de leur race. Leur alphabet dérive bien du sanscrit et le point de départ de leur émigration paraît hors de doute.

Agile et souple, le Birman est de petite taille. Depuis que la paix règne dans la région la population s'accroît rapidement. La vie est facile, la misère rare et la race est d'une proverbiale sobriété. Elle aime le luxe des étoffes; elle est intelligente et gaie, adonnée aux plaisirs, à la musique et aux jeux. Mobiles d'esprit, et mobiles d'impression les Birmans n'ont pas ces colères froides et contenues, cette soif de vengeance qui font des Malais, leurs voisins, des êtres redoutables. Leurs rancunes sont de courte durée, par contre ils obéissent facilement, prompts à se soumettre au joug qu'on leur impose et s'en remettant à Bouddha du soin de l'alléger.

« Les Birmans, ajoute M. Ed. Plauchut, se figurent l'univers bien autrement que nous ne nous l'imaginons. D'après eux, au centre du monde, émerge d'une mer immense un mont mystérieux, le mont Mérou, sorte d'île flottante sur laquelle sont six sièges occupés par des *Dévas*. Ces Dévas sont des êtres purs qui, à la suite d'incessantes méditations, n'ont plus rien d'humain. Bien au-dessus d'eux, dans l'éther, Brahma, le parfait, est assis; son état est celui d'une perpétuelle contemplation dans le divin. Au-dessus de lui sont les enfers, huit d'une grande étendue, et encore d'autres en nombre infini, de moindre dimension. Tout autour du mont s'étend le vaste Océan dont sept rangées de collines avec sept mers interposées forment le rivage. Entre les montagnes et les rives, il y a quatre îles : l'île du sud, de l'est, de l'ouest et du nord. Ce sont celles qu'habitent les Birmans, les Chinois, les Cochinchinois et les Indiens. Il y a encore cinq cents îlots que peuplent les Européens. Finalement c'est l'Inde, arrosée par le Gange, qui est le centre de l'univers. »

La population de beaucoup la plus civilisée et la plus éclairée, est celle qui habite le littoral de la Birmanie anglaise ; c'est aussi la plus active et la plus industrieuse. Tous les voyageurs sont frappés de l'animation et du mouvement qui règnent dans les villes et sur les routes, des nombreuses caravanes, des innombrables chariots qui les sillonnent, et, de fait, le commerce augmente chaque année ; il dépassait 555,000,000 en 1880. Non moins remarqué est le luxe des bijoux d'or et d'argent dont se parent les femmes birmanes. On évalue à près de 300 francs par famille et par an la somme consacrée à s'en procurer de nouveaux.

Les Karen, dont on estime le nombre à un million pour toute la Birmanie, semblent appartenir à la race autochtone rejetée par les envahisseurs dans les massifs montagneux du nord. On les croit de descendance mongole ; leur infériorité à l'égard des Birmans n'est due qu'à leur état relatif de barbarie ; au contact de la civilisation ils semblent se réveiller de leur longue torpeur et leur intelligence, leur droiture et leur courage les appellent à jouer un rôle important dans le développement de la Birmanie.

Ici, comme dans le royaume de Siam, on retrouve des tribus éparses de Chan, mais elles y sont moins nombreuses. Puis les Mon, ou riverains, qui, peu à peu, se fondent avec les Birmans. Longtemps opprimés, ces anciens maîtres du Pégou accueillent avec sympathie la domination anglaise ; à tout le moins elle leur assure une indépendance relative. Elle leur assure également, avec un trafic chaque année croissant, des salaires plus élevés, triples de ceux que l'on paie dans le Bengale, aussi les immigrants affluent-ils dans la Birmanie anglaise ; ils viennent de Djittagong, de Coromandel et du Bengali, en longues files sous la direction de leurs « capitaines de travail », louer leurs services à neuf francs par semaine. Il en vient de Chine, attirés par ces hauts prix ; aussi les cultures s'étendent-elles sur ce sol dont un quinzième à peine est encore exploité et qui produit cependant pour plus de 150,000,000 de francs à l'année, de riz seulement.

Sur le cours supérieur de l'Irraouaddi, où la civilisation pénètre, où l'on commence à exploiter les mines de jade, les tribus sauvages cantonnées inquiètent encore les « settlements » nouveaux. L'avant-poste militaire se trouve dans le nord, à Bhamo, sur l'Irraouaddi, au point de croisement des routes du Yunnan et du Yang-Tsé-Kiang dans l'est, du Gange et du Brahmapoutra dans l'ouest. Aussi cette ville de 5,000 habitants semble-t-elle appelée à devenir un centre important. Les Chinois l'ont compris et y sont relativement nombreux.

Plus bas, le fleuve décrit une courbe dans l'ouest avant de reprendre sa course vers le sud, grossi des affluents qu'il ramasse sur son parcours circulaire. Au coude qu'il décrit, dans ce réseau fluvial, site indiqué d'une grande ville, s'élevèrent successivement les quatre capitales de la Birmanie. Ava, la plus antique, est aussi la plus pittoresquement située, au coude même du fleuve. Elle a gardé son enceinte de dix kilomètres, mais un parc s'est substitué à la ville abandonnée, des allées à ses rues, des champs à ses maisons. Son nom toutefois est resté à cette région que l'on appelle royaume d'Ava.

En face d'elle, Sagaïn, pendant un temps capitale birmane, dresse ses nombreuses pagodes. Dans l'est, à sept kilomètres, Amarapoura, « ville de l'immortalité », gît morte dans son cadre aquatique de rizières, d'étangs et d'arroyos. Mandalé l'a remplacée, ne gardant d'elle que son port, s'écartant du voisinage bruyant du fleuve auquel la relie une avenue de quatre kilomètres. Adossée à une butte isolée dans la vaste et riche plaine, Mandalé affecte la forme d'un carré parfait au centre duquel s'élèvent la demeure du roi, les palais des ministres et des femmes, celui de l'Éléphant blanc, ville royale qu'entoure la ville commerçante peuplée de plus de 100,000 habitants. Les étrangers y sont nombreux : Chinois et Hindous, Arméniens et Européens attirés par le commerce. Une route de 250 lieues relie Mandalé au Yunnan, route pénible que les caravanes mettent quarante jours à parcourir.

En aval du fleuve, se rencontre Myi-Khan, à la jonction de l'Irraouaddi et de son grand affluent le Kyen-Dwen. Grand centre commercial, Myi-Khan est peuplé d'émigrants de Manipour, descendus du nord, au long du cours du Kyen-Dwen. Pagan, au sud de Myi-Khan, fut aussi l'une des capitales birmanes ; elle fut surtout une ville de pagodes, la tradition lui en attribuant 9,999. Ce n'est plus qu'un amas de débris d'où surgissent çà et là des huttes de pêcheurs et que jonchent des fragments de colonnes et de statues. Yule en mesura une de 50 mètres de longueur. Ce champ de ruines fut aussi un champ de bataille. Les Anglais y écrasèrent en 1826 l'armée birmane et cette victoire décisive leur livra le royaume.

A la tête du Delta : Prome, qu'un chemin de fer relie à Rangoun, plus au sud, sur le golfe du Bengale. Elle compte 26,000 habitants et la plaine qui l'entoure est couverte de rizières. Rangoun est la ville importante de la Birmanie, la plus populeuse : 140,000 habitants, le port le plus fréquenté du golfe, après Calcutta ; celui par lequel s'effectuent les deux tiers du trafic de la Birmanie. C'est aussi la capitale industrielle et littéraire, le centre du mouvement intellectuel. Son commerce se chiffre, à l'importation et à l'exportation, par un total annuel de 300,000,000 de francs, par l'entrée et la sortie de 760 navires au long cours, dont 375 à vapeur. Plus bas : Maulmeïn, ville nouvelle et commerçante, sur le cours du Salouen et le littoral, est renommée pour ses constructions navales en bois de tek. Son commerce s'accroît, dépassant déjà soixante millions à l'année, sa population augmente. Près de 50,000 habitants, Européens et Chinois, Hindous et Birmans, y affluent, et aussi les Malais, dont la péninsule, pointe extrême de l'Asie, s'allonge vers les îles de la Sonde.

Au-dessous du Tenassérim, la presqu'île Malaise, mince, étroite, fuit entre la mer de Bengale et la mer de Chine, s'effilant sur 1,190 kilomètres de longueur, comme pour ressaisir Sumatra et Java qui, sous l'Équateur et vers l'est, prolongent jusqu'à la mer de Banda son ossature rocheuse. C'est l'extrémité de l'Asie dont le contour septentrional enserre le pôle nord et dont la pointe méridionale, à Singapour, effleure la ligne. Ici encore nous retrouvons l'Angleterre; toute la rive occidentale est sous son protectorat; elle tient cette grande voie maritime qui met en communication l'Inde avec la Chine, elle occupe Poulo Pinang et Singapour. Des 250,000 kilomètres carrés de la presqu'île de Malacca, 78,000 lui appartiennent et, des 1,525,000 habitants qui la peuplent, 825,000 lui obéissent.

Si la presqu'île est longue, elle est étroite, si étroite, qu'à Kra 45 kilomètres seulement séparent la mer de [Siam de la mer de Bengale, que le seuil culminant ne dépasse pas 36 mètres d'altitude et qu'un canal, percé dans cette mince épaisseur, abrégerait de 1,100 kilomètres la traversée de Calcutta à Canton. Au sud de Kra, la péninsule se renfle, atteignant 190 kilomètres de largeur. Prolongement de l'Indo-Chine, son orientation est la même; ses chaînes montueuses et ses cours d'eau descendent du nord au sud. Baignée par deux mers, elle est arrosée par des pluies abondantes, aussi ses fleuves ont-ils un débit disproportionné à leur longueur. Ils sont nombreux, eu égard à sa superficie : à l'ouest, le Bernam, le Perak, le Klang, le Sélangor, le Moar; à l'est, le Pétrang et l'Indaou.

Le pays est riche en produits variés, riche en essences forestières, riche en cultures des zones tropicales et des zones tempérées; le poivrier, le caféier, le riz, le maïs, le tabac, le thé, le cacaoyer donnent d'abondantes récoltes. Ainsi que dans l'Indo-Chine, l'éléphant, le rhinocéros et le tigre gitent sous les forêts et au long des côtes poissonneuses se pressent les huttes de pêcheurs.

Les Malais ne sont pas la race prépondérante dans cette presqu'île qui porte leur nom. Les Chinois les égalent en nombre, s'ils ne les dépassent; partout où s'établit cette race envahissante, elle s'étend, grandit, malgré tous les obstacles, en dépit de tous les mauvais vouloirs. Il semble qu'elle use et lasse toutes les résistances, surmonte tous les obstacles et par mille liens s'attache au sol. Sa patrie est partout où elle peut gagner de l'argent et économiser; elle s'impose par son obstiné labeur, par son aptitude à tout faire, par le faible salaire dont elle se contente. Nulle autre ne peut lutter contre elle, travailler autant et à aussi bon compte, endurer comme elle l'extrême froid et l'extrême chaleur; race redoutable dont l'influence pèsera d'un grand poids dans les luttes économiques de l'avenir.

Le Malais n'a ni sa persistance ni son endurance. Il ne sait pas, comme le Chinois, se grouper et se soutenir, faire corps et opposer des masses compactes reliées par une origine et des traditions communes. Divisés en tribus qui s'ignorent et se haïssent, en « hommes des bois » et « hommes des monts », en « hommes des rivières » et « hommes de la mer », ils ont, les uns sur les autres, les idées les plus étranges et les plus fausses et leurs modes de vie ne sont pas pour les rapprocher. Ceux-ci, les plus sauvages, ne se construisent même pas de demeures; arbicoles, ils gitent dans les arbres, ne possédant rien au monde qu'un couteau, rampant et glissant silencieusement, comme les serpents, à travers les lianes et les fourrés. Les demi-civilisés sont bateliers ou marins, amphibies, plongeurs et nageurs incomparables. D'autres enfin, en contact avec les Européens, ont perdu leurs coutumes barbares. Sociables et paisibles, ils se révèlent d'humeur facile, courtois et francs.

L'Anglais les oppose aux Chinois, entretenant l'animosité de race, divisant pour régner, redoutant plus encore les Fils de Han dont il a besoin, mais dont le nombre et les sociétés secrètes l'inquiètent, leur préférant les Malais, mais les sentant incapables de faire ce que font les Chinois, aussi bien et à aussi vil prix.

Bien qu'elle porte leur nom, cette presqu'île n'est pas le berceau de la race malaise, originaire, semble-t-il, du grand archipel d'Asie. Nous aurons l'occasion de l'étudier de plus près dans notre volume sur l'Océanie. Les hasards de la navigation, le voisinage l'ont amenée ici où, longtemps isolée et prépondérante, elle est égalée et dépassée par sa rivale qui bientôt, à moins d'événements imprévus, l'absorbera.

Les grands centres sont sur la côte, sur la voie maritime : escales de navires, entrepôts de marchandises, villes cosmopolites où une poignée d'Européens fait la loi. Ce sont Poulo Pinang, dans l'île des Aréquiers, d'abord sanatorium de Calcutta et de Madras, devenue anglaise en 1786, port accessible aux grands navires, important par son commerce d'étain, de bambous, de poivre et d'huile de coco. Lorsqu'en 1786 le capitaine Light en prit possession au nom de l'Angleterre, la jungle couvrait le sol sur lequel s'élève aujourd'hui la ville. Pour le défricher, il eut recours à un moyen original. Toutes ses tentatives pour décider les Malais à entreprendre ce travail pénible et malsain ayant échoué, ouvertement, devant eux, il fit charger ses canons avec des gargousses de piastres et tirer à toute volée au plus épais des fourrés. Pour retrouver cet argent, les Malais se ruèrent dans la jungle, coupant les lianes et les broussailles, dénudant le sol en quelques jours. L'Angleterre a toujours excellé dans l'art de semer l'argent pour récolter l'or.

A l'embouchure du Sélangor, région riche en minerais et en terres arables, se trouve la ville de Klang, qui, par sa position, paraît appelée à devenir un centre important. Plus au sud, Malacca, capitale d'un empire malais, est aujourd'hui ville anglaise, ville paisible et riante au bord d'une plage verdoyante semée d'élégantes villas. Derrière Malacca et abritée par un rideau de cocotiers, la plaine s'étend, riche et cultivée, jusqu'aux monts dont les cimes bleuâtres s'élèvent au-dessus du vaste cirque.

Singapour, « la ville des Lions », le Gibraltar de l'extrême Orient, ville hindoue, ville aujourd'hui anglaise, a grandi par son port franc où affluèrent Chinois, Hindous, Malais, Européens, Arabes. Cent mille habitants la peuplent ; dans ses entrepôts, sur ses quais, s'entassent les produits du monde entier. Son commerce atteint 600,000,000 à l'année. Ce point extrême de l'Asie est l'un des plus fréquentés du monde, le lieu de rencontre des grandes voies maritimes, l'escale obligée entre la mer des Indes et l'océan Pacifique.

Ici finit l'Asie. Par delà les flots bleus du détroit de Malacca, l'Océanie commence : Sumatra, Java, Bornéo, terres fertiles et riches entre toutes, où la nature déploie les

merveilles d'une faune et d'une flore incomparables. Sur cette mer azurée, dans ces
îles aux noms doux et sonores, il semble que la vie atteigne l'apogée de sa puissance
et de son intensité; îles aux parfums enivrants que la brise emporte au large, aux
sommets couronnés de verdure, aux plages dentelées, coupées d'anses et de criques,
de rideaux de cocotiers élancés, séparées par des détroits qui ressemblent à des fleuves
gigantesques, tant la mer y est calme et unie.

Nous les retrouverons dans notre étude de l'Océanie. Avant de l'entreprendre, il
nous faut revenir sur nos pas, suivre la civilisation dans sa marche de l'est à l'ouest,
après l'Asie, qui est le passé de l'humanité, aborder l'Europe qui, à l'occident, s'étend,
sur laquelle si souvent l'Asie déborda et qui, aujourd'hui, sur elle déborde à son tour,
lui apportant une civilisation plus avancée que celle qu'elle en reçut. Ainsi que la mer,
l'humanité a ses flux et ses reflux; elle obéit, elle aussi, à des lois que nous ignorons,
dont les effets frappent nos yeux, dont les causes échappent à notre entendement, mais
dont le but marqué de toute éternité est, en dépit d'accidents passagers, d'apparents
temps d'arrêt qui déroutent notre logique impatiente : le progrès, c'est-à-dire le triomphe
de l'esprit sur la matière, l'harmonie finale de l'homme et de la nature. « Nous n'avons
été jusqu'ici, écrivait Bacon au déclin des ans, que des enfants jouant sur le rivage de
la mer, ramassant çà et là un caillou plus lisse, ou un coquillage plus brillant que les
autres, tandis que le grand Océan de la vérité, mystérieux et infini, se déroule devant
nous. »

Construction d'un pont sur un arroyo dans l'Annam.

TABLE DES MATIÈRES

TABLE DES ILLUSTRATIONS

Sceaux. — Imprimerie Charaire et Cie